书山有路勤为径，优质资源伴你行
注册世纪波学院会员，享精品图书增值服务

TOC WAY
Business Transformation Model

TOC 商业模式创新画布

[印] 史瑞达·劳拉 著
（Shridhar Lolla）

张峰 伍疆 袁见运 刘卫阵 译

电子工业出版社
Publishing House of Electronics Industry
北京·BEIJING

TOC WAY – Business Transformation Model by Shridhar Lolla
ISBN：979-8422511969
Copyright © Shridhar Lolla 2022. All Rights Reserved.
Simplified Chinese translation edition copyrights © 2023 by Publishing House of Electronics Industry Co., Ltd.

本书中文简体字版经由Shridhar Lolla 授权电子工业出版社独家出版发行。未经书面许可，不得以任何方式抄袭、复制或节录本书中的任何内容。

版权贸易合同登记号　图字：01-2023-1202

图书在版编目（CIP）数据

TOC商业模式创新画布 / （印）史瑞达・劳拉(Shridhar Lolla) 著；张峰等译. -- 北京：电子工业出版社，2024. 7. -- ISBN 978-7-121-48166-6

Ⅰ．F407.406

中国国家版本馆CIP数据核字第2024S3Q316号

责任编辑：杨洪军
印　　刷：北京建宏印刷有限公司
装　　订：北京建宏印刷有限公司
出版发行：电子工业出版社
　　　　　北京市海淀区万寿路173信箱　邮编100036
开　　本：720×1000　1/16　印张：20.25　字数：518.4千字
版　　次：2024年7月第1版
印　　次：2025年9月第2次印刷
定　　价：128.00元

凡所购买电子工业出版社图书有缺损问题，请向购买书店调换。若书店售缺，请与本社发行部联系，联系及邮购电话：（010）88254888,88258888。

质量投诉请发邮件至zlts@phei.com.cn，盗版侵权举报请发邮件至dbqq@phei.com.cn。

本书咨询联系方式：（010）88254199，sjb@phei.com.cn。

关键词

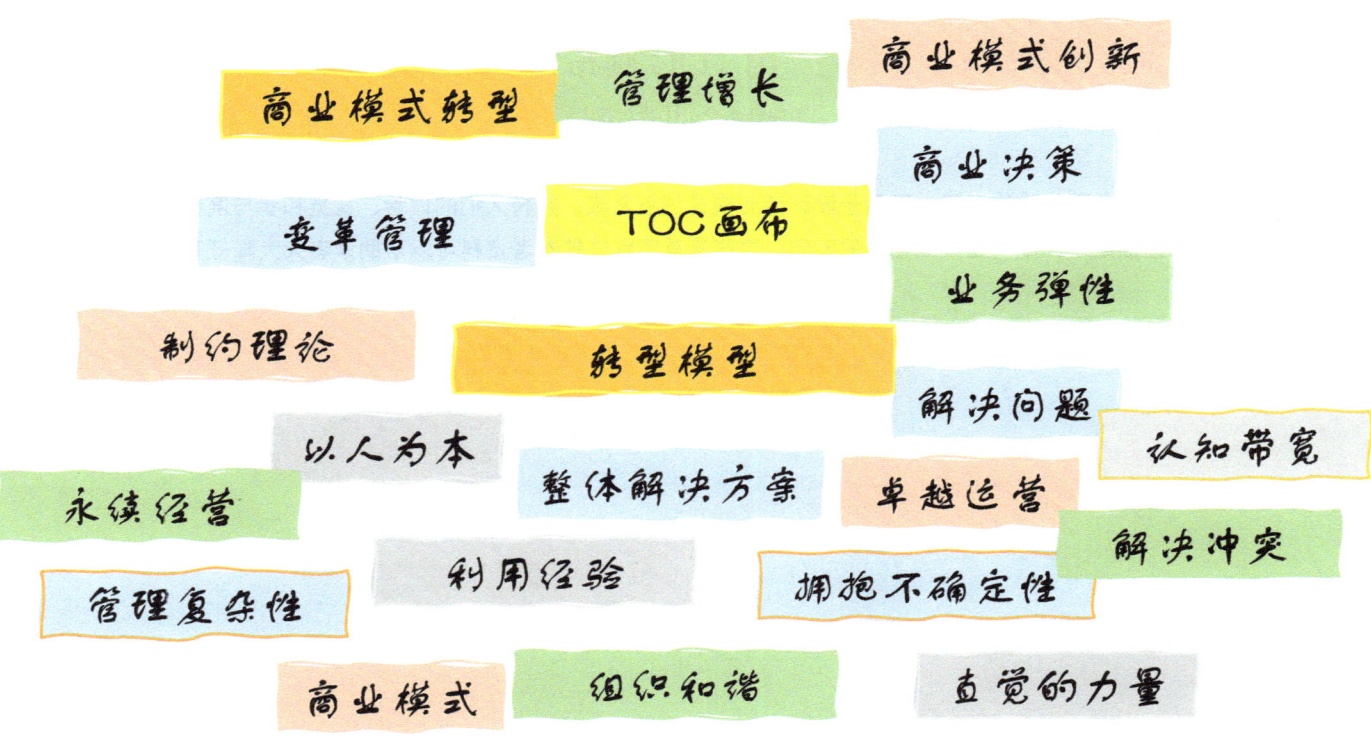

我们的使命

用 TOC 画布
赋能企业转型！

TOC 画布提供了一个简单而优雅的框架，可用于设计商业模式创新之旅，并将人们的体验、直觉和参与度置于核心地位。

目前，TOC 画布已经描绘了许多商业模式创新的案例。这些最具实践性的参考资料可以帮助读者大大降低实践阻力和认知压力。

TOC 画布——让我们开始吧！

为谁而写

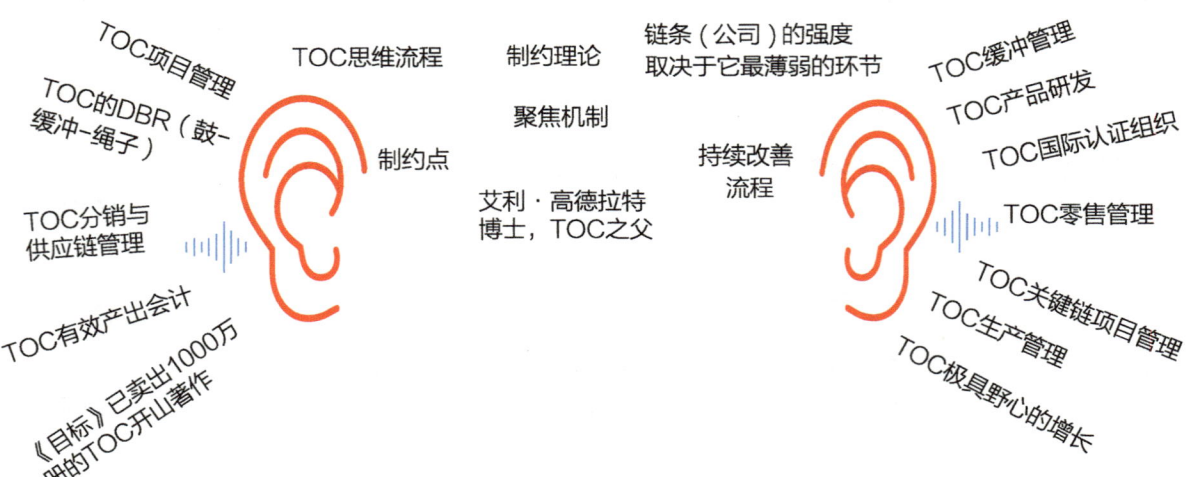

为谁而写

以及那些想要

3. 掌握创新工具

2. 利用他人的经验

1. 发挥自己的直觉

的人们

每个人背景不同，你可能是以下之一

天生的变革运动旗手 🤠 ，或职位使然 🧑‍🏫 | 为客户和企业持续探索 🔭 突破性价值 | 长期力争 📷 从陈旧渐进式增长步伐 🐢 中挣脱出来 | 相信企业隐藏了巨大潜在能力 ⚙️ 和产能 🏋️ | 相信企业有巨大增长机会但总是卡在 🚫 📶 某个地方 | 对关键决策给企业增长 📈 带来的影响经常不清楚 👥 | 厌倦了业务中的复杂性、混乱、不确定性和冲突斗争 ♾️⏰ | 因无法充分利用团队经验和直觉而沮丧 📍 |

自以为非常了解情况，具备各种能力……然而，经过一次又一次的尝试，仍然很难清晰定义商业模式创新的过程。

转型利益相关者

高级管理层
聚焦点：使企业具备应对 21 世纪乌卡（VUCA）时代挑战的能力

变革运动旗手
聚焦点：设计对业务真正有影响力的转型解决方案

业务架构师
聚焦点：搭建转型构架，具有处理不确定性的内在能力

企业家
聚焦点：将突破性创新植入企业的 DNA 中，减轻冗长流程的拖累

产品 | 服务开发负责人
聚焦点：拓展客户协作，创造突破性价值

投资者
聚焦点：投资那些能够拥抱不确定性并带来稳定增长的企业

管理顾问
聚焦点：采用方法论，帮助客户在第一时间取得收益，并且保持螺旋式上升

数据科学家 | 分析师
聚焦点：真正要解答的问题是什么？

转型利益相关者

人力资源负责人
聚焦点：如何通过强化直觉和利用经验来驱动转型？

销售和市场营销负责人
聚焦点：总而言之，转型的最终结果必须体现在客户盈利增长方面

首席财务官
聚焦点：需要更好的核算方法来判定改进项目是否有价值

IT 负责人
聚焦点：已经看够了数据和报告，可落地的洞见又在哪里？

MBA 教授
聚焦点：长期挣扎于变革管理教学，有没有简单易懂的办法，不仅高管，即使未来的管理者也容易掌握

运营负责人
聚焦点：是时候不让自己部门做瓶颈了！

新员工
聚焦点：我已经束手无策、无所适从了，企业就不能有个清晰的规则，让我做真正有意义的事情吗？

供应链负责人
聚焦点：超越预测，直面供应链中日益增长的不确定性，并且效率不打折扣

你_____
聚焦点：

在这个巨大不确定性的时代，有的企业争先恐后地改进自己所能做的一切，却因疲于紧跟时代变化而倍感疲惫和沮丧。还有一些企业，虽在快车道上，但活在焦虑中，迫切需要提升智慧来设计更稳健的增长轨迹……21 世纪的企业需要更新更强的自我充电能力来面对新涌现的挑战。

你认为隐藏在企业深处、长期悬而未决、使企业裹足不前的系统性问题是什么？
你是否曾找到根本性解决问题、不冒太大风险、不耗尽企业昂贵资源的最终方案？
你确定企业能够度过当前震荡环境并持续大幅增长吗？

这是一本变革者和探路者实战指南，助你从容地通过未知险途，带领企业走上前所未有、持续增长的稳定轨道。

推荐序一

当一开始收到史瑞达博士的邀请为此书写一篇推荐序时,我确实感到有些无从下手,因为这本书的呈现方式与传统书籍大相径庭。正如作者在书中所描述的,它更像一个手稿或某种摘要的集合。但正是这种特别的呈现方式,给我带来了与众不同的阅读体验和感悟,使我迫切想要与大家分享。

首先,本书最大程度地降低了学习和行动的门槛。

对于个人而言,我们都曾有过这样的体验:当工作邮箱中只有少量未读邮件时,我们往往能迅速处理完毕;然而,一旦未读邮件累积过多,我们反而会拖延,等待一个相对完整的时间段来集中处理。阅读时也有类似的情况,如果手头只有一本薄书,很快就能读完;但如果一次性买了很多书,往往很久都看不完,甚至还没拆封。我们的孩子在做作业时也常遇到类似的问题。

对于本书而言,其目的并非仅在于提供知识、方法和工具,而是要确保读者能够立即应用所学并取得良好的结果。我们常常发现自己似乎对很多事情都知道,但就是没做到,这正是因为缺少了最重要的一环——行动。用 TOC(约束理论,也称制约理论)的语言来类比,相对于"知道"而言,"行动"才是制约因素。在这种情境下,更多的"知道"并不会帮助我们更好地实现"做到"的目标。相反,过多的知识可能会阻碍我们前进的步伐,因为它会使"知道"变得冗余,增加"在制品"(待处理的事务),从而使"行动"变得更加缓慢,知识反而成了行动的障碍和壁垒。

当然,"知道"得太少也是远远不够的,"知道"与"行动"就像人的左右腿,需要相互协调,交替迈进,才能不断前行。如果其中一条腿迈得过快、步子过大,反而会打破平衡,减慢我们的行进速度。本书作者的核心思想之一就是希望读者在阅读后能够迅速付诸实践,避免不必要的认知过载。同样,这对于任何企业变革的推进和实施也是至关重要的。

其次,本书在构建大的逻辑框架的同时,也为情绪和直觉留出了足够的空间。

接触过 TOC 的很多读者都知道,TOC 是建立在严谨的科学基础之上的,其果因果的思维逻辑推理在相当长的时间内几乎构成了该理论的核心思想。然而,这一设定在一定程度上也限制了 TOC 在国内外的普及和推广,因为并非所有人都接受过良好的思维逻辑训练。甚至,我们默认的假设"所有的人都应该具备严谨的思维逻辑能力"也是值得进一步商榷和探讨的。

正如高德拉特博士在《抉择》一书的最后章节所述,情绪、直觉、逻辑就像一张三条腿的凳子,人们站在这张凳子上螺旋上升。逻辑并非孤立存在,事实上,我们需要从直觉中不断为逻辑提供关联的原始素材,也就是直觉在先,逻辑在后。情绪、直觉、逻辑这三者并非主从关系,而是这个螺旋上升过程中同等重要的组成部分。

在本书的最后部分,作者也将"建立和强化人们的直觉"这一点视为秘诀,对此我深有同感。因此,我也建议读者朋友在阅读过程中对此进行深思和体会。

当然，从内容上来看，本书通过流动的视角重新构建了商业模式创新领域的画布模型，这在我看来，是对亚历山大·奥斯特瓦德的商业模式画布的一次重要迭代与升级，极具意义。

我在多个场合都表达过这样的观点：高德拉特博士的《站在巨人的肩膀上》这篇文章，在 TOC 理论体系中占据着举足轻重的地位。我认为这篇文章以里程碑式的方式，运用流动概念（Flow）将 TOC 的理论精髓贯通了起来。

所谓"知其要者一言而终，不知其要流散无穷"。其中，"一"代表气，气为总纲，其余皆为其分目。人有三宝，即精气神，企业同样有其自身的精气神。气聚则为精，气化则为神，气乃枢纽所在也。同样，气也是能量，其最大的特性就是流动。

因此，《站在巨人的肩膀上》这篇文章用流动的概念清晰地阐释了运营的核心要点，其在"气"这一层面上的操作手法，使得内容既简洁又高效，达到了事半功倍的效果。同样，本书《TOC 商业模式创新画布》也在进行类似的探索，它借助流动的视角，在"气"的层面上深入剖析了商业模式创新的关键所在。这一点正是本书的精髓所在！

作为本书的第一批中国读者之一，我非常荣幸与作者史瑞达博士有过两年多的项目合作经历，亲身感受到了他专业而深刻的思想和广阔的人文情怀，他始终是我敬仰和学习的楷模。而此次中文版的出版筹备工作主导者张峰老师，与我也是多年的好友，我们亦师亦友，共同致力于 TOC 在中国的推广和发展，为此不懈努力。我相信本书中文版的出版必将有助于 TOC 在中国的进一步传播与普及，使更多人学习、运用 TOC，并借助它成就事业、提升自我。

正如在我今年的新春分享中所说的：TOC 是一场修行，让我们借商业模式创新画布之假，修每个人的生命成长之真！

岑雪峰

鸣志工业（越南）有限公司总经理

推荐序二

最早接触史瑞达博士的书籍，始于2017年出版的《良策：迈向卓越运营的变革之路》（以下简称《良策》）。在《良策》一书的后半部分，史瑞达博士利用TOC的思维视角重新解读了亚历山大·奥斯特瓦德和伊芙·皮尼厄提出的商业模式画布，使静态的商业模式画布九宫格转化为动态的商业价值流动，这一创新至今仍令我印象深刻。自此，我开始关注商业模式方面的资讯，史瑞达博士无疑成为我在商业模式学习上的启蒙老师之一。

多年后，我有幸参加了国内TOC大咖张峰老师于2023年11月在上海举办的"TOC商业模式创新共创营"，再次与史瑞达博士的思想产生交集。史瑞达博士不仅进一步发展了商业模式画布，从原有的"九宫格商业模式画布"进化为"五宫格商业模式创新画布"；还系统性地梳理了庞大的TOC知识体系，并通过人们熟悉的商业模式画布作为载体，使其变得简洁易懂，使得即使没有TOC知识背景的商业人士也能按步骤进行商业模式的创新。

受张峰老师的邀请，为本书撰写推荐序，我并不想按传统推荐序的套路对本书进行过度赞美或罗列推荐理由，这样可能会让人误以为我是"书托"。我更希望通过学习和撰写推荐序的过程，深入理解TOC商业模式创新的底层逻辑。知其然，更要知其所以然，我希望通过分享，能帮助有心的读者更容易按照本书的逻辑结构，实践各自企业的商业模式创新，避免错过宝贵的学习机会。

要搞清楚TOC商业模式创新的底层逻辑，首先要明确什么是商业模式，其次要理解为什么商业模式需要创新，最后要了解凭什么采用TOC商业模式创新的模式。

什么是商业模式？实际上，无论是学术界还是商业界，都尚未有一个统一的权威定义。根据奥卡姆剃刀原理，最简单的解释往往最有效。在《TOC商业模式创新画布》一书中，有一个简洁而清晰的定义："商业模式描述了组织如何创造、交付和获取价值的基本原理。"这一解释揭示了创造价值是商业模式的核心，因为只有当组织创造价值时，才能向客户交付价值和获取价值。这里又引出一个问题：如何创造价值？

TOC制约理论创始人高德拉特博士给出了一个相对权威的回答："价值是通过移除了客户的一项重大限制来达到的，这在以前是不可能的，而且做到没有主要的竞争对手所能达到的程度。"也就是说，创造价值必须同时满足"移除客户重大限制、以前无法做到和竞争对手无法模仿"这三个必要条件。

换言之，如果组织无法同时或完全满足这三个必要条件，那么就无法创造价值或价值有限。因为无法创造价值或价值有限，所以无法向客户交付价值和获取价值或价值有限，这就是《TOC商业模式创新画布》第一个模块变革引擎中提到的"当前基准（意外结局）和雄心目标之间的差距"存在的原因。

弥补差距是推动变革的动力，也解释了"为什么商业模式需要创新"。

那么，为什么本书不是从"移除客户重大限制"开始商业模式创新，而是从探索造成与雄心目标差距的系统性问题根源开始呢？如果我们把探索客户重大限制称为外部视角，把探索系统性问题根源称为内部视角，那么这个问题可以转化为：为什么TOC商业模式创新不是从外部视角，而是从内部视角出发的？答案其实很简单，因为无论从外部视角还是内部视角出发，最终都会回到"移除客户重大限制"这条道路上。

从内部视角来看，造成与雄心目标差距的系统性问题根源，可以等同视为造成客户重大限制的根源。正如《TOC商业模式创新画布》所言："与雄心目标存在差距，是由于长期存在的不良效应"造成的，而"系统性问题是当前现实中存在的关键不良效应和意外结局的直接源头"。因此，"关键不良效应显示了组织能力上的差距，它阻止组织满足客户重要需求、解决关键问题或消除客户在一个足够大市场中的重大限制"。

为什么关键不良效应显示出组织能力上的差距，会阻止消除客户在一个足够大市场中的重大限制？因为存在"囿于成见的假设"或范式，导致企业被"片面的政策"和"刻舟求剑的考核方法"所误导，进而采用"削足适履的运营模型"做出"匪夷所思的行为方式"——这些行为方式给客户造成了某些重大限制。例如，书中列举的以下匪夷所思的行为方式及其造成的限制：

为了"所有资源效率最大化"，必须"加大批量生产"，造成交货及时性的限制；

为了"销售最大化"，必须"向下游压货"，造成渠道资金流动性和销售成交的限制；

为了"符合预算"，必须"等到期末再抢购"，造成资金使用上的限制；

……

为了"移除客户重大限制"并为客户创造价值，我们必须从外部视角转向内部视角，探索无法实现雄心目标的组织系统性问题根源。在这个过程中，我们需要挑战和打破自身固有的"囿于成见的假设"，代之以"高屋建瓴的假设"及"核心注入解"。这种创造价值的思维逻辑是否让你感到似曾相识？

孟子曰："行有不得，反求诸己。"

我们仍有一个问题待解，即凭什么采用TOC商业模式创新的模式？在《TOC商业模式创新画布》中，史瑞达博士基于高德拉特博士对价值创造的重新定义，提出了一个实用的创新公式，基本上解答了这个问题。

$$创新 = 新颖性 \times 差异性 \times 收益$$

新颖性：之前不可能做到的创造、交付和获取价值的实现方式，包括其范围或规模。

差异性：在足够大的市场上，与主要竞争对手相比，存在的决定性竞争优势，即难以模仿的程度。

收益：能够移除客户重大限制，为客户和企业创造非凡的价值。

新颖性不仅体现在企业自身之前不可能做到，也包括行业内的主要竞争对手之前也做不到。为何做不到呢？这是因为从移除客户重大限制的外部视角，转向内部视角的反求诸己行事逻辑，将自身视为客户限制或麻烦的制造者，并致力于转变为限制或麻烦的解决者。为了成功转变角色，企业需要对其经营方式的一些基本假设提出质疑。假设越基本，对它的质疑就越可能导致范式转变。尽管人们通常不喜欢范式转变，因为它会使人们离开舒适区，许多经营规则在范式转变后将变得无效，需要重新建立。然而，这正是范式转变所带来的竞争壁垒，也是主要竞争对手难以模仿的原因之一。

难以模仿的另一个原因是，TOC创新以客户"收益"为出发点，首先识别客户的重大限制，然后倒推出企业需要创建的决定性竞争优势，并建立与之相匹配的运营能力。一方面，主要竞争对手不可能完全模仿其运营的所有流程或环节；另一方面，即使主要竞争对手后续模仿跟进，所需范式转变的时间差也会使企业处于市场领先或领导者的位置，更有利于影响市场并扩大其市场份额。

创新公式的核心是"收益"，它来自移除客户重大限制所创造的非凡价值。

那么，为什么不采用TOC商业模式创新的模式呢？请给我一个拒绝的理由！

采用TOC商业模式创新的模式，能为你的企业构建一套"市场无法拒绝、过去无法做到，以及竞争对手无法模仿"的无敌商业模式。面对这样的机会，你还会拒绝学习吗？

以我多年的经验来看，拒绝学习确实是一种常态。人们并不缺乏学习的动机，而是缺乏克服学习障碍的能力。根据福格行为模型，行为的发生需要同时满足"动机、能力和提示"三个条件，因此仅在动机层面发力往往难以如愿。本书的一个显著特点，就是试图帮助学习者克服学习障碍。只要按照本书的指引，你就能克服学习障碍，掌握TOC商业模式创新的框架和精髓。

换言之，本书以"五宫格画布"的极简性，移除了学习TOC商业模式创新的复杂性限制，这本身就是一种前所未有的TOC教学和推广模式创新。本书中的更多创新举措，还有待有心的读者慢慢体会，在此不做过多剧透。

当我试图解答"什么是商业模式，为什么商业模式需要创新，以及凭什么采用TOC商业模式创新的模式"这三个基本问题时，我逐渐理解了TOC商业模式创新的底层逻辑。简而言之，就是反求诸己，移除限制。

段云刚

TOC商业咨询顾问

TOC整体思维权威导师

《显而易见：TOC清晰思考实战手册》作者

推荐序三

第一次听说"TOC商业画布"这个词语是在张峰老师的课堂上，当时课堂上热烈的讨论气氛令我至今难以忘怀。自那时起，他默默耕耘，他领衔翻译的中文版《TOC商业模式创新画布》能如此迅速地进入读者视野，确实出乎预料。

这是一本将TOC与商业模式画布模型完美融合并创新发展的好书，也是市场上罕见的融合多学科理论的创新力作。通过整合多位学者和实践者的经验，形成了一个实用且完整的商业模式创新框架，为大家提供了一种全新的商业模式分析和优化工具。TOC商业画布的主要创新点在于描述了企业如何实现业务转型的精髓要素，包括挑战的商业环境、根深蒂固的问题、突破性解决方案和逐步实施的落地计划，以持续为客户和企业创造非凡的价值。这种模块化的画布形式有助于团队建立共同理解和统一沟通，帮助聚焦关键事项，提高有效性和效率。作为一名长期从事有效产出会计研究的教师，我将读完这本书之后的感受和各位交流如下：

首先，这本书很好地将TOC理论与商业模式画布相融合。TOC理论强调识别并解决系统中的瓶颈或制约因素，而商业模式画布则从九个维度全面分析企业的商业模式。两者的结合创造出了简化版的五模块画布框架，包括变革引擎、系统性问题、核心方案、落地计划和价值轨迹。非常巧妙地将TOC理论中的战略模型、核心冲突、不良效应、远大目标、持续改善、有效产出会计、决定性竞争优势等要素与商业模式画布创造性地融合，使TOC商业画布更简便，更易理解，更注重问题导向，更贴近企业实战。这将使企业能够更好地发现商业模式中的制约因素，并针对性地加以优化和改进。

其次，本书的编排也独具匠心。读者可以快速定位自己关注的内容，也可以根据提示跳转回看书中其他相关内容。本书提供了一种结构化、互动式的方法来推动商业模式创新，兼顾了直觉和逻辑。图文并茂，表情包的应用更为阅读体验增添了一股灵动鲜活的氛围。本书的案例分析部分也极具价值。作者以多个行业真实的TOC商业画布创作案例为例，详细解释了如何运用TOC商业画布工具来分析企业的当前商业模式，发现潜在的制约因素，并提出优化建议。这些生动的案例有助于读者更好地理解和掌握TOC商业画布的应用方法。

最后，本书提出的TOC商业画布工具具有很强的操作性和实用性。企业可以根据本书的指导，对自身的商业模式进行全面审视，找出潜在的制约因素，并制定相应的优化策略。全书贯彻了约束理论的精神实质，又给人"手把手教你画"的沉浸式体验，使读者在学习之余有种"跃跃欲试"的感觉。个人体会，TOC商业画布对清晰思考企业管理中的问题及解决方案非常有益，只需跟随画布，它就能为你解决问题。

总体来说，《TOC商业模式创新画布》是一本极具价值的著作，将约束理论、商业模式画布模型等管理理论与实践紧密结合，为企业提供了一种全新的商业模式分析和优化工具。虽然没有详述TOC的基本机制，但始终围绕如何以TOC创新力在资源受限的情况下实现增长这一主题。有理由相信，这本书一定能为高级管理层、变革运动旗手、业务架构师，以及希望了解商业模式创新的变革者和探路者带来新的思路和启发。希望你是其中的一员。

王纪平

上海国家会计学院副教授

推荐序四

企业转型可以依靠 TOC 逻辑的思维方式

我自己在商业零售业也是半路出家，对我认知提升帮助最大的三种理论是：精益思想、TOC 理论和复杂网络理论。精益思想起源于丰田生产方式，后来被提炼为精益思想，它是改变世界产业界的最重要的管理理论之一，名声显赫。复杂网络理论用于研究和解释生态系统类型的商业现象，随着中国互联网、电商平台的大发展，也得到了越来越多人的关注。然而，相比之下，TOC 理论在国内的发展一直较为平淡，主要在小圈子内流行。

实际上，TOC 理论给我们的启发是巨大的，其应用领域也是全方位的。TOC 理论，即约束理论，是由以色列物理学家艾略特·高德拉特博士提出的管理理论。该理论基于系统理论，其核心概念是识别和管理组织中的约束，以实现整体绩效的优化。

TOC 理论的主要特点包括：

1. 专注于关键问题：TOC 理论帮助组织识别和专注于影响整体绩效的关键约束或瓶颈，避免在次要问题上浪费资源和精力。

2. 系统性思维：TOC 理论强调系统性思维，追求整体绩效的最大化，而非局部优化。这有助于组织更全面地分析和解决问题。

3. 快速改进：通过迅速识别和处理瓶颈环节，TOC 理论能够帮助组织迅速实现改进，避免长期漫长的改变过程。

TOC 理论不仅广泛应用于生产制造领域，实际上，高德拉特博士的基本著作已将 TOC 理论应用于零售业、供应链管理、项目管理以及人生规划等多个领域。

首先，在生产制造领域，它帮助优化生产流程，减少库存，提高生产效率。

其次，在供应链管理，特别是配销领域，TOC 理论有助于组织优化供应链的关键环节，缩短交期，提高交付效率和客户满意度。

再次，在项目管理中，TOC 理论帮助项目团队识别并处理项目中的关键瓶颈，确保项目按时、按质完成。

最后，在营销和销售中，TOC 理论也帮助组织发现和解决阻碍销售增长的关键约束。

总体来说，TOC 理论的优势在于帮助组织识别和解决关键约束，实现绩效优化，适用于各种领域的管理和运营实践。

应用 TOC 取得成功的企业案例众多。例如，亚马逊的创始人贝索斯在其自传《一网打尽》中提到的枕边书单中就有《目标》一书。作为全球最大的电子商务和云计算公司之一，亚马逊在供应链管理中采用了 TOC 理论来优化关键环节，提高效率和客户体验。通过对供应链中的约束和瓶颈进行识别和处理，亚马逊能够更好地管理库存、加速订单处理和配送过程，从而提高交付速度和准时率。

飞利浦电子，作为全球知名的电子产品制造商，也曾应用 TOC 理论成功优化其生产流程。通过识别和处理生产线上的关键约束，飞利浦电子实现了生产效率的显著提升，减少了生产周期和库存成本，提高了产品交付的及时性和质量。

谷歌，作为全球领先的科技公司，也曾应用 TOC 理论来解决其项目管理中的瓶颈和约束。通过应用 TOC 理论的思维方式，谷歌项目团队能够更加有效地识别和处理项目中的关键瓶颈，确保项目按时交付并达到高质量标准。

此外，许多零售公司也通过应用 TOC 理论提升了供应链运营效率，减少了畅销品缺货，提高了库存周转率。

TOC 理论还可以应用于战略管理领域，本书就提供了有关企业商业模式创新战略的一个一般性的框架。TOC 商业模式创新理念并非对企业管理系统进行全方位的彻底改造，而是选择关键聚集点，对整体目标产生突破性影响，即所谓的"杠杆作用"。

史瑞达博士的模式包括五个部分：（1）变革引擎；（2）识别企业根深蒂固的、悬而未决的问题；（3）创建突破性的解决方案；（4）逐步实施的落地计划；（5）持续为客户和企业创造非凡的价值。每一部分，作者都做了详细的阐述，并提供了详细的图表、工具，便于团队一起讨论、共创。

本书涉及许多专业的词汇和概念，因此并非 TOC 理论的入门书籍。建议读者在阅读本书之前，先阅读高德拉特博士的几本介绍 TOC 理论的书籍，以储备相关概念和原理。

在科技创新和经济转型的大时代里，系统思考、清晰思考对于企业家、企业高管至关重要。只有这样，我们才能不迷失方向。祝愿读者能从本书中受益！

希疆
新零售战略资深专家
杭州希疆新零售研究院院长

推荐序五

当不确定性成为商业常态时，企业如何在动荡的市场中寻找稳定的增长点，如何在激烈的竞争中保持领先地位，这已然成为每位商业领袖必须面对的问题。史瑞达博士所著的《TOC商业模式创新画布》，凭借其独到的视角和深刻的见解，为我们提供了一个全新的思考和行动框架。在此，我要向四位业界翘楚——张峰先生、伍疆先生、袁见运先生和刘卫阵先生表示衷心的感谢。他们倾注心血翻译了这部杰作，译文准确透彻，文字优美流畅，既传达了原著的精髓，又保持了中文的优雅，堪称近年来商业管理名著翻译的典范。他们邀请我作序，我深感荣幸的同时也略感惶恐，为不辜负这份信任，我将尽我所能，以期抛砖引玉。

本书的核心在于五副画布——变革引擎、系统性问题、核心方案、落地计划和创新轨迹。这五大模块相互关联，形成了一个完整的商业模式创新体系。借助这五副画布，读者能够系统地识别和解决企业面临的根本性问题，设计并有效实施转型策略。

"变革引擎"帮助我们识别推动企业变革的关键因素，为企业的转型之旅指明方向。它要求我们深入理解企业的内在动力和外部环境，从而找到真正的增长机会。"系统性问题"引导我们深入探索企业内部相互关联的问题背后的根源。通过这一模块，我们能够超越表面现象，找到阻碍企业发展的核心原因。"核心方案"为我们提供了解决系统性问题的关键策略。它激励我们挑战传统思维，寻找创新的解决方案，以实现企业的突破性改进。"落地计划"确保核心方案能够具体实施。它提供了一套详细的执行计划，帮助企业将创新理念转化为实际行动。"创新轨迹"为企业的持续创新与发展提供了明确的规划。通过这一模块，企业能够在日新月异的市场中保持竞争优势，实现长期的增长与成功。

史瑞达博士的著作不仅提供了理论指导，更强调实践应用。在相关的姊妹篇中，通过丰富的案例分析和实用的工具模板，让读者能够直接将书中的理念应用于实际工作中，从而实现真正的商业价值。

作为本书的读者，你即将踏上一段探索商业模式创新的旅程。在这段旅程中，你将学习如何利用TOC的原理和工具，识别并解决企业所面临的挑战，设计并实施有效的转型策略。无论你是企业的高层管理者、创业者，还是对商业创新充满热情的专业人士，本书都将为你提供宝贵的见解和启发。

在未来的道路上，让我们共同深入探索《TOC商业模式创新画布》的每一个模块，解锁企业增长的秘密，构建面向未来的商业模型。愿你在商业创新的道路上取得辉煌成就，为企业和社会创造更大的价值。

感谢史瑞达博士和四位译者的辛勤付出，感谢他们为我们带来这份宝贵的知识财富。此刻，正是你开启商业模式创新之旅的绝佳时机。

尹振中
宁德时代新能源供应商管理经理

译者序一

非常荣幸受电子工业出版社的委托，担任《TOC 商业模式创新画布》（以下简称《TOC 画布》）中文版的翻译志愿者和组织者。作者史瑞达博士从一开始就指导我在几家中国企业进行试用，并持续鼓励我在中国推广应用 TOC 画布。

《TOC 画布》的面世，首先要感谢电子工业出版社的高瞻远瞩以及对 TOC 理论的长期投入。在初次接触原著后，我迅速与作者取得了联系，提出了出版中文版的想法；与此同时，出版社的晋晶老师也在与作者洽谈版权事宜，我们三方很快达成共识。随后，我们与共同的朋友伍疆老师，以及资深 TOC 顾问袁见运、刘卫阵老师共同组建了翻译志愿者小组。伍疆老师凭借丰富的翻译经验，其他老师也展现出了极高的认真和严谨态度，第一稿交付时就得到了晋晶老师的赞赏。经过多轮互校和修改，最终达到了我们满意的效果。如果你在阅读过程中发现任何瑕疵，请不吝告知。

史瑞达博士不仅在 TOC 领域造诣深厚，更是商业模式创新的领军人物。他的前作《良策》便尝试将画布与 TOC 融合；在 21 世纪 00 年代，当高德拉特博士做 ABB 马达的经典案例时，他是项目旗手。2018 年起，我们曾携手成功推进阿里巴巴和鸣志电器等项目，在工作上是良好的合作伙伴，在生活中是亲密的朋友。2020 年，史瑞达博士遭遇人生低谷，但此时，那些他曾无偿辅导过的百家创业企业纷纷向他伸出援手。这个爱心传递的故事深深触动了我，也成为我默默耕耘、传播 TOC 理念的强大动力。2022 年春天，史瑞达博士突然告知我《TOC 画布》即将发行，原来他闭门一年，精心打磨，完成了这本书。我翻阅后如获至宝，深感此书在多个方面均取得了突破。

在商业模式创新领域，2010 年亚历山大·奥斯特瓦德博士的《商业模式新生代》堪称一部权威之作。该书通过九宫格形式，提炼并规范了商业模式的关键要素，同时其自由泼墨的画布形式也极大地满足了创新过程中不断修正、打磨的需求。该书特别强调了"价值主张"的概念，这一提法跳出了传统厂家"卖点"思维的局限，转而站在用户的角度探讨"买点"，引导我们从产品功能、痛点、爽点三个视角深入挖掘用户需求。这一理论性突破为商业模式创新提供了全新的视角和主线，过去十年，全球的同业者都深受其启发和影响。

史瑞达博士在《TOC 画布》中首先引述了高德拉特博士对价值的定义，认为价值是通过消除客户的重大限制来创造的，以之前不可能的方式，并且达到主要竞争对手无法达到的程度。这种独特的价值定位有助于企业打造决定性竞争优势，并开拓独有的蓝海市场。然后，史瑞达博士站在两位巨人的肩膀上，基于"价值主张"和"价值蓝海"的理念，进一步提出了"价值轨迹"这一全新概念。这一概念包括"用户感知的价值提升轨迹"和"企业自身发展的价值上升轨迹"两个视角。价值轨迹不仅能够更全面地审视和验证商业模式创新的有效性，还将用户价值与企业使命和愿景相结合，使得价值认知、运营模型、执行机制三者有机融合，从而构建了一个上下同欲的系统性管理机制。这不仅是管理界长期未决的诉求，也是商业模式创新的重大突破之一。

其次，该书不仅保留了自由泼墨的画布风格，还将视角从原先的九宫格静态画布模型转变为由五幅子画布构成的动态创新思维流程模型。对于创业者和商业模式设计者而言，这种流程化、模型化的方法将极大地激发灵感和新点子；它不仅提高了商业创新的成功率和创新性，还避免了简单复制经典案例的弊端。可以说，《TOC画布》是《商业模式新生代》的升级版，也可以视为其细化落地的姊妹篇。

更值得一提的是，尽管 TOC 理论因其独特的管理哲学、系统化的工具、显著的落地效果以及广泛的适应性而创造了众多商业奇迹，但由于其来自全球顶尖企业家的思维模型，因此在某种程度上难以掌握和熟练运用。然而，《TOC 画布》为我们提供了详细的实施步骤和流程，使 TOC 理论更加简化、标准化、有章可循。对于广大的 TOC 实践者而言，这实际上是一套实用的 TOC 行动指南，不仅适用于商业创新，还可以应用于更多的落地场景。

《TOC 画布》的脉络清晰而有力。本次中文版的出版仅包含了原书的前两册，因为第三册《实用工具》的英文版尚未发行。本书第一篇的第一章广泛吸纳了当前市场上的众多管理工具，并保持对未来其他工具方法的开放性，分析企业现状、增长潜力和改革动力；第二章和第三章则以平仄对仗的方式，呈现了 TOC 清晰思考流程的简化版，通过底层假设、运营模型和政策考核三种途径，剖析了当前系统的不良效应和意外结局背后的深层次根源，即囿于成见的认知错误，进而激发出高屋建瓴的认知假设和核心注入案、量体裁衣的运营模型，以及因地制宜的监控体系；第四章探讨了落地计划及其细节，这实际上是 TOC 特有的 Know-How，是确保落地结果的关键环节；价值轨迹的细节体现在第五章的描述和实例中。这五个子画布可根据实际需要灵活配合使用，无须拘泥于固定顺序。第二篇（即原书的第二册）不仅汇集了不同业务模式场景（如产品型、服务型、项目型、交易型、体验型）的几十个成功案例画布，还详细描述了背后的视角和思维过程，为实践者提供了宝贵的参考和启发。

从《TOC 画布》的内容细节看，它不仅适用于初次创业者，更是一套强大的系统方法论，可用于处理更具挑战性的续存企业持续发展和二次曲线问题。我在多家高科技和传统大型企业的成功应用有力地验证了这一点。当然，这背后离不开 TOC 系统性方法论的强力支撑。

最后提醒你，如果你能理解并尝试应用，那么你将踏上一条与众不同的奋斗成功之路。你并不孤单，请添加我的微信 mytocway，并加入 TOC 商业模式创新画布群，那里有许多志同道合的同行正在期待你的加入。

我坚信,《TOC画布》的出版将为商业模式创新领域带来新的思考和启示,也将为致力于推动企业发展和创新的管理者提供坚实的支持和指导。我期待这本书能够在更广泛的范围内得到传播和应用,为祖国的强大和新质生产力的发展贡献智慧和力量。

张峰

顿吉咨询 OpenTOC 商业模式创新首席导师

前以色列高德拉特咨询集团项目总监

上海交大马赛供应链促进中心创始主任

TOCE、MBA、Volvo MDP

译者序二

您手中的这本书，深入剖析了基于 TOC 制约理论的商业模式创新之路。我有幸作为本书的译者，将这一创新理念和工具介绍给中文读者。作为一位 TOC 研习者，我想通过回顾自己的亲身经历，谈谈对 TOC 和本书的理解。

我与 TOC 的相遇，始于经营企业时遭遇的业绩困境。在寻求突破的过程中，我偶然阅读了《目标》一书，它让我豁然开朗，从此踏上了探索 TOC 的旅程。在这个过程中，我参加了 TOC 课程培训，主持了《目标》读书会，并得到了杨帆、张峰等老师的悉心指导。在周冠洲老师的引荐下，我有幸向欧德·可汗先生和苏正芬校长当面请教。之后，在罗镇坤、段云刚、赵智平等名师的进一步指导下，我深入理解了 TOC 的精髓。

在企业管理实践中，我体会到 TOC 在实现"可行愿景"方面的巨大作用。作为一名高科技企业的负责人，我曾面对复杂多变的市场需求和运营挑战。通过融合 TOC 理念与数字化转型方案，我的团队成功将精益生产以及华为、阿里巴巴等企业的管理精华融入运营管理中，实现了"盈利达到 4 年前收入"的增长业绩。TOC 帮助一个成立 20 年的传统企业全面更新了运营体系，实现了跨越式的发展。我常常开玩笑说："TOC 就像个筐，什么都能往里装。"以 TOC 作为认知基础，整合各种管理理念和工具，可以为企业构建一套贴合实际、适应时势的运营体系。

在清华大学经济管理学院 EMBA 的学习过程中，我在管理科学与工程系主任陈剑教授的指导下，对关键链项目管理（CCPM）和简化鼓-缓冲-绳计划管理（SDBR）在定制开发企业运营改善方面进行了深入的案例研究。经过实证分析，我更加坚信 TOC 在提升运营效率、驱动收入增长以及增强盈利能力方面的卓越表现。然而，目前在国内，TOC 的应用主要集中在生产制造环节，而在商业模式创新领域的应用则相对匮乏。在我当前从事的投资和咨询工作中，对这方面的理论和工具的需求显得尤为迫切。

史瑞达博士所著的《TOC 商业模式创新画布》一书，恰好填补了这一空白。该书借鉴了亚历山大·奥斯特瓦德博士的《商业模式新生代》的画布形态，但更注重实操性。它以全面的视角展示了业务转型的各个子模块，并通过清晰、逻辑严密的步骤，引导读者逐步深入思考并变革商业模式，最终落地实施。值得一提的是，本书不仅提供了一套易学易用的"画布模型"，还提供了多个行业的"实用模板"。作者创建的 mytocway 网站，为读者提供了一个学习交流、模板下载、成果分享的平台。作者在撰写过程中所采用的灵活方法和多维视角，以及众多 TOC 顾问的众创贡献，使得本书在 TOC 领域中独具特色。

拜读本书的英文版后，我立即与电子工业出版社取得联系，并加入了由张峰老师牵头的翻译小组。在这个过程中，我有幸结识了袁见运、刘卫阵两位资深顾问老师。翻译小组在努力保留原文韵味的同时，也力求贴近中文读者的阅读习惯。为此，我们经常深夜热烈讨论，对每个概念的表述和上下文的连贯性反复打磨，有时甚至发展成一场小型的 TOC 研讨会。作为本书的首批国内读者之一，我已将 TOC 画布工具应用于管理咨询和培训业务，并与众多管理者和学者进行了交流研讨。

展望未来，我将继续致力于 TOC 在投资、咨询和创新创业等领域的应用与推广。我期待与更多的读者朋友分享心得。让我们一起借助 TOC 画布工具开创商业的新篇章，共筑美好未来。

伍疆

诺辉投资副总裁

本书简介

本书以TOC（制约理论）内涵的阿基米德杠杆原理为基础，带你深入探索商业模式创新的本质。书中展示了不同行业的经典转型模型，你可以与之关联对照。它们以TOC独特视角，展示了端到端商业模式创新的完整过程，激发你的直觉和灵感。同时还为你展示了一系列简单工具和框架模板，帮助你充分发挥行业丰富经验，积极拥抱市场环境的新不确定性。

本书不是常见的经典TOC故事小说、趣闻轶事、逻辑图表或深度技术探讨。它旨在在你深入踏进转型之旅之前，带你快速、简单、直观地了解应知精髓和经验。书中随意呈现的大量表格和图片可以强化你的直觉和印象，帮你优化提升和打磨雕琢你的转型模型。

我们竭诚让变革者和探路者去理解TOC知识体系的实用性，而不造成认知过载。我们希望本书能为你提供更好的阅读和工作体验。

商业模式创新界有许多狂热从业者，为本书贡献了创意、洞见和案例。

TOC其实并不是新生事物，已经有40多年的突破性发展历史。ABB、英特尔、波音、塔塔集团、Godrej、IBM、惠普、美敦力、Amdocs、马自达、Aditya Birla、Eli Lily、阿里巴巴、西门子、松下、宝洁、微软和以色列国防部等企业或组织在各自不同领域率先应用了TOC方法。事实上，TOC的基础理念可以追溯到阿基米德的名言"给我一个支点，我可以撬动地球"。这里"撬动地球"的意思是，通过聚焦于极少数杠杆支点实现企业极具野心的大幅增长。

在今天的商业环境中，不确定性的规模和速度都达到天文数字级，将TOC推到了聚光灯中央，助力21世纪的管理者提升必要的核心能力。

现在TOC正当其时，管理者、商业领袖、改革家和学者们，对TOC在当今商业环境中的定位和影响，应该有更清晰的理解。以系统方法论，应对在不确定世界中商业模式创新的巨大挑战，正是本书的独到之处。

无论如何，可持续的业务增长最终是通过为利益相关者创造更多的价值来实现的，包括公司、客户、员工和社会。这一切都与转变思维范式有关，改变迄今为止长期惯有的思维方法，转向价值创造的新思维。

Amdocs公司通过升级应对不确定性处理方法，在IT项目交付中创造了极大的客户价值。杰夫·贝索斯一直把《目标》（TOC开山之作）列为最喜爱的10本书之一，不断学习和尝试如何高度聚焦于真正对客户和公司最重要的事情。塔塔钢铁公司采用TOC的思维方式，实现了从大宗商品业务到增值产品业务的跨越。雷迪博士实验室通过提升研发过程流动性，以更好地聚焦和应对不确定性，缩短了新药开发周期，并数倍提高了有效产出。印度七家顶级制药公司都曾尝试实施TOC，为客户提供卓越的价值。而在中国，即使仍然有人声称从未听说过TOC，但其实已经有许多公司在积极拥抱和大规模应用 TOC。

那么，如何为创造更高价值构建场域，准确定义系统性问题，设计稳健的解决方案，从而即使面临不确定性也能完美地实现转型？如何才能从根深蒂固的观念转变到高屋建瓴的思维范式？如何让商业模式创新成为常态化流程，从而实现持续高速增长？

第一篇，它帮助你捕捉团队的直觉，确保组织的内在价值得到认可和利用。这一简单的步骤是通过将你的直觉倾注到一个名为 TOC 画布的框架中来实现的。该框架也让你在实现转型的第一个重要步骤时清晰明了，同时让转型之旅的大局清晰可见。这样，画布的第一个版本就已经完成了。

第二篇，为了帮助你快速借鉴他人的想法，商业模式创新的领域被划分出五种模板。然后，将最佳的商业模式创新案例进行分类、提炼，并绘制到画布上。这些绘制的案例还可以在一个易于搜索的画布资料库（Canvas Library）网站上获得，因此你无须在互联网上东奔西走。现在，你只需对相关案例进行一页纸的简要描述，即可决定下一步的转型之旅。这有助于绘制画布的第二个版本，并拓展初始的实施方案。画布资料库的使用是真正优雅、务实和高效的。

没有什么比实践更有说服力了，许多 TOC 实践者参与了本书的编写过程，对本书贡献了大量案例、工具、方法论，当然，还有一些新知识和洞见。不管是简单的预先调研还是事后反馈，不管是学习还是真正应用，使用画布都将是很有趣的。所以，本书实际上是 TOC 商业模式创新经验分享的汇编。

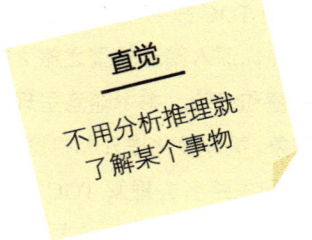

直觉
不用分析推理就了解某个事物

商业模式创新的三个步骤

每一步都会有变革性结果输出，你的业务模型也会变得清晰完善起来。本书从"画布模型"开始，你可以涂鸦方式随意泼洒经验和直觉，不会阻塞认知带宽。接下来可以阅读本书的第二篇"案例模板"，借助于他山之石，优化和提升你的业务模型。"实用工具"提供了必要且充分的创新元素工具，可以将业务模型精细打磨雕琢，直到足够专业和满意为止，这部分内容会呈现在作者的后续图书中。

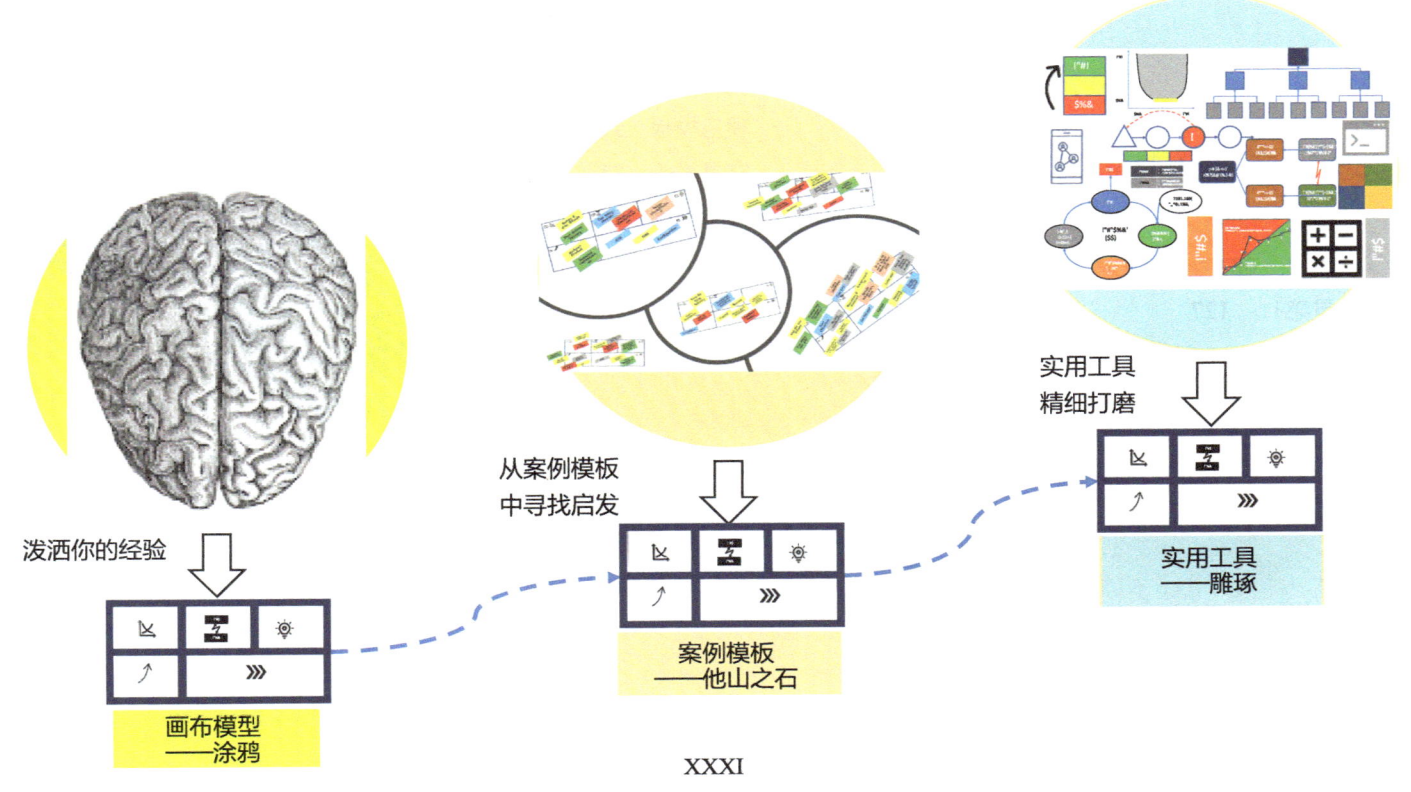

书里乾坤

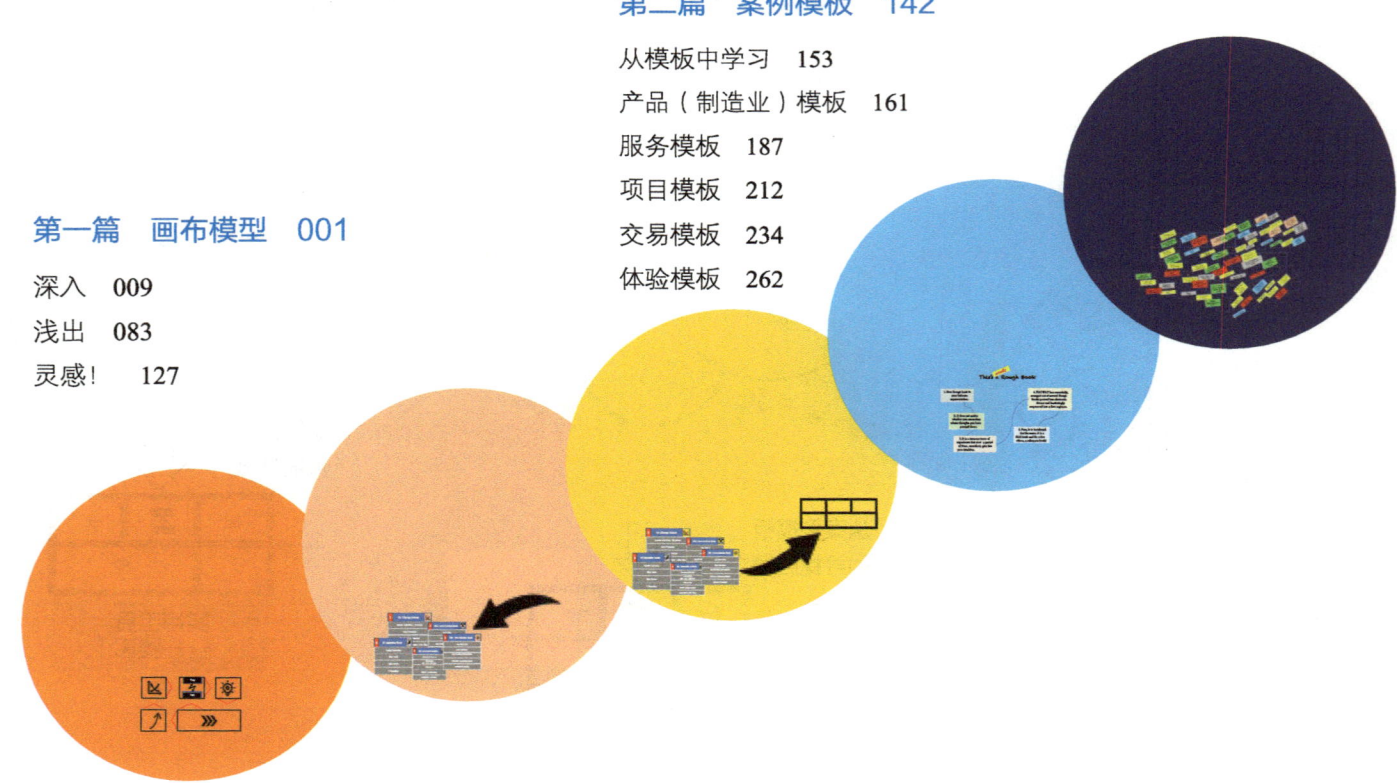

第一篇　画布模型　001

深入　009
浅出　083
灵感！　127

第二篇　案例模板　142

从模板中学习　153
产品（制造业）模板　161
服务模板　187
项目模板　212
交易模板　234
体验模板　262

涂鸦画布模型

第一篇

TOC 商业模式创新画布的定义

TOC 商业模式创新画布描述企业如何实现业务转型的精髓要素，包括值得挑战的商业环境，识别根深蒂固悬而未决的问题，创建突破性的解决方案和逐步实施的落地计划，并持续为客户和企业创造非凡的价值。

通常情况下，许多公司将商业模式创新画布的某一部分做得很棒，但不是对整体！不仅如此，还往往搞乱了商业模式创新步骤之间的内在关联。有一个好的商业模式创新画布就可以避免这些错误！

TOC 商业模式创新画布概述

应用 TOC 进行商业模式创新之旅始于对未来整体故事情节的共同理解。以画布形式模块化地进行概念性描述，形成了商业模式创新过程模型。

该模型提供了一组共享的词汇和符号，以便在参与转型过程的团队之间建立共同的理解和统一的沟通。人们在一些决定转型进展的关键点上会反复讨论、辩论甚至争论，而该模型对于将人们的想法聚集到一起发挥着关键作用。该模型本身就是一个过滤噪声的框架，确保以结构化的方式专注于最重要的事情上。它增加了有效性和效率考量，尽管它欢迎直觉的运用，但同时消除了随意性。

在接下来的页面中，我们将展示 TOC 商业模式创新画布的概念和构架，每次一幅画布（一个模块），吸收消化它并思考你自己的转型过程。注意，你只需在此书指导下回味过去的体验和直觉，构建画布每一模块的要素；不要纠结钻研任何一模块的细节内容。在很短的时间内，你就会勾勒出初版模型 Model_1.0，并享受转型过程本身。

TOC 商业模式创新画布的工具化设计使其具备了随意式结构，名为 TOC 画布，它允许你快速连续地把玩，反复推敲，直到熟练操作和更新迭代，以使你的感觉（直觉）处于最活跃状态，以探索和展示转型过程的本质。然后，画布将帮助你挑战自己的底层假设，以查看构建画布要素之间的关联性和一致性，并可以引入其他人一起讨论以评估简化你的模型。最后你看到的只有一套简洁的、整体的和完美的商业模式创新画布，它将继续增强你的直觉，让你的决策和行动变得迅速而准确。

这些画布模块是通过整合诸多学者和 TOC 实践者的宝贵实践经验形成的，感谢这些贡献者，使该模型既实用又完整。让我们通过修改、放弃和加入思维范式、流程、衡量方法和行为方式来准备好实施蓝图，最终完成 TOC 商业模式创新之旅。TOC 商业模式创新画布的五个构建模块是变革引擎、系统性问题、核心方案、落地计划和创新轨迹。

TOC 商业模式创新画布

定义：对商业运作的底层逻辑和认知进行根本性的改变，而不是浮于表面的妥协！

着眼于实现极具野心的雄心目标，而不是渐进式的小目标！！

TOC 拥有独特的威力，即使在复杂和不确定性的情景下，也可以快速实现卓越的商业模式创新，绝不是追求短期收益！！

五幅画布模块

每幅画布都涉及最需要关注的几个关键要素。在识别关键要素时,必须尽早跳出琐碎细节,不应该在上面浪费时间。

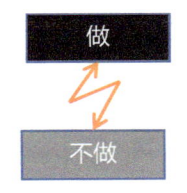

1 CD｜变革引擎	2 CP｜系统性问题	3 CS｜核心方案	4 XS｜落地计划	5 IV｜创新轨迹
强烈要求变革的导火索事件和雄心目标	久悬未决问题背后隐藏的组织功能障碍	稳健的解决方案,整体性提升系统机能	构建落地计划,尽早取得收益,并提升学习能力	设计螺旋上升的突破性价值轨迹

商业模式创新画布

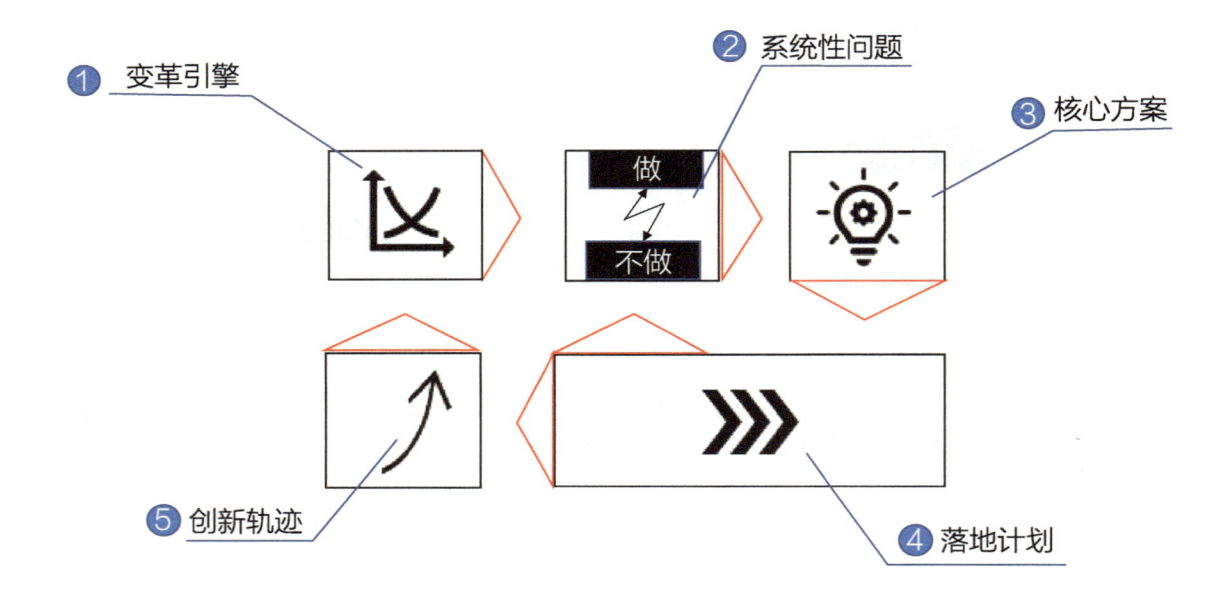

① 变革引擎

② 系统性问题

③ 核心方案

⑤ 创新轨迹

④ 落地计划

推荐本篇阅读风格

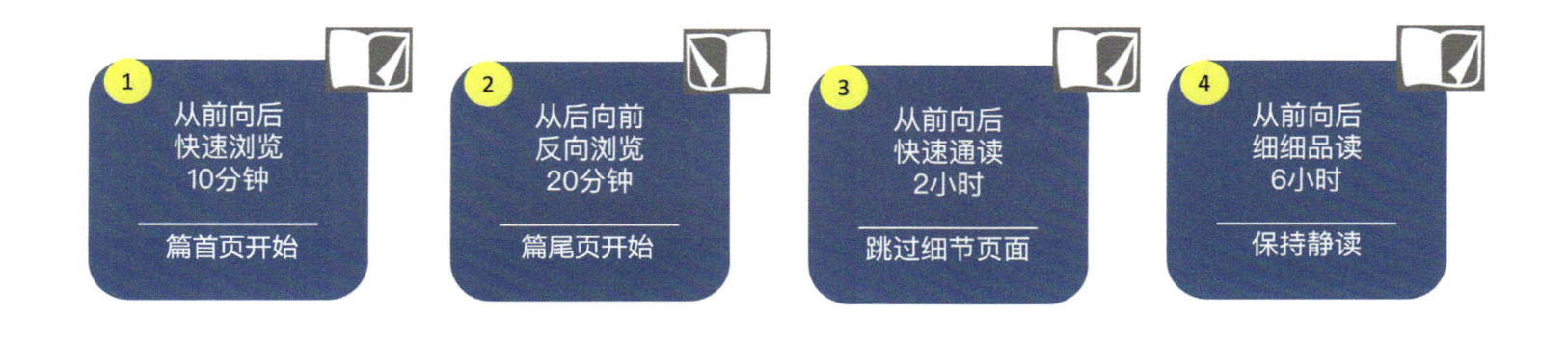

1 从前向后 快速浏览 10分钟 — 篇首页开始

2 从后向前 反向浏览 20分钟 — 篇尾页开始

3 从前向后 快速通读 2小时 — 跳过细节页面

4 从前向后 细细品读 6小时 — 保持静读

快速浏览或细细品读，
各得其乐！

值得快速浏览之处

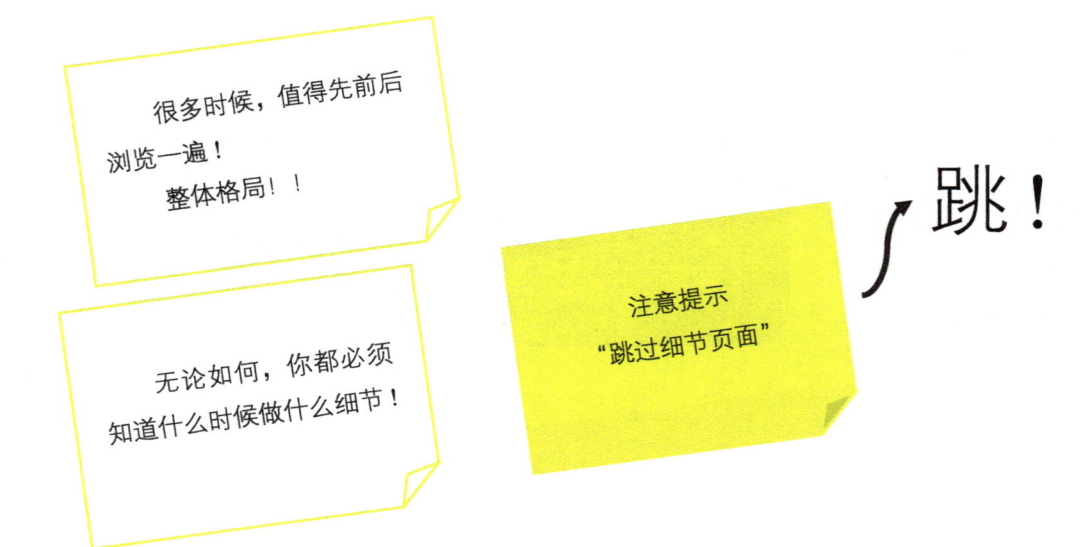

很多时候，值得先前后浏览一遍！
整体格局！！

无论如何，你都必须知道什么时候做什么细节！

注意提示
"跳过细节页面"

跳！

第一篇　画布模型

深入

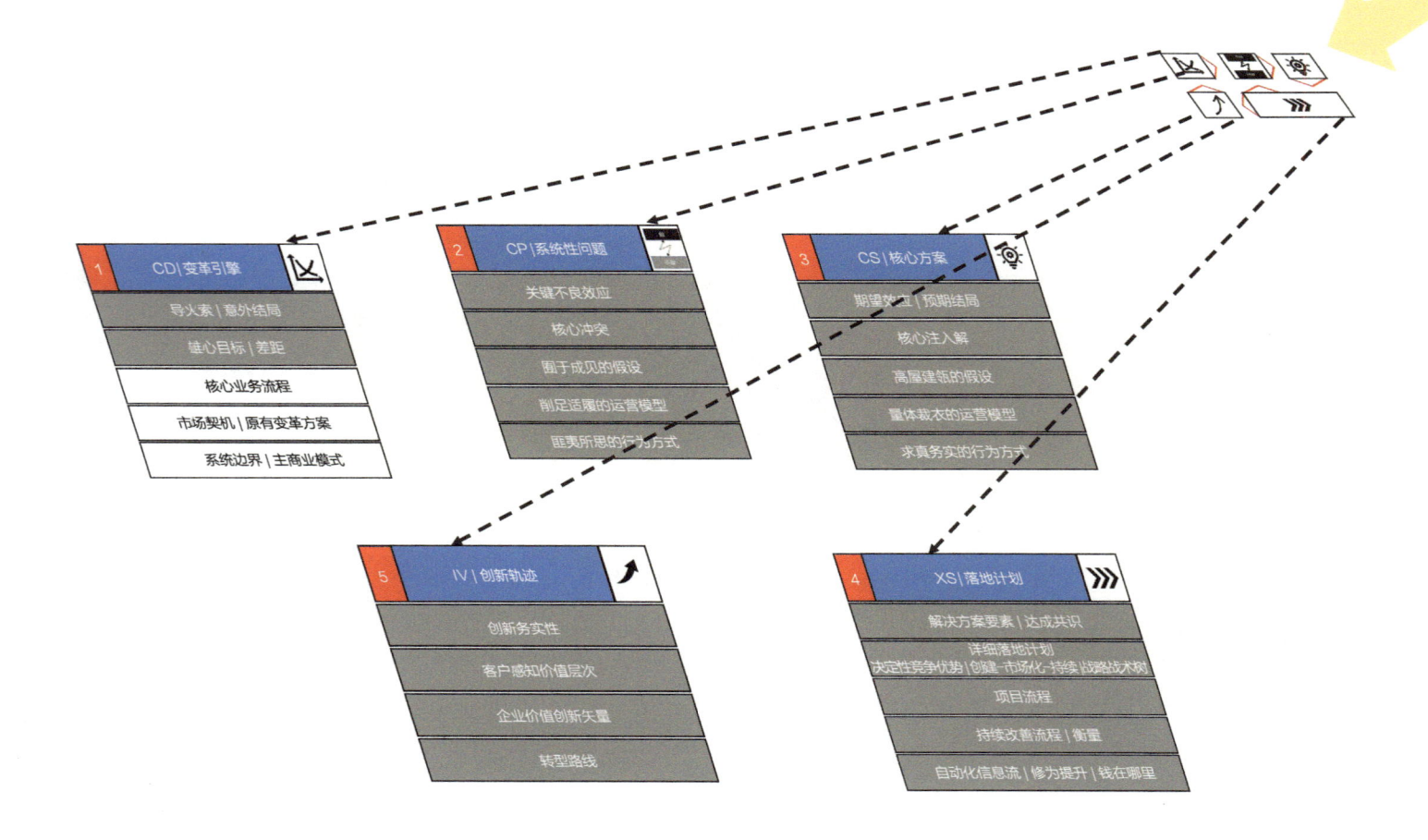

TOC 商业模式创新画布

1 CD | 变革引擎
- 导火索 | 意外结局
- 雄心目标 | 差距
- 核心业务流程
- 市场契机 | 原有变革方案
- 系统边界 | 主商业模式

2 CP | 系统性问题
- 关键不良效应
- 核心冲突
- 困于成见的假设
- 削足适履的运营模型
- 匪夷所思的行为方式

3 CS | 核心方案
- 期望效应 | 预期结局
- 核心注入解
- 高屋建瓴的假设
- 量体裁衣的运营模型
- 求真务实的行为方式

5 IV | 创新轨迹
- 创新务实性
- 客户感知价值层次
- 企业价值创新矢量
- 转型路线

4 XS | 落地计划
- 解决方案要素 | 达成共识
- 详细落地计划
- 决定性竞争优势 | 创建-市场化-持续 战略技术树
- 项目流程
- 持续改善流程 | 衡量
- 自动化信息流 | 修为提升 | 钱在哪里

010

变革引擎

变革引擎（Change Drivers, CD） 模块将描述启动变革运动的缘由，并为整个商业模式创新之旅设置北斗星。

变革引擎应足以使得企业义无反顾地果断改变现状。而清晰明确地定义变革引擎，可使主要利益相关者对企业的雄心目标和未来挑战具有一致的理解。

1	CD | 变革引擎	
	导火索 | 意外结局	
	雄心目标 | 差距	
	核心业务流程	
	市场契机 | 原有变革方案	
	系统边界 | 主商业模式	

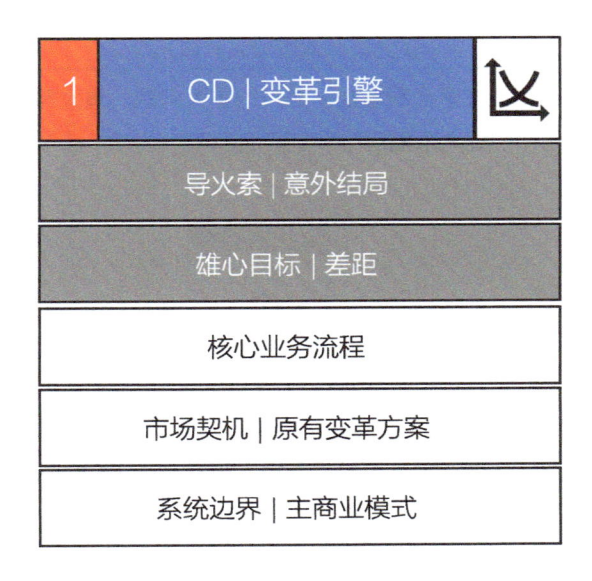

描述变革引擎可以从下述几个要素开始：
- 导火索
- 意外结局
- 雄心目标
- 差距

如果再包含如下要素来描述业务背景，可能对变革引擎做出最好的诠释：
- 核心业务流程
- 市场契机
- 原有变革方案
- 系统边界
- 主商业模式

跳到第 17 页

为什么变革？
我们被困住了吗？

导火索

过去或未来的某个事件，可能会威胁、扰乱或挑战相对稳定的局面，从而触发意料之外的结局（意外结局）；

请记住，导火索会触发意外结局，但复杂企业不一定可以轻松地识别其真正根源。例如，新冠疫情暴露了全球医疗保健系统的脆弱性，但它并不是脆弱性的根本原因。

例子：

1. 外部因素。外部环境中其他地方发起的变革可能会导致业务方向的重大调整，并迫使组织寻找和建立新的能力和流程。很多时候，这可能完全改变业务的性质。例如，新竞争对手的出现、新技术的转型、政府政策的转变、新冠疫情、"911"、福岛海啸、阿拉伯之春、英国脱欧、2008年金融危机等。这些事件挑战组织的韧性和弹性，也推动变革。

2. 内部因素。由组织发起的改变，迫使组织重新整合，重新配置或进行重大变革。例如，安装新的IT系统、进入新市场、引入新产品线、并购、剥离、所有权变更、公司分裂、目标变更、高层管理变更、事故、法律问题、监管问题、客户或供应商业务关闭、增加业务流程等。

3. 最近认知。对明显或可能需要改变的认知或证据，例如，产品/流程的表现滞后，业务、财务或运营结果不佳，客户态度的转变，等等。

意外结局

意外结局是指企业的结局严重偏离期望的水平，企业可能会因此受到危害。明确地识别和梳理出意外结局，了解其产生的来龙去脉，并评估其当前实际程度，使企业能够现实地调整期望值。

不要将导火索与因果关系等同起来，否则会使组织陷入错误的方向！深查导火索毫无意义！

意外结局往往隐含着忽视了客户的重大问题、重大需求，或在足够大市场中的重大限制。

例子：

意外结局				
业务	失去市场份额	日益激烈的竞争	减少客户基础	需求减少
金融	收入的下降	增加成本	减少利润	投资回报率低	高应收账款
面向客户	反应迟缓	不可靠的服务	晚交货	质量差	过度的后续
操作	可怜的利用率	高成本	低的能力	高库存	高冲销

雄心目标

商业是以目标为导向的，在转型倡议开始之初，必须回答两个问题："你能改变多少？""你能改变得多快？"

计算准确的雄心目标既困难又神秘，因此可以先有一个足够好的目标，挑战人们探索新的行为方式、新的思维范式和转型之路。

允许直觉发挥作用，雄心目标将在一年内从当前情况有大幅提升，并随着年份的推移而继续扩大。

由于人们对"雄心目标"的理解存在差异，而且有类似含义的其他术语，因此你或许可以在自己的情境中使用如下一致的度量标准，这将明显地突出你的 TOC 倡议。

例子：

年度理想目标，2022—2025 年

雄心勃勃的	预算的	合理的	最终决定的
>30%	20%	10%	5%

所有商业目标必须转化为组织的财务健康状况，必须明确识别和整合推动这些目标的相关业务关键绩效指标，必须为业务措施、相关财务措施和业务关键绩效指标设定基准。

> 你的雄心目标、痛苦现状或意外结局之间，形成了什么差距，迫使你做出改变？

差距

企业必须明确阐述和展示当前基准（意外结局）和雄心目标之间的差距。

例子：盈利能力在 5 年内下降了 50%，70% 的项目错过了完工日期，每年有 40% 的工程师离开公司，等等。

填补差距往往通过几个步骤来完成。后面的页面（第 22 页）中有附加图例，"设定雄心目标，但始于弥补差距"。

核心业务流程

讨论变革驱动因素（变革引擎）时，必须识别直接导致意外结局发生的相关业务流程。它可以是一个决策流程、信息流或工作流。核心业务流程中的挑战使得流程与上级的运营、财务和业务业绩联系起来。

例子：

核心业务流程

工作流	订单履行，产品开发，客户投诉，人力资源，测试，需求创建，供应链管理，应收账款管理，销售流程
信息流	客户挖掘，市场情报，管理信息系统，评审，市场研究，商业信息，促销，公司沟通，物联网，数据处理，定价
决策流程	战略发展，规划，产品组合管理，优先排序，预算制定，评估，人员，产品，流程和技术选择，市场选择

市场契机

市场环境长期动态发展和行业实践案例通常被视为理所当然，这会为转型可实现的潜力设置伪边界。识别、参照和接纳它们将为转型的边界扩展创造机会，超越当前可见制约，因为随着时间的推移，洞察力和创新将为掌握它们铺平道路。

例子：

难以撼动的假设	
电子商务	高波动 | 高折扣 | 高回报
IT行业	高员工流失率 | 高利润率 | 卖方市场
技术	交货时间长 | 专业知识短缺 | 机会无限
大宗商品	以低价为制胜准则 | 产品无突破 | 买方市场

快速 PESTEL 分析[①]是识别关键外部现象的好方法。

当巨大冲击来临时，没有一家企业可以独善其身或置之度外。你们在做什么？

原有变革方案

一般某些部门可能很久前就意识到变革的需要，在正式宣布新转型计划时，一些解决方案可能已经摆上台面或启动了。识别和理解现有方案的优点和范围，将有助于寻求与新转型方案的协同效应。

毕竟，转型理念并不是要在所有地方进行变革，把企业有限的能力分散到太多的方向上，而是要培养企业只关注杠杆点的习惯。有时，这可能只是经过精心策划的推动，使当前实践朝着正确的方向前进。

因此，在这个时候必须问的一个关键问题是："企业对意外结局在做什么？"

例子：

已有变革	
流程再造	改变一切？投资回报率？
精益	减少浪费，还是削减成本？生存挑战？对业务的影响？
六西格玛	过程变异性，还是设计变异性？对业务的影响？
平衡计分卡	关键绩效指标清单有多长？有多少个评审会？投资回报率？
数字化	什么是过程变更？瓶颈在哪里？
信息技术	生产周期原来多长，现在多长？还有多少个Excel表格？启用了什么新决策？

---

① PESTEL 分析模型又称大环境分析，包含六大因素：政治因素（Political）、经济因素（Economic）、社会文化因素（Sociocultural）、技术因素（Technological）、环境因素（Environmental）和法律因素（Legal）。——译者注

系统边界

TOC 的聚焦点是管理决策和行动对系统目标的影响，因此将业务描述为动态系统（目标、部件、接口、边界、行为等）是至关重要的。一旦定义了这些动态元素，就为创新之旅提供了自由维度。定义还意味着指定了系统的范围和边界，这有助于评估转型所需的变化和能力。考虑转型的系统越大，挑战和增长机会就越大。这意味着为了实现卓越的飞跃，你需要挑战系统的业绩，使其高于受制于当前制约点的系统业绩。这就是为什么 TOC 计划不仅能解决个人公司（系统）的问题，而且能解决整个行业（超系统）的问题，从而不可避免地带来突破性的商业创新。

例子：系统可以命名，其边界也可以很容易地被识别，如生态系统、企业、事业部、业务单元、运营单元等。

系统元素

商业	目的丨目标	目标单位丨衡量
员工+资讯	系统所有者	组织结构
物理	流结构	缓冲区
行为	延迟	变异性

主商业模式

日复一日运行的（动态）系统，其本质已经嵌入到企业的商业模式中。因此，对当前业务的深度理解意味着，能够在其基本逻辑中描述商业模式，包括独特的价值主张、关键客户细分、渠道通路、关键收入来源、关键成本结构、核心资源、核心业务、关键合作伙伴和关键客户关系。

你能展示你的业务蓝图吗？

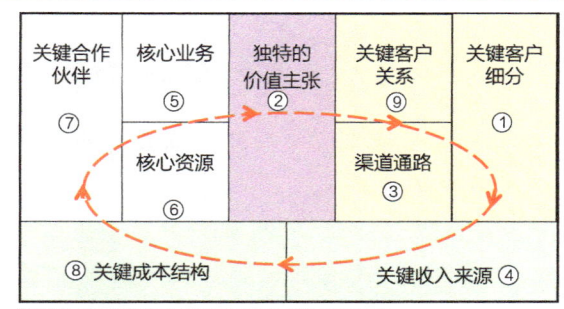

关键合作伙伴 ⑦	核心业务 ⑤	独特的价值主张 ②	关键客户关系 ⑨	关键客户细分 ①
	核心资源 ⑥		渠道通路 ③	
⑧ 关键成本结构			关键收入来源 ④	

资料来源：商业模式新生代：Alex Osterwalder & Yves Pigneur。

由亚历山大·奥斯特瓦德（Alex Osterwalder）和伊芙·皮尼厄（Yves Pigneur）提出的商业模式画布是一个非常强大的可视化工具，可以使核心转型团队对商业蓝图（静态）有相同的理解。不直接改变商业模式，就不可能发生有意义的商业转型。

例子：大规模生产、大规模定制、多边平台、长尾、免费增值、按次付费、开放模式、SaaS、MaaS 等。

TOC 商业模式创新画布

只有知道需要弥补的差距在哪里，
你的团队才清楚他们要去哪里！

第一篇　画布模型

变革引擎 | 参考

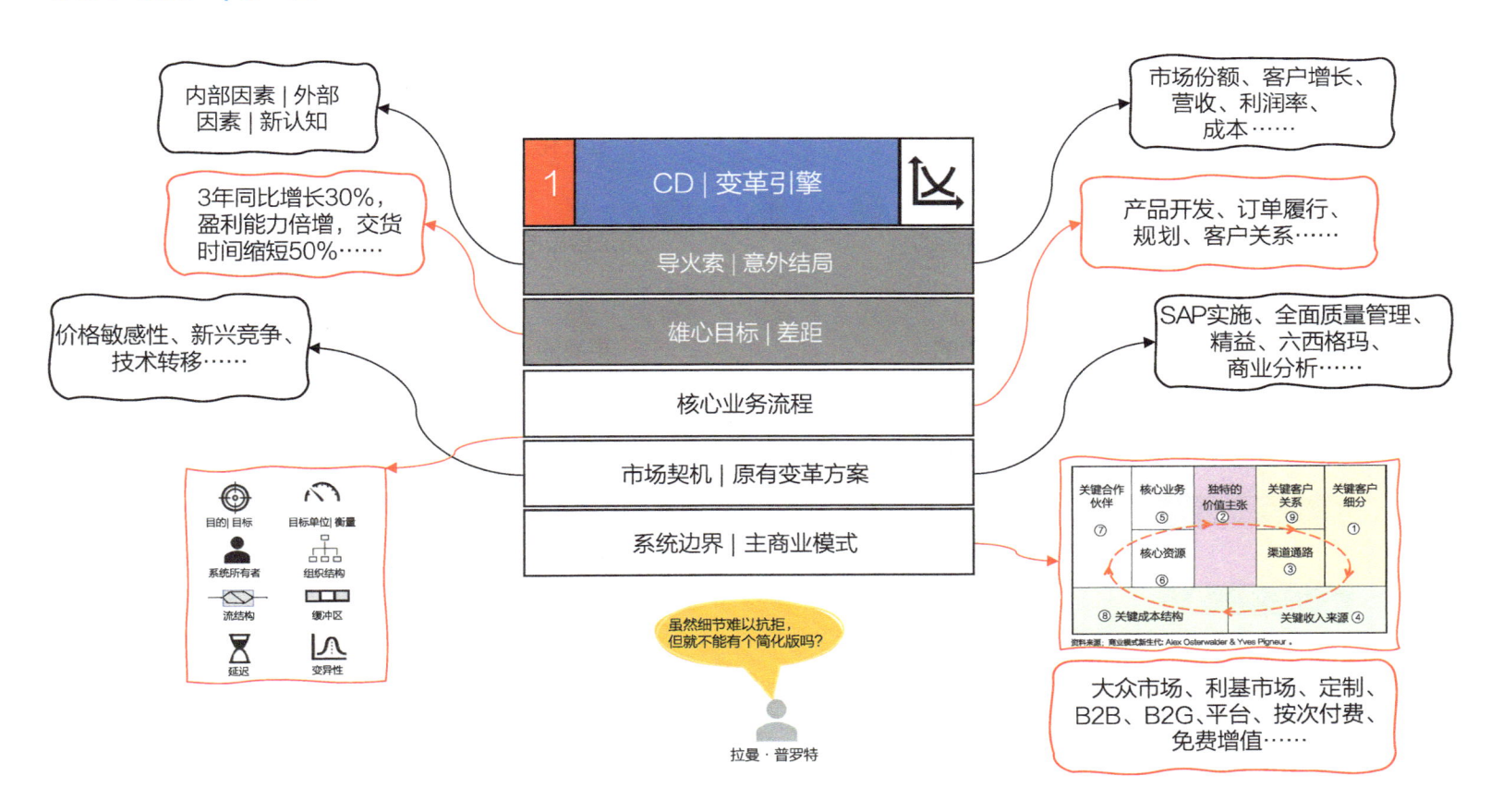

内部因素 | 外部因素 | 新认知

3年同比增长30%，盈利能力倍增，交货时间缩短50%……

价格敏感性、新兴竞争、技术转移……

| 1 | CD | 变革引擎 | 📈 |

导火索 | 意外结局

雄心目标 | 差距

核心业务流程

市场契机 | 原有变革方案

系统边界 | 主商业模式

市场份额、客户增长、营收、利润率、成本……

产品开发、订单履行、规划、客户关系……

SAP实施、全面质量管理、精益、六西格玛、商业分析……

目的|目标　目标单位|衡量
系统所有者　组织结构
流结构　缓冲区
延迟　变异性

⑦ 关键合作伙伴	⑤ 核心业务	② 独特的价值主张	⑨ 关键客户关系	① 关键客户细分
⑥ 核心资源		③ 渠道通路	
⑧ 关键成本结构		④ 关键收入来源	

资料来源：商业模式新生代 Alex Osterwalder & Yves Pigneur

虽然细节难以抗拒，但就不能有个简化版吗？

拉曼·普罗特

大众市场、利基市场、定制、B2B、B2G、平台、按次付费、免费增值……

017

变革动机

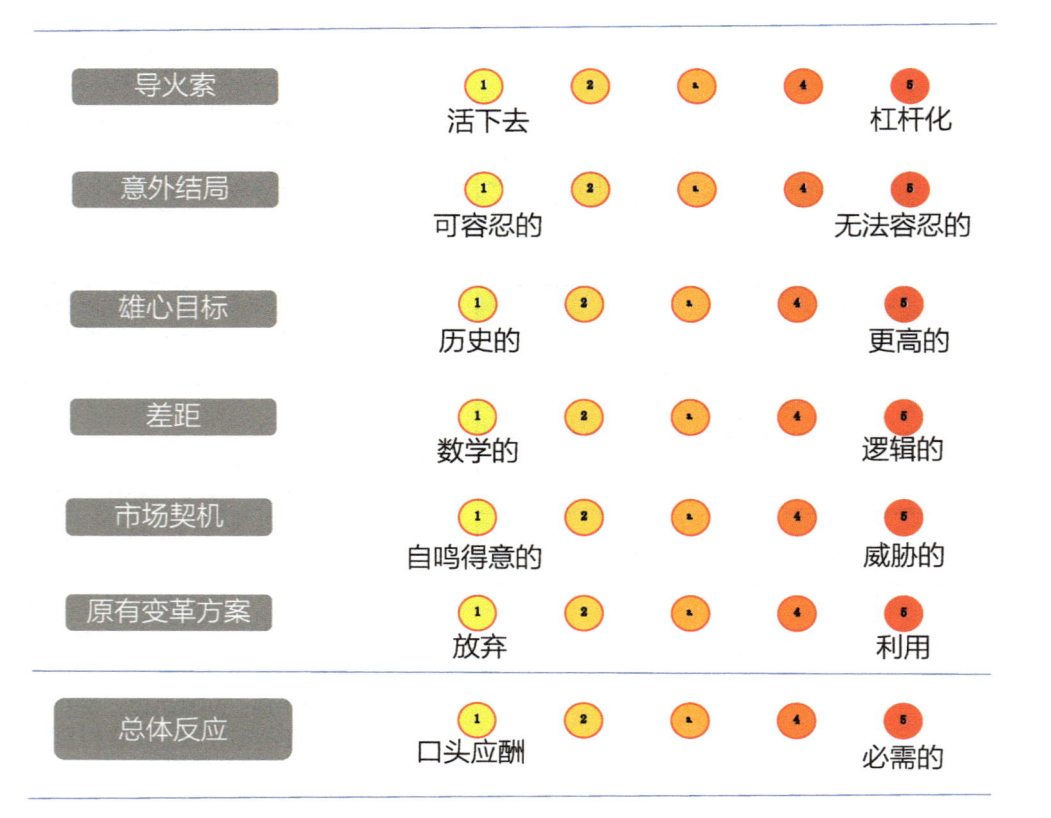

项目	1	2	3	4	5
导火索	活下去				杠杆化
意外结局	可容忍的				无法容忍的
雄心目标	历史的				更高的
差距	数学的				逻辑的
市场契机	自鸣得意的				威胁的
原有变革方案	放弃				利用
总体反应	口头应酬				必需的

⚠ 总体反应<3，意味着变革在项目开始时就已经妥协了

简化版变革引擎

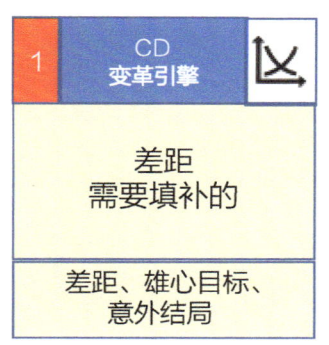

1	CD 变革引擎
	差距 需要填补的
	差距、雄心目标、意外结局

字斟句酌

- 在 [一段时间] 内，我们将通过以下创新流程，将 [指标] 从 [   ] 提升到 [   ]：
  - [流程1]
  - [流程2]
  - [流程3]

生产运营

在 [3年] 内，我们将通过以下创新流程，将 [有效产出] 从 [5.3亿美元] 提升到 [9亿美元]：
- 在制品控制
- 动态排程
- 挖尽瓶颈

项目管理

在 [3年] 内，我们将通过以下创新流程，将 [准交率] 从 [53%] 提升到 [90%]：
- 产品组合
- 输入准备
- 资源配置

产品分销

在 [2年] 内，我们将通过以下创新流程，将 [库存周转次数] 从 [3次] 提升到 [9次]：
- 需求管理
- 订单发运
- 库存管理

B2C服务

在 [6个月] 内，我们将通过以下创新流程，将 [客户停留时间] 从 [3小时] 缩短到 [1小时]：
- 预约流程
- 内部准备
- 患者等候区管理

你的变革引擎

字斟句酌

在［一段时间］内，我们将通过以下创新流程，将［指标］从［　　］提升到［　　］：
- ［流程 1］
- ［流程 2］
- ［流程 3］

附加图例

设定雄心目标，但始于弥补差距

息税折旧及摊销前利润

基准：9000万美元
目标：1.8亿美元
距离：9000万美元 (+100%)
时间：3年

方法1：以数字估算的增长
年度里程碑: 100%/3
平均年度增长: 33%

- 第1年: 3000万美元
- 第2年: 3000万美元
- 第3年: 3000万美元

✗

- 成长不遵循数学公式
- 数字可以实现，增长不一定!

方法2：以商业变革三要素驱动的增长
- 协同 —— 30% (2700万美元)
- 减少浪费 —— 20% (1800万美元)
- 创新 —— 50% (4500万美元)

✓

- 增长遵从于变革要素
- 人们会在清晰的目标下奋斗和成长

TOC 商业模式创新画布

你的空白页!
画任何你喜欢的东西!!
主要学习……
你的变革引擎
你想要弥补的差距是什么?

系统性问题

系统性问题（Core Problem，CP）模块描述组织为何陷入困境。

系统性问题旨在探索组织内部相互关联的诸多问题背后的根源，以处理和消除不良效应，并弥合与雄心目标的差距。

系统性问题的想法是寻找超越表象、局部问题、中间效应、个体障碍、事件等的显著症状，挖掘出藏在深处的破坏稳定性、威胁增长或使得利益相关者沮丧的核心原因或现象。

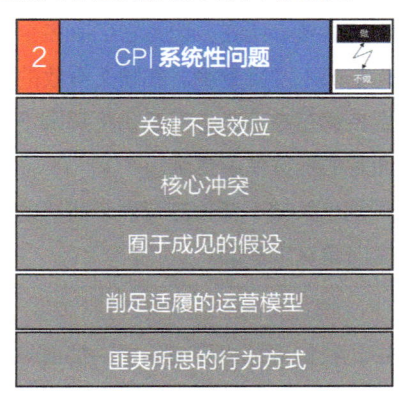

2	CP | 系统性问题	
	关键不良效应	
	核心冲突	
	囿于成见的假设	
	削足适履的运营模型	
	匪夷所思的行为方式	

因此，系统性问题是当前现实中存在的关键不良效应和意外结局的直接源头。厘清系统性问题，就可以理解组织应对挑战和开展业务的主导"思维方式"。

然而，促成最终意外结局的不良效应，是由隐藏背后的主观性假设（思维范式）引发的；基于这些假设，组织和人们做出决策、采取行动并展示出行为方式。

事实上，系统性问题不是单个的，而是一堆相互关联的问题集合，并且，为了弥补实现雄心目标的差距，组织必须处理整个问题集合。为了得到系统性问题合集，可能需要考虑以下事项：

- 关键不良效应
- 核心冲突
- 囿于成见的假设
- 削足适履的运营模型
- 匪夷所思的行为方式

跳到第 28 页

变革什么?
什么阻碍了我们?

关键不良效应

关键不良效应就是组织认为导致意外结局的几种重要现实状态，它们使差距难以弥补，并且是相互关联性最强的，例如与其他 2/3 以上的不良效应关联。这少数几个关键不良效应足以将我们引导到构建系统性问题的下一步。

例子：

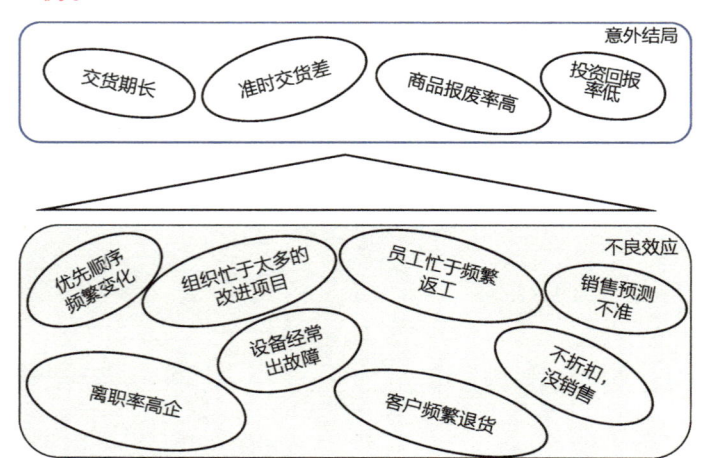

意外结局：交货期长、准时交货差、商品报废率高、投资回报率低

不良效应：优先顺序频繁变化、组织忙于太多的改进项目、员工忙于频繁返工、销售预测不准、设备经常出故障、不折扣，没销售、离职率高企、客户频繁退货

请记住，不良效应不能说缺乏什么解决方案或系统，也不是一个动作，而是用一个简单的句子描述系统的某种状态。

隐含地说，关键不良效应显示了组织能力上的差距，它阻止组织满足客户重要需求、解决关键问题或消除客户在一个足够大市场中的重大限制。

核心冲突

人类天生是变革推动者，一旦看到意外结局或不良效应，就希望改变现状。然而，当试图做出积极的尝试时，人们意识到所提出的决策或行动，在满足了实现目标的某一客观关键要求的同时，却会对其他要求产生不利影响，或者与其他决定或行动产生直接冲突。这是以人为本的系统的核心所在，因为它们有多个必要条件和不同的实现方法，使人们陷入冲突窘境。在缺乏有效的方法和工具的情况下，冲突往往会持续存在下去，组织仍将踯躅不前。这种停滞是隐形的，比面对通常的抵抗变革更难。

只有清晰地识别出关键不良效应背后未解决的核心冲突，组织才能为描述系统性问题奠定基础。

什么在助长不良效应和绩效水平差距?

在众多冲突中，我们可以想到组织中人们面临的两种主要类型的核心冲突，一种是行动冲突，另一种是资源使用冲突。

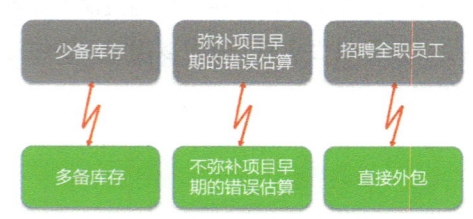

少备库存 → 多备库存
弥补项目早期的错误估算 → 不弥补项目早期的错误估算
招聘全职员工 → 直接外包

例子：自制决策与外包决策是相对立的。同样地，是开发新产品，还是充分挖掘现有的产品组合；是拥有大量库存以保护销售，还是拥有少量库存以降低成本？详情可查看后面几页的"理解管理冲突"附加图例。

囿于成见的假设

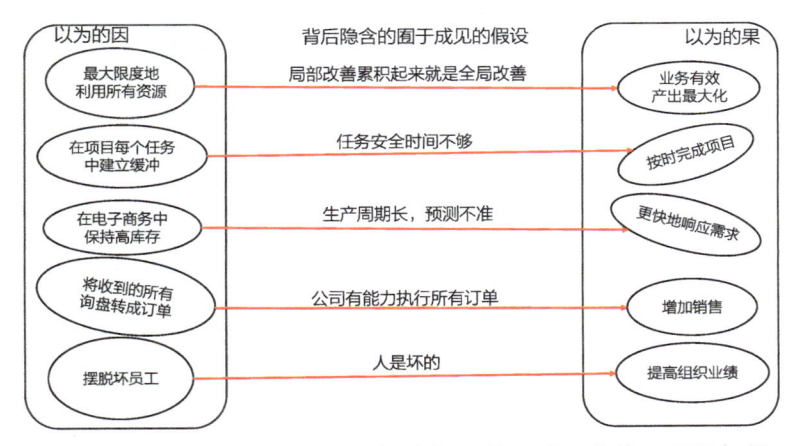

以为的因	背后隐含的囿于成见的假设	以为的果
最大限度地利用所有资源	局部改善累积起来就是全局改善	业务有效产出最大化
在项目每个任务中建立缓冲	任务安全时间不够	按时完成项目
在电子商务中保持高库存	生产周期长，预测不准	更快地响应需求
将收到的所有询盘转成订单	公司有能力执行所有订单	增加销售
摆脱坏员工	人是坏的	提高组织业绩

组织中的所有决策和反应行动都是基于对现实的不同认知假设，厘清认知是转型的必要心态。

在 TOC 中，认知是系统不同部分之间存在逻辑关系的原因。总是存在一种对现实的错误认知，阻碍了组织打破核心冲突。

你能否描述一下你所在组织导致系统性问题更显著的"思维方式"？

识别错误假设是描述有效冲突和识别错误决策和行动的基础。真正重要的并造成冲突的假设，通常没有被明确地表述出来，而揭露系统性问题的目的就是让这些假设清晰地呈现出来。

例子：做事只有一种最佳方法，错误意味着坏人，若干小改进累积会带来大改进，中庸（妥协）是解决冲突的方法，增长不在我们的控制范围内，激励措施足以减少人员流失，资源闲置是重大浪费，供应商不可靠，更多的基础设施意味着更好地增长，等等。这些假设有可能导致冲突，因此需要经过深刻思考，以确定是否正确。

削足适履的运营模型

以"我有什么"和"我可以做什么"的传统思维方式构建的组织，可以相互关联的方式进行概念映射和建模。这种模型有助于快速掌握组织的基本元素，并检查它们的运营模型是否符合组织的性质。任何与组织性质不一致的物理运营模型都可能产生冲突、意外结局和不良效应。

例子：

削足适履的运营模型

项目环境	❌	任务流模型
加工车间	❌	基于项目的模型
基于解决方案的公司	❌	产品销售模型
资源约束型组织	❌	关键路径项目管理
快时尚零售	❌	推式补货模型

事实上，组织为发展做出了巨大的努力，这一切在哪里被误导了呢？

匪夷所思的行为方式

允许以什么样的方式做事，以规定、规则或说明书方式固定下来规范引导，这叫政策。

政策倾向于直接或间接地评估人们的表现、遵从性或行为方式。如果组织的政策不合时宜，那么整个组织的行为很可能与要求背道而驰，从而导致巨大的不良影响和绩效差距。

哪些政策实际上在限制组织发展？

在 TOC 中，匪夷所思的行为方式可以通过 PMB 三重奏来识别：政策（Policy）、衡量（Measurement）和行为（Behavior）。

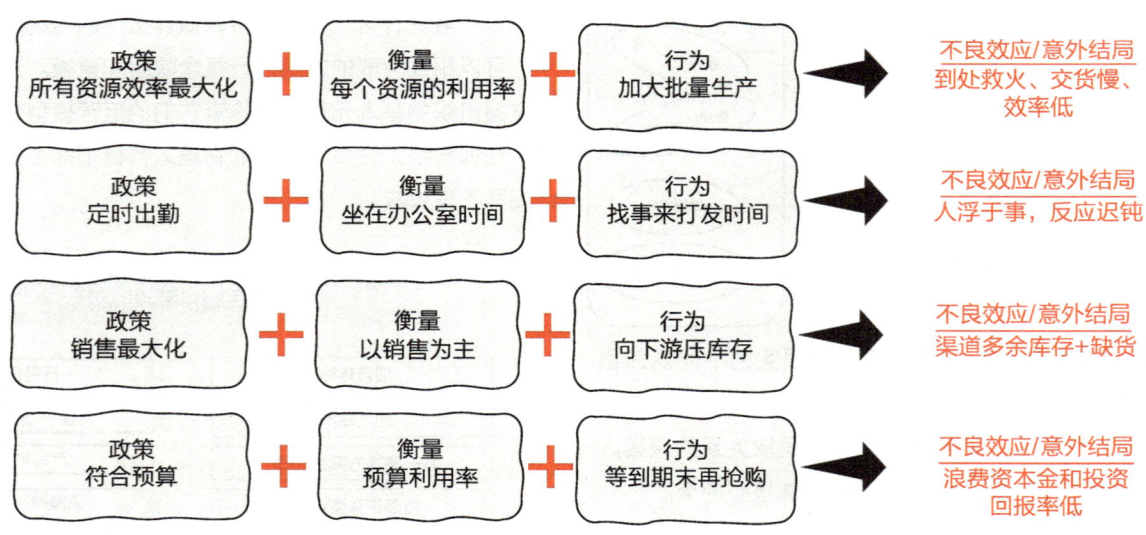

例子：

政策	+	衡量	+	行为	→	不良效应/意外结局
所有资源效率最大化	+	每个资源的利用率	+	加大批量生产	→	到处救火、交货慢、效率低
定时出勤	+	坐在办公室时间	+	找事来打发时间	→	人浮于事，反应迟钝
销售最大化	+	以销售为主	+	向下游压库存	→	渠道多余库存+缺货
符合预算	+	预算利用率	+	等到期末再抢购	→	浪费资本金和投资回报率低

第一篇　画布模型

系统性问题绝对不会是一个单点问题，
而是诸多因素长期纠缠的集合！

系统性问题 | 参考

2 CP | 系统性问题

- 关键不良效应
- 核心冲突
- 囿于成见的假设
- 削足适履的运营模型
- 匪夷所思的行为方式

（做 / 不做）

现实状态导致难以缩小差距
例如，优先顺序频繁变化，频繁加班，资源短缺，太多的返工……

有什么假理由不相信因果
例如，人是坏的，预测是不准确的，激励足以留住人，给人更多的负担来吸引他们……

PMB三重奏
政策+衡量+行为
例如，处处提高效率+衡量所有资源的利用率+大批量生产+避免小订单和小客户

相互冲突的两个想法之间的创意性张力
例如，招聘或外包，衡量效率与否，开发新产品或增加现有产品的渗透率，遵守进度计划或做出调整……

运行模式与系统性质不匹配
例如，纯粹依靠预测，最小最大法控制库存，高动态需求下的最小批量，在资源短缺时应用关键路径方法，在普遍饥饿时应用在制品控制，在解决方案环境中采用产品销售方法……

简化版系统性问题

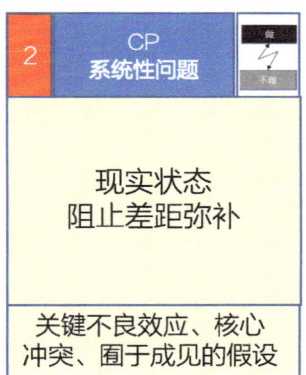

```
┌─────────────────────────┐
│  2   CP                 │
│      系统性问题          │
├─────────────────────────┤
│                         │
│      现实状态            │
│      阻止差距弥补        │
│                         │
├─────────────────────────┤
│   关键不良效应、核心      │
│   冲突、囿于成见的假设    │
└─────────────────────────┘
```

字斟句酌

- 差距的存在是因为[不良效应]。
- 我们[实践]是因为我们相信[囿于成见的假设]，尽管我们仍然面临[在满足多个必要条件时管理冲突]的挑战。
- ……

项目管理

差距的存在是因为[频繁改变计划]。
我们[允许在任务级别隐藏缓冲]，是因为我们相信[任务级别缓冲不足]，尽管我们仍然面临[提供足够小的缓冲以及时完成项目和足够大的缓冲区以满足任务可变性]的挑战。

生产运营

差距的存在是因为[我们太忙和加班]。
我们[制订微观计划，使所有资源保持忙碌状态]，是因为我们相信[闲置资源是主要的浪费]，尽管我们仍然面临[将效率作为主要考核标准，以减少浪费并简化工作流程]的挑战。

产品分销

差距的存在是因为[库存经常和实际需求不匹配]。
我们[根据预测推式补货]，是因为我们相信[交付周期很长]，尽管我们仍然面临[既要保持足够高的库存以保护销售，又要保持足够低的库存以保持低成本]的挑战。

B2C服务

差距的存在是因为[经常让客户等很长时间]。
我们[遵循先进先出的原则]，因为我们相信[所有客户都是平等的]，尽管我们仍然面临[通过满足可容忍的等待时间和处理真正紧急情况及时为客户服务]的挑战。

你的系统性问题

字斟句酌

- 差距的存在是因为 [不良效应]。

- 我们 [实践] 是因为我们相信 [囿于成见的假设]，尽管我们仍然面临 [在满足多个必要条件时管理冲突] 的挑战。

- ……

跳到第 36 页

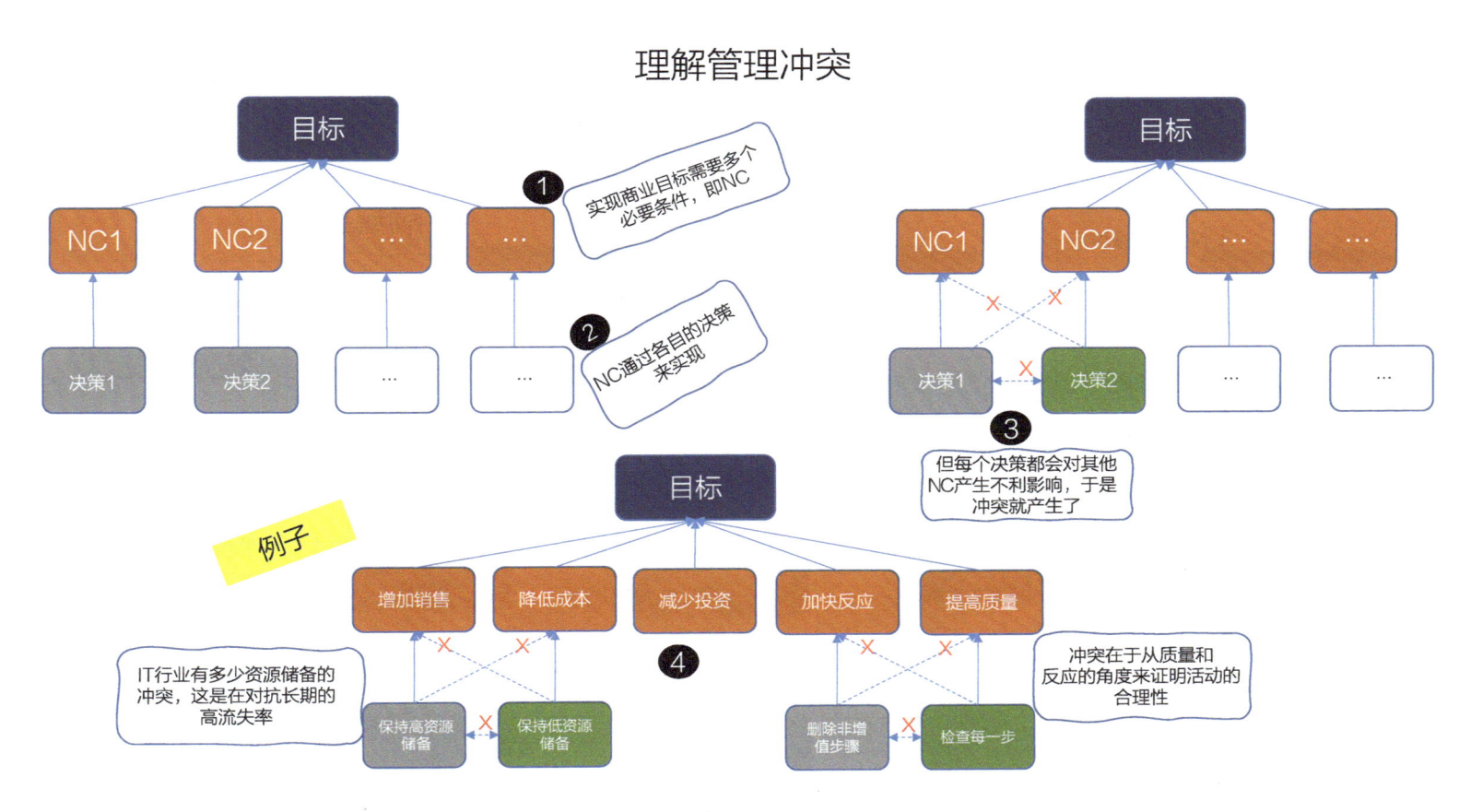

附加图例

理解管理冲突

① 实现商业目标需要多个必要条件，即NC

② NC通过各自的决策来实现

③ 但每个决策都会对其他NC产生不利影响，于是冲突就产生了

例子

④ IT行业有多少资源储备的冲突，这是在对抗长期的高流失率

冲突在于从质量和反应的角度来证明活动的合理性

目标：增加销售、降低成本、减少投资、加快反应、提高质量

保持高资源储备 / 保持低资源储备

删除非增值步骤 / 检查每一步

NC——为了使企业更接近其目标，决策必须满足的必要条件（Necessary Condition）。

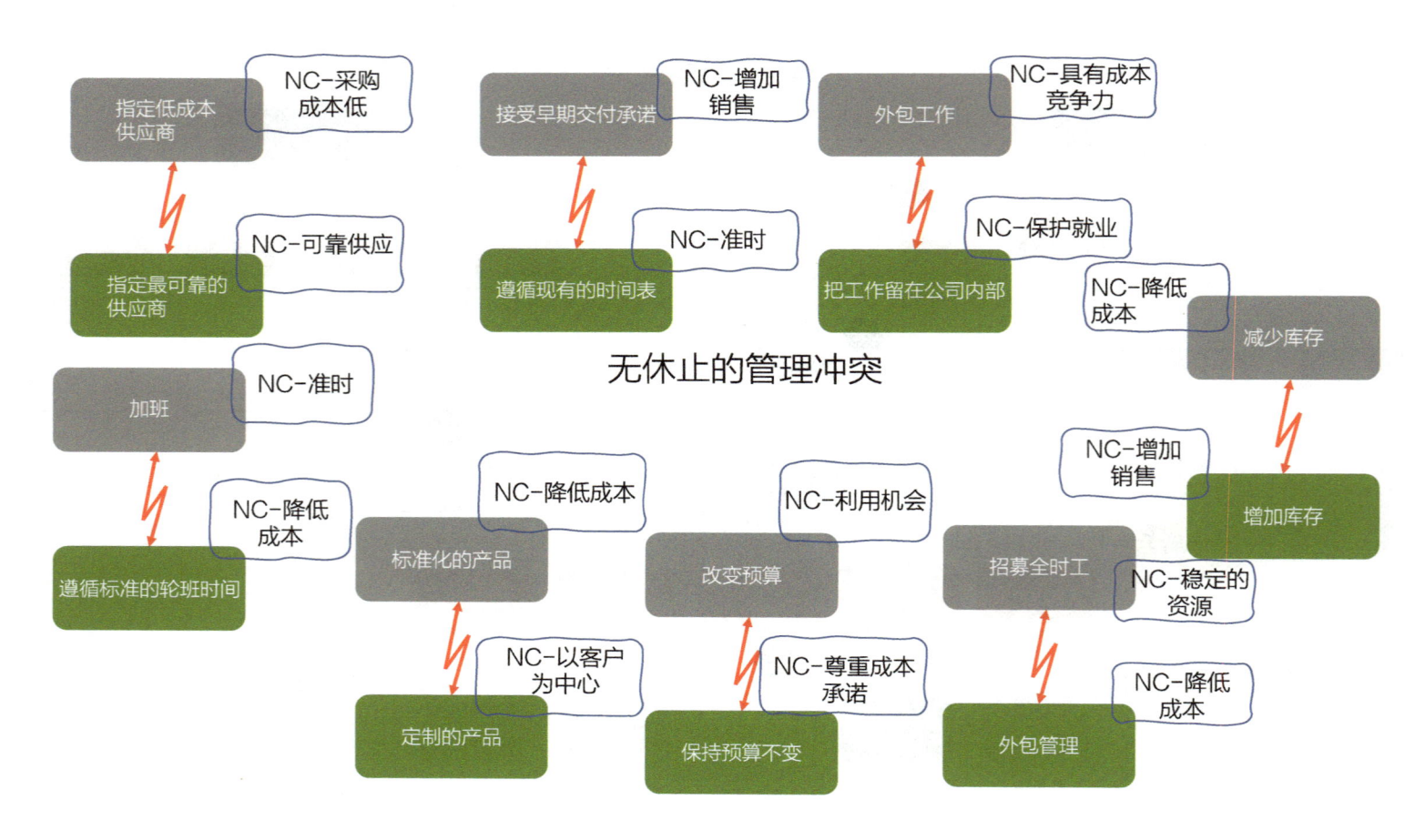

附加图例

无休止的管理冲突

- 指定低成本供应商 — NC-采购成本低
- 指定最可靠的供应商 — NC-可靠供应
- 加班 — NC-准时
- 遵循标准的轮班时间 — NC-降低成本

- 接受早期交付承诺 — NC-增加销售
- 遵循现有的时间表 — NC-准时

- 标准化的产品 — NC-降低成本
- 定制的产品 — NC-以客户为中心

- 改变预算 — NC-利用机会
- 保持预算不变 — NC-尊重成本承诺

- 外包工作 — NC-具有成本竞争力
- 把工作留在公司内部 — NC-保护就业

- 减少库存 — NC-降低成本
- 增加库存 — NC-增加销售

- 招募全时工 — NC-稳定的资源
- 外包管理 — NC-降低成本

附加图例

描述分销和电子商务中的管理冲突

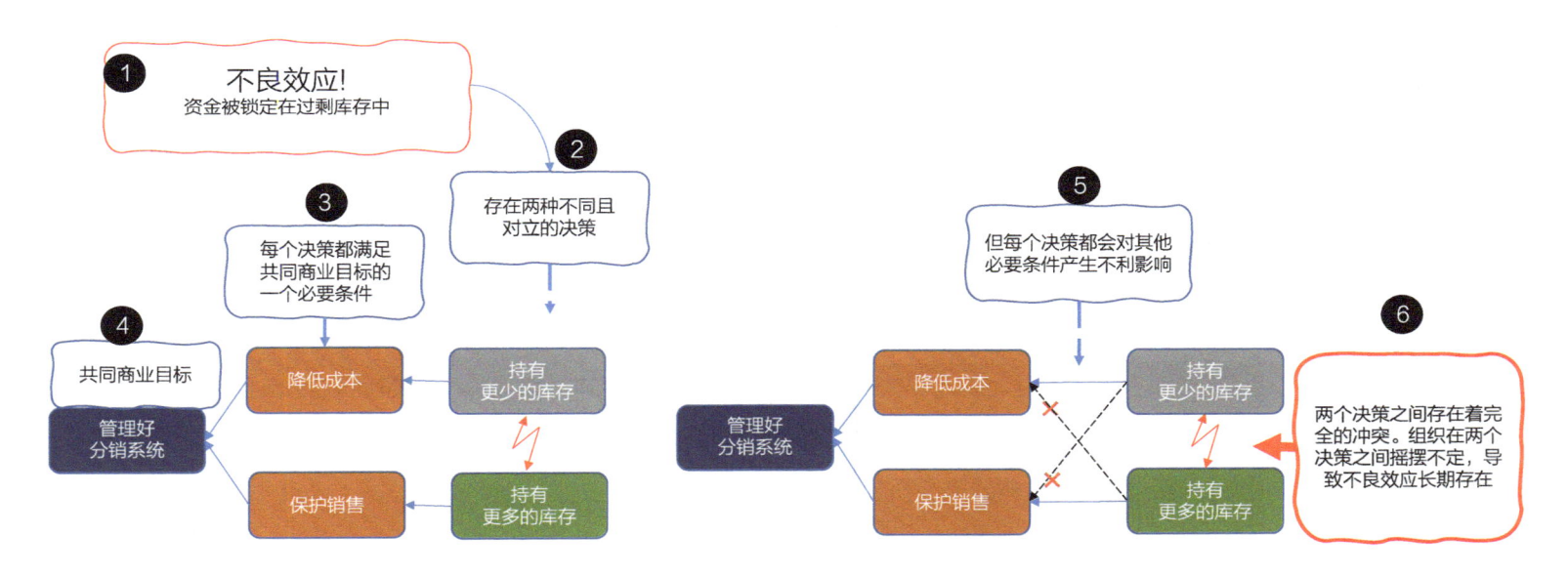

1 不良效应！资金被锁定在过剩库存中

2 存在两种不同且对立的决策

3 每个决策都满足共同商业目标的一个必要条件

4 共同商业目标：管理好分销系统 — 降低成本（持有更少的库存）／保护销售（持有更多的库存）

5 但每个决策都会对其他必要条件产生不利影响

6 两个决策之间存在着完全的冲突。组织在两个决策之间摇摆不定，导致不良效应长期存在

关于库存数量的每一个决策，都理所当然地满足了管理良好的分销系统所规定的必要条件。然而，每一个决策都可能损害另一个必要条件。

附加图例

描述分销和电子商务中的管理冲突

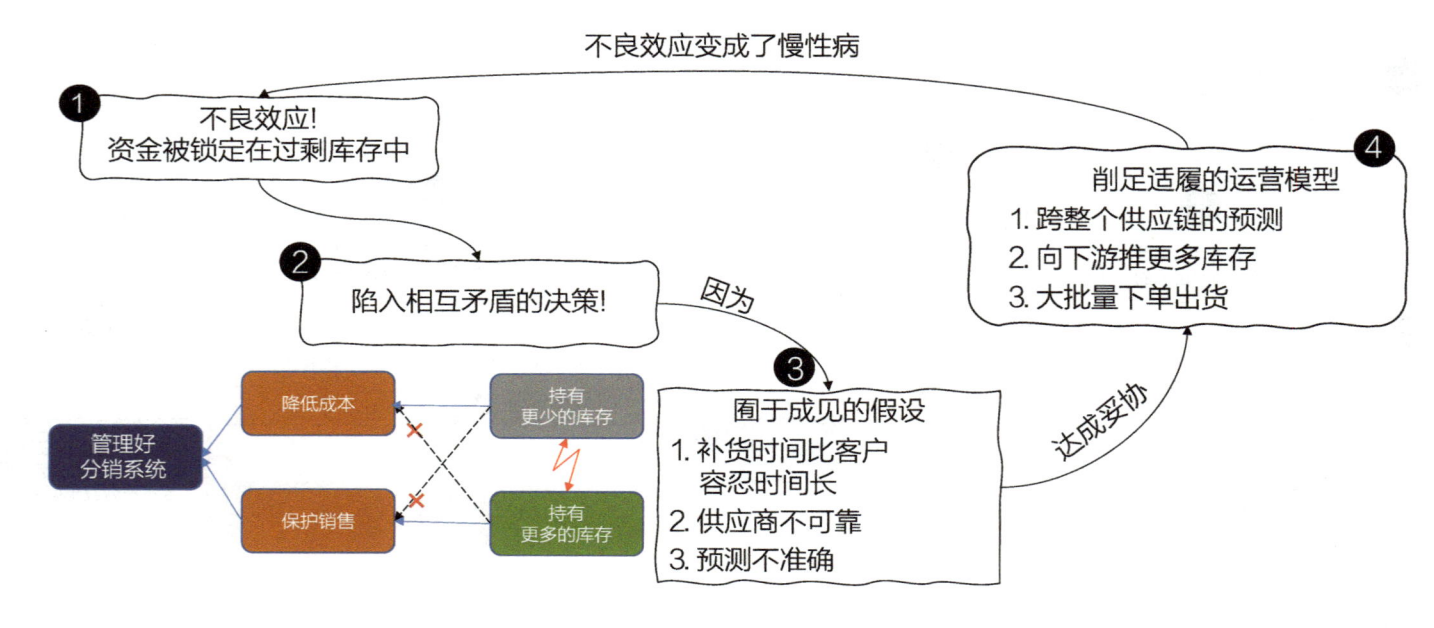

不良效应变成了慢性病

❶ 不良效应！资金被锁定在过剩库存中

❷ 陷入相互矛盾的决策！

因为

❸ 囿于成见的假设
1. 补货时间比客户容忍时间长
2. 供应商不可靠
3. 预测不准确

❹ 削足适履的运营模型
1. 跨整个供应链的预测
2. 向下游推更多库存
3. 大批量下单出货

达成妥协

管理好分销系统
- 降低成本 — 持有更少的库存
- 保护销售 — 持有更多的库存

核心方案

核心方案（Core Solution, CS）模块描述了组织进行决策和行动所必需的极少数关键的、整体性的变革方向。

TOC 商业模式创新理念不是对组织管理系统进行方方面面的彻底改造，而是选择极少聚集点却对整体目标产生突破性影响（预期结局）。记住，在任何组织中，总是某些事物运作良好，没有必要改变。

3	CS｜核心方案
期望效应｜预期结局	
核心注入解	
高屋建瓴的假设	
量体裁衣的运营模型	
求真务实的行为方式	

在寻找解决方案时，要挑战核心冲突背后的囿于成见的假设，激发出突破性想法火花（核心注入解），以消除核心冲突，从而使得关键不良效应变得迎刃而解。

在此过程中，囿于成见的假设被对应的高屋建瓴的假设所取代，这些新认知会产生级联效应，从而推动组织进步，而不只是跨越差距。

验证每个核心注入解可通过其期望效应，识别出期望效应和在逻辑上相互连接需要协同工作的子集或元素。

制定核心方案的过程是从识别需要停止、修改和启动的决策和动作开始的。需要绘制关键变革过程的业务模型，制定核心政策，采用改善的衡量机制并协商验证。一旦新的解决方案到位，就检查关键行为是否符合预期。

核心方案实际上是与系统性问题一一对应的合集。为了构建核心方案合集，你可能需要考虑以下事项：

- 解决方案评判规则 / 关键期望效应 / 预期结局
- 高屋建瓴的假设
- 核心注入解
- 量体裁衣的运营模型
- 求真务实的行为方式

跳到第 41 页

变革成什么？
什么可以打开局面？

解决方案评判规则

解决方案必须填补或消除差距，消除或大幅减少不良效应，并为预期结局保持充足潜力。它应该以有效落地的规则为指导。

例子：

- 满足与顾客"重大需求、问题或重大限制"直接相关的需求和共同目标
- 确保消除差距的高概率
- 了解当前或漂移的瓶颈
- 量化变革可能的影响
- 最初几个注入解快速见效
- 保证最高管理层和利益相关者的参与和贡献
- 拥抱实验和失败
- 在跨部门之间有持续同步协调奔向共同目标的机制
- 在落地过程中对潜在风险提供早期预警
- 避免自我毁灭，为更大的飞跃打下基础

高屋建瓴的假设

如果核心冲突背后的囿于成见的假设是限定组织弥合差距潜力的锁链，那么正确的、启发性的、赋能性的、高屋建瓴的假设则是打开锁链的钥匙。

识别每个囿于成见的假设，并对应替换为高屋建瓴的假设。一旦限制性假设被揭露和推翻，冲突自然就站不住脚了。深刻挖掘出高屋建瓴的假设，设定了解决方案大方向和整体思路。

高屋建瓴的假设往往以瞬间顿悟的形式出现，产生强大的洞察力。

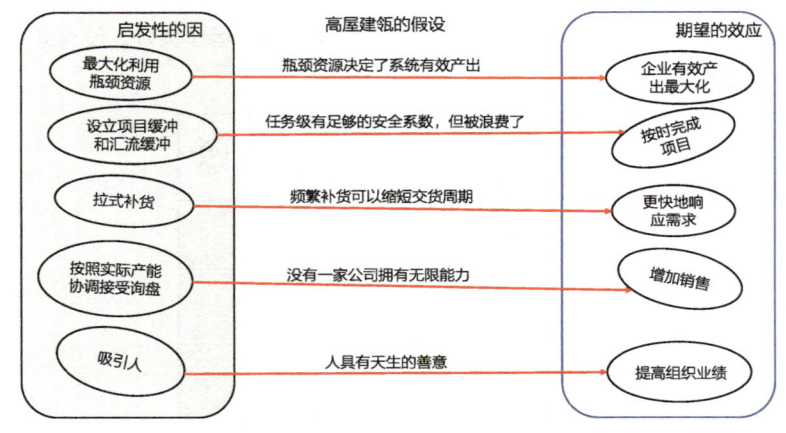

例子：

启发性的因	高屋建瓴的假设	期望的效应
最大化利用瓶颈资源	瓶颈资源决定了系统有效产出	企业有效产出最大化
设立项目缓冲和汇流缓冲	任务级有足够的安全系数，但被浪费了	按时完成项目
拉式补货	频繁补货可以缩短交货周期	更快地响应需求
按照实际产能协调接受询盘	没有一家公司拥有无限能力	增加销售
吸引人	人具有天生的善意	提高组织业绩

其他例子："项目越早开始，就越早完成"是多项目环境中常见的囿于成见的假设，因为它会导致糟糕的"不良多工"现象出现，最终延误了大多数项目。高屋建瓴的假设是"在有项目缓冲保护的前提下，项目开始得越晚，完成得越早"。类似地，在电子商务中，"供应商总是不可靠的"是一个囿于成见的假设，因为它在单向地指责供应商；高屋建瓴的假设是，"供应商是电商公司制造的

牛鞭效应的受害者"。

核心注入解

核心注入解是解决核心冲突的突破性思想的载体，通常是一种极具创造性的、双赢的、打破常规的解决长期冲突的灵丹妙药。

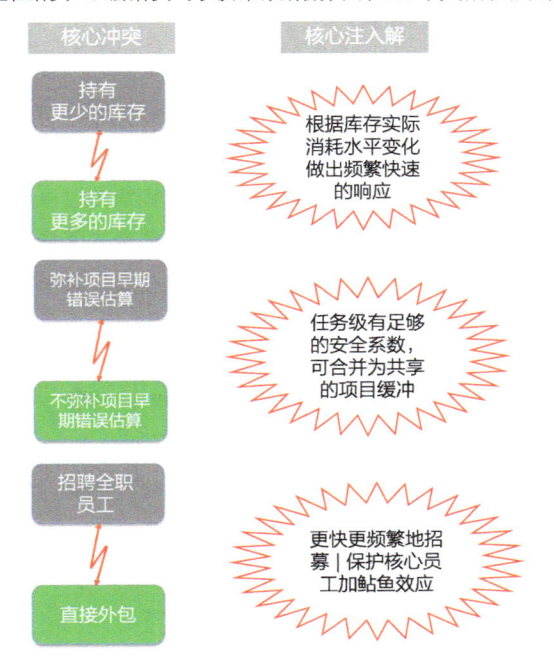

```
核心冲突              核心注入解

持有
更少的库存
    ↓              根据库存实际
持有              消耗水平变化
更多的库存         做出频繁快速
                    的响应
    ↓
弥补项目早期
错误估算
    ↓              任务级有足够
                  的安全系数，
不弥补项目早       可合并为共享
期错误估算         的项目缓冲
    ↓
招聘全职
员工
    ↓              更快更频繁地招
                  募 | 保护核心员
直接外包           工加鲇鱼效应
```

寻找核心注入解的目的不是减少或消除某一特定问题，而是要找到一个共同的方向，消除相互冲突的条件，从而允许满足多个必要条件，使得系统制约达成更多的有效产出。

你能否为解决业务问题的方法设定判定规则？

打破冲突正是突破性思想的起源点。从根本上说，有效打破冲突奠定了在选择决策、规划和执行方面取得突破的基础。

例子：在电子商务公司中，是否保持更少的存货或更多的存货，解决方案的方向不是更少或更多，也不是两者的平均值；解决方案的方向是"对消耗水平变化，更频繁、更迅速地做出响应"。同样，在一个流动系统中，是否将效率作为主要衡量标准，解决方案并不是不管反向的，而是只在瓶颈或制约点处（而不是在其他非瓶颈地方）最大化效率。

期望效应和预期结局

期望效应和预期结局都是与组织现实或未来绩效相关的积极或有益的输出。从技术上讲，它们是注入解见效后的积极效果，通常是不良效应和意外结局的对应面。

例子：对于意外结局——"有效产出正在下降"，相应的预期结局将是"有效产出正在增加"；而对于不良效应——"员工经常缺席"，相应的期望效应是"员工出勤率高"。对于意外结局——"生产周期太长"，相应的预期结局可能是"生产周期短于竞争对手的交货时间"；而对于不良效应——"每个人都总是很忙"，相应的期望效应是"非瓶颈资源通常是空闲的，并且始终可用"。

在 TOC 解决方案中，你通常会得到一些早先没有预见到的积极效果。例如，提高质量水平，减少人员流失，提高成本效益等。

量体裁衣的运营模型

一个好的解决方案可以无缝地协调和同步横跨不同关键业务流程的活动。运营模型的具体变化必须在相应流程中明显体现并清晰识别。

TOC 解决方案会将关键解决方案模型植入到组织现有的工作流、信息系统和决策系统中；有时，它会引入微妙而坚实的客观变化。

例子：

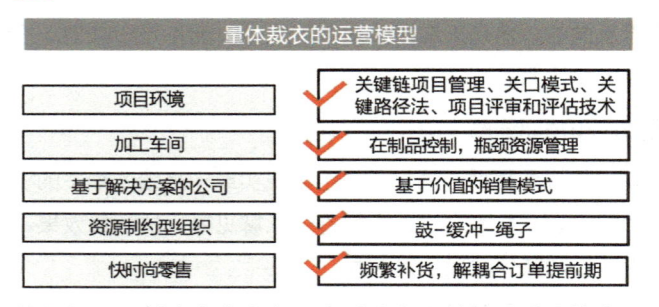

量体裁衣的运营模型	
项目环境	✓ 关键链项目管理、关口模式、关键路径法、项目评审和评估技术
加工车间	✓ 在制品控制，瓶颈资源管理
基于解决方案的公司	✓ 基于价值的销售模式
资源制约型组织	✓ 鼓-缓冲-绳子
快时尚零售	✓ 频繁补货，解耦合订单提前期

其他例子： 创建中央仓库，在系统瓶颈前设置质量检查，构建中间节点和运输库存，引入资源和项目缓冲，数字化基本流程操作，安装 TOC 决策支持系统，临时冻结多余的库存，在生产单上做出优先顺序标记，引入统一的可视化系统等。

求真务实的行为方式

一旦高屋建瓴的认知被确立，就会修改现有政策，以便组织可以在日常例行流程中将关键更改嵌入；在核心业务流程中整合带入一些变化，然后，确定监控机制，使变革的健康状况及其影响可视化。

明确说明如何衡量变革的影响至关重要。这可能需要确定组织衡量方法变化，使人们可以清楚地识别和关联他们的决策和行动对系统目标的影响，识别可能的方法并采取正确的行为，朝着共同目标挺进。一般来说，效率是关于执行阶段的衡量标准，而有效性是关于规划阶段的衡量标准。

例子：

让产能制约资源保持忙碌的策略意味着，组织的所有部门都要服从于它，以最大化系统的有效产出。同样，避免过度生产的政策也引入了货币等价物的衡量标准，以测量未销售的过度库存，这就迫使组织以较小批次进行高效生产。以服务质量来衡量运营，迫使团队遵循对客户承诺的优先顺序，而不是仅仅为了最大限度地提高产量而生产。

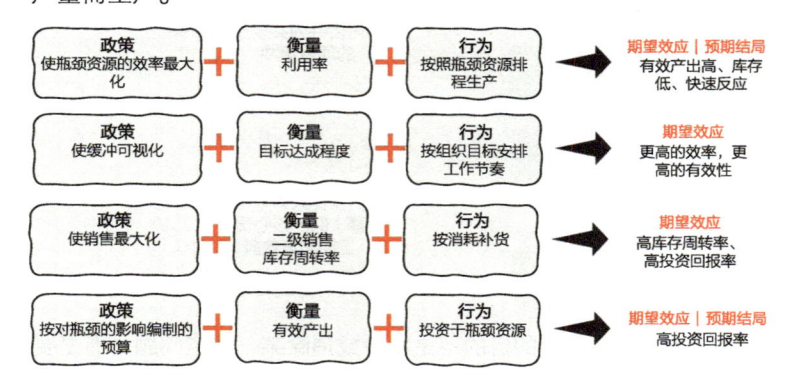

政策	衡量	行为	期望效应|预期结局
使瓶颈资源的效率最大化	利用率	按照瓶颈资源排程生产	有效产出高、库存低、快速反应
使缓冲可视化	目标达成程度	按组织目标安排工作节奏	更高的效率，更高的有效性
使销售最大化	二级销售库存周转率	按消耗补货	高库存周转率、高投资回报率
按对瓶颈的影响编制的预算	有效产出	投资于瓶颈资源	高投资回报率

核心解决方案不是单点的答案,
它是多个注入解的组合!

核心方案｜参考

判断项目有效性和稳健性的规则
期望效应、预期结局、识别制约点、消除冲突、一致接受、早期收益、影响量化、提前预警……

新假设｜心态
例如，人是好的，瓶颈决定系统的有效产出，任务有足够的缓冲，没有必要提前投放作业……

PMB三重奏
政策+衡量+行为
例如，提高瓶颈资源的效率+衡量瓶颈资源的利用率+瓶颈资源的时间表+遵循客户优先排序…

3　CS｜核心方案

- 期望效应｜预期结局
- 核心注入解
- 高屋建瓴的假设
- 量体裁衣的运营模型
- 求真务实的行为方式

期望效应｜预期结局
消除不良效应，实现预期结局，确保期望效应与预期结局之间的内在联系

核心注入解
突破性的主意使囿于成见的假设失效，冲突消失，为解决方案提供了大方向，消除或减少了不良效应和意外结局

运营模型名称
例如，拉式补货系统、鼓-缓冲-绳子、简单的鼓-缓冲-绳子、关键链项目管理、在制品控制、缓冲管理……

简化版核心方案

```
┌─────────────────────┐
│ 3   CS        💡    │
│     核心方案         │
├─────────────────────┤
│                     │
│    创新性实践        │
│  毫不妥协地消除差距  │
│                     │
├─────────────────────┤
│   假设、核心注入解   │
└─────────────────────┘
```

字斟句酌
- 因为在现实中 [新假设 | 新范式]；
- 为了迎接挑战，我们必须 [核心注入解]。
- ……

项目管理
因为在现实中[任务中的缓冲大部分被浪费了]；
为了迎接挑战，我们必须[将缓冲聚合到项目级别上]。

生产运营
因为在现实中[瓶颈资源的闲置才是真正的浪费]；
为了迎接挑战，我们必须[让瓶颈资源的效率最大化，同时允许非瓶颈资源的产能过剩]。

产品分销
因为在现实中[增加订单频率可以缩短补货时间]；
为了迎接挑战，我们必须[根据实际消费拉动供应]。

B2C服务
因为在现实中[所有客户都不平等]；
为了迎接挑战，我们必须[让客户提前预约]。

你的核心方案

字斟句酌

- 因为在现实中[新假设 | 新范式];
- 为了迎接挑战,我们必须[核心注入解]。
- ……

系统性问题与核心方案匹配

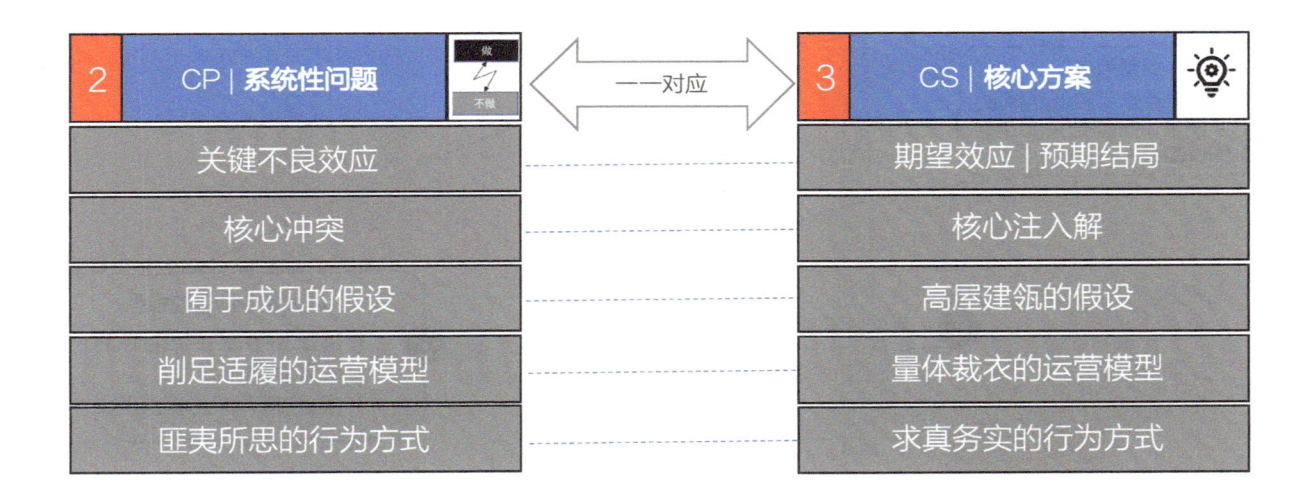

2　CP｜**系统性问题**	一一对应	3　CS｜**核心方案**
关键不良效应	⇔	期望效应｜预期结局
核心冲突	⇔	核心注入解
囿于成见的假设	⇔	高屋建瓴的假设
削足适履的运营模型	⇔	量体裁衣的运营模型
匪夷所思的行为方式	⇔	求真务实的行为方式

跳到第 50 页

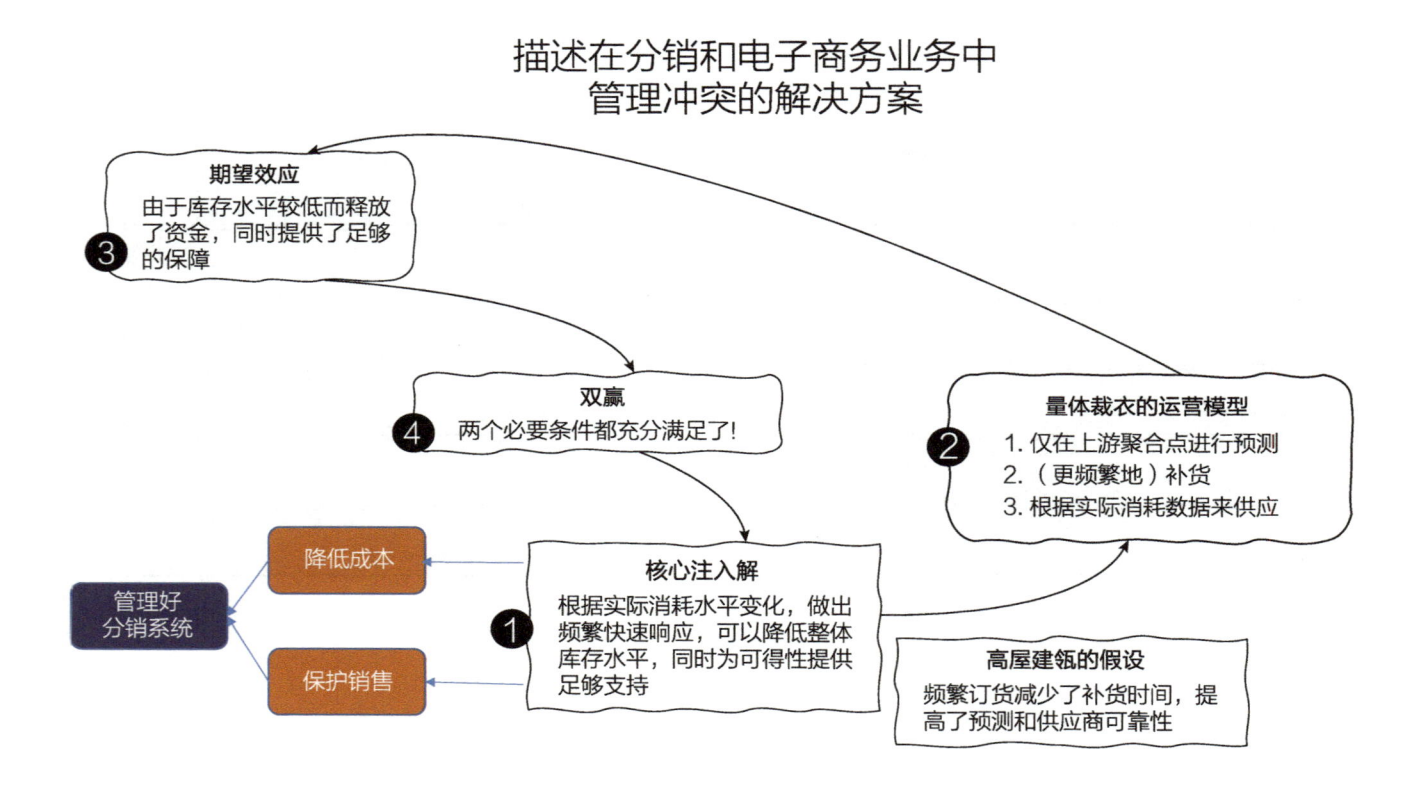

附加图例

描述在分销和电子商务业务中管理冲突的解决方案

❸ 期望效应
由于库存水平较低而释放了资金，同时提供了足够的保障

❹ 双赢
两个必要条件都充分满足了！

❷ 量体裁衣的运营模型
1. 仅在上游聚合点进行预测
2. （更频繁地）补货
3. 根据实际消耗数据来供应

管理好分销系统
- 降低成本
- 保护销售

❶ 核心注入解
根据实际消耗水平变化，做出频繁快速响应，可以降低整体库存水平，同时为可得性提供足够支持

高屋建瓴的假设
频繁订货减少了补货时间，提高了预测和供应商可靠性

附加图例

缓冲——TOC实施项目的核心

TOC缓冲是可视的 ✗

- 拥抱不确定性并稳定化运营系统
- 设置缓冲以保护有效产出免受不确定性的影响
- 设置简单的唯一优先排序系统，并与目标相联系
- 提前诊断风险

TOC缓冲只是一个减震器 ✗

- 嵌入组织学习能力
- 允许改期而不损害承诺
- 按需求的变化自我合理地修正

TOC缓冲只是用3种颜色表示的优先级 ✗

- 创建容错区域
- 识别组织改进的来源

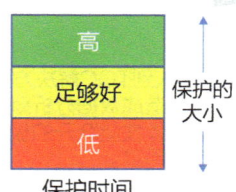

保护的大小：高 / 足够好 / 低

保护时间

缓冲时间让你在行动前有足够的时间思考

缓冲管理
它是一种在不确定性和能力明显受限的情况下仍然提高业绩的机制

缓冲管理

1. 只有当缓冲区进入低区域时，才有理由注意到该事件

2. 对事件进行整理，以确定主导因素

3. 对最主要的因素采取行动，重新校准缓冲以适应现实

附加图例

POGI
持续改善流程

- 稳固地置于POOGI中的实施TOC的组织，意味着它知道如何从内到外地创新。

- 从技术上讲，POOGI是一种嵌入到TOC解决方案中的方法；它以小数据格式，在不造成数据分析瘫痪的情况下，系统地识别可能影响整体性能跃升的极少数因素，然后一步一步地处理这些因素。

- POOGI在流动、子系统和整体业务的不同级别进行。

- 哲学上，POOGI也属于TOC的转型方法论。

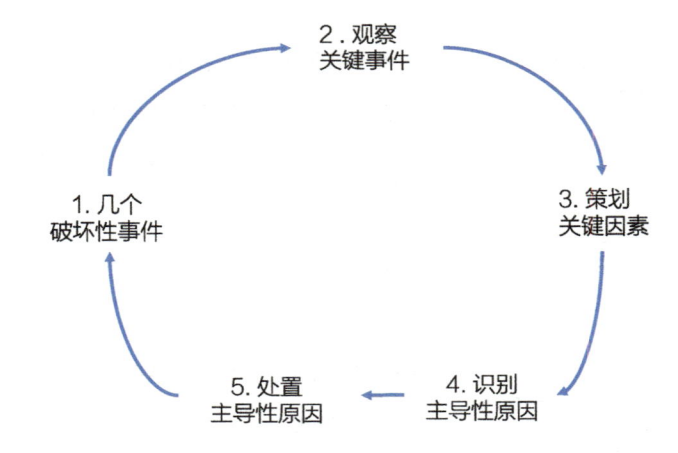

1. 几个破坏性事件
2. 观察关键事件
3. 策划关键因素
4. 识别主导性原因
5. 处置主导性原因

附加图例

挑战背后的假设
[思维范式转换]

没有思维范式转换，就没有商业模式创新！

- 组织变革意味着人的转型（阶段性）。
- 只有当他们所坚持的假设（思维范式）转换时，人才会发生转变。
- 如果一个转型项目要坚持下去，那么当前的限制性思维范式、假设、精神特质、态度、信念、认知等，不管怎么称呼，都必须改变。
- 思维范式处于组织的政策、衡量和行为的底层，往往是无形的。这就是核心方案必须深潜的深度。

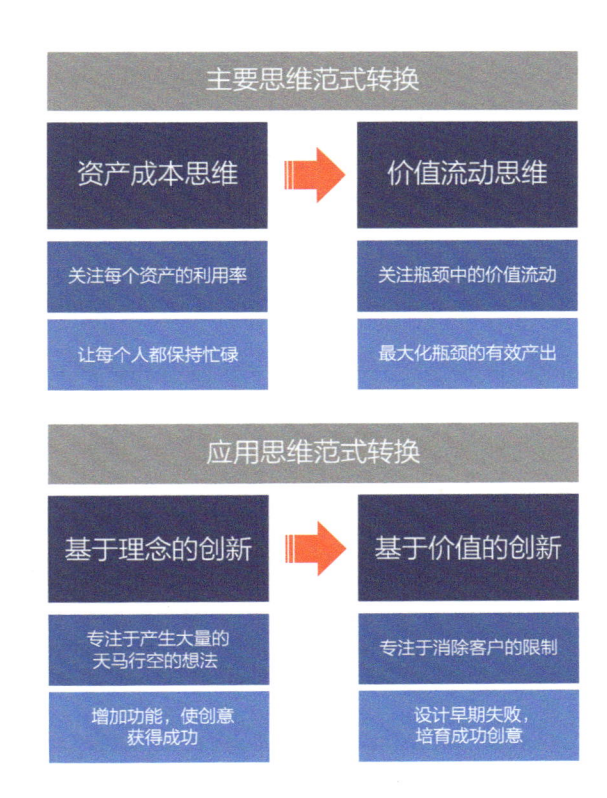

主要思维范式转换

资产成本思维 → 价值流动思维

- 关注每个资产的利用率 → 关注瓶颈中的价值流动
- 让每个人都保持忙碌 → 最大化瓶颈的有效产出

应用思维范式转换

基于理念的创新 → 基于价值的创新

- 专注于产生大量的天马行空的想法 → 专注于消除客户的限制
- 增加功能，使创意获得成功 → 设计早期失败，培育成功创意

你的空白页

画任何你喜欢的东西！！

主要学习……

你的变革引擎 | 系统性问题 | 核心方案

你想要跨越的鸿沟是什么？

你想要改变的做法是什么？

你想引入什么样的新做法？

落地计划

落地计划（Executable Solution, XS）模块将搭建详细的落地执行计划。

解决方案落地的关键是足够好地细化落地计划，获得团队充分的理解、认可和担当，使组织在横向和纵向上协调一致，以创建新模式下的实践能力，实现雄心目标。

实际上，落地计划是通过不断演变的过程发展出来的，过程中关键利益相关者都应该对其稳健性、规划、运营流程和衡量机制做出贡献。

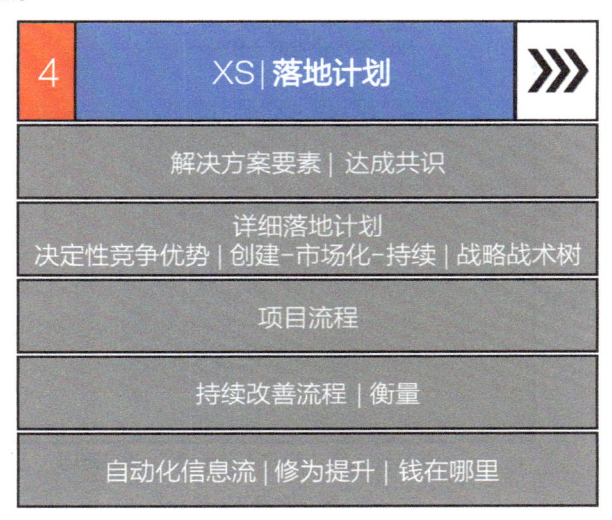

如果是有效的落地计划，在踏上变革之旅不久，企业就会利用其新构建的竞争能力赚钱。一旦市场对价值增强的交付产品做出积极反应、需求超过产能，落地计划还能保护应对。

从理论上讲，转型意味着走向新的未知区，需要分配适当的团队、自动化信息流，以应对执行过程中的神秘事物。落地计划应树立担当意识，设立时间节拍以回顾和稽核执行进展情况，并提供及时的洞见以不断改进流动和进行决策。落地计划还要内置提前预警和跟踪创新的机制。

最后，完整的落地计划可以像一本百科全书一样随时获得，作为执行团队的指南。

以下内容可能有助于你探寻完美的落地过程：

- 解决方案要素 | 达成共识
- 详细落地计划和项目流程
- 错误修复、迭代和升级
- 团队架构与评审 / 持续改善流程
- 商业影响力评估
- 数字化 | 修为提升
- 钱在哪里？

4	XS｜落地计划	▶▶▶
	解决方案要素 | 达成共识	
	详细落地计划 决定性竞争优势 | 创建-市场化-持续 | 战略战术树	
	项目流程	
	持续改善流程 | 衡量	
	自动化信息流 | 修为提升 | 钱在哪里	

跳到第 58 页

如何实现变革？
变革会持续吗？

解决方案要素

详细的 TOC 解决方案包括计划和执行两方面要素。

为了使注入解开发的新竞争能力对业务有意义，解决方案被构造成创建、市场化（卖点）和持续三个循序渐进的阶段，以实现革新能力和差异化价值。

解决方案的典型要素包括：

- 识别系统制约因素
- 保护系统制约因素有效产出的机制
- 使系统流动与系统制约因素的节奏保持一致同步的机制
- 优先排序机制，以确保系统高度有效性
- 匹配需求与组织产能的战略性关口机制
- 防止流动干扰因素的战术性关口机制
- 系统制约点性能风险早期预警机制
- 不断提高系统制约点性能的机制
- 系统创新机制
- 评估实施解决方案要素对系统目标影响的测量系统
- 利用新构建能力的机制
- 保持创新系统差异化能力的机制

达成共识

在解决方案设计世界中，原则是"解决方案永远不会完美，事实上，从来都不奢望制定完美的解决方案"。设计解决方案的目标是符合企业方向，增加制约点的有效产出。

人们如何才能拥有解决方案？

在转型项目中，核心方案要由与执行紧密相关的人员来实施，邀请他们为进一步塑造和扩展解决方案献计献策，使其可行。然后，根据利益相关者的直觉、经验和讨论，对核心方案进行检查，以识别是否对组织的关键部分造成不良影响，并通过添加其他"修剪措施"来消除这些不良影响。

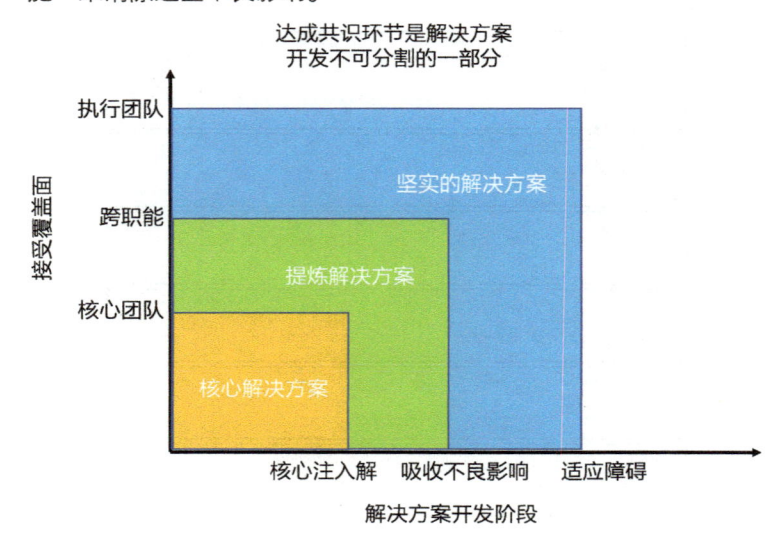

达成共识环节是解决方案开发不可分割的一部分

接受覆盖面	解决方案开发阶段
执行团队	坚实的解决方案
跨职能	提炼解决方案
核心团队	核心解决方案

横轴：核心注入解　吸收不良影响　适应障碍

通过识别可能阻碍其实施的重要障碍，进一步提升解决方案的稳健性。创建中间里程碑以消除这些障碍，并指导团队提出新的注入解。在这个阶段，解决方案的所有权逐渐转移到执行团队。

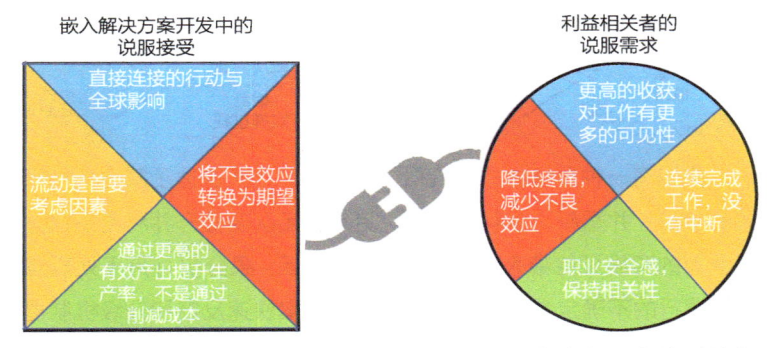

为了使项目取得成功，需要所有利益相关者的充分合作，他们必须有做出贡献的积极性。上述达成共识的过程确保了每个重要利益相关者的支持，从360度的角度考虑变化，并让他们投入项目中。

在必要的情况下，说服过程可以回答参与者在组织变革动态方面的收益、痛苦、要完成的工作、安全性和恐惧感。具体来说，就是"对我有什么好处，对我有什么影响"。

这种共识建设的并行过程可以确保解决方案的要素在范围上具有足够的整体性，并为和谐执行做好准备。

详细落地计划、战略战术树

TOC 的共识文化意味着充分明确了解决方案如何引发变革，以解决组织的系统性问题。项目团队有责任以一种成为整体实施过程依据的方式构建解决方案。

因此，每个转型项目都定义并沟通了为实现雄心目标所必需的行动，以及这些行动在组织的垂直结构和横向业务流程上的实施顺序，同时明确了所需的和充分的变化调整。

你能展示完整的解决方案吗？

战略和战术分层框架图（战略战术树）用于通过聚焦于变革引擎、系统性问题和核心方案来指导组织设计变革。

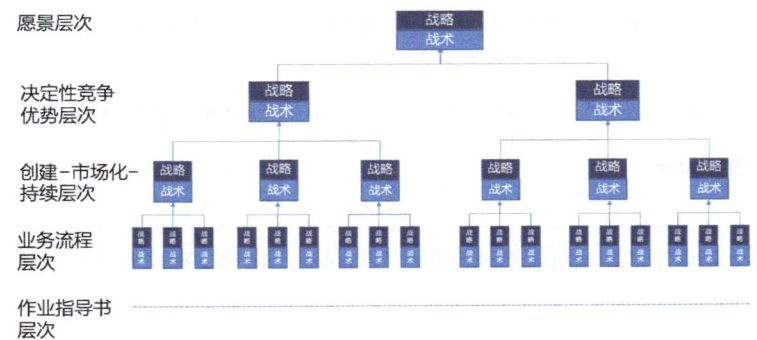

它连接起所有注入解、高屋建瓴的假设和求真务实的行为方式，并与企业为实现其战略目标（雄心目标）而开发的核心能力相关联。战略战术树是实施 TOC 转型计划的葵花宝典（圣经）。如果没有这样的百科全书，项目将错失执行团队的重要担当，并陷入困境。

对于初学者来说，战略战术树的顶层展示整体意图（变革引擎），底层详细说明实施步骤。中间层在逻辑上连接顶层和底层，并为两者之间的强逻辑连接提供验证。

由艾利·高德拉特博士开发的六种战略战术树原型模板，目前对市场是开放的。

战略战术树名称	决定性竞争优势	价值主张要素	行业
快速反应	高可靠性交付，短交货周期	可靠性、速度	季节性商品
可得性	高可得性，低库存	可得性	工作车间|标准货物和零件
项目	交付更多项目，更快更好，以更低的成本	上市时间，投资回报率	产品开发|基础设施
消费品商品	100%的可得性，准时交货，高库存周转率	可得性、品种范围	快速消费品
零售连锁店	整个供应链的可得性，高库存周转率	可得性、品种范围，新鲜度	零售
按点击付费	共享服务	整体成本低	资本设备

通常，战略战术树最多可以运行五层，每层中的每个单都具有其目标（战略）和实施步骤（战术），因此得名为战略战术树。

项目流程

战略战术树底层的实施步骤为项目实施提供了顺序。这些步骤相互叠加，并对执行资源可用性进行排程。项目流程定义了实施落地计划的每个步骤所需的必要关口、资源、负载控制、预警系统和成功标准。根据组织打算要建立的决定性竞争优势，物流落地计划将包括分类、设计、准备、计划、执行和改善等阶段。

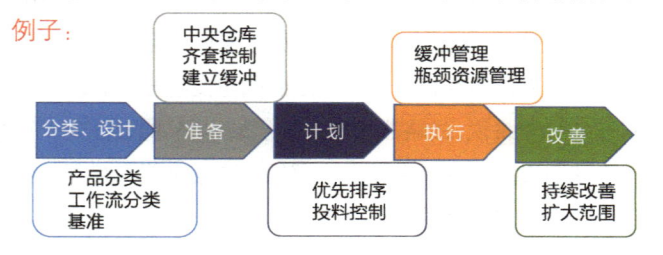

错误修复、迭代和升级

随着解决方案的落地，消极的惊讶和积极的惊喜都会浮现出来，也许由现状的变化、解决方案的差距或实施的不足造成的。

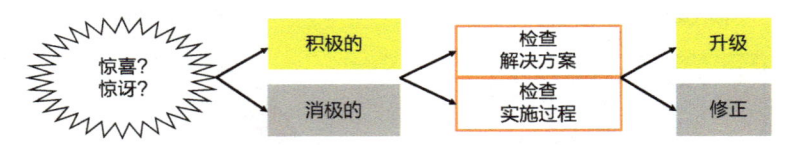

需要有一种思维方式和流程，帮助项目团队快速了解与执行相关的挑战，并重新调整解决方案。另外，团队要提升并利用解决方案要素的实施可能带来的积极惊喜。果-因-果分析可用于处理意外和执行的不确定性。我们假定由解决方案快速反馈和升级机制提供支持。

如何处理执行过程中的不确定性？

这种能够随时精细调整落地计划的能力是转型文化的本质，这种文化不仅接受转型过程中固有的不确定性，还将失误看作提高和学习的机会。

团队结构

转型项目应由分工明确、责任清晰的项目团队管理。通常，非常大的组织也将遵循项目制管理流程，包括跟踪实施过程中的进度、收益、工作量、成本和风险。

同时，人们必须明白，那些参与转型项目的人也得到了一生中学习和改变自己的机会。他们是组织中少数有机会获得跨业务经验的佼佼者，因此他们的能力也得到了数倍的提高，以至于他们通常可以在组织中获得多级职位提升。分配到 TOC 转型项目的团队成员通常是组织未来的领导者。

团队构架是否反映了你对转型的承诺？

评审 | 持续改善

仅当组织牢固地将其置于持续改善流程中，思维转变审查机制到位，并聚焦于企业雄心目标时，组织才可以说是成功转型了。

TOC 转型项目中会产生三种持续改善流程机制。第一种基于变革三问（变革什么？变革成什么？如何实现变革？），用于管理最高层次的变革（系统性问题、核心方案和落地计划的组合）。第二种是聚焦五步骤，以挖掘制约点。第三种是缓冲管理，用于处理执行过程中的不确定性，并系统地识别未来的突破性想法。

因此，持续改善流程涵盖了项目、运营和创新层面，这些层面创建了一个内置机制来检查符合性，验证业绩提升并识别转型潜力。

持续改善流程方法论
符合性+绩效+机会

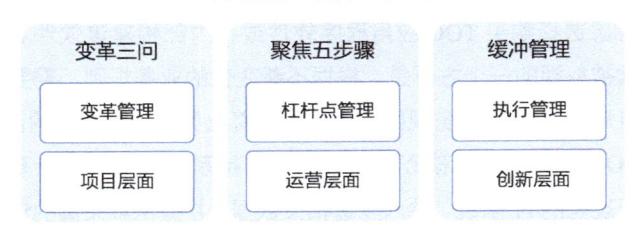

变革三问	聚焦五步骤	缓冲管理
变革管理	杠杆点管理	执行管理
项目层面	运营层面	创新层面

跨多阶段注入解的评审反馈机制提供了提高实施有效性以及改进过程结果的机会。随着时间的推移，多个改进子项目将出现，这些子项目将朝向目标引导业务的进展。

商业影响力评估

企业往往以财务数字和比率衡量其可行性，而运营则采用过程参数；这使得运营团队难以判断其绩效对整体业务指标（净利润、投资回报率和现金流）的影响。

TOC 通过提供三个简单的财务参数解决了这一难题，并为运营决策者提供了一个实用的武器，即在处理变革时只需问三个问题。如果变革，是否会：

1. 提高系统有效产出（T）？
2. 减少库存或投资（I）？
3. 降低运营费用（OE）？

由于系统的制约因素就是杠杆点，该方法迫使决策者根据其对制约因素有效产出的影响做出系统决策。

运营部门财务参数 T、I、OE 的变化，会与整个系统的绩效产生联系：

1. 净利润 = T – OE
2. 投资回报率 = 净利润 / I
3. 生产率 = T / OE

基于有效产出会计的简化方法，完全消除了之前评估运营决策的复杂计算方法。有效产出、运营费用、库存或投资三个参数的变化，足以评估管理决策和措施对系统实现目标的影响。例如，如果 $\Delta T > \Delta OE$，就说明运营改善是在正确的轨道上。

非线性增长背后的数学逻辑是什么？

（A）（单位：千元）	（B）基准值	（C）提升10%
年收入	100	110
完全可变成本	50	55
有效产出	50	55
运营费用	40	40
净利润	10	15
库存	25	25
库存周转次数	2	2.2
生产率	1.25	1.375
投资回报率	40%	60%

在 TOC 中，有效产出作为运营财务指标，定义为价格扣除完全可变成本，近似为毛利。但是，直接员工工资不放在完全可变成本中，而作为运营费用的一部分。逻辑是，如果我们想知道由于决策而产生的影响，那么只考虑可变参数就足够了，因为对于大多数基于杠杆点变动做出的相关决策来说，固定成本是多余的。

基于简单有效产出的会计汇总，变化值（C 列）相对于基准值（B 列）如下：

虽然由于销售额提高了 10%（C 栏），（系统制约）有效产出也提高了 10%，但结果有不成比例的增长：净利润和投资回报率提高了 50%。

这是因为虽然完全可变成本与销售额成比例地增加，但运营费用并没有增加太多，改进工作只集中在受限资源的性能上，而不是在所有地方。

由于受限资源决定了组织的有效产出，只要将重点放在制约点上，就可以获得局部行动或决策对组织整体盈利能力和可行性的非线性影响。

自动化信息流

转型具有复杂性细节，并且在正确的时间和正确的地点获得正确的信息对工作流和决策流程有重大影响。即使解决方案只有几个元素，也需要进行物理层面和思维范式层面的变革，因为系统仍然需要进行运营、分析、改进、管理和纠正例行程序。

信息流的自动化大大提高了变革过程的效率，并减轻了相关人员的工作量。有各种软件产品可用于各功能模块和项目管理。事实上，随着大多数大型企业中 IT 人才的可用性增加，在开始执行之前，必须考虑选择购买 TOC 应用程序软件或在内部构建该软件。信息流经常被忽视的一个方面是，根据不断变化的业务规则，需要不断修改自动化逻辑。业务规则的变化是随着业务的转型发生的。

TOC 信息系统的核心概念是决策支持系统。决策支持系统通过组织现有的 IT 系统，纳入少量相关数据，并提供最关键的信息，以便帮助做出规划和执行决策。决策支持系统提供基于 TOC 原理的重要机制，用于自动化投料控制、优先排序管理、缓冲管理、关键资源管理、负荷控制、识别未来瓶颈、基于时间的产品组合管理等。与其他信息系统不同，决策支持系统遵循知识管理的层次结构，因此提供了可执行的有价值信息。

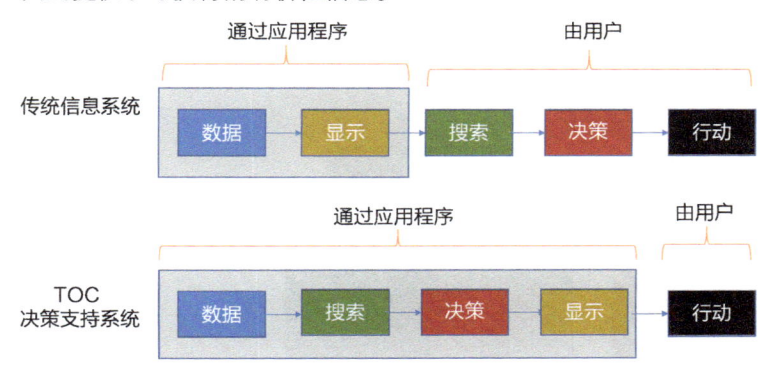

```
传统信息系统：
通过应用程序 [数据 → 显示] → 由用户 [搜索 → 决策 → 行动]

TOC 决策支持系统：
通过应用程序 [数据 → 搜索 → 决策 → 显示] → 由用户 [行动]
```

修为提升

转型项目通常需要员工新的技能来弥合差距。虽然团队的管理修为可以在项目期间提升，但组织必须在规划阶段想清楚其他技能的安排。

最受追捧的技能是数据分析、软件开发、项目管理、说服沟通、价值销售和共识建立。

钱在哪里？

凡是通过注入核心方案来改善运营并填补目标差距的，最终都取决于其自身产生资金的能力。

你能想到把业绩提高 3 倍吗？

将核心方案分解成详细落地计划的过程，有助于提升相关能力。随着落地计划的逐步实施，组织在解决方案的每个重要步骤中都会经历系统性问题、核心方案和落地计划的循环。持续改善流程将有助于清除大多数流动性障碍，并将运营产能提升一个数量级。想想看，你的响应速度提高了 3 倍，你的交货可靠性在不到 3 个月的时间内达到了 90% 的高水平，而 30% 的隐藏产能在没有任何额外投资的情况下被释放出来。

这些超级能力称为决定性竞争优势，是竞争对手难以模仿的，它们从根本上为企业和顾客创建了新的价值；基于新价值主张的销售提案将重新设计，在足够大的市场上，以客户难以抗拒的形式，把企业和其他主要对手区别开来，为企业带来利润增长；在产品、服务和产能之上，企业打造适当的方式把新附加价值销售出去。这需要建立价值意识和销售能力，从传统的产品销售转向基于价值说服的新销售模式。因此，核心方案还包含用于销售决定性竞争优势的注入解。实际上正是战略战术树的市场化模块使得有效产出实现了飞跃。

你的解决方案可以真正提升有效产出吗？（通过销售赚更多的钱！）

当决定性竞争优势"市场化模块"激活时，独特销售方案将使需求大幅增加，以至于经常发生超过产能负荷而削弱来之不易的决定性竞争优势；为防止这种情况发生，团队应提前准备额外产能以应对保护；所以战略战术树中还包括"持续模块"防止自爆；"创建-市场化-持续"三项组合构成了决定性竞争优势内建循环的基本元素。

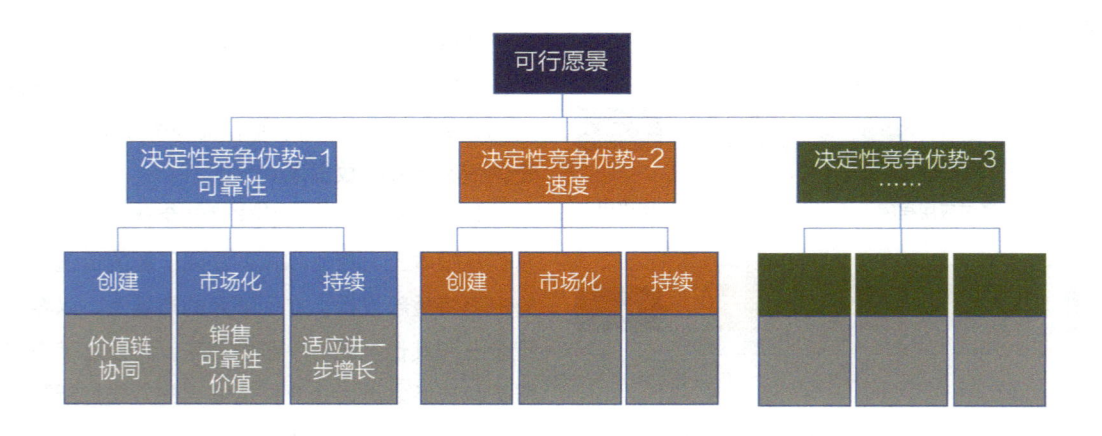

```
                          可行愿景
        ┌──────────────────┼──────────────────┐
   决定性竞争优势-1      决定性竞争优势-2      决定性竞争优势-3
       可靠性                速度                ……
    ┌───┼───┐          ┌───┼───┐          ┌───┼───┐
   创建 市场化 持续      创建 市场化 持续
   价值链 销售  适应进一
   协同  可靠性 步增长
         价值
```

在战略战术树的第一版中，当所有决定性竞争优势都完善了"创建-市场化-持续"后，就应该寻找下一个价值点飞跃了。不过，组织从哪里寻找下一个飞跃呢？

第一篇　画布模型

好的解决方案能给企业赚更多的钱，
从现在到未来！

落地计划 | 参考

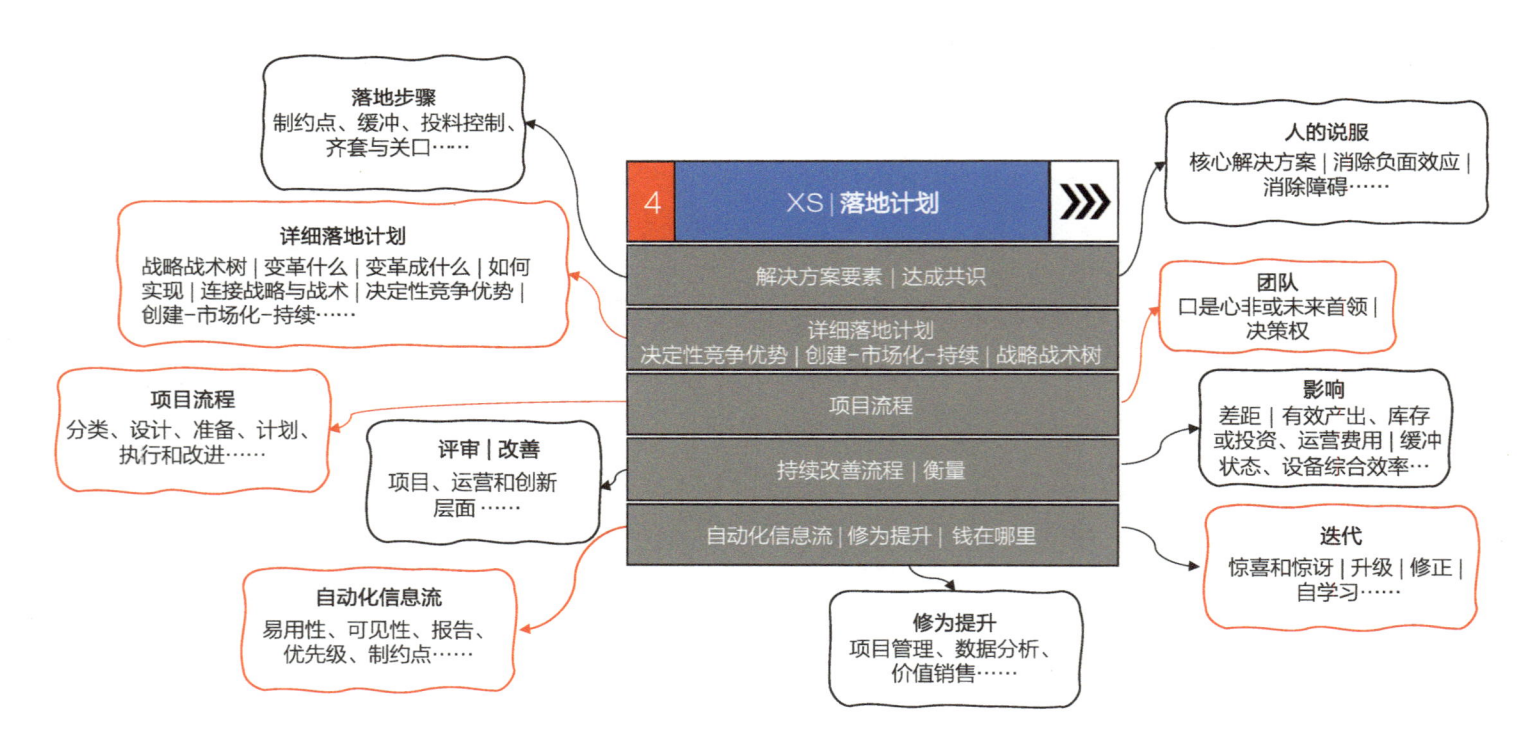

落地步骤
制约点、缓冲、投料控制、齐套与关口……

详细落地计划
战略战术树 | 变革什么 | 变革成什么 | 如何实现 | 连接战略与战术 | 决定性竞争优势 | 创建-市场化-持续……

项目流程
分类、设计、准备、计划、执行和改进……

评审 | 改善
项目、运营和创新层面……

自动化信息流
易用性、可见性、报告、优先级、制约点……

4　XS | 落地计划 ▶▶▶

| 解决方案要素 | 达成共识 |
| 详细落地计划　决定性竞争优势 | 创建-市场化-持续 | 战略战术树 |
| 项目流程 |
| 持续改善流程 | 衡量 |
| 自动化信息流 | 修为提升 | 钱在哪里 |

人的说服
核心解决方案 | 消除负面效应 | 消除障碍……

团队
口是心非或未来首领 | 决策权

影响
差距 | 有效产出、库存或投资、运营费用 | 缓冲状态、设备综合效率……

迭代
惊喜和惊讶 | 升级 | 修正 | 自学习……

修为提升
项目管理、数据分析、价值销售……

简化版落地计划

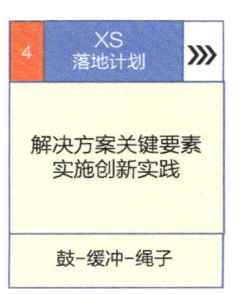

```
┌─────────────────────┐
│  4  XS              │
│     落地计划    »»  │
├─────────────────────┤
│                     │
│   解决方案关键要素  │
│   实施创新实践      │
│                     │
├─────────────────────┤
│   鼓-缓冲-绳子      │
└─────────────────────┘
```

字斟句酌
- 我们保护［瓶颈/制约点］
- 通过提供和管理［缓冲类型］，并根据［鼓］的节奏控制［流动单元］投料
- ……

项目管理
我们保护[关键链]
通过提供和管理[项目缓冲]，并根据[汇合点]的节奏控制[新项目]投料

生产运营
我们保护[产能制约资源]
通过提供和管理[时间缓冲]，并根据[瓶颈资源]的节奏控制[新工单]投料

产品分销
我们保护[下游节点的有效产出]
通过提供和管理[上游的发货缓冲]，并根据[下游实际消耗]控制[发货]

B2C服务
我们保护[关键服务资源产能]
通过提供和管理[队列缓冲]，并根据[资源排程]的节奏控制[新患者]

你的落地计划

字斟句酌

- 我们保护 [瓶颈 / 制约点]。
- 通过提供和管理 [缓冲类型]，并根据 [鼓] 的节奏控制 [流动单元] 投料。
- ……

附加图例

评估改变带来的影响

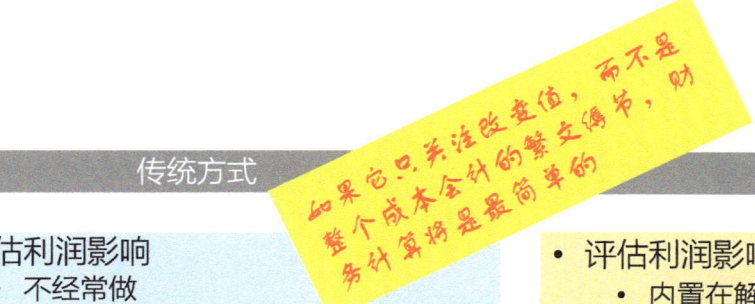

传统方式

- 评估利润影响
  - 不经常做
  - 太复杂
- 改变使用的公式
  - 改变前 NP = GM – OE
  - 改变后 NP' = GM'– OE'
  - 改变= NP' – NP = (GM' – GM)– (OE' – OE)
- 运营费用的计算比较复杂，由于
  - 成本分摊
  - 需要涉及其他职能部门
  - 对影响的共识少且延迟

TOC方式

- 评估利润影响
  - 内置在解决方案中
  - 快速简单
- 改变使用的公式
  - 改变前 NP = T – OE
  - 改变后 NP' = T' – OE
  - 改变=NP' – NP = T' – T =ΔT
- 运营费用的计算很简单
  - 运营费用几乎没有变化
  - 需要了解制约点有效产出的变化
  - 影响是可以自我判断的

> 如果它只关注改变值，而不是整个成本会计的繁文缛节，财务计算将是最简单的

注：NP 为净利润；GM 为毛利；OE 为运营费用；T 为有效产出。

你的空白页！

画任何你喜欢的东西！！

主要学习……

你的变革引擎 | 系统性问题 | 核心方案 | 落地计划

你想要跨越的差距是什么？

你想要改变的做法是什么？

你想引入什么样的新做法？

你想要实施的解决方案的最初几个步骤是什么？

创新轨迹

创新轨迹（Innovation Vector, IV）模块描述组织识别的螺旋上升的价值主张层次，构建其转型之旅。

TOC 理念是让组织走上持续创新的轨道。如果组织无法提前预见其在价值创建、价值交付和价值获取方面取得重大突破的路线图，那么持续转型将是有问题的。

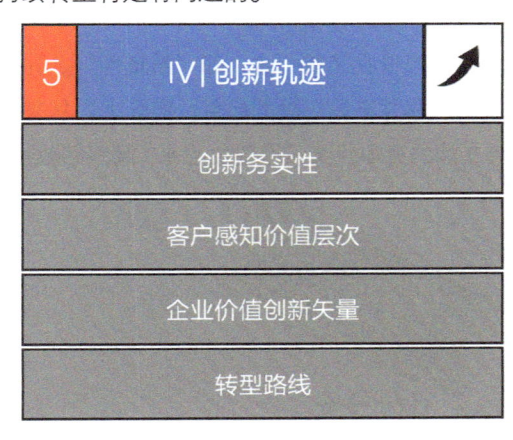

5	IV|创新轨迹 ↗
	创新务实性
	客户感知价值层次
	企业价值创新矢量
	转型路线

通过 TOC 转型流程形成的创新轨迹是基于经验验证的，从设计上就具有极高的可行性。这些验证来自团队不断经历的经验，即信息的调研和反馈的快速循环，以及想法的民主和集中，同时在变革引擎、系统性问题、核心方案、落地计划模块中排练过的各种不确定性。

该模块为团队提供了大量的机会从多个维度来理解业务本质，并将它们与收集到的证据结合在一起。

持续改善流程有助于组织相关信息，为组织设计成长路径。其中的关键在于，必须运用对公司潜力及其局限性，以及对相关市场的洞见来创造非凡价值。

要获得鼓舞人心的创新轨迹，可以查看以下方面：
- 创新务实性
- 客户感知价值层次
- 企业价值创新矢量
- 转型路线

跳到第 77 页

下一个跳越是什么？
增长轨迹是什么样的？

创新务实性

如果不能构建有竞争力的商业价值，创新是没有意义的。许多组织遇到的真正挑战是如何把创新转化成真正的商业价值，而不是停留在 PPT 上的华丽篇章，这往往导致组织寻找一长串的创新（改善）项目来粉饰脸面，但最后真正能为组织、利益相关者或客户带来商业化价值的却凤毛麟角。

这里有一个关于创新务实性的公式：

如果你说构建了价值，但是不能传递给客户，那么 TOC 不接受这是价值提升或创新，因为这样的价值不会带来附加的有效产出。

因此，我们的转型之旅必须真正满足这三个变量；缺少一点都没有商业意义，只能待在实验室里。

虽然人们可能接触过这个公式，但大多数组织都卡在了第一步，即"新颖性"。其中的奥秘在于，新想法或新改善并不是正确的起点。实际上，从来都不缺乏新想法，只是其支撑的竞争优势没有建立起来；某些绩效指标提升了，

> 这是最有干货的一章，细细品来！

拉古·文卡特拉曼

> 之前不可能达到的、实现的方式、范围或规模

> 对客户和组织具有真正的价值，可以消除客户价值点大限制，定位组织价值点并创造附加有效产出

$$创新 = 新颖性 \times 差异化 \times 收益$$

> 在足够大的市场上，相对于主要竞争对手，存在决定性竞争优势

只是因为它们本来就可以提升，这是远远不够的。

你的创新公式是什么？

TOC 创新是以客户的"收益"为起点的，就是首先识别客户的重大限制，然后倒推出需要组织创建的决定性竞争优势。这还不完全，可以借助一些工具做得更好，比如详细的价值流分析或市场调查分析。

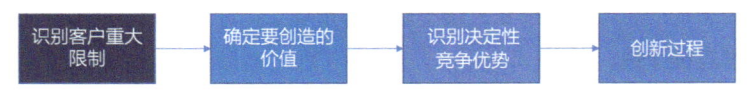

识别客户重大限制 → 确定要创造的价值 → 识别决定性竞争优势 → 创新过程

TOC 制约理论创始人高德拉特博士总结价值创新的过程为："消除客户的重大限制，以之前不可能的方式，并达到主要对手难以仿制的程度！"

强烈建议创新之旅始于对价值的重新定义。

客户感知价值层次

无论你向市场提供什么产品或服务，都有一个普遍的认知，即客户感知的价值和组织创造的价值的层次。当组织所提供的产品或服务沿着"大宗商品、产品、服务、体验和客户转型"的连续性不断升级时，就能创造和实现更高的价值。你所创造的想法或你想走的转型之路是否在这个层次不断升级，是检验创新轨迹的试金石。要认识到你目前的价值层次，找出能把你推向下一个层次的能力，你需要付出真诚的努力。

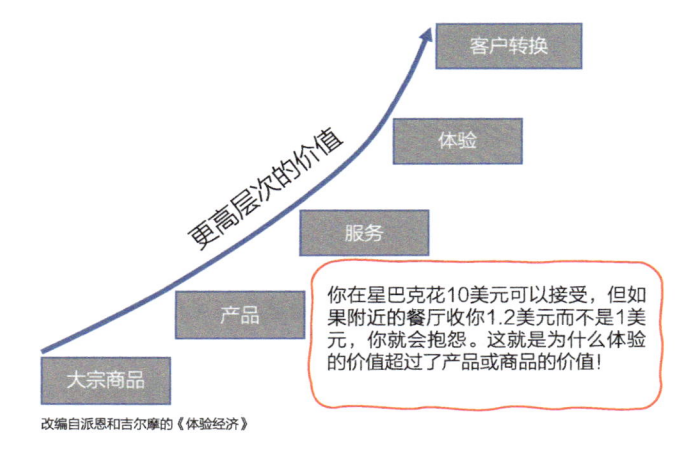

更高层次的价值：大宗商品 → 产品 → 服务 → 体验 → 客户转换

你在星巴克花10美元可以接受，但如果附近的餐厅收你1.2美元而不是1美元，你就会抱怨。这就是为什么体验的价值超过了产品或商品的价值！

改编自派恩和吉尔摩的《体验经济》

高层次价值被构建为低层次价值的包装

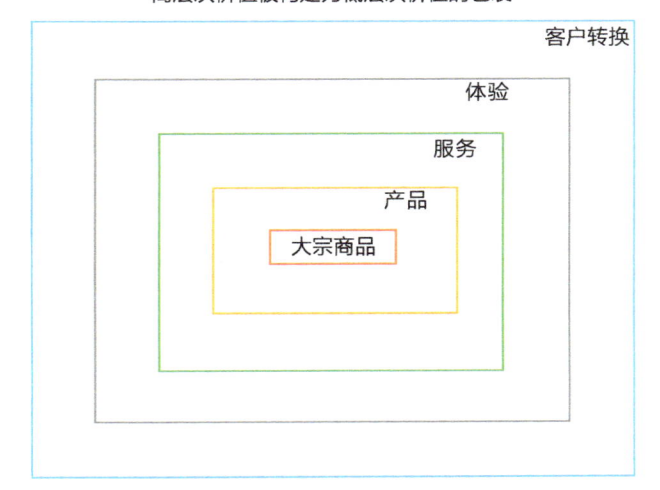

客户转换 ⊃ 体验 ⊃ 服务 ⊃ 产品 ⊃ 大宗商品

在这里,"大宗商品"不是字面意义上的商品,如铁、铜、沙子等,而是指商品化的产品或服务。当你的产品或服务可以轻易地被竞争对手取代时,就会发生这种情况。你是否听过销售人员总是说"我们需要提供更大的折扣才能得到这个订单"?这意味着你的产品已经商品化了。

为什么转型是一个持续的过程?

每个价值层次都不是孤立的,而是建立在可信的低层次价值层次之上,也就是说,高层次价值包含了低层次成熟化的价值。

有时候你的价值可能处于不同层次之间,但你要清楚这是特意设计的,还是巧合。要赢得市场,需要深思熟虑地创建更高层次价值,通过"创建-市场化-持续"更高层次的决定性竞争优势,直到最高层次"客户转型"。

"客户转型"是价值的最高层次。在 B2B 业务中,你帮助客户企业打造能力为它的客户提供独特价值,这时候你就是它的优选合作伙伴。在 B2C 业务中,客户成为你的粉丝,这是打造你专有生态链的私域;即使在大幅不确定的市场上,你也可以保持较好的供应链弹性。

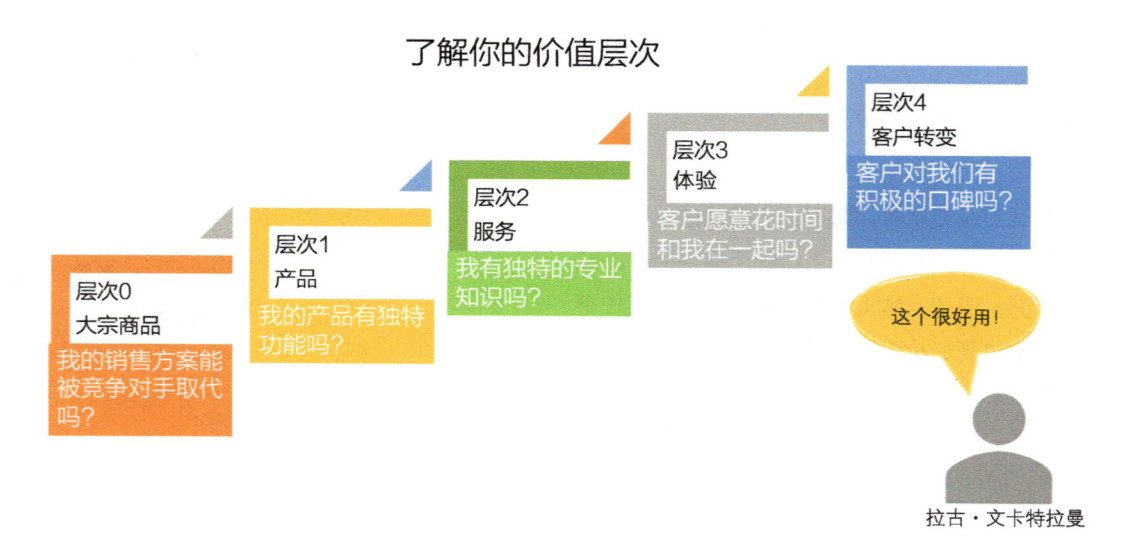

了解你的价值层次

层次0 大宗商品
我的销售方案能被竞争对手取代吗?

层次1 产品
我的产品有独特功能吗?

层次2 服务
我有独特的专业知识吗?

层次3 体验
客户愿意花时间和我在一起吗?

层次4 客户转变
客户对我们有积极的口碑吗?

这个很好用!

拉古·文卡特拉曼

企业价值创新矢量

企业价值创新矢量是一个组织未来价值创新发展所遵循的轨迹图,也是雄心目标实现的全景图;这些矢量可以是不同类别的。随着时间的推移,不同矢量的节点可以用来构建一个巨大的多维创新网络,使得对手难以破译和模仿。

轨迹分类方法有:
- 产品或服务,根据品种范围、类型和复杂性
- 技术革命
- 客户旅程、收获、痛点、局限和需要
- 新机遇
- 地区性增长
- 纵向一体化和规模
- 价值主张
- 商业模式
- 基础设施

组织可以采用多种价值创新矢量,但是选择核心价值创新矢量,并围绕它打造相关价值,是一种聚焦方式。

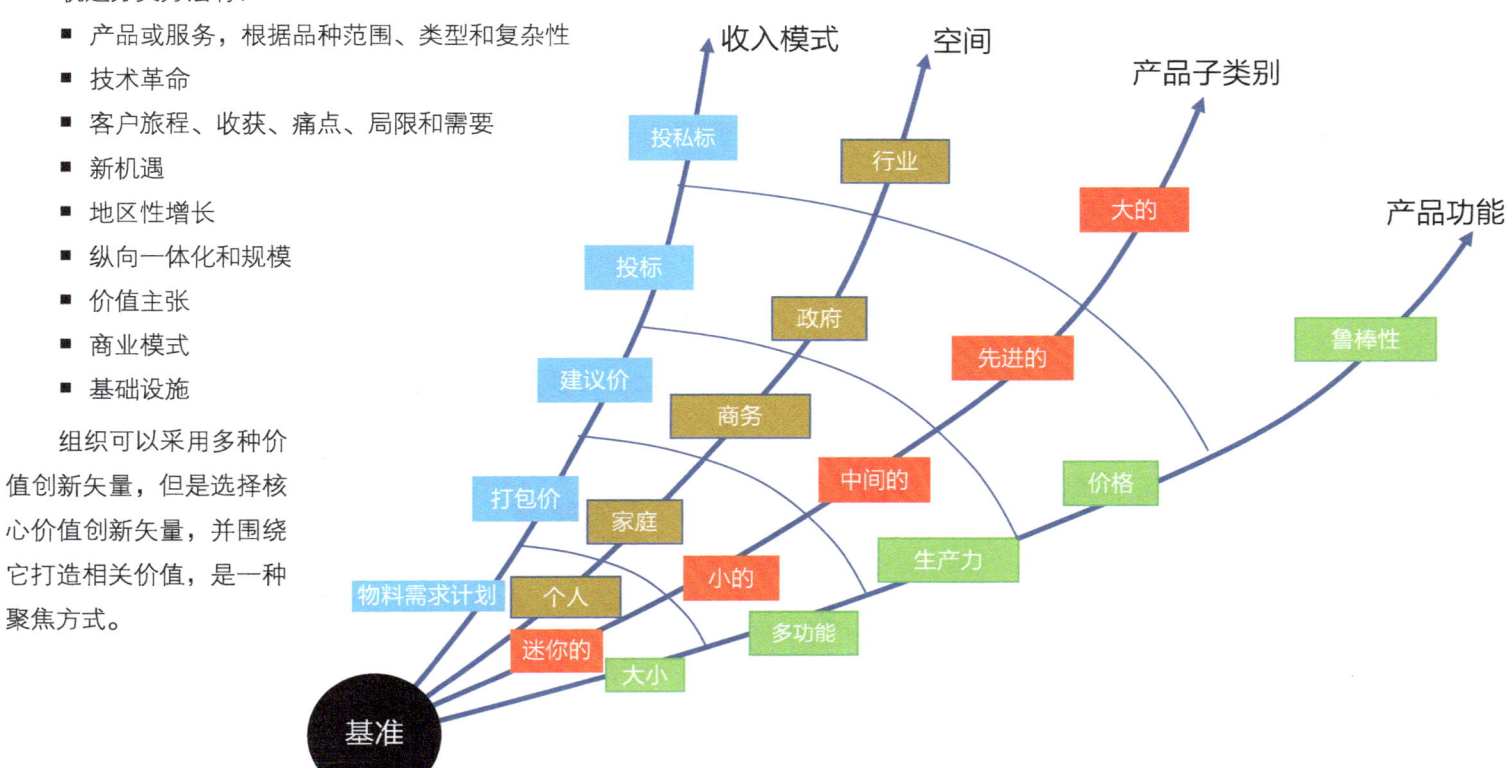

TOC 商业模式创新画布

下图所示为企业的核心价值创新矢量：一家电子商务公司选择产品服务矢量，一家工厂设备制造商选择产品生命周期矢量，一家设计服务公司选择价值创建矢量，一家IT公司选择业务发展矢量，一家餐厅选择基于业绩考核的矢量，一家印度制药公司选择技术运营矢量。

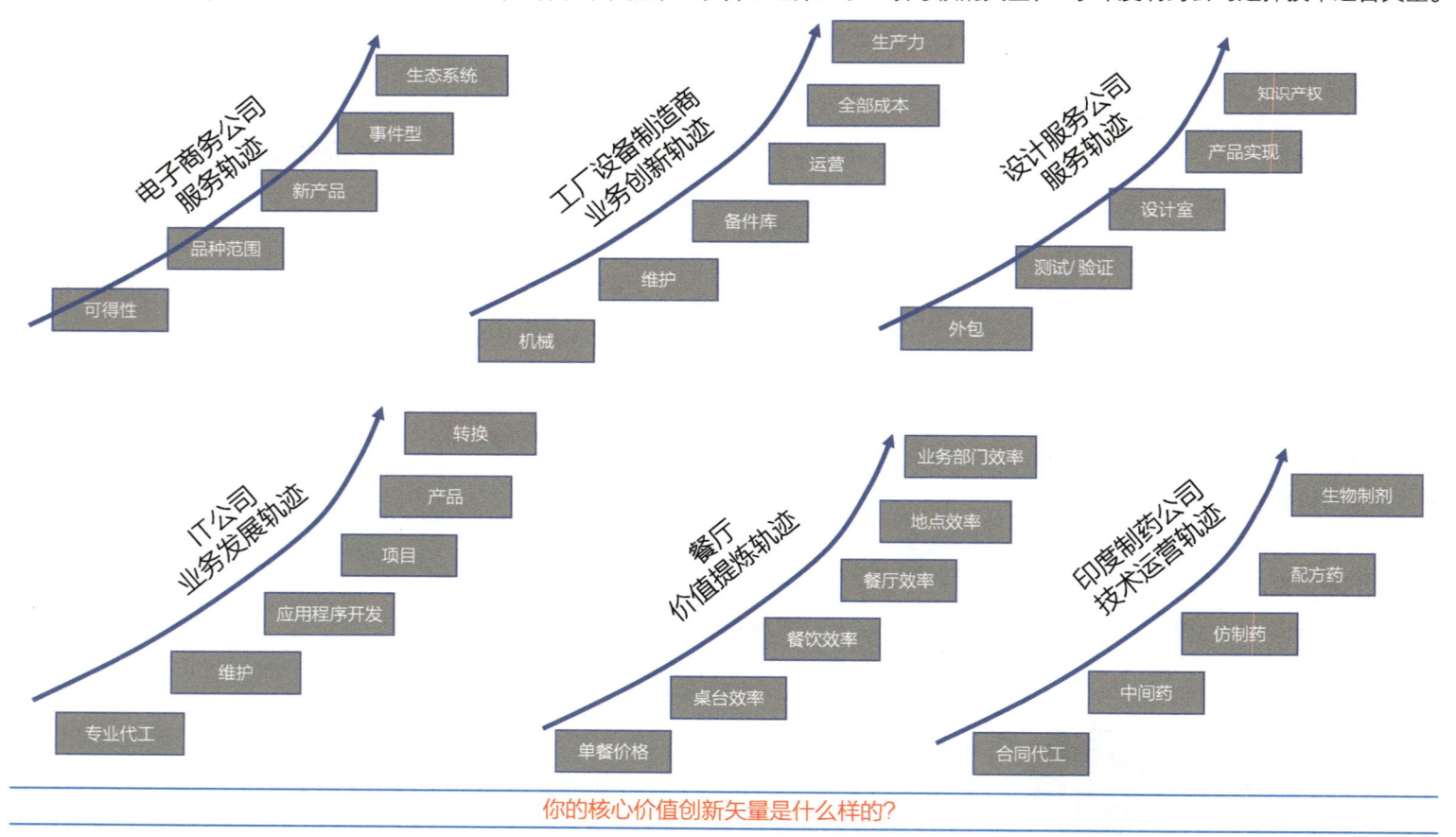

电子商务公司 服务轨迹： 可得性 → 品种范围 → 新产品 → 事件型 → 生态系统

工厂设备制造商 业务创新轨迹： 机械 → 维护 → 备件库 → 运营 → 全部成本 → 生产力

设计服务公司 服务轨迹： 外包 → 测试/验证 → 设计室 → 产品实现 → 知识产权

IT公司 业务发展轨迹： 专业代工 → 维护 → 应用程序开发 → 项目 → 产品 → 转换

餐厅 价值提炼轨迹： 单餐价格 → 桌台效率 → 餐饮效率 → 餐厅效率 → 地点效率 → 业务部门效率

印度制药公司 技术运营轨迹： 合同代工 → 中间药 → 仿制药 → 配方药 → 生物制剂

你的核心价值创新矢量是什么样的？

第一篇　画布模型

下面的图展示了以工业4.0为基础的创新矢量的完整网络轨迹。这是一个选择尖端技术作为变革催化剂的例子，以及如何建立能力来塑造产品、服务、价值主张和商业模式，从而引发生态模式的进化。竖轴上标出了产品成熟度，还展示了不同阶段并列的竞争力，总共有七种决定性竞争优势，即柔性设计、敏捷工程、人工智能、随需服务、体验驱动人力资源、生态系统业务流程和普遍安全。

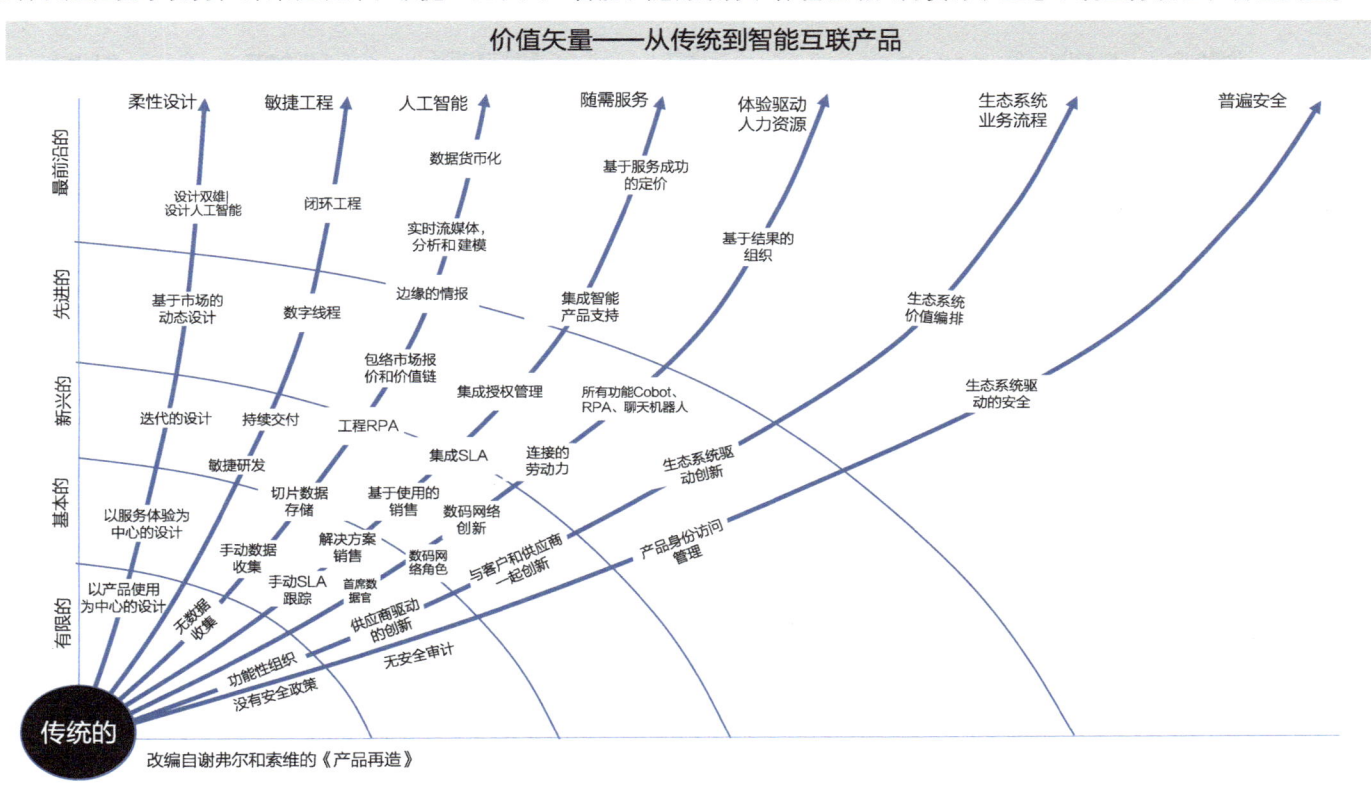

价值矢量——从传统到智能互联产品

改编自谢弗尔和索维的《产品再造》

随着组织在工业4.0的成熟度曲线上前行，每个阶段的所有能力集成一起从而产生了巨大价值。在某种程度上，创新轨迹是一个不断扩大的价值和范围的全景图，因为跨越了组织转型旅程的不同阶段。

TOC 商业模式创新画布

实际上，创新轨迹不只用于未来价值设计，下图是一家药厂整合的历史上所有的价值创新历程。七个矢量中还包括了以前设想但没有实施的价值点。这个轨迹图和上页图可以帮助你把你的想法根据市场的变化情况转变成创新轨迹。

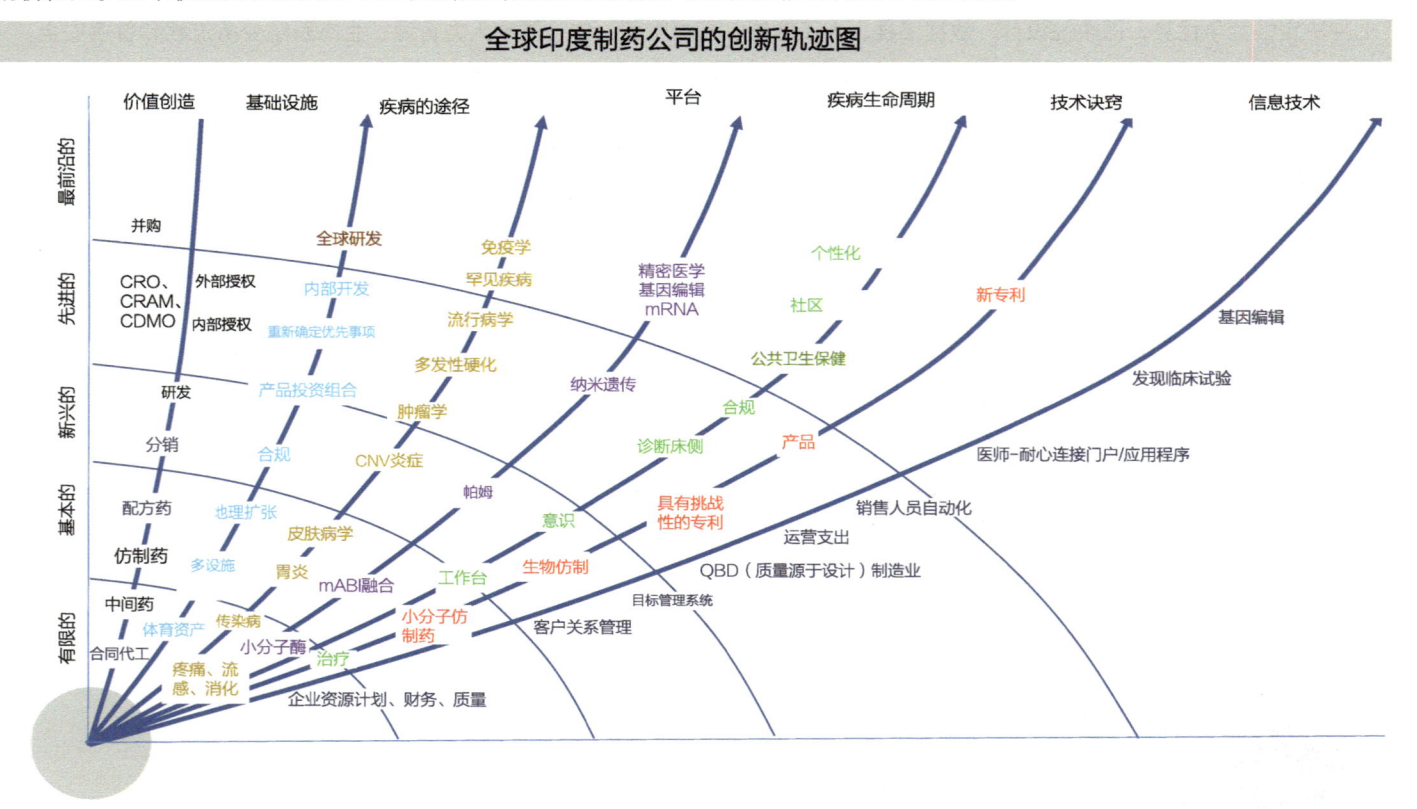

全球印度制药公司的创新轨迹图

一旦完成一个客户体验价值层次的"变革引擎—系统性问题—核心方案—落地计划"迭代后，创新轨迹就打开了另一个更高层次价值创新的机会和"变革引擎—系统性问题—核心方案—落地计划"迭代设计，这样就驱动企业走上不断升级螺旋上升的轨道。

转型路线

当一个组织跨越不同的价值层次和创新轨迹的不同节点时，其业务性质并不会一成不变。从产品、服务、价值主张和商业模式的角度来看，组织有四种路线可以选择，以长期保持在转型之旅上。

挖潜

在挖潜选项，组织继续保持原来的价值主张、同样的商业模式（创建、交付、获取价值的逻辑）、产品和服务；不过，要开发更强的能力以挖尽制约潜能，比如资源、时间、现金、市场或供应。本质上，当前的业务不变，但有足够的发展潜力，市场存在巨大需求没有被满足。"更快！更经济！更好！"是发展驱动力；在持续探求标准化和简单化的同时，优化流动是组织发展的 DNA 核心。在成功挖尽隐藏产能基础上，组织获得经验开发下一层次的决定性竞争优势。

差异化

当现有业务变成夕阳，产品或服务走向成熟时，组织可以重新审视现有的市场区隔。比如，可以从小众市场转向大众市场，或反之。然后深挖价值定位、渠道和销售模式的潜力。差异化和挖潜一样只需要很少的投资，如果市场已经培育好，在其他方面保持不变的情况下，组织根据客户的具体需求进行调整，就可以迅速铺开。差异化需要在多个市场上运营，但组织需要警惕市场区隔盈利能力的不良影响，这种影响可能主导组织员工的心理。

你的公司凭什么成为

可转型的公司？

提升

  提升的本质是通过引入新产品（相同的品类和技术）、供应链整合、新地理区域和新基础设施扩大业务规模。这需要从多个方向扩大现有业务规模。提升项目是一个资本支出项目，其投资回报率会受到严格监控。

多元化

  除了利用挖潜、差异化和提升，组织还努力探索完全不同的突破性想法，包括新产品、独特价值主张和大幅度创新性商业模式。在最终决定商业模式之前，组织需要认真反复地设计验证。在选择新上马的明星业务之前，组织应充分酝酿多种想法，遵从迭代式创新模式，从分析识别问题与相应解决方案、思考产品与市场的契合度，到验证可复制发展的商业模式。

你的转型路线

是哪个？

由内而外的四种转型路线

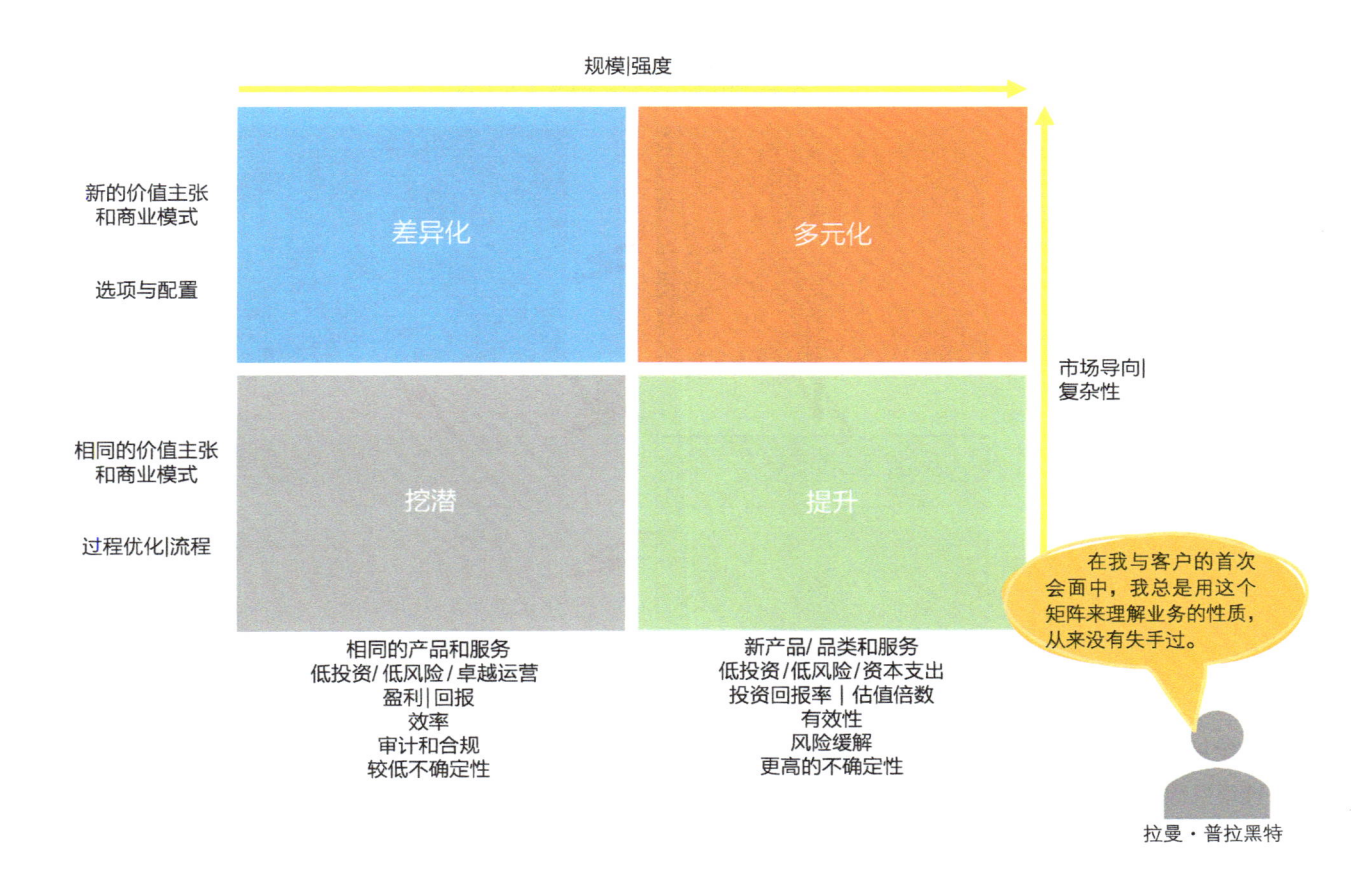

规模|强度 →

市场导向|复杂性 ↑

新的价值主张和商业模式

选项与配置

相同的价值主张和商业模式

过程优化|流程

差异化	多元化
挖潜	提升

相同的产品和服务
低投资/低风险/卓越运营
盈利|回报
效率
审计和合规
较低不确定性

新产品/品类和服务
低投资/低风险/资本支出
投资回报率 | 估值倍数
有效性
风险缓解
更高的不确定性

> 在我与客户的首次会面中，我总是用这个矩阵来理解业务的性质，从来没有失手过。
> ——拉曼·普拉黑特

可以理解的是，任何变革型组织都会按照这四种路线来组合各种计划，从而形成一个组合版商业计划。

业务性质的选择
变革型组织有六种需要解决的冲突

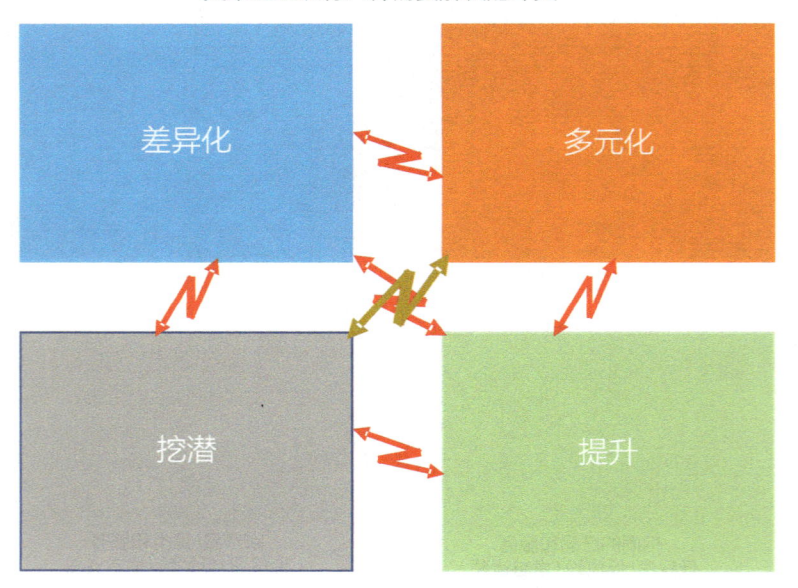

差异化	多元化
挖潜	提升

而且，组织会将他们的计划从一种路线转向另一种路线，甚至再转回来。这意味着，在转型飞跃的选择上总是存在冲突。例如，当一项业务被很好地"挖潜"时，就有三种路线可以选择，即"差异化"、"提升"或"多元化"；而这可能是一种大规模冲突的情况。当有很好的"差异化"时也是如此，可能在"多元化"、"提升"和"挖潜"之间徘徊。

在由内而外的四种转型路线上航行

一般来说,组织向上转型有三种不同的路线。其中最核心的路线是依次通过所有路线,在稳定的基础上实现最终增长。

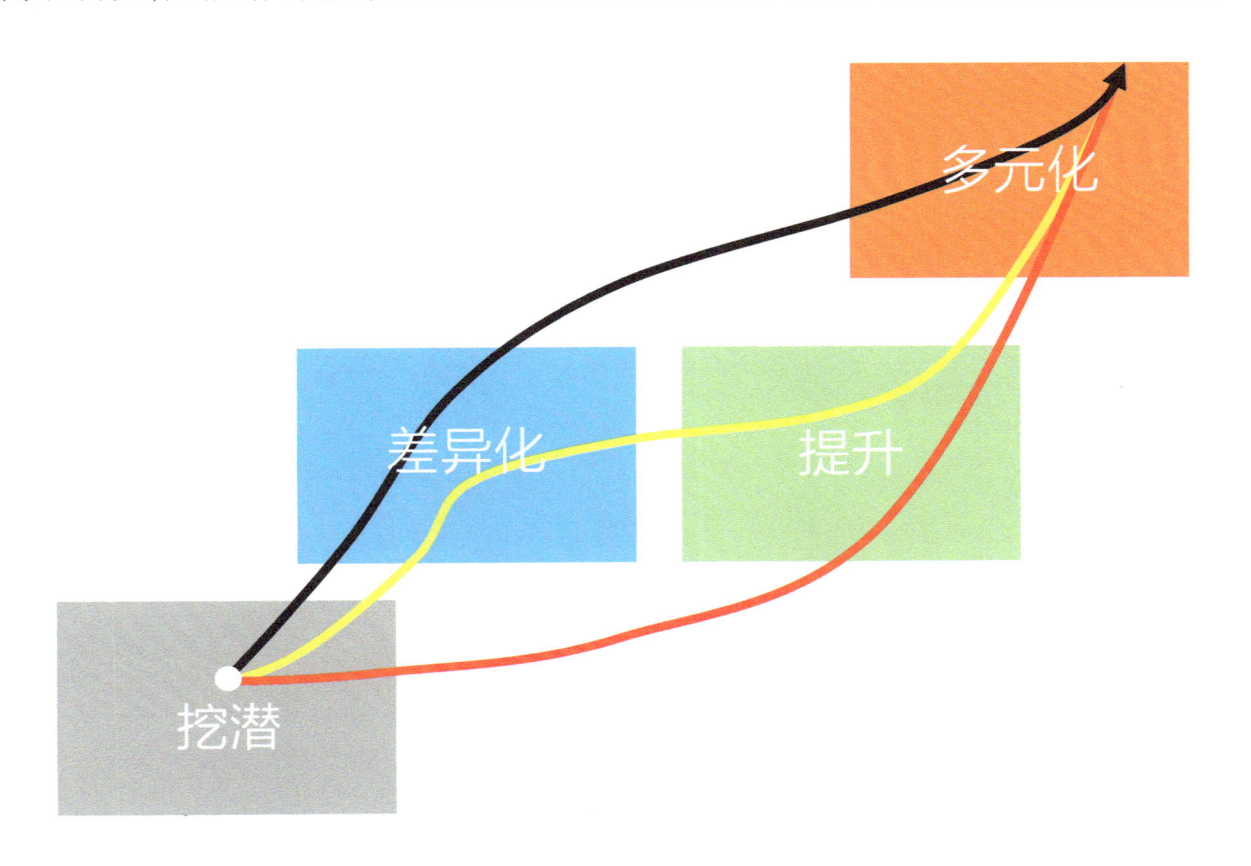

创新不是为了创新本身,而是为了创造价值!

附加图例

你的创新方法？

	传统的创新	TOC创新
导向	任何改进都是朝着目标迈进的	按照目标设定识别正确的改进机会
起点	理念 | 产品、服务、过程 | 不断建立竞争优势，然后以某种方式评判价值	价值 | 目标 | 确定要传递的价值，然后产生可行的想法，建立决定性竞争优势
担当	产品、流程或服务负责人	系统所有者
效果	有很多改进方法，都是面向目标的一点点进步	通过采取少数举措，在实现目标方面取得重大进展
思维模式	正向法	逆向法

正向思维
无价值的方向
有价值的方向
无价值的方向
太多主意

一些主意
逆向思维
以坚实的价值点起步

创新轨迹 | 参考

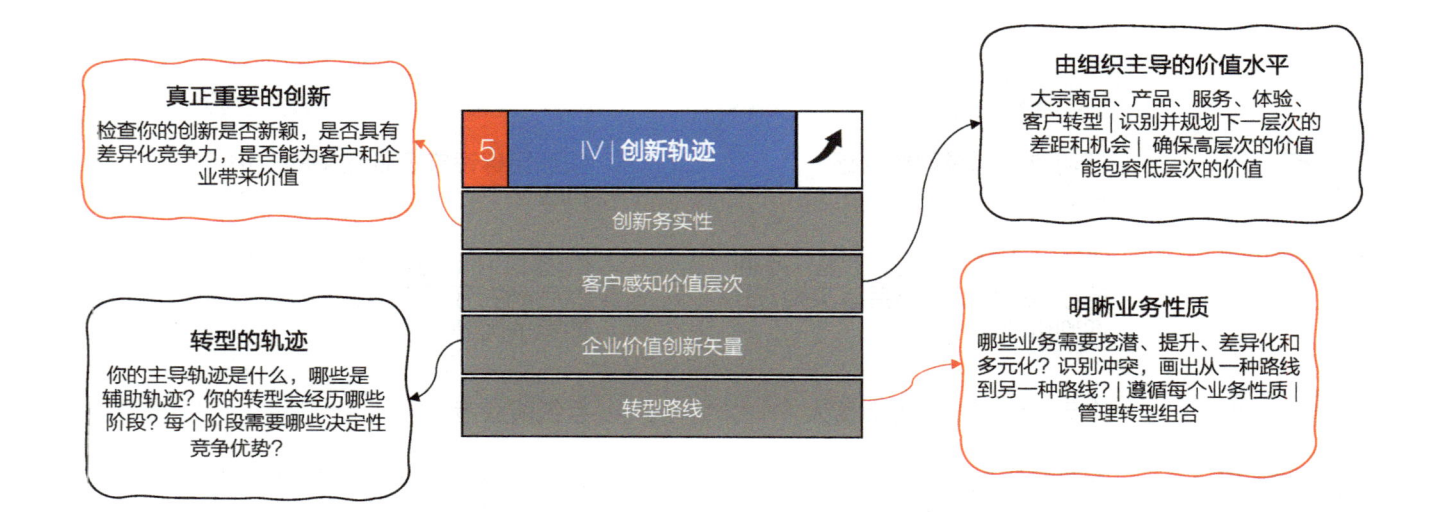

真正重要的创新
检查你的创新是否新颖，是否具有差异化竞争力，是否能为客户和企业带来价值

由组织主导的价值水平
大宗商品、产品、服务、体验、客户转型 | 识别并规划下一层次的差距和机会 | 确保高层次的价值能包容低层次的价值

5	IV	创新轨迹	↗
	创新务实性		
	客户感知价值层次		
	企业价值创新矢量		
	转型路线		

转型的轨迹
你的主导轨迹是什么，哪些是辅助轨迹？你的转型会经历哪些阶段？每个阶段需要哪些决定性竞争优势？

明晰业务性质
哪些业务需要挖潜、提升、差异化和多元化？识别冲突，画出从一种路线到另一种路线？| 遵循每个业务性质 | 管理转型组合

简化版创新轨迹

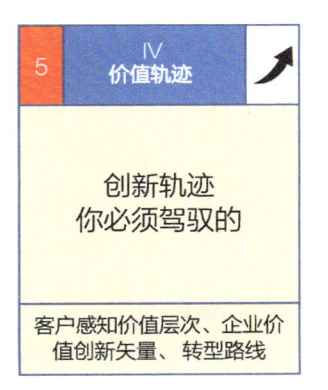

```
┌─────────────────────┐
│  5    IV            │
│      价值轨迹   ↗   │
├─────────────────────┤
│                     │
│      创新轨迹       │
│     你必须驾驭的     │
│                     │
├─────────────────────┤
│ 客户感知价值层次、企业价│
│  值创新矢量、转型路线 │
└─────────────────────┘
```

字斟句酌

- 我们的核心价值矢量是 [技术 | 产品 | 性能 | 客户细分 | 应用……]
- 我们希望我们的 [当前价值创新层次] 被 [更高层次的价值创新] 替代
- 我们由内而外的转型过程是从 [挖潜、差异化、提升] 到 [多元化]
- 通过利用我们的 [决定性竞争优势]，我们创造卓越的 [价值]，以减少客户的 [重大牺牲]
- ……

项目管理

我们的核心价值矢量是[绩效]；

我们希望我们的服务被[体验价值]替代；

我们由内而外的转型过程是从[挖潜现有的商业模式]到[对同一市场上的产品进行差异化]；

通过利用我们[准时、更快、更便宜和全质量地交付项目]的能力，我们创造[卓越的客户投资回报率]，以减少客户[项目交付时的巨大折扣]。

生产运营

我们的核心价值矢量是[产品]；

我们希望我们的[大宗商品]被[差异化产品价值]替代；

我们由内而外的转型过程是从[挖潜现有商业模式]到[对同一市场上的产品进行差异化]；

通过杠杆化利用我们[在大规模定制方面的能力]，我们创造[完全独特的产品]，以减少客户[在使用标准产品时的巨大牺牲]。

产品分销

我们的核心价值矢量是[商业模式]；

我们希望我们的[商品化服务]被[卓越的服务价值]替代；

我们由内而外的转型过程是从[挖潜现有的商业模式]到[覆盖不同的产品线和地域]；

通过利用我们[频繁和快速地交付货物]的能力，我们创造[卓越的产品可得性]，以减少客户[低库存周转的限制]。

B2C服务

我们的核心价值向量是[服务水平]；

我们希望我们的[商品化服务]被[体验价值]替代；

我们由内而外的转型过程是从[挖潜现有商业模式]到[通过添加体验元素实现在同一市场上的产品差异化]；

通过杠杆化利用我们[准时提供服务的能力]，我们创造[服务时间内充满高质量服务]，以减少[客户长时间等待]。

你的创新轨迹

字斟句酌

- 我们的核心价值矢量是 [技术 | 产品 | 性能 | 客户细分 | 应用……]
- 我们希望我们的 [当前价值创新层次] 被 [更高层次的价值创新] 替代
- 我们由内而外的转型过程是从 [挖潜、差异化、提升] 到 [多元化]
- 通过利用我们的 [决定性竞争优势]，我们创造卓越的 [价值]，以减少客户的 [重大牺牲]
- ……

五个模块

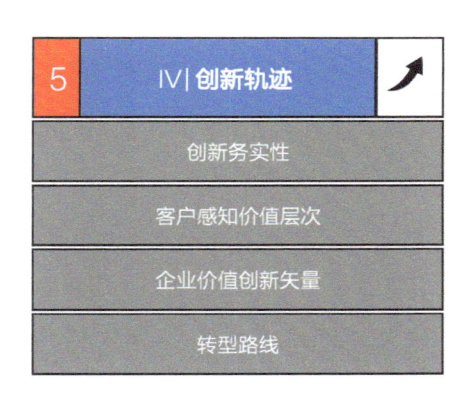

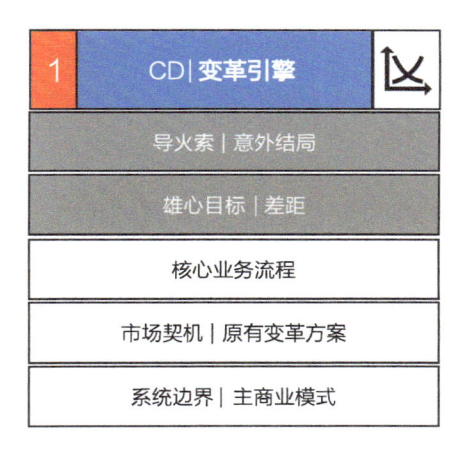

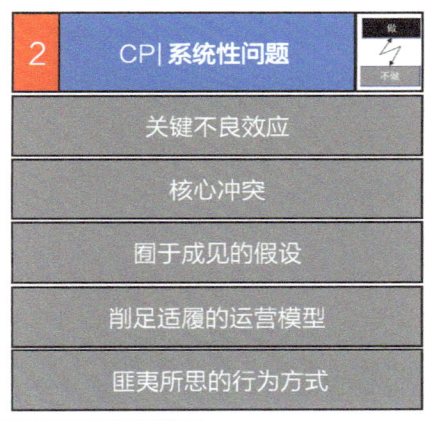

1　CD | 变革引擎
- 导火索 | 意外结局
- 雄心目标 | 差距
- 核心业务流程
- 市场契机 | 原有变革方案
- 系统边界 | 主商业模式

2　CP | 系统性问题
- 关键不良效应
- 核心冲突
- 囿于成见的假设
- 削足适履的运营模型
- 匪夷所思的行为方式

3　CS | 核心方案
- 期望效应 | 预期结局
- 核心注入解
- 高屋建瓴的假设
- 量体裁衣的运营模型
- 求真务实的行为方式

4　XS | 落地计划
- 解决方案要素 | 达成共识
- 详细落地计划｜决定性竞争优势｜创建-市场化-持续｜战略战术树
- 项目流程
- 持续改善流程 | 衡量
- 自动化信息流 | 修为提升 | 钱在哪里

5　IV | 创新轨迹
- 创新务实性
- 客户感知价值层次
- 企业价值创新矢量
- 转型路线

嗯……这么多属性！少给我几个，彻底简化，容易操作！

拉曼·普拉黑特

第一篇　画布模型

浅出

TOC 商业模式创新画布

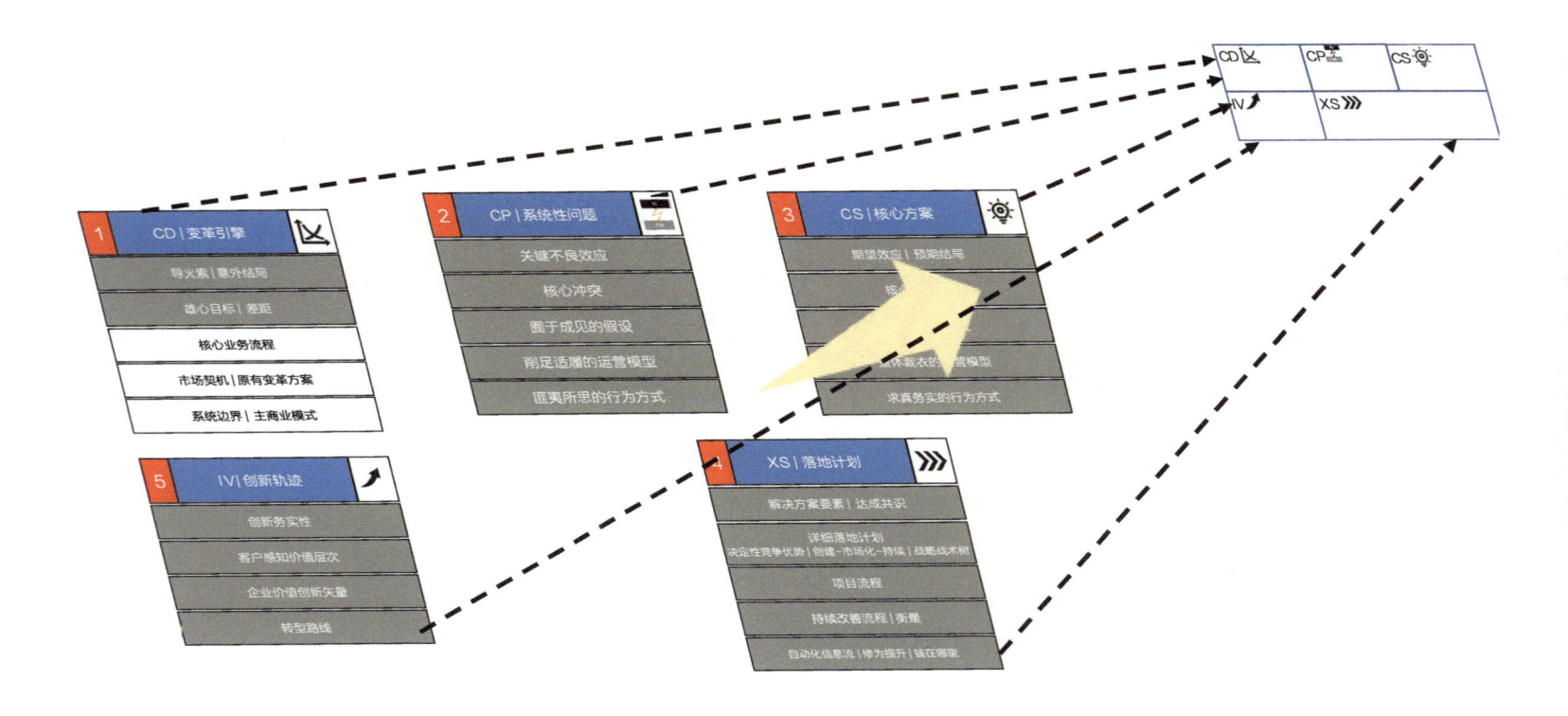

浅出

	1 CD｜变革引擎
	导火索｜意外结局
	雄心目标｜差距
	核心业务流程
	市场契机｜原有变革方案
	系统边界｜主商业模式

2 CP｜系统性问题
关键不良效应
核心冲突
囿于成见的假设
削足适履的运营模型
匪夷所思的行为方式

3 CS｜核心方案
期望效应｜预期结局
核心…
…的…模型
求真务实的行为方式

5 IV｜创新轨迹
创新务实性
客户感知价值层次
企业价值创新矢量
转型路线

4 XS｜落地计划
解决方案要素｜达成共识
详细落地计划
决定性竞争优势｜创建-市场化-持续｜战略战术树
项目流程
持续改善流程｜衡量
自动化信息流｜修为提升｜锁在哪里

CD	CP	CS
IV	XS	

TOC 画布

五幅画布基础模块构成了系统化工具包,我们称之为"TOC 画布"。

　　画布提供了一种方式,让你和团队一起记录构建模块的要素,测试它们的协调性,不断叠加各种可能性,并进行头脑风暴。你甚至可以把它打印成大幅图画挂在面前、贴在墙上或展开在桌子上。它会不断地提醒你整个转型之旅的全局情况,你随时可以验证正在考虑的一个点或变更。它就像一个分区的白板或详细记录转型之旅的媒介。它将帮助你理解、讨论、共创和分析商业模式创新模型。

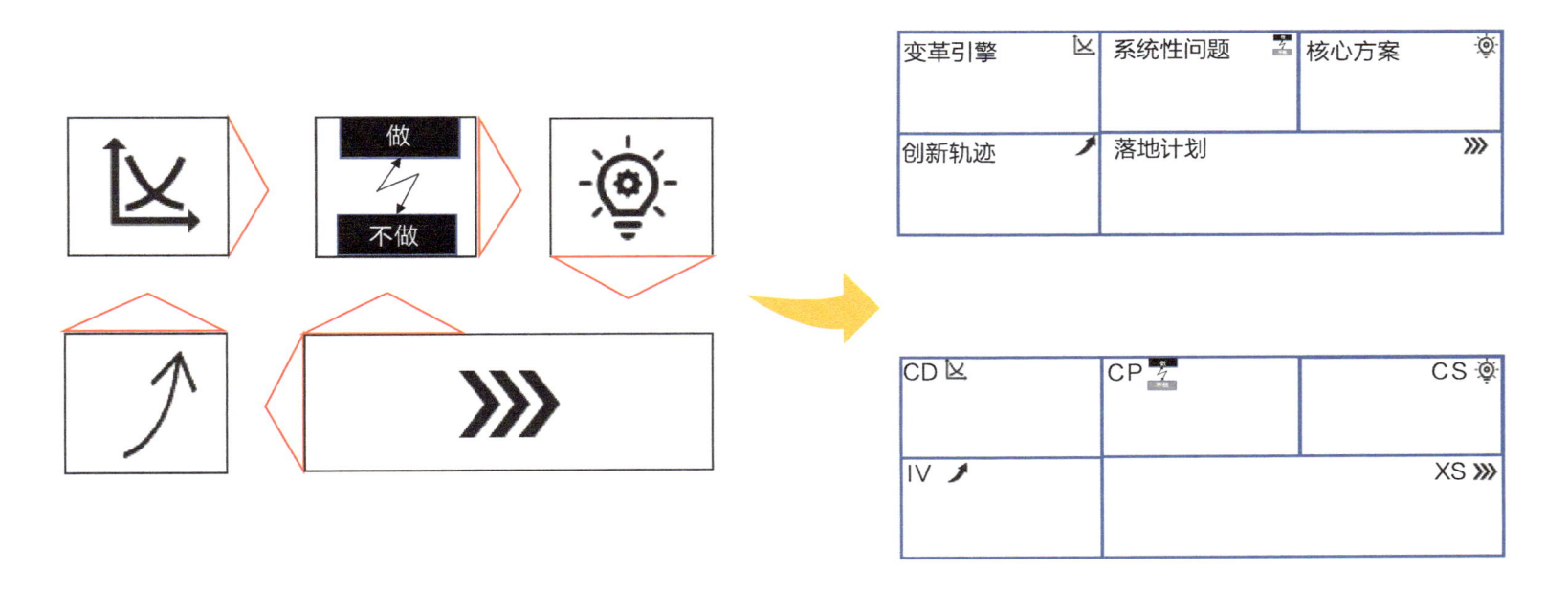

变革引擎	系统性问题	核心方案
创新轨迹	落地计划	»»

CD	CP	CS
IV		XS »»

正确的视角

画布并不只是一组带有标题和要素的五个方框，而是诸多要素的整合框架，这些要素相互影响，从而影响转型之旅的整体结果。相邻模块之间存在必要的连接（接口），它们需要彼此无缝配合。一个模块属性的变化可能要求升级其他模块属性。因此，这五个模块既不是一个简单的列表，又不是一个单纯的过程序列，它们有机构成了一个动态管理转型之旅的多维框架。

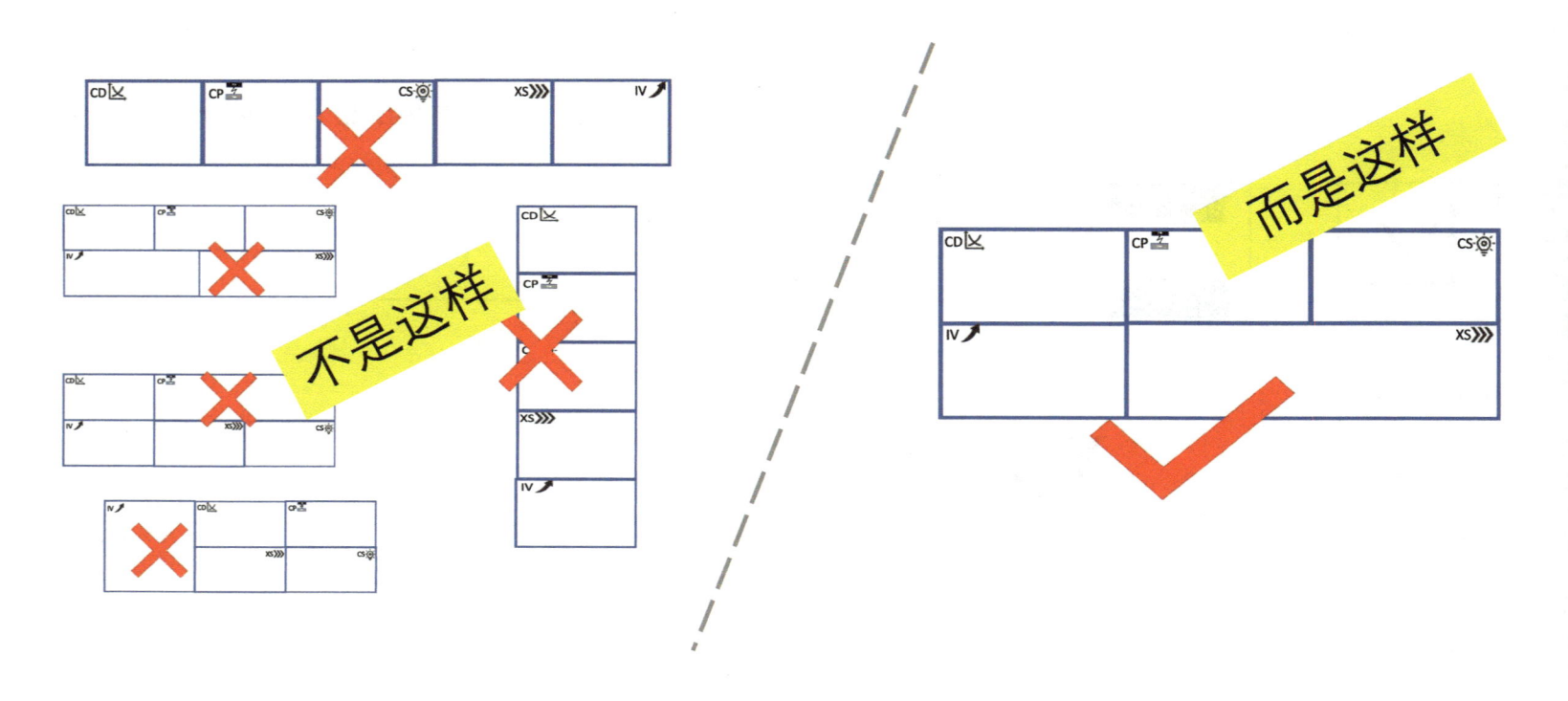

场景的视角

转型其根本上是视角的变化,即以不同的方式看待事物。当面临当前世界的种种挑战和障碍时,你向往充满机遇的新世界,这个新世界由你在业务转型中设定的雄心目标所实现。在新旧两个世界之间,有一个 TOC 世界的枢纽可以让你顺利过渡。了解这三个世界(场域)中的内容,你将更有信心地明确转型之旅的路线图。

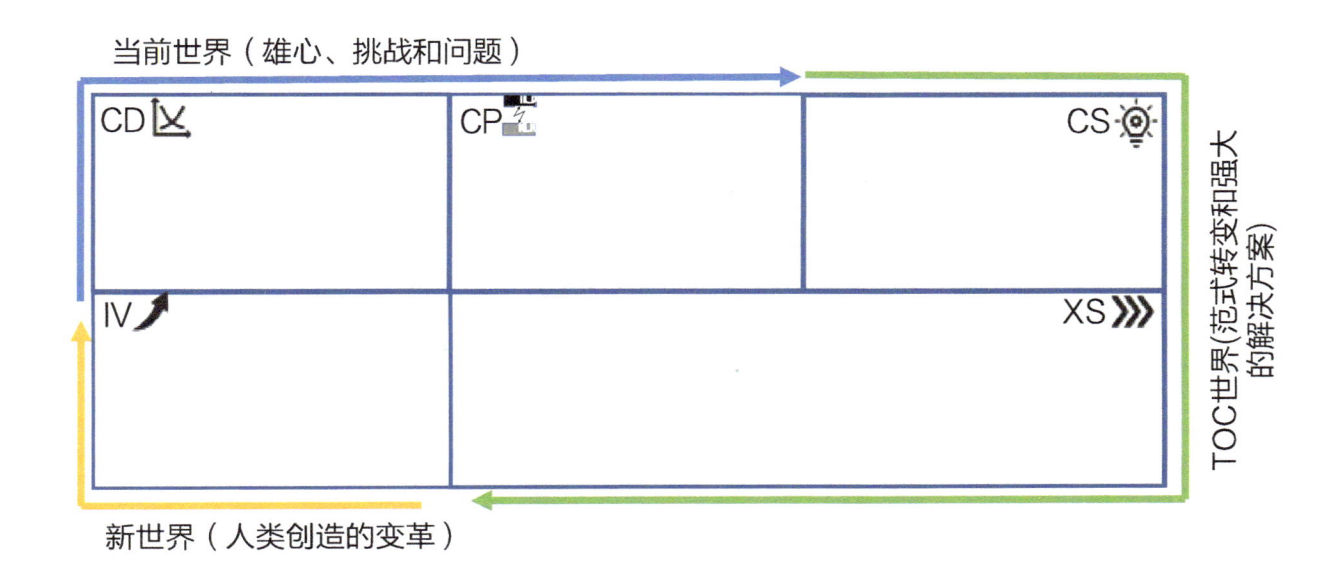

当前世界(雄心、挑战和问题)

CD	CP	CS
IV		XS

新世界(人类创造的变革)

TOC世界(范式转变和强大的解决方案)

关注强度的视角

在每个构建模块中你清楚应该关注哪件事情，这样可以帮助你既不陷入过度描述而导致的复杂性，又能合理考虑转型的必要性和充分性。在系统研究中，众所周知，如果问题没有被定义清楚，那么应该避免考虑解决方案；只有这样，"问题定义好就等于给出了一半的解决方案"的格言才是正确的。当然，各个构建模块之间的迭代是另一个视角了。

CD 现状 是什么	CP 困境 为什么	CS 突破 洞见
IV 增长轨迹 规模	改变 怎么做	XS

认知的视角

组织转型需要在各种情况下适时具备正确的认知能力。当然,领导、管理和行政角色所需的能力是不同的,运营、心理和创新领域所需的能力也是不同的。画布的每个模块都有助于在相应的领域培养正确的能力。

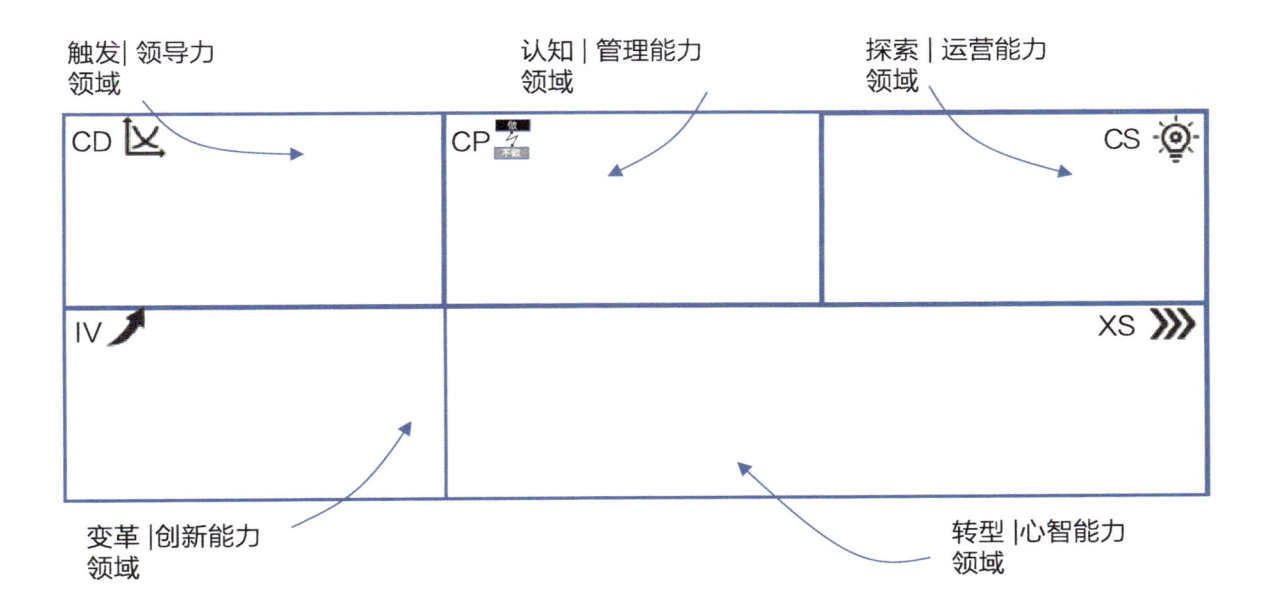

触发 | 领导力
领域

认知 | 管理能力
领域

探索 | 运营能力
领域

CD

CP

CS

IV

XS

变革 | 创新能力
领域

转型 | 心智能力
领域

时间的视角

在转型之旅中，有一些明显的时间窗口阶段，标志着转型之旅的节奏变化。了解这一点有助于人们形成正确的思维方式。何时谈论过去、何时为未来做准备是相互关联的。你希望从问题领域进入解决方案领域，然后退出解决方案的实施，选择你想要进入的下一个轨道（跃迁），然后重置下一个转型之旅的变革引擎。

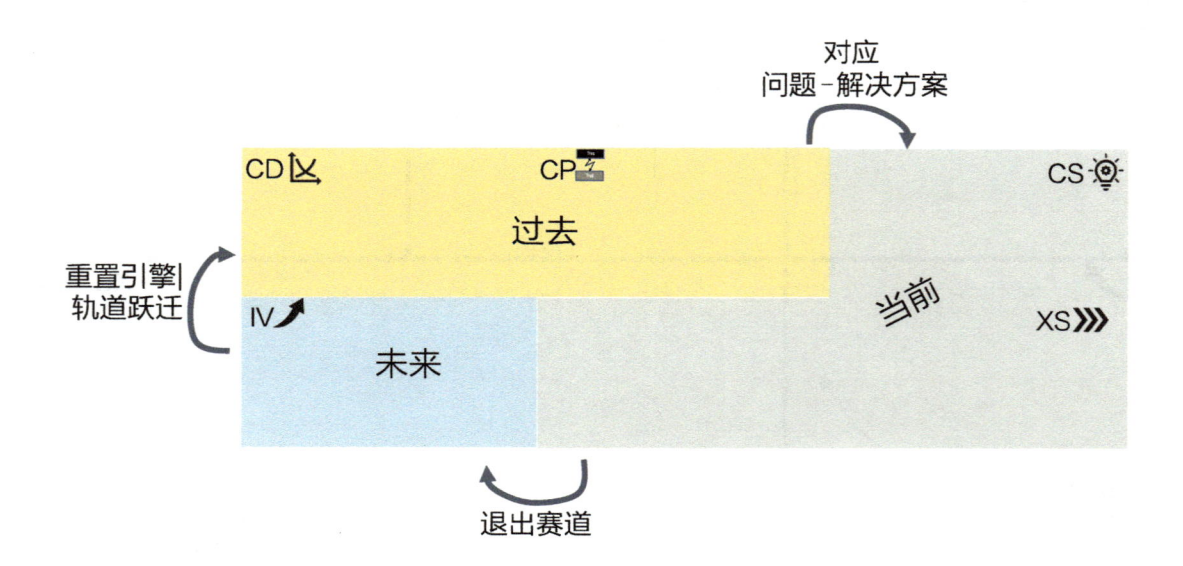

对应
问题-解决方案

CD CP 过去 CS

重置引擎|
轨道跃迁 IV 未来 当前 XS

退出赛道

迭代的视角

迭代对于企业转型来说是至关重要的。迭代至少存在两个主要层级，一个是以变革引擎模块定义为起点的系统性问题、核心方案和落地计划模块之间的迭代。另一个是当一组解决方案要素已经创造了显著价值，但在寻求下一级价值创造而重置变革引擎模块时的迭代。

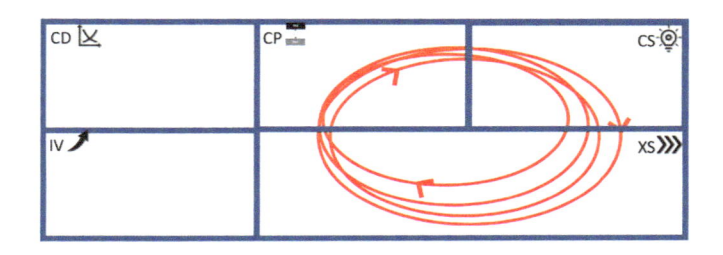

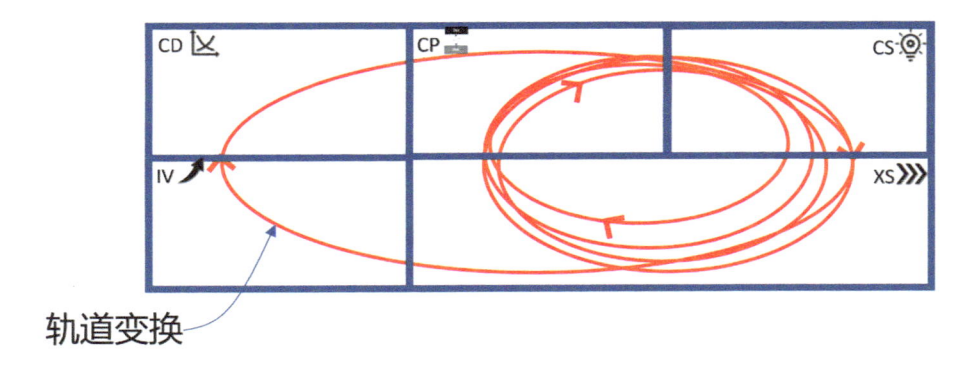

轨道变换

转型的视角

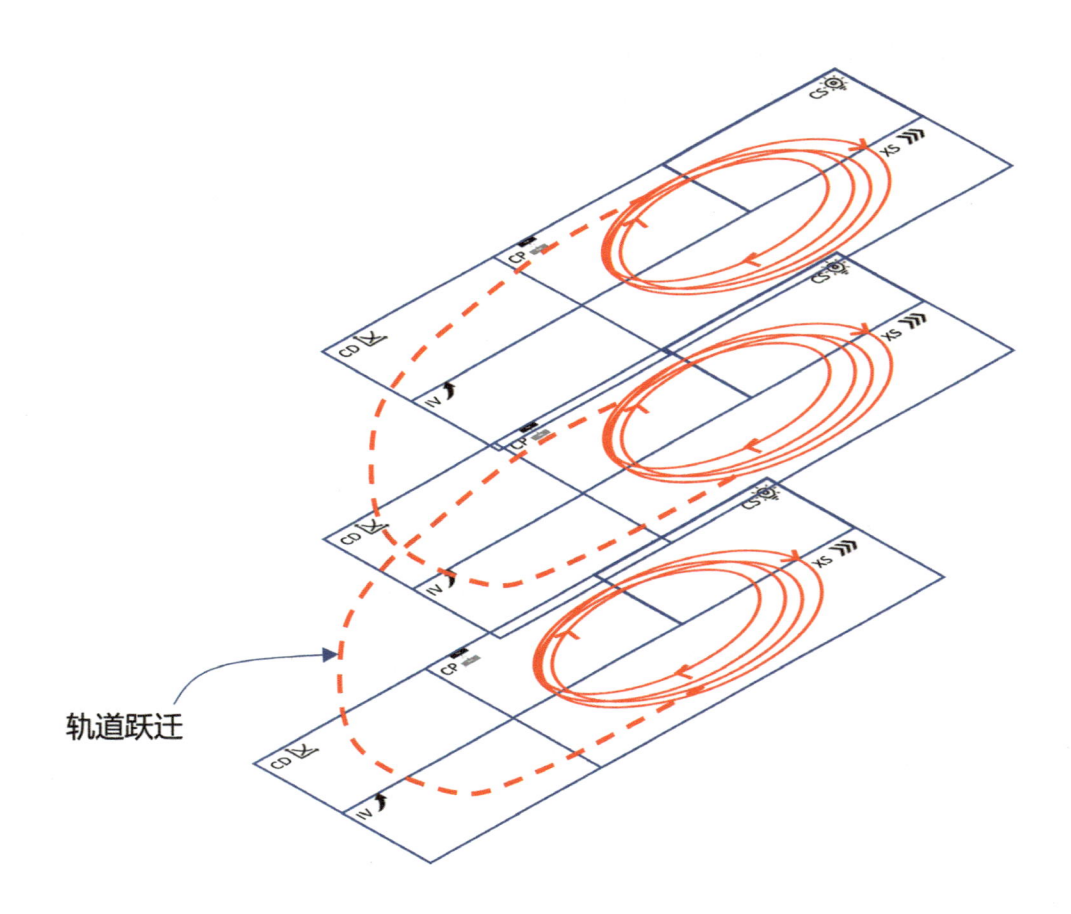

轨道跃迁

作为框架的 TOC 画布

画布不是静态布局图，而是在动态环境中不断创新规则的聚焦工具！

- 使用时，直觉上依照 TOC 的核心原则进行聚焦
- 然后不断地将"如果 - 则 - 否则"（if-then-else）| 假设分析（What ifs）应用到你的直觉和 TOC 规则中进行检验
- 从持续使用规则中收集反馈作为宝贵财富
- 准确定位规则、预期行为和现实的不一致之处
- 通过创新的方式，让你的转型意义非凡

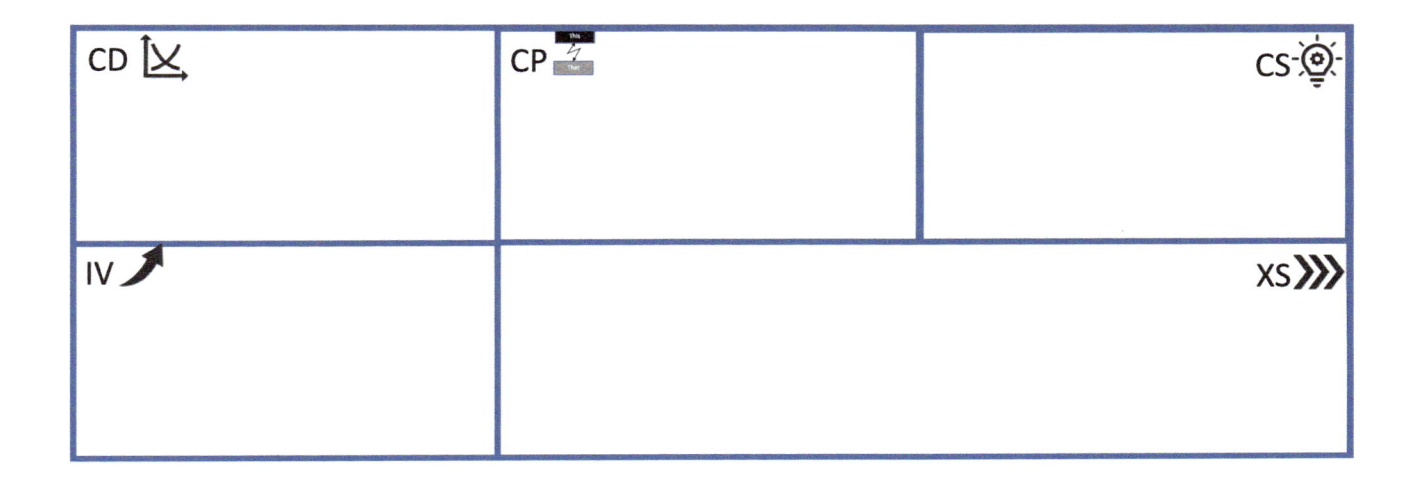

CD	CP	CS
IV		XS

简化版画布

创建简化版画布是一个好的起点，针对每个模块只提出一个关键问题。将这些关键问题转化为有限的关键要素，这意味着将你的直觉和经验转化为真正对启动你的转型之旅至关重要的东西。

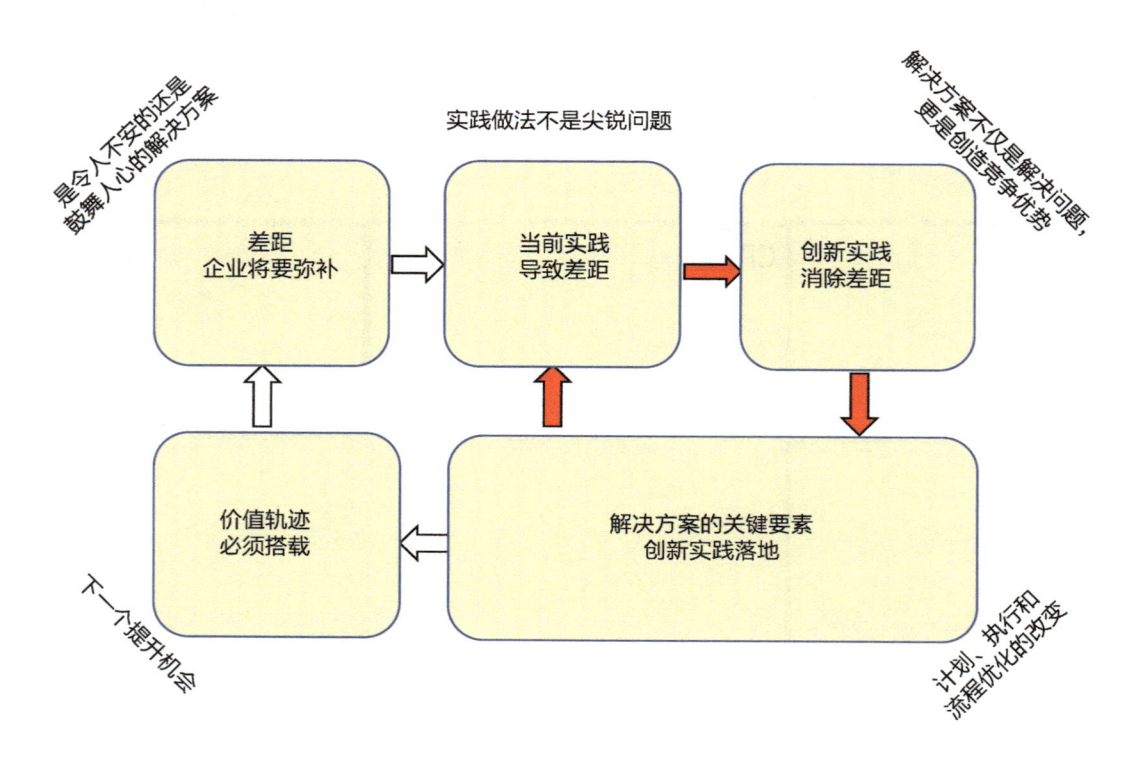

```
         是令人不安的还是                          解决方案不仅是解决问题，
         鼓舞人心的解决方案     实践做法不是尖锐问题    更是创造竞争优势

            ┌─────────┐        ┌─────────┐        ┌─────────┐
            │  差距   │        │ 当前实践 │        │ 创新实践 │
            │企业将要弥补├──────►│ 导致差距 ├──────►│ 消除差距 │
            │         │        │         │        │         │
            └─────────┘        └────▲────┘        └────┬────┘
                 ▲                  │                  │
                 │                  │                  ▼
            ┌─────────┐        ┌───────────────────────────┐
            │ 价值轨迹 │        │      解决方案的关键要素      │
            │必须搭载  │◄───────┤      创新实践落地           │
            └─────────┘        └───────────────────────────┘
              下一个提升机会                          计划、执行和
                                                   流程优化的改变
```

简化版画布 | 准备绘制

简化版画布为转型之旅提供了一个心智地图，每当你思考时，它就会直观地出现在你的脑海中。你会无意识地画出五个方框，并用短语填充它们，成为丰富画布的锚点。

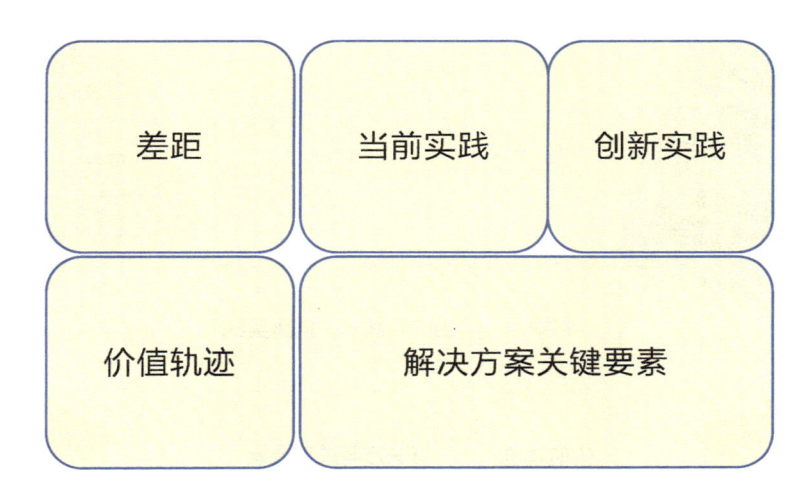

| 差距 | 当前实践 | 创新实践 |

| 价值轨迹 | 解决方案关键要素 |

简化版画布 | 整合直觉

你的第一个简化版画布草图可以像这里绘制的四个行业模板一样简单。反复练习几次，你就可以为你的转型之旅建模了，这样你的画布就会更大、更丰富。即使每个模块只包含一个短语，也不妨碍你实施你的简化版画布。

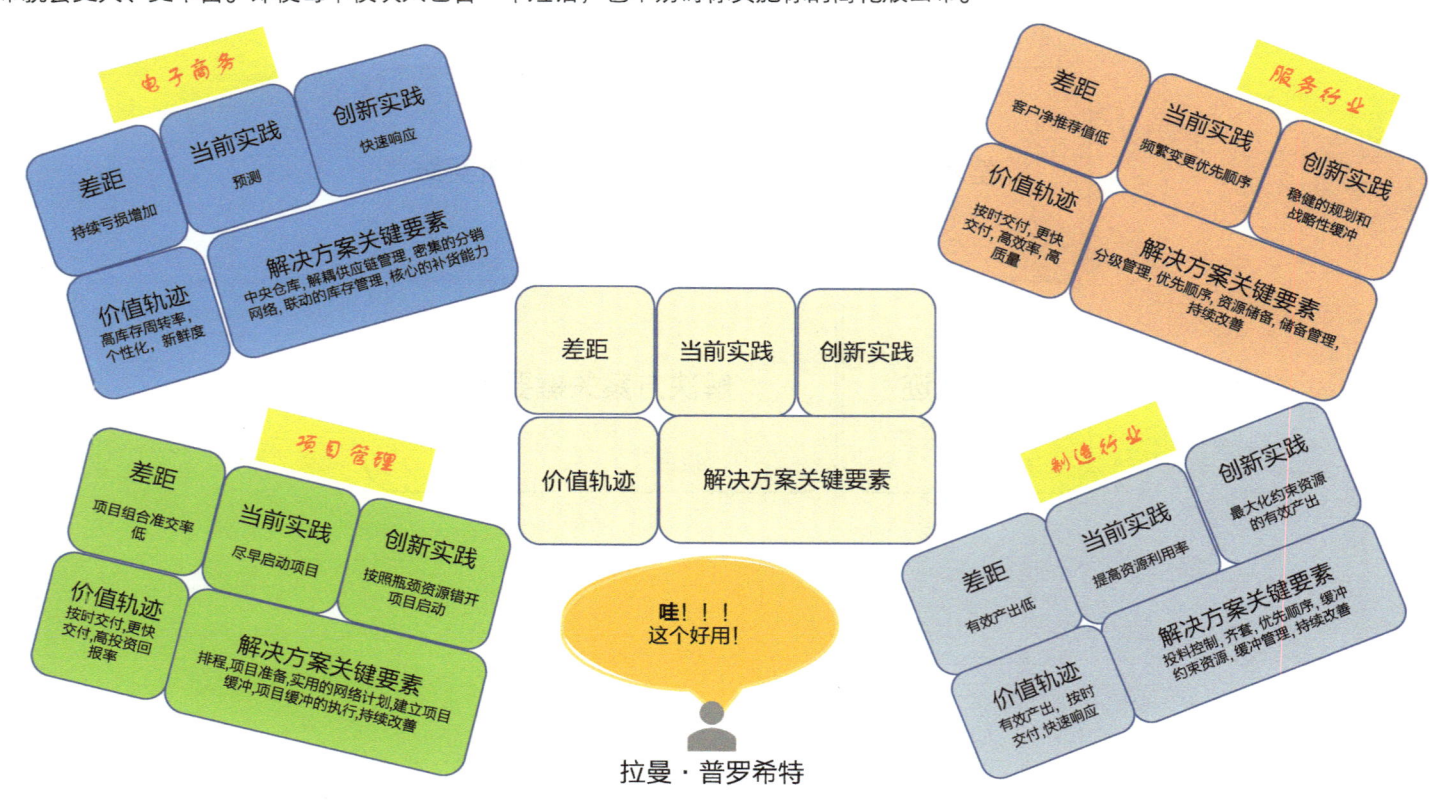

电子商务

- 差距：持续亏损增加
- 当前实践：预测
- 创新实践：快速响应
- 价值轨迹：高库存周转率、个性化、新鲜度
- 解决方案关键要素：中央仓库，解耦供应链管理，密集的分销网络，联动的库存管理，核心的补货能力

服务行业

- 差距：客户净推荐值低
- 当前实践：频繁变更优先顺序
- 创新实践：稳健的规划和战略性缓冲
- 价值轨迹：按时交付，更快交付，高效率，高质量
- 解决方案关键要素：分级管理，优先顺序，资源储备，储备管理，持续改善

项目管理

- 差距：项目组合准交率低
- 当前实践：尽早启动项目
- 创新实践：按照瓶颈资源错开项目启动
- 价值轨迹：按时交付，更快交付，高投资回报率
- 解决方案关键要素：排程，项目准备，实用的网络计划，建立项目缓冲，项目缓冲的执行，持续改善

制造行业

- 差距：有效产出低
- 当前实践：提高资源利用率
- 创新实践：最大化约束资源的有效产出
- 价值轨迹：有效产出，按时交付，快速响应
- 解决方案关键要素：投料控制，齐套，优先顺序，缓冲约束资源，缓冲管理，持续改善

中央模板：
- 差距
- 当前实践
- 创新实践
- 价值轨迹
- 解决方案关键要素

哇！！！这个好用！

——拉曼·普罗希特

简化版画布 | 第一批吃螃蟹的人

> [引用]
>
> 以下几页呈现了那些敢于展示（分享）直觉的人们的即时草图，以验证 TOC 画布的威力。这些非凡的实践者有意或无意地身处转型之中。他们的生活和组织因参与众多转型项目而发生了转变。他们发现可以用画布描绘自己一生的事业，主导转型并设计他们持续进行的转型之旅。==他们中没有人像你一样有机会阅读这本书，大多数人只有在 5 分钟的电话中简要了解了画布，而且很多人之前没有 TOC 背景。==但是，他们对画布能够揭示直觉的整合力量抱有强大的信心。他们选择了勇敢的无私分享。大多数人可能认为这些简化版画布只是高谈阔论，但当我们有机会查看他们的详细画布并从他们的经验中汲取洞见时，就会发现这其实蕴含了每个作者一生的宝贵经验。请不要以技术性、语法、布局甚至模块属性的充分性来评判这些草图，因为这不是追求完美，而是倾吐直觉和经验的舞台。

输入给第一批吃螃蟹的人

如何让别人试用画布！
- 4 张 PPT
- 5 分钟简要说明
- 4 行提示（见右侧）

提示：
① 选择一个重要的商业转型项目
② 浏览学习第 1~3 张 PPT
③ 不要思考
④ 在不到 15 分钟的时间内填写完第 4 张 PPT

PPT-1

首样尝试

对于任何想要迈出第一步进行业务转型的人而言，这正是一个尝试工具。我们在这里不介绍任何概念，只用这些PPT进行说明。在这里不需要尽善尽美、深思熟虑和追求细节；只需要勾勒出你的直觉和经验就够了！要像小孩子一样，把你的所有在画布上尽情涂鸦。

PPT-2 导则-1

PPT-3 导则-2

PPT-4 简图

1. 差距	2. 当前实践	3. 创新实践
5. 价值轨迹	4. 解决方案的关键要素	

简述（如果你愿意）

如果有些术语在技术上不那么正确，甚至含糊不清，也没关系。

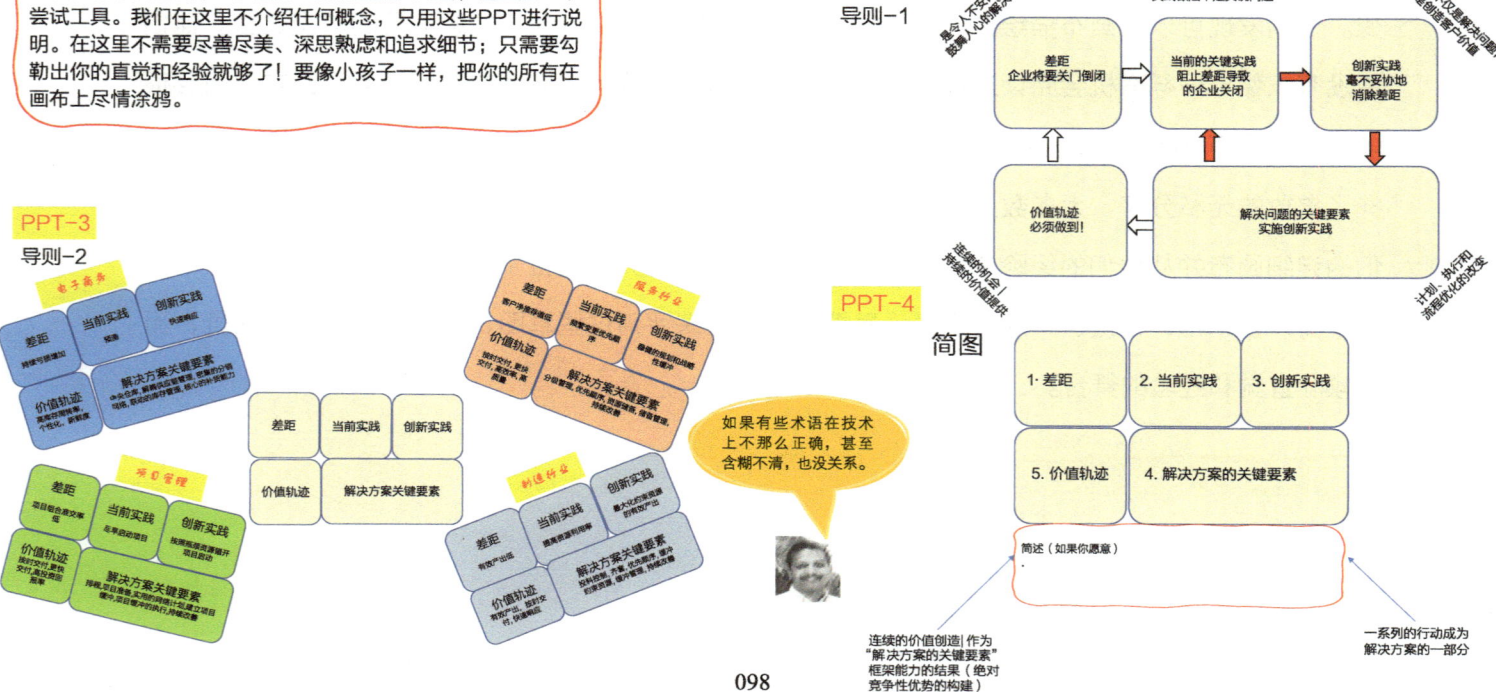

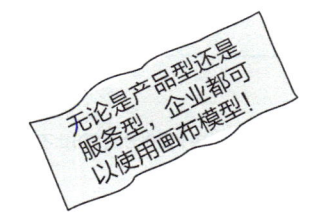

简化版画布 | 整合直觉

无论是产品型还是服务型，企业都可以使用画布模型！

钢结构（制造和安装）

变革引擎
- 脱离财务危机
- 现金流差 | 蚕食利润
- 应收账款增加

当前实践
- 首先生产高吨位零件，以提高效率
- 首先安装高吨位结构，以满足付款节点

创新实践
- 对安装单元进行优先级排序 | 根据安装单元生产 | 维持安装单元的库存（缓冲）

绩效轨迹
- 高速发展的业务
- 准时安装
- 减少库存
- 改善现金流

安装：定义安装单元，基于安装单元的项目计划，项目齐套，基于缓冲的优先级，每日任务管理
生产：基于安装单元的生产计划，原材料齐套，投料控制，优先级管理，负荷控制，挖尽产能制约资源，安装单元的库存缓冲

简要说明（如有需要）
整个解决方案的核心在于，在项目和生产之间同步进行，同时确保项目环境（安装）的不确定性不会传递到原本被认为相当稳定的生产环节。

阿克沙特·阿加瓦尔 高德拉特咨询公司 项目总监

IT支持呼叫中心

可怕的差距
- 年年下降的利润率和项目组合准交率 | 惊人的员工流失率

当前做法
行为：前期竞争性价格竞标 | 被迫承诺每年降低费率，而薪酬福利和其他成本却居高不下。
当前方式：通过降低成本提高利润率。
感知：增长（收入）比稳定性（利润率）更重要 | 两者不能同时实现

创新实践
创新方式：专注于提供价值，帮助客户业务增长 | 收入增长速度快于费用增长 | 以客户营收增长展示自己的增长
感知：增长（收入）和稳定性（利润率）可以同时保持高水平

商业价值矢量
- 利益相关者满意度
- 满意的最终用户
- 卓越的员工能力
- 价值驱动生产效率
- 价值销售
- 价值识别

解决方案的关键要素
客户收入关联图 | 为客户业务增长（搭售，交叉销售，体验）识别和创造机会 | 客户核心流程创新 | 展示由技术驱动的BPaaS模型 | 员工成长 | 密集的近岸外包

简要说明（如有需要）
在过去的20年中，呼叫中心管理更加精细化，以提高生产力和客户体验。然而，价格水平持续下滑，难以为继，员工流失率高得惊人。他们无法摆脱这种状态，除非他们改变成本和效率强迫症的思维范式来提供服务。他们需要找到创造和提供"真正"价值的方法，来帮助客户增长业务。

苏尼尔·古普塔 戴姆特菲律宾战略运营主管

TOC 商业模式创新画布

简化版画布｜整合直觉

医疗器械｜售后市场监督

极具野心的目标
将逾期投诉下降到微不足道的水平｜
增加产品开发中关键创新的经验证据｜
投诉大量堆积，有效产出低，
处理周期长

过去的情况
未结案投诉太多｜结案预测性差｜
专家疲惫不堪
方式：每个人都做所有事情｜在不同的投诉调查之间频繁切换
范式：一旦接到投诉，立即着手处理，
提高客户净推荐值

创新实践
新方式：提高资源集中度
新范式：广域知识中心的工作需要正确的分配和持续的标准化。让专家作为知识传递者，把专家从低层次和日常工作中解放出来至关重要

创新能力矢量
市场投诉率低｜
产品创新｜
提高生产效率｜
结案率可预测｜
未解决投诉少｜
及时结案｜
更快处理｜

解决方案的关键要素
投诉分类｜资源区隔｜风险评估｜投诉优先排序｜工作分配｜防止不良多工｜
专家聚焦｜持续标准化｜知识库创建

简要说明（如有需要）
在整个医疗器械行业，大量的注意力集中在组织如何应对售后市场调查和结案。与此同时，利用市场洞察是当今产品创新的核心。经常有大量的未结案投诉，导致专家在诸多调查案件之间跳跃，而专家则因人手不足而过度劳累。长期解决方案必须从正确的投诉分类、资源聚焦和释放专家的能力开始。

丹尼尔斯·塔尼巴斯有限
飞利浦 某家管理者
理权人士—

微建模行业

远大目标
愿望：在5年内将微建模从低市场知名度
打造成主流业务
运营：提升工厂订单的持续流动性，始终确保工厂负荷水平达到75%

最初的实践
不良效应：巨大的降价压力和检验延迟，
特别是大客户｜低价值认知
当前方式：对任何订单都接受，执行和交付。
认知：微建模是产品型业务

创新实践
引领重新定义行业｜
认知：微建模是解决方案型业务
新方式：共同创造解决方案｜采用项目管理最佳实践以更快地完成项目｜将包装设计整合到解决方案中

对创新型业务、
合规型业务，
画布模型都适用！

性能价值导向
高品质的交付
准时交付
更快交付
零破损
精美的设计
无忧安装

关键解决方案步骤
市场细分｜培育市场｜订单关口管理｜强化核心团队｜基于解决方案的提案｜
采用尖端制造技术｜自塑型封装

简要说明（如有需要）
我们的核心能力是，将世界上任何复杂且庞大的概念形象化并放置在你的桌面上。在此基础上，我们敢于开拓业务，尽管市场认知错误，客户占主导地位，价格低。在商业的各个方面培育市场一直是我们的商业创新之路，即使在今天也没有停止。其结果是，拥有最佳定价杠杆的行业领导地位。

尼莱亚南德·马哈勒
精密工程模式公司总监

100

简化版画布 | 整合直觉

> 第一次尝试不必完美，这种心态本身已经足够推动变革！

家族企业 | 餐厅厨房设备

变革引擎	旧做法	创新实践
把4年停滞不前的销售收入在2年内提升5倍	信仰：我们必须自己做所有的工作 不良效应：资源制约 旧方式：仅按订单生产	信仰：我们不必亲自做所有的工作。 新政策：将自己工作的有效产出最大化 新方式：按库存生产

能力增长轨迹	解决方案步骤
增加有效产出 | 更快地交付 | 高库存周转率 | 更好的质量 | 更高的销售额	招募承包商 | 简化产品设计 | 维护动态库存 | 提高产品产能 | 明确客户沟通 | 添加新功能 | 推出新产品 | 吸引大客户

简要说明（如有需要）
因为我们的产品很独特，所以我们一直只关注内部，对任何订单来者不拒。即使提高价格，销售也会稳定，但这既不可持续也不道德。当审视增长机会时，我们发现其实错过了太多机会。从客户的限制出发，驱动所有变革，同时大幅提高了有效产出。

——维吉·库马尔，威威科技CEO

电子商务巨头的用户体验部门

变革引擎	过往的实践	创新的实践
阻止订单流失给竞争对手 质量恶化 | 设计能力持续不足 | 设计师高流失率	旧做法：尽快将任务分配给设计师，即使缺少重要信息 策略：专注于资源利用率最大化 范式：如果每个人都忙碌，有效产出就会最大化	新方法：仅在资源齐套时，设计师才启动任务 政策：专注于改善任务流动 范式：在不间断地连续完成任务时，有效产出最大化

绩效轨迹	关键解决方案的步骤
低离职率 轻松的工作环境 释放潜在产能 缩短设计周期 高品质	工作分类 | 集中资源 | 战术管控（齐套）| 在制品看板 | 优先排序 | 日常任务管理 | 设计竞争优势

简要说明（如有需要）
在供应端用户体验设计师有限的情况下，运营电商平台应对前所未有的销售高峰活动，容易导致工作质量和客户服务质量大幅下降，忽略员工工作压力。设计和确保适当的产能几乎是不可能的。解决方案致力于通过齐套管理，防止返工和不良多工，释放资源的隐藏产能。

——阿达什·帕卡拉，高德拉特咨询公司高级顾问

TOC 商业模式创新画布

简化版画布 | 整合直觉

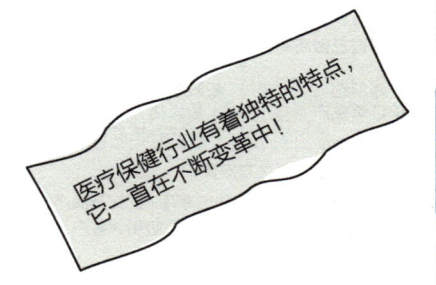

医疗信息科技公司 | 监管与合规

差距
将一家从事健康信息系统的软件公司转变为医疗器械类软件公司，需要跨越巨大的监管合规性鸿沟

当前的主要实践
流程和实践偏向于传统的软件开发
挑战：如何真正合规，同时最大化业务回报

创新实践
充分利用软件平台和技术的集成能力

医疗保健行业有着独特的特点，它一直在不断变革中！

商业模型价值轨迹
新服务
更多客户
价值销售
产品稳定性
准时提交监管申请
零流程偏差
运营规范

解决方案的关键要素
医疗器械的监管和实践框架 | 行业基准 | 系统差距评估 | 整改 | 实施 | 合规审计 | 创新机会

简要说明（如有需要）
数字健康是一个广泛的健康技术范畴，包括移动应用程序、可穿戴设备，甚至人工智能。这些技术有可能使医疗保健的提供更加便捷、方便和具有成本效益。信息技术及其融合的迅速发展给作为医疗设备的软件的再创新带来了巨大的压力。其中存在巨大的机会，但也伴随着不可预测的风险。解决方案不是走中间路线，而是将两个世界进行整合，以世界一流的监管和合规实践为指导。

萨比塔
英德金医疗技术
监管业务总监

医疗保健 | 信息管理系统

核心驱动因素
引领行业 |
加速营收 | 停止烧钱

旧做法
旧方法：构建详尽的功能
旧观念：市场需要更多功能 | 销售人员知道如何销售创新产品

创新实践
新方式：将产品配置到正确的细分市场中
新认知：市场细分 | 产品-市场契合度是开始销售流程的前提条件

商业模式轨迹
并购
新技术迁移
年度维护合同
占领细分市场
产品定位
澄清销售方案

关键解决方案步骤
细分市场 | 重新配置产品 | 教育市场 |
快速响应 | 采用新技术

简要说明（如有需要）：
把你的所有资金投入你梦想的产品中，却看到实际收入年复一年地推迟，这是一个令人心碎的境地。我不得不远离办公室，全力以赴地解决市场制约问题。在短短3个月内，我们实现了等待5年的目标，随后，我们坚定地走上了通往市场领先地位的旅程。

苏雷什·塔里夫普拉苏瓦纳软件科技CEO

简化版画布 | 整合直觉

印度最大的政府制药公司

核心驱动因素
增加政府药品供应份额 |
稳定并扭转销售收入的波动趋势 |
有效产出同比增长30%

旧做法
挑战：持续超负荷，频繁交付延误、上升的延误交付罚款、新产品发布延迟
旧方法：有原料就生产 | 推式生产
旧观念：让人们保持忙碌

创新实践
新方式：按照市场承诺协调材料和生产 | 通过改善瓶颈最大化产能 | 按照实际负荷做出订单承诺
新认知：在不了解系统实际负荷的情况下做出承诺，意味着业务的混乱和不可预测

商业模式轨迹
新技术迁移
占领细分市场
独特的产品定位
清晰的销售策略
及时交付
产能利用率

关键解决方案步骤
细分市场 | 了解系统负荷 | 准确的承诺交期 | 产销协同 | 挖尽瓶颈产能 | 鞭策销售团队 | 加快新产品发布

简要说明（如有需要）
作为占主导地位的政府性企业，有责任在全国范围内履行Janaushadhi和AYUSH产品的交付，并在开放市场中竞争。我们团队在TOC中获得的洞察力迅速改善了我们的业务，帮助我们年年实现超额目标。TOC让我们清楚地认识到一些我们之前忽视的现实，例如在工厂排队等待的情况下承诺标准交货时间，销售团队招聘延误导致销售额下降，新产品的发布常常因未坚持战略优先级而推迟。

普拉萨德
KAPL前董事总经理

行业老手和企业家的画布!

数字化+转型 | 人才管理

愿望
在4年内成为10倍规模 | 成为"真正"的最佳工作场所。疫情后，数字化转型的人才严重短缺

过往实践
旧方式：雇用-培训-部署-离职-重新雇用模式
旧范式：工作意味办公室 | 财务激励足以留住人才

创新实践
新范式：真正的人才在办公室墙外 | 人际关系比工作合作更长久
新方式：无缝地融合工作和生活 | 投资未来可用和终身服务的员工

人才价值导向
无边界团队
跳跃到梦想工作
成本效益
客户生产力
高技能首份工作

解决方案步骤
展示长期承诺 |
设立储备人才库，以吸收有意的变化 |
学习即福利 | 目标驱动的参与

简要说明（如有需要）
我们生活在IT行业的一个关键时期。这是"大辞职"和"大洗牌"的时代。新技术把工作从办公室带回了家中。人们希望在自己充满爱的家中更长时间地生活。我们正在建立一个在办公楼之外的文化，与来自任何地方的人才一起共同打造。随着未来迅速向我们走来，是时候启动创新方法，关注员工的幸福、平等和有效生产力，使公司和员工都能够更长时间地受益。是时候拥抱真正的全球人才库，以推动业务增长。

马诺伊·库马尔
NSP创始人，首席执行官

TOC 商业模式创新画布

简化版画布 | 整合直觉

如果你已经绘制了简化版画布，就没必要推迟第一次实施步骤！

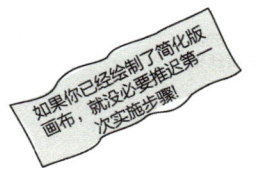

复杂系统工程与制造

变革引擎
- 不稳定的财务状况
- 不稳定的销售订单
- 日益竞争激烈的市场对交货时间的要求
- 高额的开销和低利润
- 担心被分拆出售

旧做法
- 旧方式：降低开销 | 与供应商进行紧张的谈判 | 尽早启动项目
- 政策：在价格上直接竞争
- 观念：成本削减是增长的杠杆 | 开始得越早，完成得越快

创新实践
- 新方式：减少在制品库存 | 分阶段项目管控
- 策略：创建蓝海市场 | 避免不良多工
- 认知：一个健全的业务意味着收入大于成本 | 通常情况是，越晚开始，越早完成

服务交付导向
- 市场领导力
- 收入增加
- 高品质产品
- 更高的利润率
- 可靠的交付

解决方案的关键步骤
供应商集成 | 更快更可靠地交付原材料 | 项目组合管理 | 项目优先级确定 | 项目管控 | 在相邻市场进行业务拓展

简要说明（如有需要）
在总承包工程项目中，为了确保长期订单，并保护昂贵的基础设施投资，需要采取双倍主动措施。然而，尽可能早地启动项目的压力，会导致下游交通拥堵，延误大多数项目。鉴于这些项目的长周期，交付通常会延迟很长时间。延迟交付还意味着成本不断膨胀。明智的做法是首先通过按时交付、更快交付赢得客户满意度，然后建立新的、令人兴奋的产品基础。新市场随后就会出现。

吕森·穆尔蒂博士 PSU人力资源部门

复杂精密工程与制造

变革引擎
- 目标：将市场份额增加10%
- 不可预测的收入和糟糕的现金流 | 不确定的交付

当前实践
- 同时出现过剩和短缺
- 当前方式：只有在库存低于重新订货点时，才订购原材料或组件
- 范式：库存是一种成本

创新实践
- 新方式：通过给定批次的容量，维护常用物品的看板管理
- 范式：库存保护收益 | 装配线的战略库存是一个有力的杠杆

服务价值导向
- 更多订单
- 更多满意的客户
- 更好的现金流
- 更多的交付
- 更短的交货时间

解决方案的关键步骤
定义交付批次 | 识别瓶颈组件 | 定义看板级别 | 库存审核 | 库存调整 | 业务反馈

总装交货时间从数月缩短到不到 8 天。

简要说明（如有需要）
在监管环境中的复杂精密工程产品既不能承受高库存也不能短缺零件。如果你的关注点在于前者，那么最终组装可能有数月的延迟。最初，对于整个交付批次的零件实施看板系统的建议遭到了抵制，认为这将增加总库存并占用资金。但实际上，零件的更高可用性导致等待时间缩短，而在制品的减少超过了其他库存的增加，导致更快的发票开具，使现金流更好。这个价值堆栈非常清晰。

普拉纳夫·布鲁斯卡尔 高德拉特咨询机构 客户总监

简化版画布 | 整合直觉

工业自动化解决方案

可怕的现状
石油和天然气集团即将倒闭！客户会议没有转换为销售订单

无尽的漫长销售周期
旧方式：通过讨论产品特点、技术、市场研究、报告等进行市场营销…… 一遍又一遍地提交报告

新方式
通过快速"概念验证"进行营销，通过因果关系方法明确问题陈述

产品规模轨迹
范围、可靠性、解决方案功能性、可行性 → 研发、产品、应用、最小化可行产品、概念验证

解决方案的关键要素
了解价值驱动因素 | 产品定位 | 提交并交付快速概念验证 | 验证假设 | 提出最小化可行产品 | 部署最小化可行产品 | 全功能范围应用 | 实施应用程序项目 | 概念化产品 | 发布产品 |

> 从画布模型开始吧。整个行业都会跟随你，因为核心问题不只你有！

简要说明（如有需要）
工业自动化领域的石油和天然气是最根深蒂固的领域之一，拥有声名狼藉的长销售周期，需要解决方案提供商的长期承诺。这也是一种以老牌关系模型为基础的行业。快速的创新和技术选择意味着买家希望更长时间地信任新技术。传统关系和官僚主义方式的营销需要一种前瞻性的技术演示，以应对市场的变化。尽管该行业规则严格，但快速"概念验证"的方法让客户能够快速做出决策，并使技术项目以前所未有的速度得以完成。

马诺伊·库马尔
NSP创始人兼首席执行官

高等教育

任务
将学生的行业准备度提高到90%以上

当前做法
旧方式：教学、培训和指导
旧范式：大学是学生成长的地方

创新实践
新方式：提供实践和自主学习的机会
新范式：教师也需要成长

领导力价值轨迹
领导力、爱、学习、互动

解决方案的关键步骤
识别学生主导的活动 | 将活动融入课程中 | 加强教师的作用以赋能学生 | 认可和奖励教师 | 在证书中凸显学生的新能力

简要说明（如有需要）
多年来，大学的基础设施和学生的基础水平已经发生了很大变化。在认知和技术基础方面，许多学生几乎与教师相当。高等教育机构要想一年比一年做得更好，就需要实现双向学习。

维姆拉·克恩
达亚南达·萨加尔商学院院长

TOC 商业模式创新画布

简化版画布 | 整合直觉

工业自动化 | 机器人焊接系统

雄心勃勃的目标
年复合增长率达到30%
提高边际贡献率
估值倍增 | 成为收购目标
行业现象：订单波动性较大

过往实践
过度设计的解决方案 | 有限的覆盖范围 | 尽快释放订单 | 高层管理人员忙于"救火" | 财务管理不规范 | 销售不平衡
范式：销售畅销品 | 更多功能＝更多销售 | 闲置资源是浪费

创新实践
发展大客户 | 价值销售 | 撬动合作伙伴的优势 | 分批下达工单 | 收入与行动挂钩 | 构建新的应用能力
范式：价值先于功能增加 | 制约资源的闲置是一种浪费

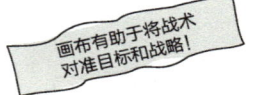

画布有助于将战术对准目标和战略！

企业价值轨迹
↑
合并
估值增加
新增客户
高客户保留率
预防倦怠
更快的周转时间

解决方案关键步骤
确定核心能力 | 与贴牌加工供应商合作 | 参加展览和投放数字展示 | 齐套 | 全面整理会计和财务 | 人才投资 | 发展管理能力 |

简要说明（如有需要）
在领导我以前的组织时，我别无选择，只能集中精力进行由内向外转型，这大约花费了6个月的时间，帮助组织重新站起来。市场领导者向我们提出了收购的请求，在第一次尝试中我们实现了合并。现在我们已经开始了另一段令人难以置信且雄心勃勃的旅程！

拉迪卡·赛蒂
维布络·帕里公司
市场和销售主管

小众软件应用程序开发

变革引擎
愿望：在5年内将收入提高到10倍
不良结果：过去3年收入停滞不前

过往实践
当前方式：接受任何工作，即使计费率较低冲突；按照计时和物料来获得稳定收入，或通过项目收取更高的费用

创新实践
新方式：接受对客户有商业价值且对公司可行的工作

能力轨迹
↑
商业分析
影响衡量
价值提供
项目管理

关键解决方案元素
识别小众需求 | 提升技术能力 | 细分市场 |
构建协作团队 | 持续改进项目管理实践

简要说明（如有需要）
一家总部位于德国的精品软件公司，从做太多事情转变为专注于为客户增加实际价值，且提高了其优秀团队的计费率，从而转型为一个小众的、前沿的软件应用开发公司。

维宾·库马尔
德国通用信息网
首席运营官

简化版画布 | 整合直觉

原料药 | 制药行业

- **变革引擎**
  延迟/推迟新产品的推出 | 失去市场份额

- **旧实践**
  尽早开始 | 微观规划

- **新实践**
  聚焦项目管理 | 分阶段开始优化项目流程 | 有效的"故障模式和影响分析"

- **能力增长轨迹**
  更高的有效产出
  全新的价值提供
  更快的项目实施
  准时交付

- **解决方案的关键步骤**
  跨职能小组例会 | 项目网络和计划 | 产能规划 | 假设分析 | 扩展模拟 | 关键路径程序/关键质量属性的趋势分析和监测

> 你的简化版画布可以非常简洁,也可以详细解释!

简要说明(如有需要)
新冠疫情导致多种关键原料药短缺,需求激增使公司决定扩大产品组合,但这需要更快地完成,并确立其长期领导地位。

高诺姆·墨强 罗杜斯·卡迪拉制药公司副总裁

合同研发生产组织 | 制药行业

- **成为世界一流公司**
  显著提高利润 | 将报价准确性提高到90%以上 | 提高报价交货时间的可预测性

- **过往实践**
  旧方式:通过不断围绕资源流动来管理 | 微观管理旧观念:我们面对着不断变化的限制

- **创新实践**
  创新方式:在充分利用瓶颈资源的能力的同时,平衡(排程)流程。
  新认知:在很大程度上,我们的限制是稳定的

- **绩效轨迹**
  高报价准确性
  更高的产能
  更低的拒绝率
  高准时交付性能
  更短的交货时间

- **解决方案的关键步骤**
  价值流程图绘制 | 项目优先级排序 | 投资组合追踪 | 负载监控 | 交付预测 | 齐套流程 | 约束能力(最薄弱的环节)最大化 | 精益工具和PDCA循环实施

简要说明(如有需要)
在合同研发生产组织中,交付绩效是一个臭名昭著的方面。一些公司已经开始利用这种情况,将他们的标语与准时交付联系起来。这对于那些将命运依赖于新产品及时推出的客户来说是一个巨大的价值。当所有的努力和奋斗都无法使各部门履行对客户的交付承诺,这确实是一种令人沮丧的经历。专注于决定交付绩效的一件事,并据此排其他活动,会产生令人惊讶的结果,并赢得组织内的许多追随者。

萨菲亚·阿里 全球合同研发生产组织运营部

简化版画布 | 整合直觉

不同的功能，但转型使用相同的模板。

并且，无论你如何做，你都知道你的直觉是有效的！

信息技术基础设施 | 超级数据中心

变革引擎
利润暴跌 | 高能耗 | 浪费且不断增加的运营成本 | 先进技术的投资回报率降低

旧实践
旧方式：传统或准数据中心技术，更多是口头服务而不是实际节省成本。
旧范式：数据中心是产品的组合（1+1≤2）

创新实践
创新方式：每单位能量处理更多数据 | 高技术带来能源节约
新范式：数据中心是真正的技术集成（1+1>2）

结果价值轨迹
↑ 更长的产品生命周期
更快的投资回报率
利润不断增长
项目交付周期短
高密度技术

解决方案步骤
技术 | 数据中心设计 | 项目管理 | 物料管理 | 稳健的执行力 | 可持续性 | 卓越中心

简要说明（如有需要）
由于数据和电力需求呈指数级增长，数据中心是数字世界中最薄弱的环节。数据中心在资金有限时，是将其投资于先进的 IT 基础设施还是最新的能源技术之间存在冲突。当然，唯一的答案是在双方都使用先进且可靠的技术的基础上，采用合理的混合方案。解决方案的核心是快速并及时地添加越来越多的创新元素，以确保投资回报率。

拉温什·哥瓦米 超级数据展示中心首席执行官 印度德里门贝格入

家具行业 | 新产品研发

变革引擎
通过推出新产品实现利润翻倍 |
将构思—选择—推出周期缩短50%

过往实践
过去的方式：聚焦于尽早启动新产品研发项目 | 所有项目都是无限期的
过去的看法：研发是认知领域，难以衡量绩效

创新实践
创新方式：以终为始 | 根据工作负载进行项目管控
新认知：结果可以被衡量并与输入和影响因素相关联 | 所有项目都有结束时间

研发能力轨迹
↑ 高产品组合收益率
产品生命周期管理
更好的设计
高研发生产力
更短的周期
更多的产品推出

解决方案关键步骤
定义产品组合 | 项目排序 | 优先级 | 在制品控制 | 外部协作 | 管理迭代 | 自动化 | 利益相关者培训 | 持续改善

简要说明（如有需要）
家具行业的产品繁多，就像时尚商品一样，但是周期时间如此之长，以至于大多数情况下从产品构思到发布的优先级联系都是缺失的。对大多数玩家来说，人们的创造力、丰富的产品组合和分销网络往往没有太多意义。将构思引导到需求端属性的表现有助于缩小产品的选择范围，为产品发布和增加盈亏底线提供最快的路径。关键链项目管理的概念对此有所帮助。

布曼舒·郭益雷 GVC顾问有限责任公司 首席顾问

简化版画布 | 整合直觉

研究机构 | 项目管理

雄心勃勃的目标
自力更生（Atmanirbhar），从政府资助到自我资助，以专业化经营为导向，实现盈利并发展技术能力的组织

过去主要实践
挑战：在现场执行项目或在实验室开发深度专业知识
旧范式：我们是政府部门，客户会自行寻求业务
旧方式：根据我们自己的便利和有限的知识来实施项目，而不是根据客户需求和排期

创新实践
新方式：了解客户需求 | 提供定制化解决方案 | 提供增值服务 | 扩大外部技术资源 | 遵守时间、进度和商业规范
范式：成为客户成功的合作伙伴 | 更快地完成项目有助于国家建设 | 重视专业素质 | 知识共享、培训和满足社会需求

商业增长轨迹
自力更生
扩张
盈利
技术主导
竞争定价
增值服务
整体解决方案
限时解决方案

稳健解决方案的关键要素
挖掘客户资源 | 市场细分 | 开发专业化产品 | 整合创新方案 | 积极参与项目竞标 | 集中核心能力 | 开展项目管理以应对不确定性 | 融入社会和环境需求 | 客户终身价值管理 | 将研究与创造价值对标

简要说明（如有需要）
我们在岩石力学领域的专业知识被广泛应用于各类大型地表或地下的重大开挖工程。我们的科学家和工程师进行前瞻性研究，致力于让地球变得更加宜居。涉及到科学和工程学的结合，我们在为企业和政府机构开展限时项目时，技术和后勤方面充满了不确定性。NIRM之所以能成为当今业内的领导者，唯一的原因是我们在项目管理方面的创新，使项目交付专业化，从而为我们的专家继续进行应用研究腾出了大量时间。

文卡特什博士
NIRM总监

在知识产业中使用画布会怎样？

商业咨询 | IT行业

变革引擎
领先的产品生命周期管理解决方案行业 |
大幅提升解决业务问题的响应时间 |
延迟且不充分的报告 | 过多的支持中断

现行实践
当前方式：从任何可获得的人那里获得输入 | 手动交互
认知：知识分散且难以快速获取

创新实践
新方式：引入机器人解决业务问题
认知：重要的知识编码管理，并实时提供

能力价值导向
更多的项目
快速反应
增加有效产出
客户满意度
高品质
准确资源配置

解决方案的关键要素
需求分类 | 知识编码 | 学习引擎 | 实时语言翻译 |
持续改善 | 人工智能、图像处理、算法处理

简要说明（如有需要）
应用支持的工作量和成本日益不可预测地增加。公司不断吸纳更多用户并采用他们的解决方案，但这不仅会导致支持成本的上升，也会由于员工高流失率的影响而对服务质量产生不利影响。通过引入基于人工智能的机器人来消除团队的基本支持工作，可以在降低成本的同时产生高质量的结果。

什里尼什·潜拉
高第拉特咨询公司
项目管理者

简化版画布 | 整合直觉

电子商务 | 仓库管理

变革引擎
增加（和保护）估值 | 尽快实现盈利 | 低交付率 | 销售流失 | 库存不平衡

现行实践
旧范式：每次都改进一切所能，才能改善业务
旧方式：微观管理
基于预约的交付率 | 厘清发现的问题 | 提高供应可得性

创新实践
新范式：改善一件事可以更快地带来最大的回报
创新方式：由供应商管理库存以保持100%可得性

不同行业的画布！

绩效轨迹
低退货率
高新鲜度
高库存周转率
销售点的高可得性

解决方案的关键要素
选择供应商 | 降低交付周期 | 频繁补货 | 销售速率可见性 | 同步物料和信息流程

简要说明（如有需要）
只要实体店供应链没有融入数字商业模式，在线商务就不容易实现盈利。库存周转率仍然是运营财务指标，可得性则是运营流程指标。只有通过频繁、快速的补货机制，才能实现这些指标。

维贾伊·塞尔瓦拉鲁·科尔尼公司

镜片制造行业项目

变革引擎
确立行业领导地位
利润率低 | 70%的项目处于处罚状态

过往实践
尽早启动项目

创新实践
齐套，仅在真正需要开始项目时才开始

绩效轨迹
更多产品
更好质量
更高产能
准时交付
快速交货

解决方案要素
齐套 | 时间缓冲库存控制 | 唯一优先排序系统

简要说明（如有需要）
通过控制项目启动，使项目的交付时间保持在历史水平的一半左右。资源能够在没有过载和饥饿的情况下交付，同时所有项目都能按时交付。客户也很高兴能够更快地收到货物。

阿尼尔·贾因 TOC顾问

第一篇 画布模型

简化版画布 | 整合直觉

横向产业（如销售或企业培训）的画布模型！

B2B 销售/业务开发

差距

3年内收入翻番 | 市场需求下降

当前实践

旧方式：给予更多折扣以刺激需求

旧范式：对价格需求弹性的挖掘在短期内带来了极大的好处，而对业务的长期影响微不足道

创新实践

新方式：与客户价值产生共鸣 + 沟通营销方案 + 产品差异化 = 高有效产出的销售

新范式：以价值为导向的产品市场不断增长

市场矢量

1. 解决当前客户的投诉问题
2. 提供更多功能与竞争对手媲美
3. 发布市场上缺少的产品元素

解决方案的关键要素

- 分类并了解客户需求（理性、感性、物流）
- 围绕客户的业务成果提供锚定报价
- 创建稀缺感营销方案
- 续改善

简要说明（如有需要）

在B2B中，客户意味着业务。重要的销售不是一次交易，而是一种能够改变客户的互动。我们常犯的错误是，当客户正在为未来的收益加倍努力、为持续的损失/长期的痛苦所困扰或为完成工作而挣扎时，我们还在直接推销自己的产品功能或优势。在谈论自己的功能和业务条款之前，能够对客户的需求进行分类和了解，这是推迟决策的典型例子。

拉吉·文卡泰拉曼 瑞问布里德主要负责人

竞争能力发展 | 公司培训

差距

满足运营经理建立在数据分析和人工智能方面能力的蓬勃需求 | 商业环境的复杂性和不确定性日益增加，预测能力不足

当前实践

困境：是使用试探性工具还是高端编码解决方案？

妥协方式：使用经典的基于统计学的解决方案（六西格玛）

信念：有效决策需要编码技能。

创新实践

新方式：基于零代码软件的数据分析应用程序分析

信念：你的起点是领域知识，而软件足够好

竞争价值轨迹

民主化
规模
速度
简单性

强大解决方案的关键要素

识别商业挑战 | 理解运营支出水平 | 定义项目 | 发展分析能力 | 概念验证 | 部署

简要说明（如有需要）：

商业环境的复杂性和不确定性日益增加，这意味着在做出更快、更好的真正重要的商业决策方面临着越来越大的挑战。得益于数据科学的自动化，许多见解可以快速生成。然而，大多数用户却陷入了需要处理编码要求的困境，而没有意识到领域核心规则对于问题解决和决策制定的基础性意义；同时，即使不编写任何代码，也可以完成复杂的自动化分析。

阿努拉格·塞克萨里亚 阿努拉格赛克萨里亚 组织管理合伙人

TOC 商业模式创新画布

简化版画布 | 整合直觉

匿名奖颁发给……
在解决异常复杂系统的约束中促进画布模型的使用！

家庭辅导机构

差距
和谐地融合不同的年代 | 代沟让生活失去了味道

流行做法
当前方式：用分歧表达不同的看法和需求
范式：每个人都不同 | 每个人都有权为自己而活

创新实践
新方式：寻找既满足不同需求又不需要妥协的共同点
范式：我们生活在同一个世界上，彼此相互关联 | 总有办法一起创造更大的幸福蛋糕

价值关系矢量
↑ 社区
　密切的关系
　友谊
　信任

解决方案关键步骤
发展清晰度 | 深入挖掘 | 激活对话 | 包容不同声音 | 寻求共识 | 在一起

简要说明（如有需要）
自由常常被误解，个性表达常常是片面的，我们没有意识到，只有在和谐的环境中，我们才能相互联系、各尽其能。在这种环境中，更多的是"付出"，而不是坚持"我是谁"。

上海家庭辅导机构首席顾问

证券市场

决心
扭转投资损失上升趋势 | 投资组合永不亏损

一般实践
当前方式：根据历史价格和他人意见猜测进行短线交易
范式：历史重演 | 三个臭皮匠顶个诸葛亮

创新实践
创新方式：建立自己的交易方法论，系统且具有清晰的逻辑 | 采取长期策略
范式：历史经验对于长期视角有帮助 | 在大多数情况下，没有什么比经过多年积累的专业知识更重要

能力价值导向
↑ 巩固
　更高回报
　长期投资
　建立信心
　提高清晰度
　停止反应式交易

解决方案的关键要素
决定你的投资金额 | 利用基本规则 | 理解宏观经济杠杆 | 培养行业知识 | 关注公司动向 | 识别风险 | 强化操盘规则手册 | 明智操盘

简要说明（如有需要）
你既不能完美地把握市场时机，也不能对每一次波动做出反应，否则你的投资组合会混乱不堪，无法控制，即使不亏损，也收益甚微。最好的方法是依靠一些行之有效的规则，并在自己熟悉的行业中积累知识。要合理地长期持有，但要定期进行合并并削减尾部。

北京投资银行家

第一篇　画布模型

简化版画布 | 整合直觉

TOC画布　　　　　　　　　　　2022-01-20　　　　　　　　B2B运动控制设备有限公司

CD 📉

财务远大目标：
3年内将新项目的有效产出从1.7亿元人民币增加到3.4亿元人民币
运营UR：
每个项目有效产出转换率低

CP ⚡

当前方式：
过度关注内部产品开发流程，而没有关注整体项目管理流程
范式：
局部最优/局部效率角度

CS 💡

新方式：
专注于客户的决策过程，并相应地调整内部产品开发流程
范式：
全局最优/有效性视角

IV 📈

新项目能力轨迹

客户生命周期价值

范围扩展

价值销售

企业解决方案

XS ▶▶▶

解决方案关键步骤
1. 分类：根据客户的决策过程进行业务机会分类；
2. 业务机会识别；
3. 价值提案准备；
4. 建立内部能力；
5. 产品 – 市场差距的迭代

简要说明（如有需要）

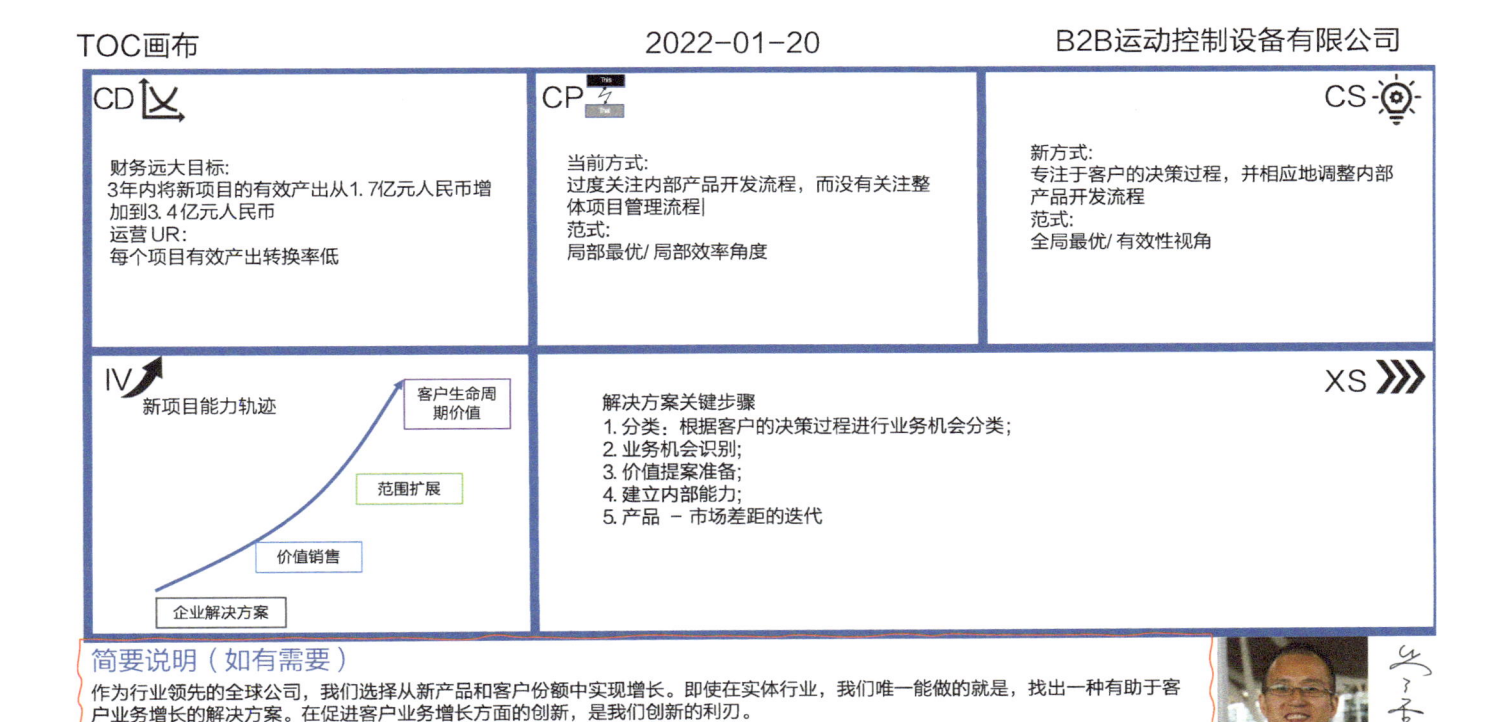

作为行业领先的全球公司，我们选择从新产品和客户份额中实现增长。即使在实体行业，我们唯一能做的就是，找出一种有助于客户业务增长的解决方案。在促进客户业务增长方面的创新，是我们创新的利刃。

岑雪峰
鸣志电器总监

简化版画布 | 整合直觉

CD
棘手问题 / 社会经济

- 印度经济高速增长，但面临重大的发展挑战
  许多欠发达地区需要迅速改善，包括：
  a. 实现包容性增长
  b. 维持8%或更高的GDP增长率
  c. 实现联合国设定的可持续发展目标承诺
- 过去60年的努力速度需要一剂强心剂

CP
- 缺乏变革动力
- 没有快速转型的路线图
- 分割视角看待问题

- 将大型系统分解为若干部分，独立进行管理

（循环图）无/低学历 → 技能不足 → 工作没有安全感 → 健康和生计恶化

- 普遍认为缺乏资金是关键的挑战

CS
- 专注于统一战略，以在短时间内快速转型的区域
- 整合预算，根据需要释放资金
- 采用公私合营模式，引入政府缺乏的专业知识
- 所有项目的持续时间应该等于地区长官的任期（确保计划实施）

IV 社会经济轨迹

- 改善经济状况
- 免费有效产出的区域
- 积极进取的人们
- 生活和生计独立
- 职业发展可见性
- 工作准备前培训
- 技能—需求契合
- 失业者市场联动

XS

- 为与整体互联解决方案相关的关键挑战开发画布
  解决失业问题的正确顺序：
  - 确定市场：与大品牌公司联系（需求生成器）
  - 政府资助投资：与品牌公司签订谅解备忘录并投资基础设施（产品-投资匹配）
  - 技能发展：与行业专家合作进行培训，并提供即时就业机会
  - 执行：与行业专家合作，实现长期目标交付和早期收支平衡
  - 持续收益：将从运营中产生的盈余现金分配给品牌和农民

> **简要说明（如有需要）**
> 国家经济充满了棘手的问题，一个问题比一个问题更需要变革努力。失业就是其中之一。解决方案的每一步都在增加价值，以开发人们的能力，使他们能够为经济增长做出有益的贡献。无论这个倡议的各个部分有多么孤立，一旦在画布上呈现出来，它就会提供一个整合的转型模型，使每个人都处于相同的页面，并成为整个转型旅程中沟通和创新的参考。

拉古·文卡塔拉曼
Rarebreed 校长

系统越复杂，就越需要更简单的方法。TOC 画布正好符合要求！

好的！明白了。但让我们回到简化版的画布……也许是简化升级画布。

简化版画布 | 整合直觉

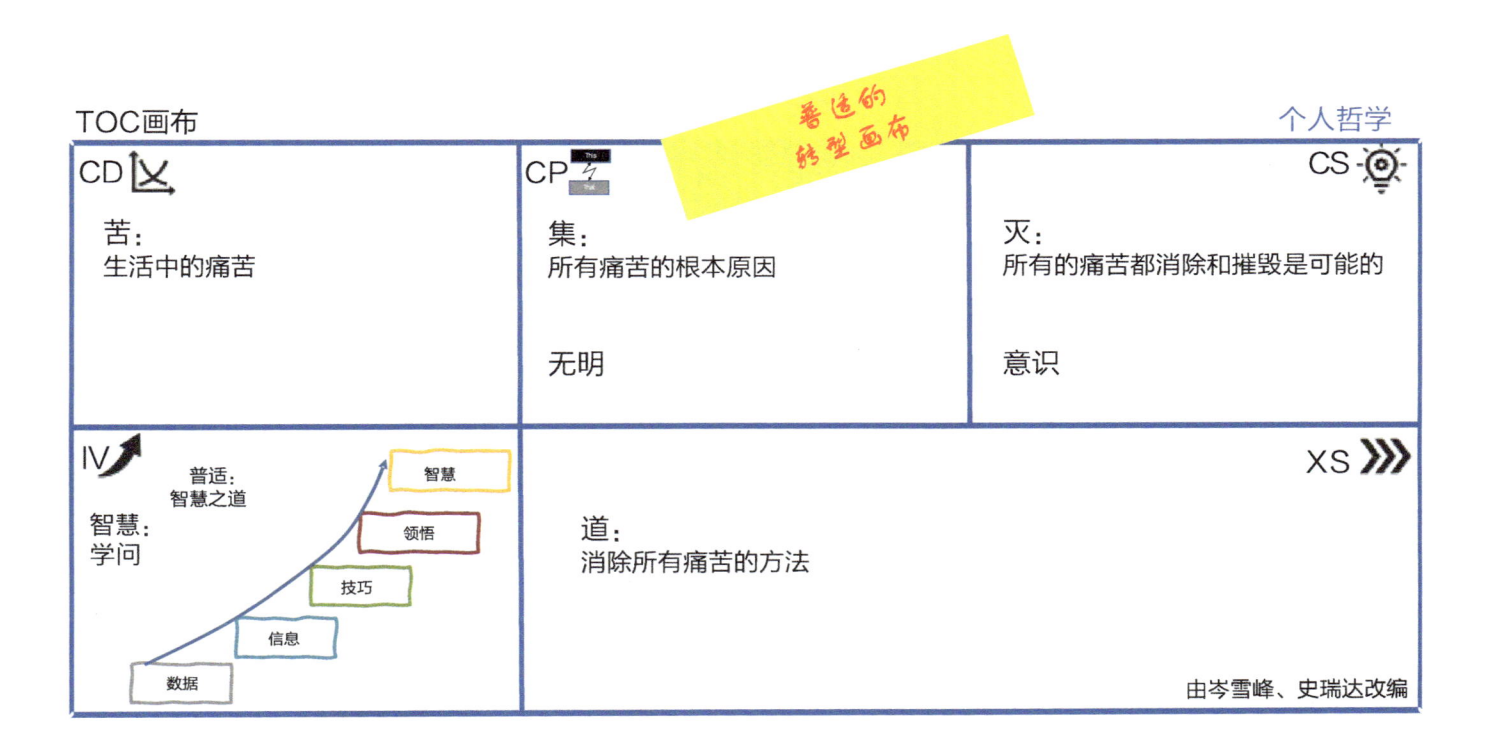

TOC画布　　　　　　　　　　　　　　　　　　　　　　　　　　　　　个人哲学

CD 📉

苦：
生活中的痛苦

CP ⚡

集：
所有痛苦的根本原因

无明

善适的转型画布

CS 💡

灭：
所有的痛苦都消除和摧毁是可能的

意识

IV ↗

智慧：
学问

普适：
智慧之道

- 智慧
- 领悟
- 技巧
- 信息
- 数据

XS ⏩

道：
消除所有痛苦的方法

由岑雪峰、史瑞达改编

简化升级版画布

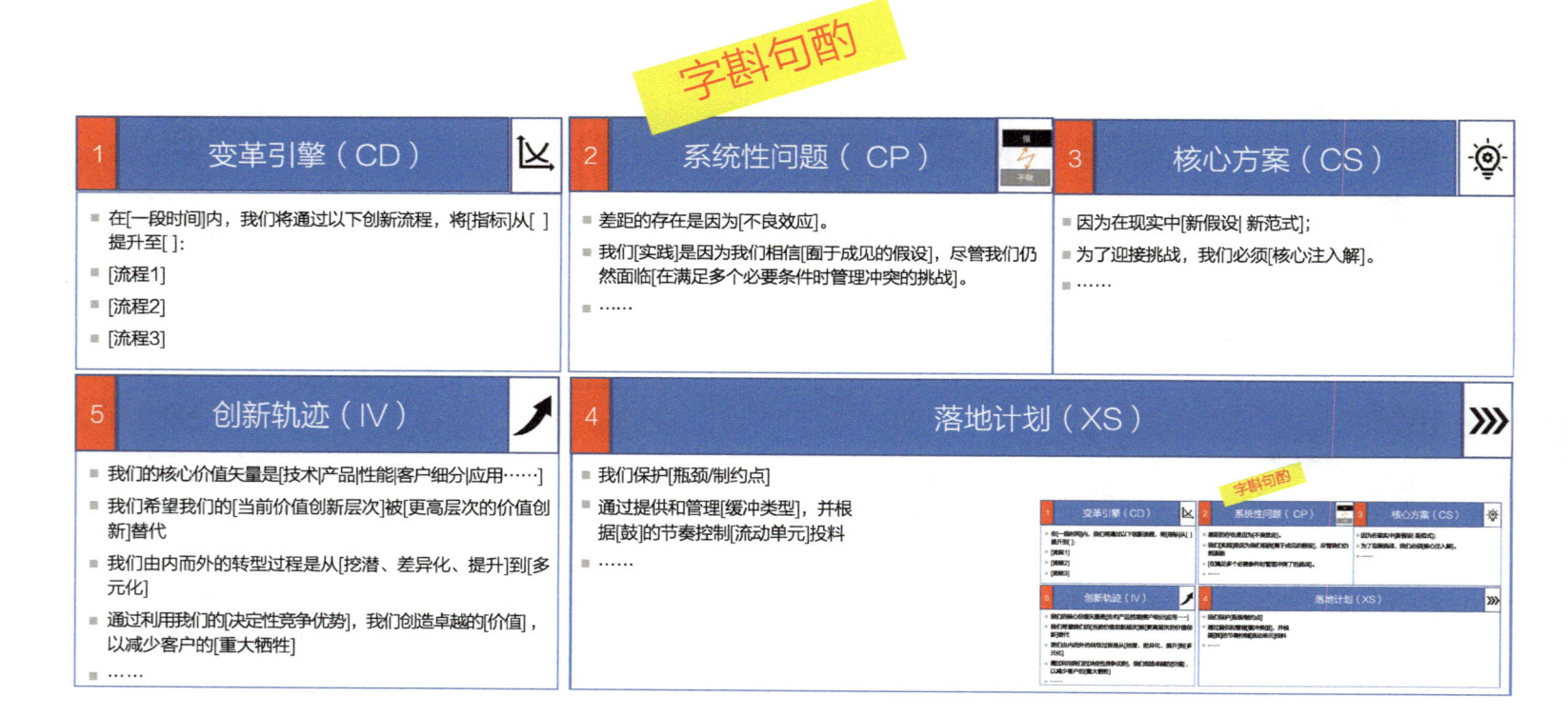

1　变革引擎（CD）	2　系统性问题（CP）	3　核心方案（CS）
■ 在[一段时间]内，我们将通过以下创新流程，将[指标]从[ ]提升至[ ]： ■ [流程1] ■ [流程2] ■ [流程3]	■ 差距的存在是因为[不良效应]。 ■ 我们[实践]是因为我们相信[囿于成见的假设]，尽管我们仍然面临[在满足多个必要条件时管理冲突的挑战]。 ■ ……	■ 因为在现实中[新假设| 新范式]； ■ 为了迎接挑战，我们必须[核心注入解]。 ■ ……

5　创新轨迹（IV）	4　落地计划（XS）
■ 我们的核心价值矢量是[技术|产品|性能|客户细分|应用……] ■ 我们希望我们的[当前价值创新层次]被[更高层次的价值创新]替代 ■ 我们由内而外的转型过程是从[挖潜、差异化、提升]到[多元化] ■ 通过利用我们的[决定性竞争优势]，我们创造卓越的[价值]，以减少客户的[重大牺牲] ■ ……	■ 我们保护[瓶颈/制约点] ■ 通过提供和管理[缓冲类型]，并根据[鼓]的节奏控制[流动单元]投料 ■ ……

简化升级版画布 | 直觉重组

字斟句酌

项目管理

1 变革引擎（CD）

在[3年]内，我们将通过以下创新流程，将[准交率]从[53%]提升到[90%]：
- 产品组合
- 输入准备
- 资源配置

2 系统性问题（CP）

差距的存在是因为[频繁改变计划]。我们[允许在任务级别隐藏缓冲]，是因为我们相信[任务级别缓冲不足]，尽管我们仍然面临[提供足够小的缓冲以及时完成项目和足够大的缓冲以满足任务可变性]的挑战。

3 核心方案（CS）

由于在现实中[任务中的缓冲部分被浪费了]，为了迎接挑战，我们必须[将缓冲聚合到项目级别上]。

5 创新轨迹（IV）

我们的核心价值矢量是[绩效]；
我们希望我们的服务被[体验价值]替代；
我们由内而外的转型过程是从[挖潜现有的商业模式]到[对同一市场上的产品进行差异化]
通过利用我们[准时、更快、更便宜和全质量地交付项目]的能力，我们创造[卓越的客户投资回报率]，以减少客户[项目交付时的巨大折扣]。

4 落地计划（XS）

我们保护[关键链]
通过提供和管理[项目缓冲]，并根据[汇合点]的节奏控制[新项目]投料

简化升级版画布 | 直觉重组

字斟句酌

生产运营

1 变革引擎（CD）

在[3年]内,我们将通过以下创新流程,将[有效产出]从[5.3亿美元]提升到[9亿美元]：

- 在制品控制
- 动态排程
- 挖尽瓶颈

2 系统性问题（CP）

差距的存在是因为[我们太忙于赶工和加班]。我们[制订微观计划,使所有资源保持忙碌状态],因为我们相信[闲置资源是主要的浪费],尽管我们仍然面临[将效率作为主要考核标准,以减少浪费并简化工作流程]的挑战。

3 核心方案（CS）

由于在现实中[瓶颈资源的闲置才是真正的浪费],
为了迎接挑战,我们必须[让瓶颈资源的效率最大化,同时允许非瓶颈资源的产能过剩]。

5 创新轨迹（IV）

我们的核心价值矢量是[产品]；

我们希望我们的[大宗商品]被[差异化产品价值]替代；

我们由内而外的转型过程是从[挖潜现有商业模式]到[对同一市场上的产品进行差异化]；

通过杠杆化利用我们[在大规模定制方面的能力],我们创造[完全独特的产品],以减少客户[在使用标准产品时的巨大牺牲]。

4 落地计划（XS）

我们保护[产能制约资源]

通过提供和管理[时间缓冲],并根据[产能制约资源]的节奏控制[新工单]投料

简化升级版画布 | 直觉重组

字斟句酌

产品分销

1 变革引擎（CD）

在[2年]内,我们将通过以下创新流程,将[库存周转次数]从[3次]提升到[9次]:
- 需求管理
- 订单发运
- 库存管理

2 系统性问题（CP）

差距的存在是因为[库存经常和实际需求不匹配]。

我们[根据预测推式补货],是因为我们相信[交付周期很长],尽管我们仍然面临[既要保持足够高的库存以保护销售,又要保持足够低的库存以保持低成本]的挑战。

3 核心方案（CS）

因为在现实中[增加订单频率可以缩短补货时间],
为了迎接挑战,我们必须[根据实际消费拉动供应]。

5 创新轨迹（IV）

我们的核心价值矢量是[商业模式];
我们希望我们的[商品化服务]被[卓越的服务价值]替代;
我们由内而外的转型过程是从[挖潜现有的商业模式]到[覆盖不同的产品线和地域];
通过利用我们[频繁和快速交付货物]的能力,
我们创造[卓越的产品可得性],以减少客户[低库存周转的限制]。

4 落地计划（XS）

我们保护[下游节点的有效产出]
通过提供和管理[上游的发货缓冲],并根据[下游实际消耗]控制[发货]。

简化升级版画布 | 直觉重组

字斟句酌

B2C 服务

1 变革引擎（CD）

在[6个月]内，我们将通过以下创新流程，将[客户停留时间]从[3小时]缩短到[1小时]：
- 预约流程
- 内部准备
- 患者等候区管理

2 系统性问题（CP）

差距的存在是因为[经常让客户等待很长时间]。
我们遵循[先进先出的原则]，是因为我们相信[所有客户都是平等的]，尽管我们仍然面临[通过满足可容忍的等待时间和处理真正紧急情况及时为客户服务]的挑战。

3 核心方案（CS）

由于在现实中[所有客户都不平等]，

为了迎接挑战，我们必须[让客户提前预约]。

5 创新轨迹（IV）

我们的核心价值向量是[服务水平]；
我们希望我们的[商品化服务]被[体验价值]替代；
我们由内而外的转型过程是从[挖潜现有商业模式]到[通过添加体验元素实现在同一市场上的产品差异化]；
通过杠杆化利用我们[准时提供服务的能力]，我们创造[服务时间内充满高质量服务]，以减少[客户长时间等待]。

4 落地计划（XS）

我们保护[关键服务资源产能]

通过提供和管理[队列缓冲]，并根据[资源排程]的节奏控制[新患者]。

详细画布

这是关于 TOC 画布如何与详细要素进行映射的，在详细画布中，你可能需要使用其中的许多要素。但作为第一次，这对你来说可能仍然是一个令人生畏的工作。在你的转型之旅的第一步（第一篇），专注于简化版画布是可以的，然后在第二步（第二篇）中再升级到详细画布。

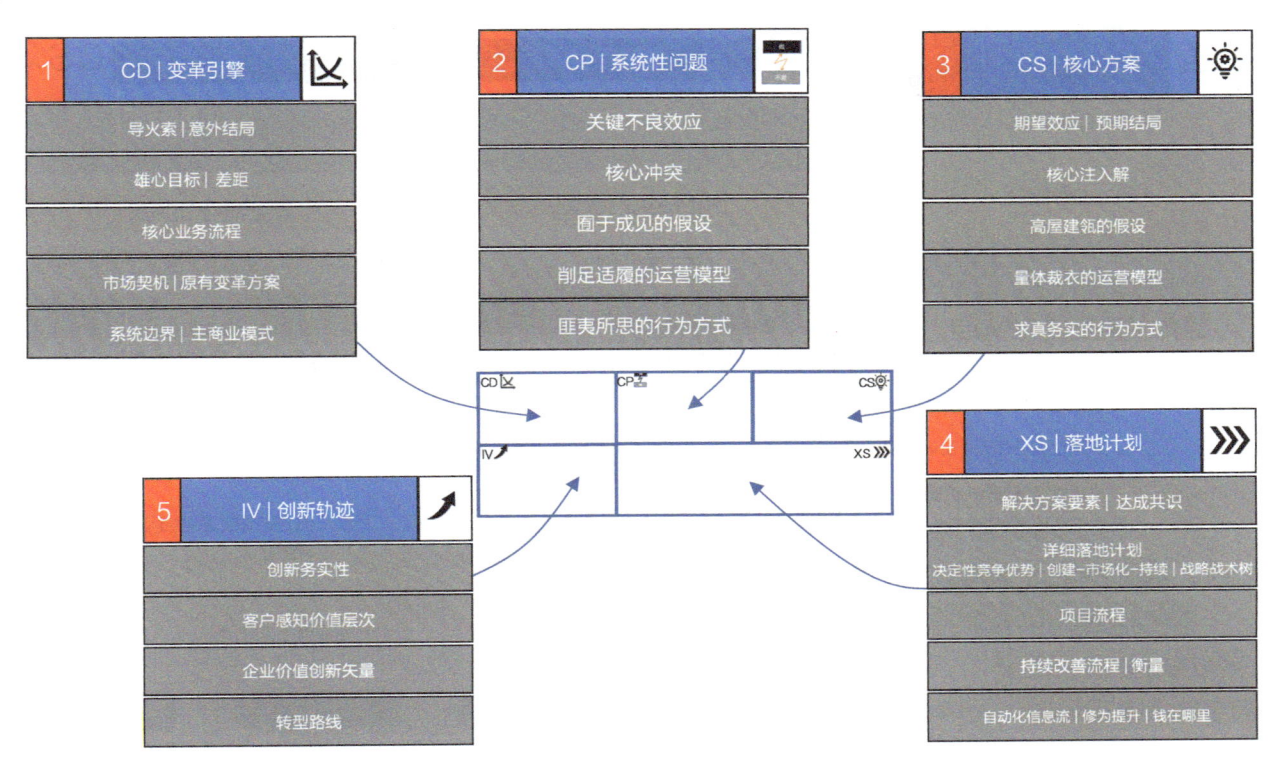

1 CD｜变革引擎
导火索｜意外结局
雄心目标｜差距
核心业务流程
市场契机｜原有变革方案
系统边界｜主商业模式

2 CP｜系统性问题
关键不良效应
核心冲突
囿于成见的假设
削足适履的运营模型
匪夷所思的行为方式

3 CS｜核心方案
期望效应｜预期结局
核心注入解
高屋建瓴的假设
量体裁衣的运营模型
求真务实的行为方式

5 IV｜创新轨迹
创新务实性
客户感知价值层次
企业价值创新矢量
转型路线

4 XS｜落地计划
解决方案要素｜达成共识
详细落地计划 决定性竞争优势｜创建–市场化–持续｜战略战术树
项目流程
持续改善流程｜衡量
自动化信息流｜修为提升｜钱在哪里

画布详细要素

成熟的转型模型将包含丰富的要素，这些要素在系统性问题（CP）模块和核心方案（CS）模块的每个层次上都会吻合对齐，在落地方案（XS）模块中按顺序排列整齐，并沿着创新轨迹（IV）平稳布局。在这个层次上，你将能够自行确定更多的要素。

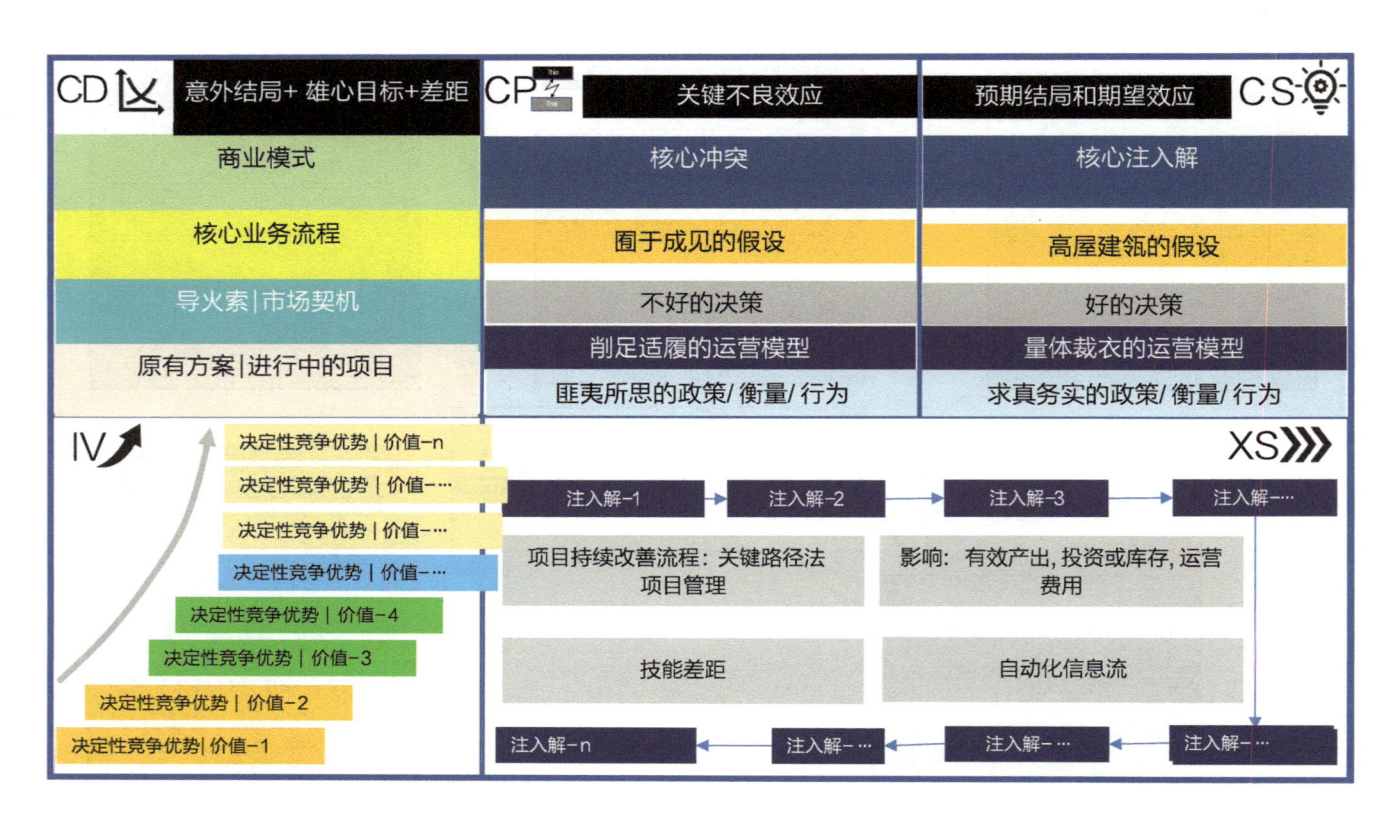

CD	意外结局+雄心目标+差距	CP	关键不良效应	预期结局和期望效应	CS
	商业模式		核心冲突	核心注入解	
	核心业务流程		囿于成见的假设	高屋建瓴的假设	
	导火索|市场契机		不好的决策	好的决策	
	原有方案|进行中的项目		削足适履的运营模型	量体裁衣的运营模型	
			匪夷所思的政策/衡量/行为	求真务实的政策/衡量/行为	

IV
- 决定性竞争优势\|价值-n
- 决定性竞争优势\|价值-…
- 决定性竞争优势\|价值-…
- 决定性竞争优势\|价值-…
- 决定性竞争优势\|价值-4
- 决定性竞争优势\|价值-3
- 决定性竞争优势\|价值-2
- 决定性竞争优势\|价值-1

XS

注入解-1 → 注入解-2 → 注入解-3 → 注入解-…

项目持续改善流程：关键路径法项目管理 ｜ 影响：有效产出，投资或库存，运营费用

技能差距 ｜ 自动化信息流

注入解-n ← 注入解-… ← 注入解-… ← 注入解-…

现在只需开始

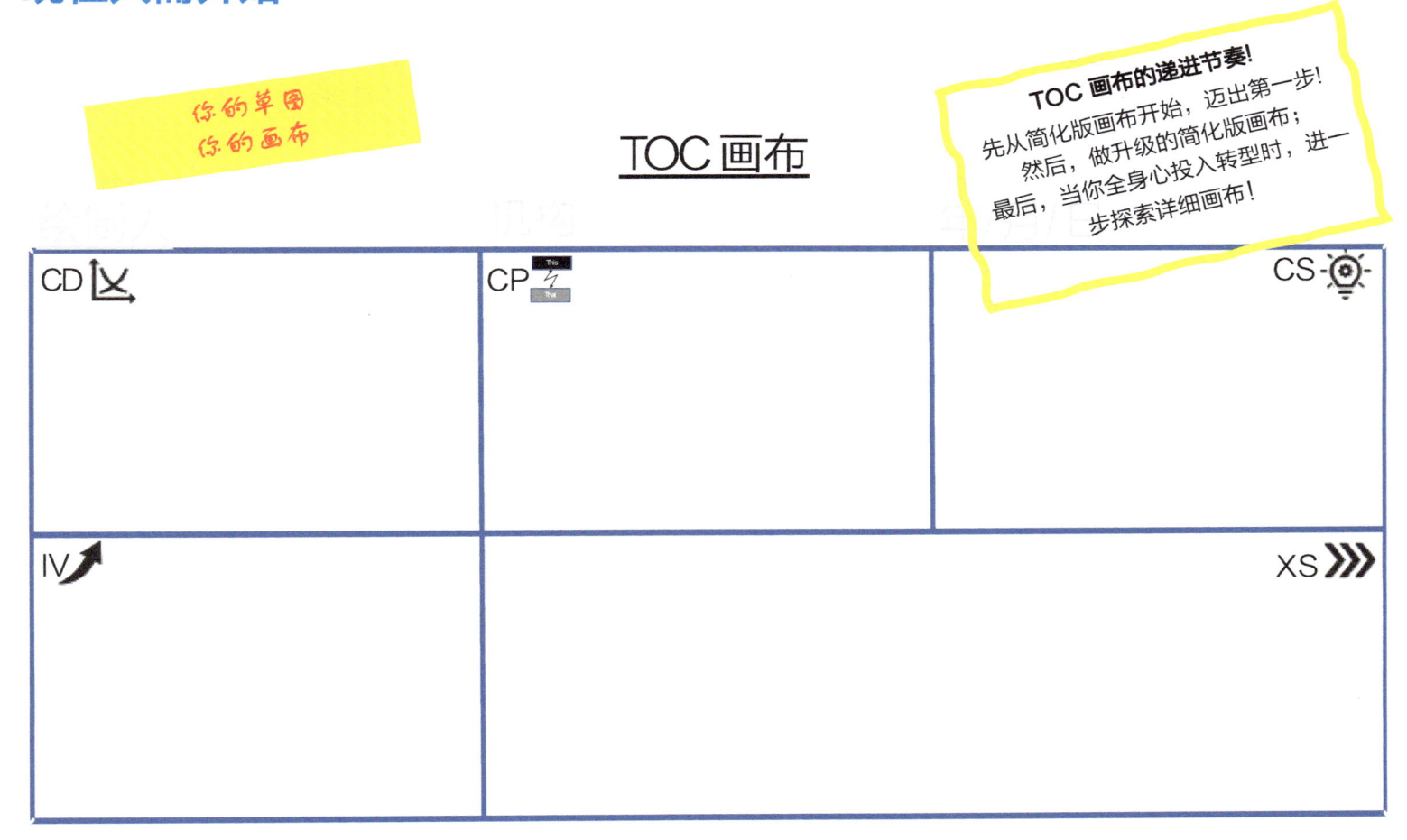

你的草图
你的画布

TOC 画布

TOC 画布的递进节奏!
先从简化版画布开始,迈出第一步!
然后,做升级的简化版画布;
最后,当你全身心投入转型时,进一步探索详细画布!

CD	CP	CS
IV		XS

从哪里开始

尽管变革引擎是最好的起点,但也可以从画布的任何一个模块开始。从任何模块开始,然后填满所有模块并查看画布。接着回到变革引擎模块,强化它,并顺时针协调好每个模块。

可以从任何地方开始!

一个好的框架和概念,应该允许人们从任何情形入手,也就是说,可以从任何地方开始!

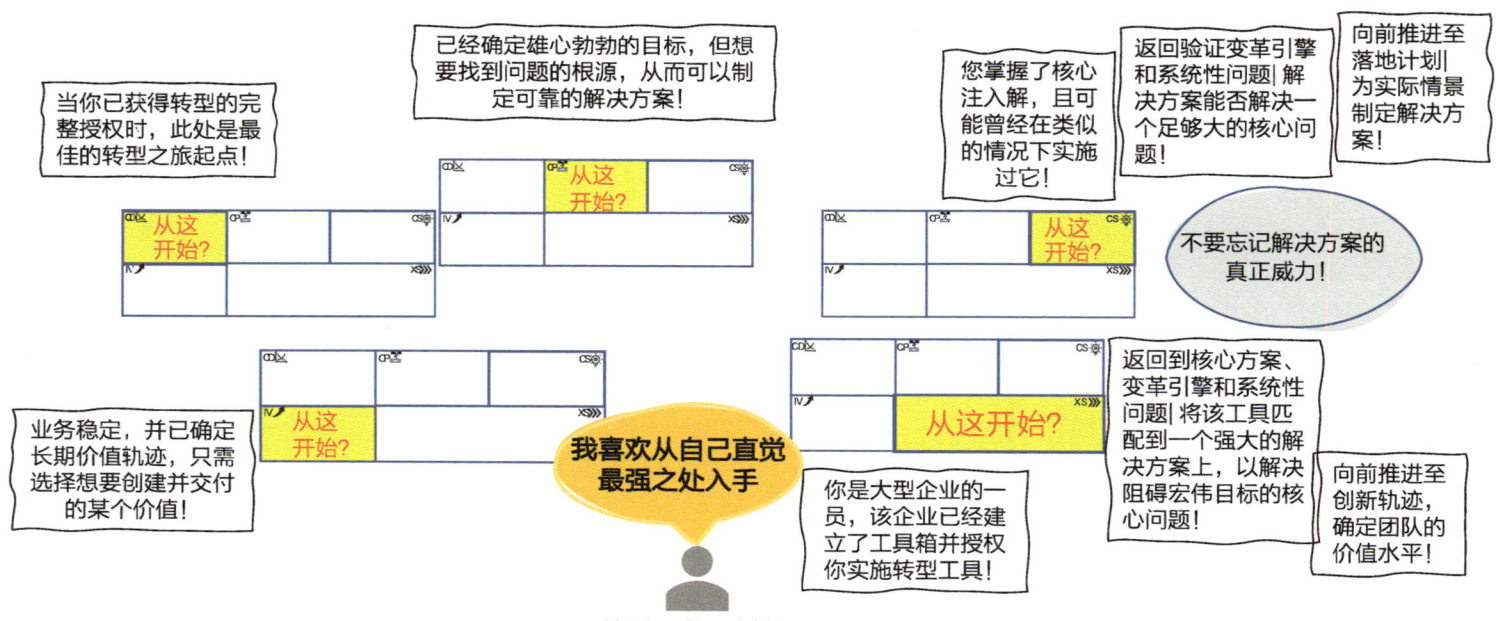

当你已获得转型的完整授权时,此处是最佳的转型之旅起点!

已经确定雄心勃勃的目标,但想要找到问题的根源,从而可以制定可靠的解决方案!

您掌握了核心注入解,且可能曾经在类似的情况下实施过它!

返回验证变革引擎和系统性问题 | 解决方案能否解决一个足够大的核心问题!

向前推进至落地计划为实际情景制定解决方案!

不要忘记解决方案的真正威力!

业务稳定,并已确定长期价值轨迹,只需选择想要创建并交付的某个价值!

我喜欢从自己直觉最强之处入手

你是大型企业的一员,该企业已经建立了工具箱并授权你实施转型工具!

返回到核心方案、变革引擎和系统性问题 | 将该工具匹配到一个强大的解决方案上,以解决阻碍宏伟目标的核心问题!

向前推进至创新轨迹,确定团队的价值水平!

拉曼·普罗希特

要点清单

清单 - 草绘 你的 模型

- TOC画布包含五个画布模块
- 你可以从任意模块着手绘制画布，但要确保所有模块是相互关联的
- 变革引擎模块通常是最佳的起点
- 识别决策中的挑战，是梳理系统性问题的关键
- 在解决冲突时，只要确保大家始终朝向共同目标，就存在多种可能的解决方案

- 需要思维范式转变
- 任何转型的目标都是为了业务发展
- 转型永无止境
- TOC画布是帮助你构建直觉的占位符（占位符是指先占住一个固定的位置，等着你再往里面添加内容的符号，广泛用于计算机中各类文档的编辑。——译者注）
- 粗略和简化版画布足以帮助你迈出转型的第一步，并且取得良好效果
- 在TOC画布的助力下，你可以自主设计转型模型……

> 如果您已经绘制了简化版的画布（哪怕是以快速和潦草的方式），那么可以认为您正沿着TOC的道路前进！

就去做吧!

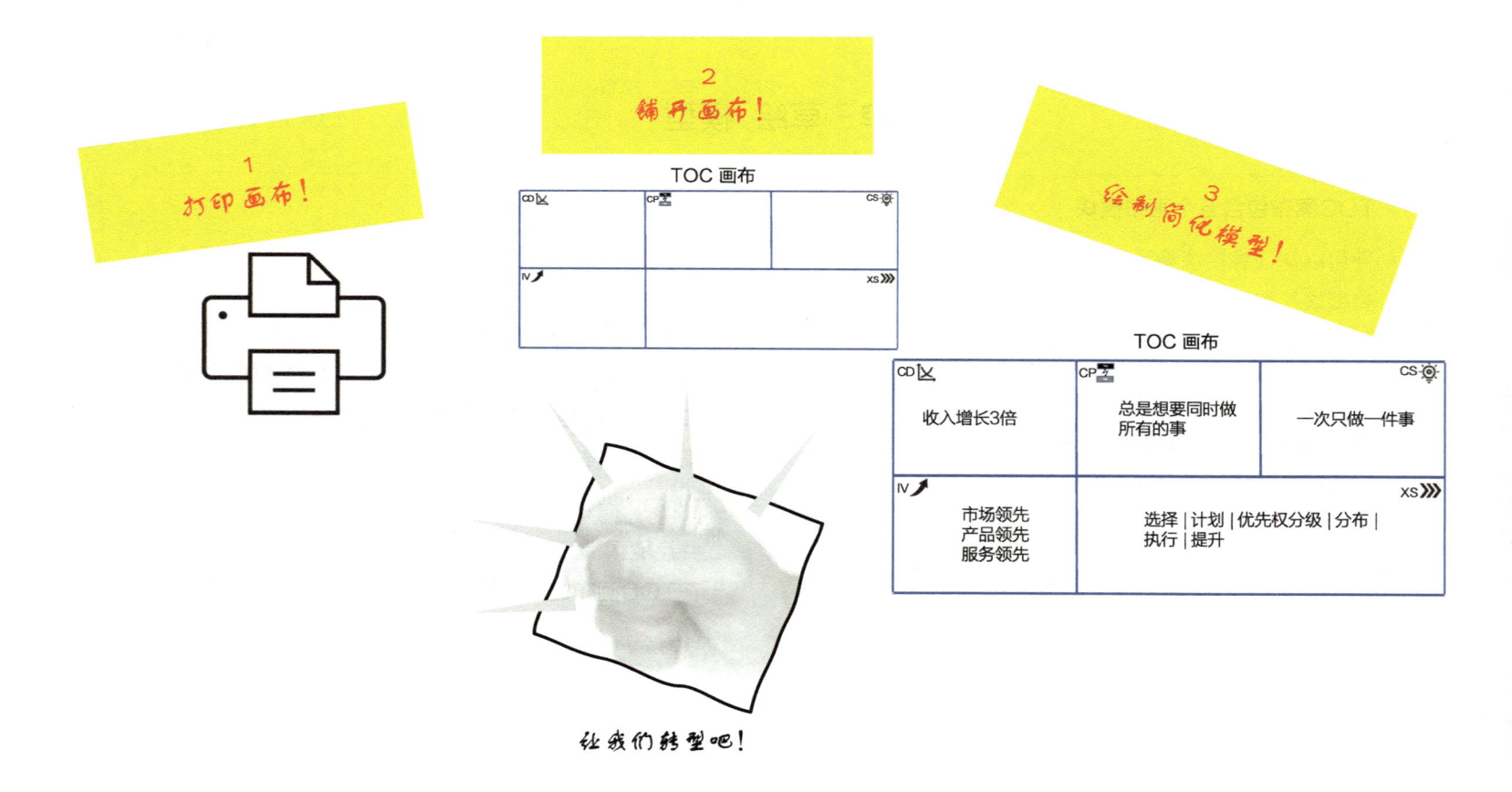

1 打印画布!

2 铺开画布!

TOC 画布

3 绘制简化模型!

TOC 画布

CD	CP	CS
收入增长3倍	总是想要同时做所有的事	一次只做一件事
IV 市场领先 产品领先 服务领先	选择 | 计划 | 优先权分级 | 分布 | 执行 | 提升	XS

让我们转型吧!

第一篇　画布模型

灵感！

奠基者

| 艾利·高德拉特 | 亚历克斯·奥斯特瓦德 | 艾伦·巴纳德 |

初创TOC　　　　商业模式可视化 　　　　TOC工具化

秘诀

> 只需跟随画布,它会为你解决问题。

> 这是 TOC 画布遵循的秘诀,你不能只讲逻辑,而是要接受逻辑和情感的双重性
> ——苏尼尔·古普塔,高知特公司

更好、更快的决策方式是建立和强化人们的直觉!!!

组织转型只有在人的思维转变时才会发生(没有例外)。TOC 转型的理念与问题解决、决策制定和行为转变有关。在瞬息多变的商业环境下,尽管没有足够的数据支持,领导者还是希望更快更好地做出决策。无论他们多么善于分析和逻辑思考,做出最困难和最有意义的决策最终还是靠直觉。虽然 TOC 的方法是基于逻辑工具的,但它的转型过程不完全基于逻辑,因为它旨在通过利用和加强人们的直觉,让他们做出更好、更快的决策。

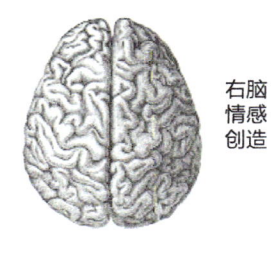

现在已经不是左脑对抗右脑的时代了。人们需要的是,能够在左右脑之间快速转换和交流,以建立更好的直觉。关键的部分是连接左右脑半球的桥梁;这个桥梁(胼胝体)越厚或越强,直觉就会越好。TOC 是如何做到这一点的? TOC 的转型过程能让你迅速跨越情感和逻辑状态,从而建立并加强你的直觉。这是一个相当大的区别……将人置于转型的中心!如果你打算开始 TOC 的转型,请不要忘记这个洞见。

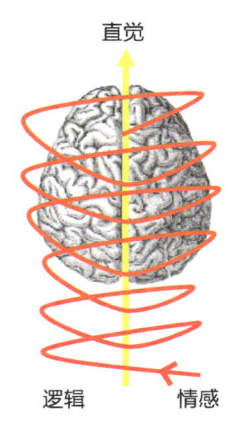

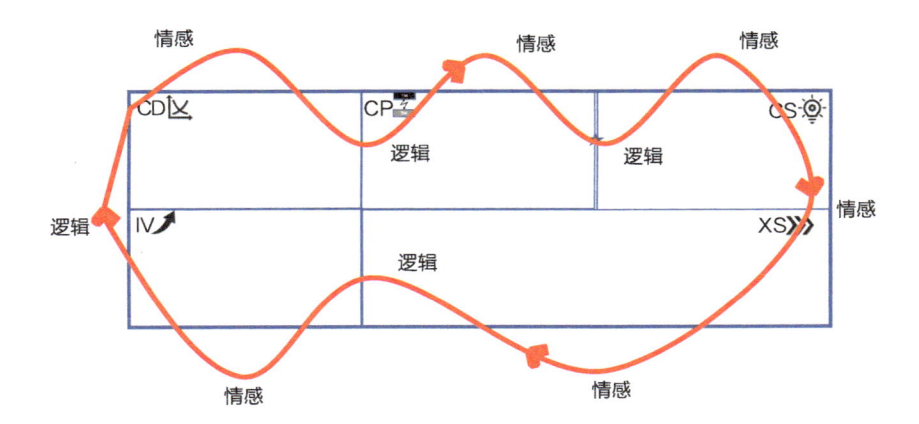

图解

商业模式
究竟是什么？

- 亚历山大·奥斯特瓦德（Alex Osterwalder）在他的博士论文中探讨了商业模式的本体论，随后向超过400名业务创新从业者公开了详细内容。这直接导致商业模式相关概念的全面共创。
- 这是商业模式首次被如此生动地描述，同时商业模式创新的过程也得以呈现。
- 由此产生的《商业模式新生代》一书，以及之后的几本书，在战略和创新管理方面一直畅销；并使亚历克斯始终保持在全球著名的管理思想家50俱乐部的前10名。
- 简言之，在《商业模式新生代》这本书之前，从未对商业模式有如此清晰的定义："商业模式描述了组织如何创造、交付和获取价值的基本原理。"

而且提供了一个名为商业模式画布的可视化工具。现在这个画布已成为描述和创新商业模式的标准工具。

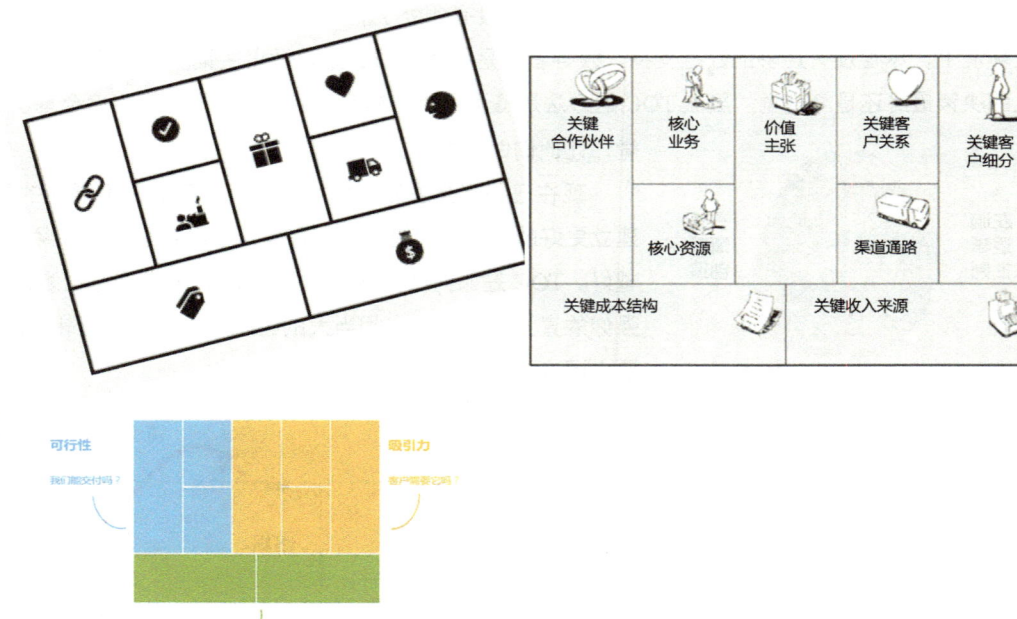

定义：商业模式画布是一种可视化的战略管理工具，帮助企业描述、设计和分析商业模式

转型的问题！

关键问题！

团队构架是否反映了你对转型的承诺？

为什么转型是一个持续的过程？

事实上，组织花费了巨大的努力来实现增长，但这一切被误用在哪里了？

你的公司凭什么成为可转型的公司？

为什么改变？
我们被困住了吗？

变革成什么？
什么可以打开局面？

如何处理执行过程中的不确定性？

你的创新公式是什么？

当面临挑战时，没有公司会"躺平"。你们公司该做什么？

如何让人们对解决方案负责？

如何实现变革？
变革会持续吗？

你的解决方案可以真正提升有效产出吗？
（通过销售赚更多的钱！）

你能否描述一下你组织的运作方式，以使系统性问题显而易见？

你能展示完整的解决方案吗？

变革什么？
什么阻碍了我们？

雄心目标、痛苦状态或导火索事件迫使你做出改变，差距是什么？

将导火索等同于因果关系是一个错误，这将使组织忙碌不堪而一事无成。

下一个跳跃是什么？
增长轨迹是什么样的？

是什么导致了意外结局和业绩上的差距？

非线性增长背后的数学逻辑是什么？

TOC 画布 | 它对你有什么作用?

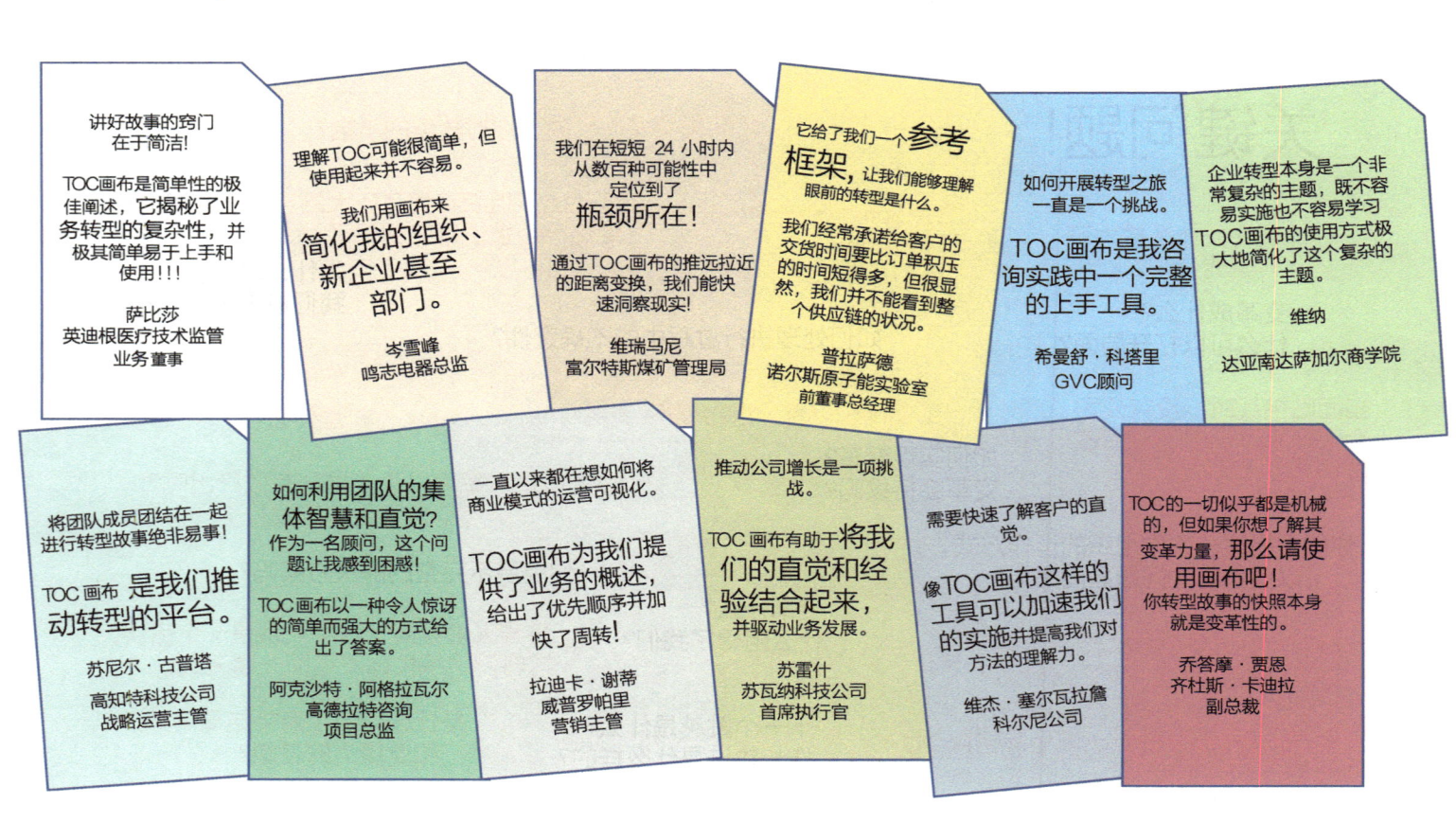

讲好故事的窍门在于简洁!

TOC 画布是简单性的极佳阐述,它揭秘了业务转型的复杂性,并极其简单易于上手和使用!!!

萨比莎
英迪根医疗技术监管
业务董事

理解 TOC 可能很简单,但使用起来并不容易。

我们用画布来**简化我的组织、新企业甚至部门。**

岑雪峰
鸣志电器总监

我们在短短 24 小时内从数百种可能性中定位到了**瓶颈所在!**

通过 TOC 画布的推远拉近的距离变换,我们能快速洞察现实!

维瑞马尼
富尔特斯煤矿管理局

它给了我们一个**参考框架**,让我们能够理解眼前的转型是什么。

我们经常承诺给客户的交货时间要比订单积压的时间短得多,但很显然,我们并不能看到整个供应链的状况。

普拉萨德
诺尔斯原子能实验室
前董事总经理

如何开展转型之旅一直是一个挑战。

TOC 画布是我咨询实践中一个完整的上手工具。

希曼舒·科塔里
GVC 顾问

企业转型本身是一个非常复杂的主题,既不容易实施也不容易学习 TOC 画布的使用方式极大地简化了这个复杂的主题。

维纳
达亚南达萨加尔商学院

将团队成员团结在一起进行转型故事绝非易事!

TOC 画布 **是我们推动转型的平台。**

苏尼尔·古普塔
高知特科技公司
战略运营主管

如何利用团队的集体智慧和直觉?作为一名顾问,这个问题让我感到困惑!

TOC 画布以一种令人惊讶的简单而强大的方式给出了答案。

阿克沙特·阿格拉瓦尔
高德拉特咨询
项目总监

一直以来都在想如何将商业模式的运营可视化。

TOC 画布为我们提供了业务的概述,给出了优先顺序并加快了周转!

拉迪卡·谢蒂
威普罗帕里
营销主管

推动公司增长是一项挑战。

TOC 画布有助于**将我们的直觉和经验结合起来,**并驱动业务发展。

苏雷什
苏瓦纳科技公司
首席执行官

需要快速了解客户的直觉。

像 TOC 画布这样的工具可以加速我们的实施并提高我们对方法的理解力。

维杰·塞尔瓦拉詹
科尔尼公司

TOC 的一切似乎都是机械的,但如果你想了解其变革力量,那么请使用画布吧!

你的转型故事的快照本身就是变革性的。

乔答摩·贾恩
齐杜斯·卡迪拉
副总裁

TOC 理念 | 挑战思维范式

- 苏尼尔·古普塔，一位战略运营方面的资深人士，他在管理增长和风险方面实现了范式转变。作为高知特菲律宾领导团队的一员，他了解有效产出会计，这有助于他的团队更好地管理运营利润率。
- 在过去十年中，IT服务行业的表现不错。但对于许多参与者来说，利润率一直面临压力。
- 与早期根深蒂固的做法相比，即查看每个成本要素并在压力下过度承诺以提供运营利润率，他推动基于有效产出分析评估业务绩效。
- 苏尼尔相信，仅仅减少运营费用不会带来所需的毛利率，反而会在长期内对资源产生极其不良的影响。
- 服务提供商需要专注于提供价值以推动收入和利润率的增长。

范式转变
从成本思维到价值思维

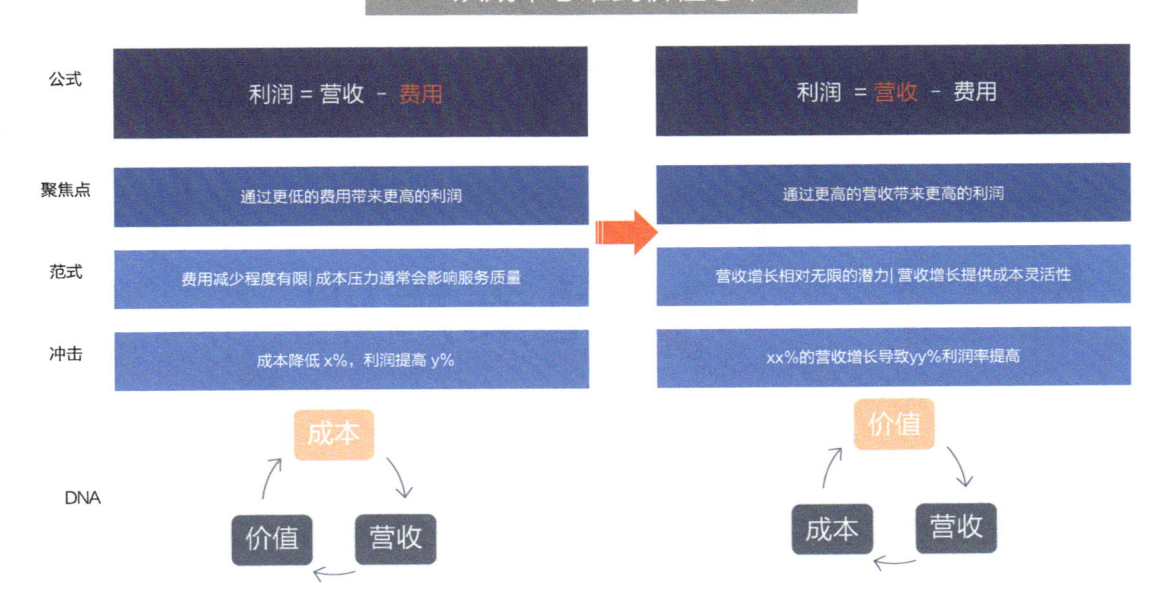

公式	利润 = 营收 − 费用	利润 = 营收 − 费用
聚焦点	通过更低的费用带来更高的利润	通过更高的营收带来更高的利润
范式	费用减少程度有限 | 成本压力通常会影响服务质量	营收增长相对无限的潜力 | 营收增长提供成本灵活性
冲击	成本降低 x%，利润提高 y%	xx%的营收增长导致yy%利润率提高
DNA	成本 → 营收 → 价值 → (循环)	价值 → 营收 → 成本 → (循环)

免责声明

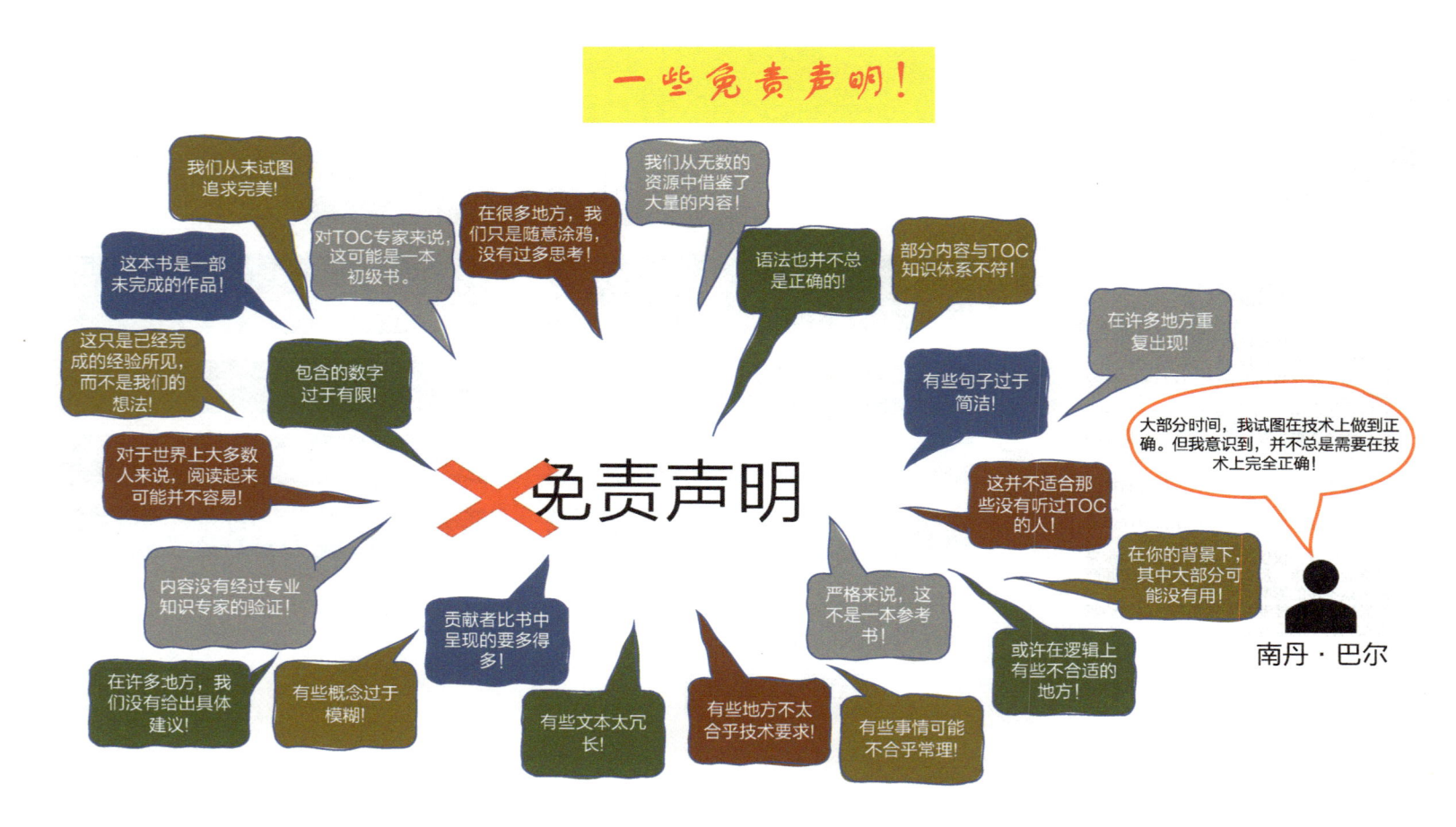

一些免责声明!

围绕中心"✗ 免责声明"的气泡内容：

- 我们从未试图追求完美！
- 这本书是一部未完成的作品！
- 这只是已经完成的经验所见，而不是我们的想法。
- 对于世界上大多数人来说，阅读起来可能并不容易。
- 内容没有经过专业知识专家的验证！
- 在许多地方，我们没有给出具体建议！
- 有些概念过于模糊！
- 包含的数字过于有限！
- 对TOC专家来说，这可能是一本初级书。
- 在很多地方，我们只是随意涂鸦，没有过多思考！
- 贡献者比书中呈现的要多得多！
- 有些文本太冗长！
- 有些地方不太合乎技术要求！
- 有些事情可能不合乎常理！
- 我们从无数的资源中借鉴了大量的内容！
- 语法也并不总是正确的！
- 部分内容与TOC知识体系不符！
- 有些句子过于简洁！
- 严格来说，这不是一本参考书！
- 这并不适合那些没有听过TOC的人！
- 或许在逻辑上有些不合适的地方！
- 在许多地方重复出现！
- 在你的背景下，其中大部分可能没有用！

南丹·巴尔：大部分时间，我试图在技术上做到正确。但我意识到，并不总是需要在技术上完全正确！

内容来源

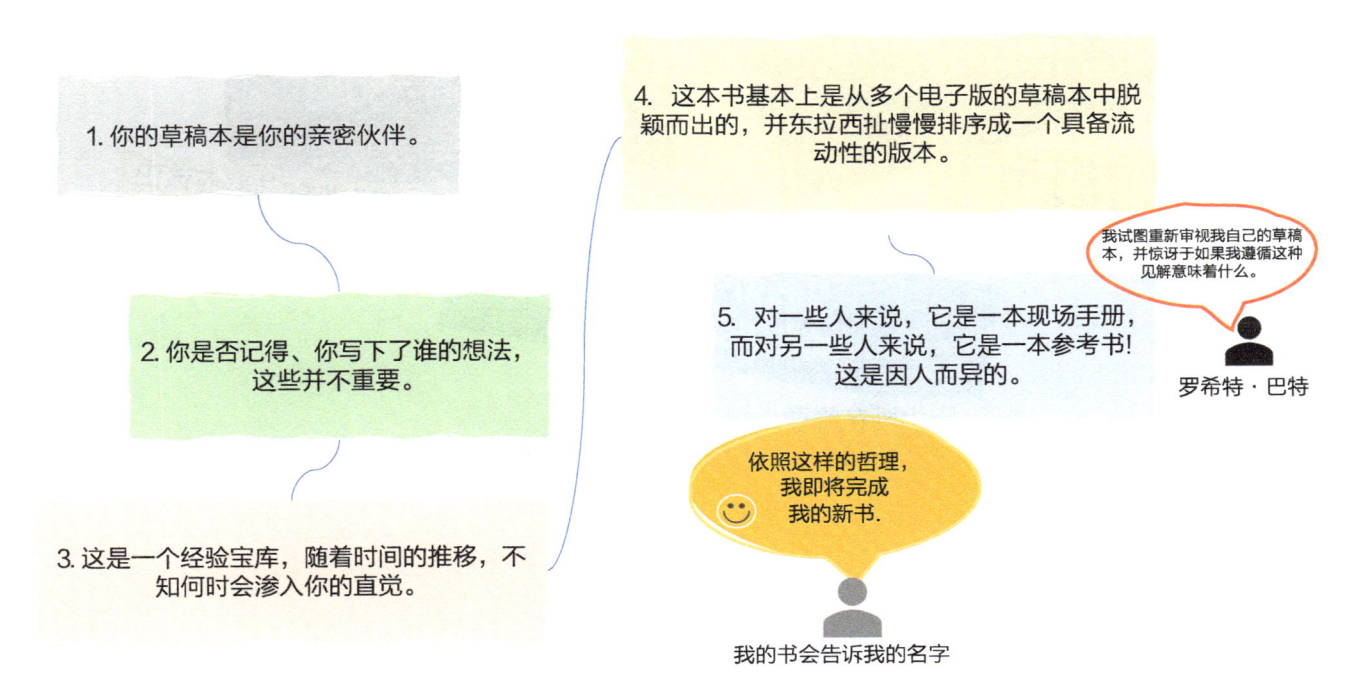

本篇是一本草稿本 *(实际上)*

1. 你的草稿本是你的亲密伙伴。

2. 你是否记得、你写下了谁的想法，这些并不重要。

3. 这是一个经验宝库，随着时间的推移，不知何时会渗入你的直觉。

4. 这本书基本上是从多个电子版的草稿本中脱颖而出的，并东拉西扯慢慢排序成一个具备流动性的版本。

5. 对一些人来说，它是一本现场手册，而对另一些人来说，它是一本参考书! 这是因人而异的。

> 我试图重新审视我自己的草稿本，并惊讶于如果我遵循这种见解意味着什么。
> —— 罗希特·巴特

> 依照这样的哲理，我即将完成我的新书.
> —— 我的书会告诉我的名字

不像其他篇章

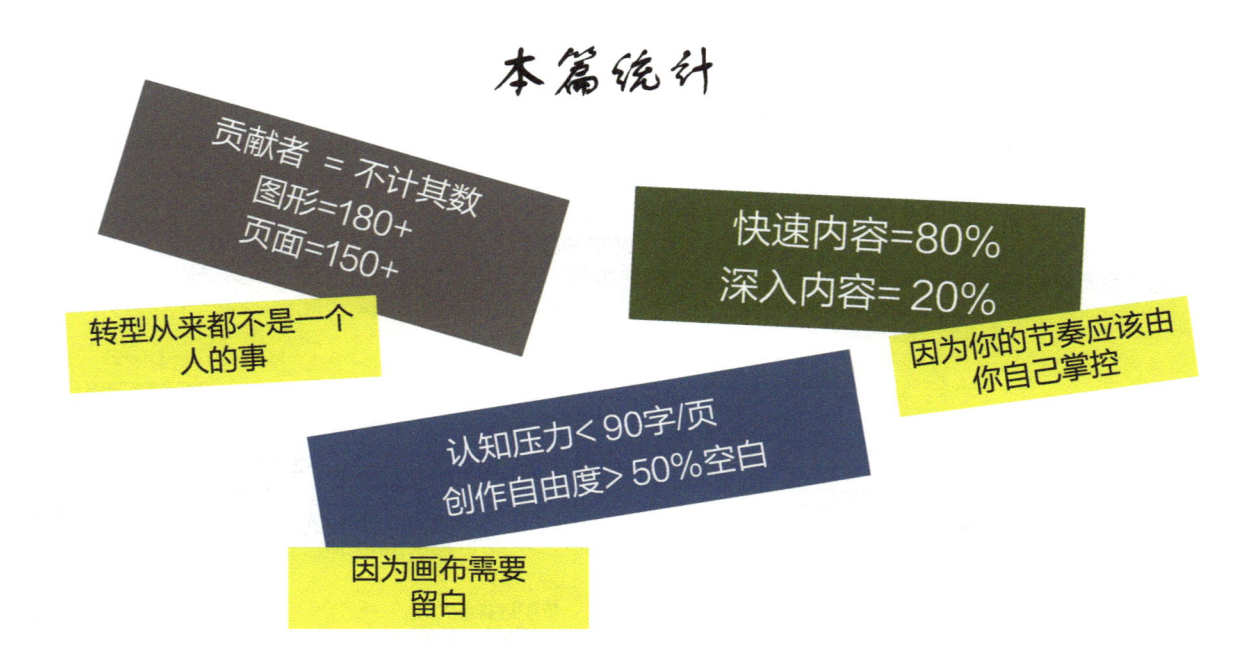

本篇统计

贡献者 = 不计其数
图形=180+
页面=150+

快速内容=80%
深入内容=20%

转型从来都不是一个人的事

因为你的节奏应该由你自己掌控

认知压力＜90字/页
创作自由度＞50%空白

因为画布需要留白

超越瓶颈资源

本篇讲的是
TOC商业模式创新框架

为什么在本篇中，没有解释瓶颈管理方法？
事实上，也没有解释TOC技术工具？

全篇内容围绕如何以TOC创新力在资源受限情况下实现增长！本篇的重点是转型框架及其必需的内容，而不是详细说明TOC的基本机制。

参考文献

请别错过这些

Ⅰ.《目标》，艾利·高德拉特，杰夫·科克斯，电子工业出版社。

Ⅱ.《商业模式新生代》，亚历山大·奥斯特瓦德，伊夫·皮尼厄.机械工业出版社。

Ⅲ.《和谐软件》高德拉特研究实验室研制，首席架构师：艾伦·巴纳德。

还有这些

Ⅰ.《良策：迈向卓越运营的变革之路》

Ⅱ.《打造生产的竞争性优势：TOC方式》

Ⅲ.TOC商业模式创新的枢纽网站。

合著作者

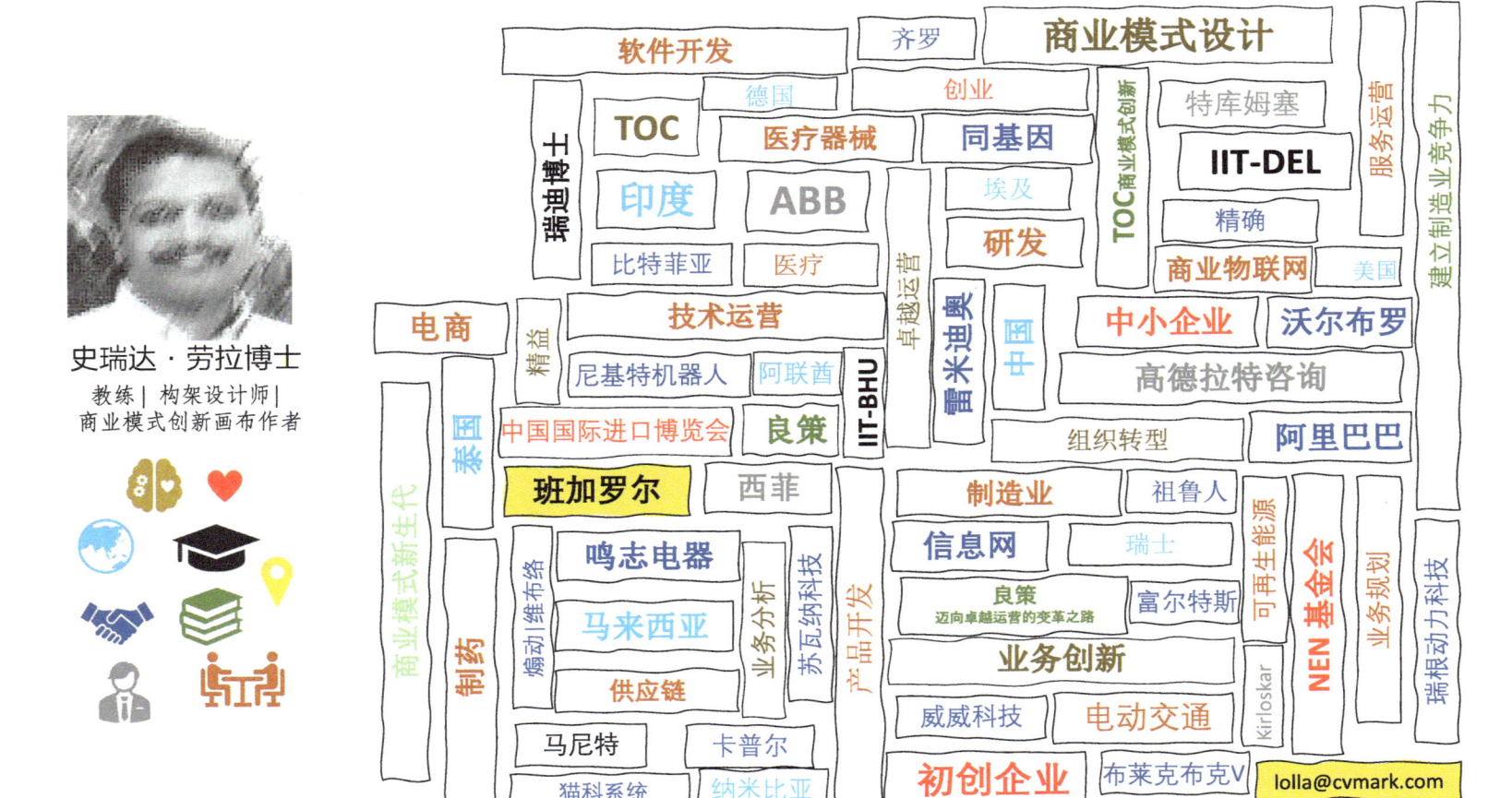

史瑞达·劳拉博士

教练 | 构架设计师 |
商业模式创新画布作者

软件开发 齐罗 商业模式设计

瑞迪博士 德国 创业 特库姆塞 服务运营

TOC 医疗器械 同基因 TOC商业模式创新 IIT-DEL 建立制造业竞争力

印度 ABB 埃及 精确

比特菲亚 医疗 研发 商业物联网 美国

电商 精益 技术运营 卓越运营 雷米迪奥 中国 中小企业 沃尔布罗

尼基特机器人 阿联酋 IIT-BHU 高德拉特咨询

泰国 中国国际进口博览会 良策 组织转型 阿里巴巴

班加罗尔 西菲 制造业 祖鲁人

商业模式创新生代 鸣志电器 信息网 瑞士 可再生能源 业务规划

制药 煽动|维布络 马来西亚 业务分析 产品开发 良策 迈向卓越运营的变革之路 富尔特斯 NEN基金会 瑞根动力科技

苏瓦纳科技 业务创新

供应链 威威科技 电动交通 Kirloskar

马尼特 卡普尔

猫科系统 纳米比亚 初创企业 布莱克布克V lolla@cvmark.com

139

合著团队

给你的空白页面！

勾勒出任何你喜欢的事物！！

获得的关键洞见……

你的变革引擎 | 系统性问题 | 核心方案 | 落地计划 | 创新轨迹

你要弥合的差距是什么？

你想改变的做法是什么？

你想导入的新做法是什么？

你想实施的解决方案的前几个步骤是什么？

你的转型之旅的轨迹是什么？

如此，你业务转型画布的 1.0 版本是什么？

完善案例模板

第二篇

关键问题！

为何处处改善效率，却对整体业务不奏效？

如何在 B2B 组织中有效地利用经验？

为什么在我的业务中，是靠经验创造了最大价值？

我的驱动力是什么？

如何果断地应对变化？

为什么软件开发如此特殊？

同行正在遵循哪些最佳实践？

如何对用户体验进行建模？

如何在电子商务中管理高退货率？

如何保护业务免受大规模离职的冲击？

为客户创造难忘体验的关键事件是什么？

如何减少规划与现实之间的差距？

为什么几乎没有人为服务提供售后保障？

业务中的乘法（倍增）因子是什么？

如何避免在交付的高产出量和高可靠性之间反复权衡？

造成项目失败的三大折中（彼此妥协抵消）因素是什么？

如何知晓该在哪里创造消费者的美好体验？

如何通过客户关系管理软件注入客户体验的元素？

良好体验对企业客户意味着什么？

业务的安全边际应该是多少？

谁曾经应对过类似的挑战？

为何所有生意都是服务型业务？

如何在需求不可预测的情况下实现收入最大化？

如果生产周期变为零，将会发生什么变化？

"在正确的时间、正确的地点提供正确的价值"是什么意思？

当产品迅速商品化时该怎么办？

如何利用聚合效应的好处？

为什么不应该像运营生产车间那样去运营项目型业务？

电子商务示例

电子商务或许是当前时代最具颠覆性的商业模式。尽管它持续不断地演进，电子商务公司的规模指标，即商品交易总额（Gross Merchandise Volume，GMV），仍在以惊人的速度增长，每年增长在 30% ~ 100% 之间。

在电子商务领域里，竞争是激烈的，遵循赢家通吃规则；而竞争规则并非第一个进入市场，而是第一个扩大规模。鉴于这种模式，公司不得不持续投入大量资金以实现激进增长，这就要求运营团队应对极具挑战的需求增长曲线。这种无节制的增长也有其负面影响，即追求不断提高商品交易总额往往意味着推迟盈利，这对电子商务公司的生存率产生了严重影响。

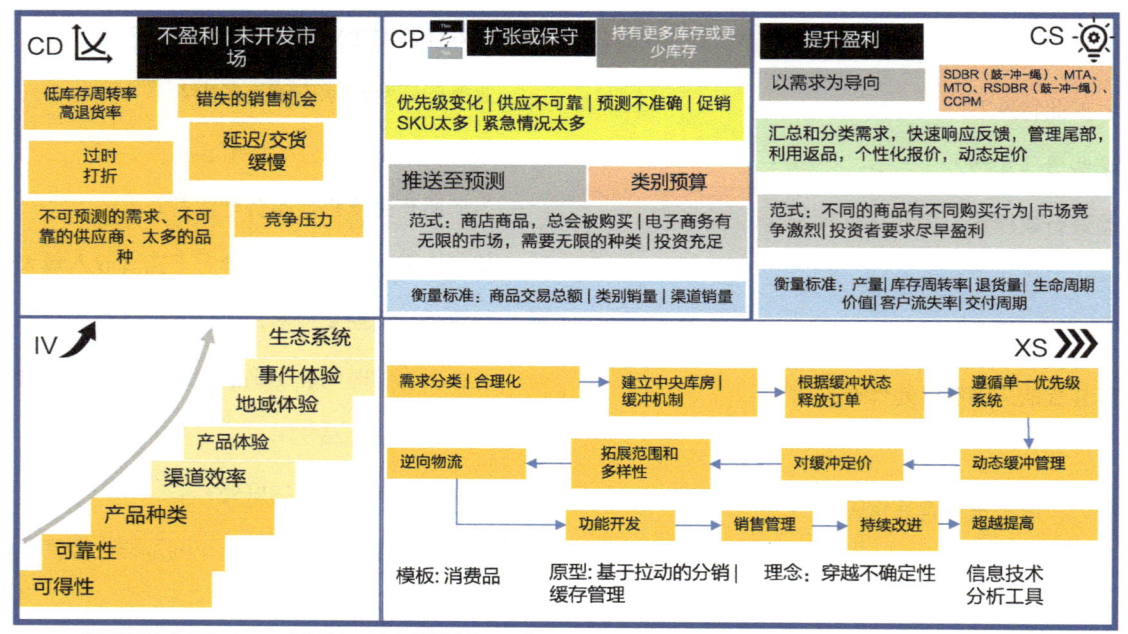

CD — 不盈利 | 未开发市场

- 低库存周转率 高退货率
- 错失的销售机会
- 过时打折
- 延迟/交货缓慢
- 不可预测的需求、不可靠的供应商、太多的品种
- 竞争压力

CP — 扩张或保守 | 持有更多库存或更少库存

- 优先级变化 | 供应不可靠 | 预测不准确 | 促销
- SKU太多 | 紧急情况太多
- 推送至预测
- 类别预算

范式：商店商品，总会被购买 | 电子商务有无限的市场，需要无限的种类 | 投资充足

衡量标准：商品交易总额 | 类别销量 | 渠道销量

CS — 提升盈利

以需求为导向
SDBR（鼓-冲-绳）、MTA、MTO、RSDBR（鼓-冲-绳）、CCPM

汇总和分类需求，快速响应反馈，管理尾部，利用返品，个性化报价，动态定价

范式：不同的商品有不同购买行为 | 市场竞争激烈 | 投资者要求尽早盈利

衡量标准：产量 | 库存周转率 | 退货量 | 生命周期价值 | 客户流失率 | 交付周期

IV

- 生态系统
- 事件体验
- 地域体验
- 产品体验
- 渠道效率
- 产品种类
- 可靠性
- 可得性

XS

需求分类 | 合理化 → 建立中央库房 | 缓冲机制 → 根据缓冲状态释放订单 → 遵循单一优先级系统

逆向物流 → 拓展范围和多样性 → 对缓冲定价 → 动态缓冲管理

功能开发 → 销售管理 → 持续改进 → 超越提高

模板：消费品　　原型：基于拉动的分销 | 缓存管理　　理念：穿越不确定性　　信息技术分析工具

亚马逊 | Flipkart | 沃尔玛 | 塔塔集团 | 阿里巴巴 | Target | Etsy | Costco | Wish

第二篇　案例模板

在以库存为主导的电子商务公司中，增长（高商品交易总额）与稳定（高利润率和现金流）的核心冲突体现在混乱的运营中。这造成业绩不佳，继而导致客户不满，例如：库存短缺、供应延迟、错失销售机会、资金冻结、员工疲惫不堪、浪费失控、服务质量差、惊人的高退货率等。

在运营层面上，电子商务公司的关键业务流程主要涉及数字化和交易工作流程。在数字化运营方面，平台功能和升级常常延迟，目录和内容往往质量不佳且更新迟缓，对销售反馈问题的纠正也不及时，产品开发和运营计划非常混乱，等等。

当电子商务公司大量投资于库存时，所面临的两难挑战是，究竟是应该增加库存以推动增长（捕获每个销售机会），还是应该减少库存以提高稳定性（现金流和投资收益率），同时为投资者减少风险（资本收益率）。由于它们销售的个性化产品种类繁多，这进一步加剧了库存挑战。运营的复杂性导致商品退货率超过30%。这种程度的商业生态不良表现，在电子商务蓬勃发展之前闻所未闻。

电子商务的主导趋势是在线销售活动，这会带来暴增的收入。但这也意味着，公司的计划与实际情况之间的不匹配会大大加剧。

尽管仍有足够的资金追逐电子商务领域，但考虑到整体经济的不确定性，投资者越来越多地将这些公司的估值与早期盈亏平衡点和投资回报率挂钩。来自传统实业的后来者，如印度塔塔集团和吉欧集团，由于遵循了很好的发展规划，采取了更稳定、更有价值、更和谐的运营，从而取得了更好的业绩。

那么，纯电子商务公司中的少数佼佼者是如何成功扭转局面的呢？

以惊人的速度增长并盈利，意味着同时提高效率和效益，还要灵活地适应市场态势。

这些公司重新配置了仓储环境和库存政策，从基于大规模预测的供应模式转变为需求驱动模式。它们使运营与需求的剧烈波动脱钩，从而简化了运营，控制了浪费，减少了不匹配。它们还越来越多地采用循环经济来管理逆向物流，不仅加强了最后一公里的智能化，还缩短了整体循环时间以减少退货损失。

在前端，众多品类的供给一直都是造成巨大不确定性和浪费的原因。通过利用趋势数据、历史数据、推荐引擎、社交反馈、动态定价和个性化页面展示以及即时在线页面配置等方式，公司几乎可以完全按照个体客户进行定制。竞争对手的实时数据现在也被用于调整最后一刻向客户推荐的产品。在数字运营团队内部，根据流程复杂性对运营通道进行了分类，重新配置团队以减少技能的扩散（在某些情况下，企业可能希望减少技能的扩散，也许会有助于保护核心竞争力，避免信息泄露，管理人才流动等。——译者注）。

公司意识到，如果业务发生推迟，甚至延迟到发布日，那么将在销售活动期间损失惨重。因此，公司正在建立将销售活动按项目管理的能力，并通过消除内部运营瓶颈实施多项目管理机制。许多运营决策都是算法化的，公司通过客户生命周期价值、客户流失率、营销渠道效率、产量、库存周转率和交期等一系列指标来衡量绩效。

电子商务公司一旦通过高可得性和快速响应稳定了交付端，同时减少了库存和损失，就为增长奠定了基础。它可以使用已实施的解决方案，将更多种类的产品推向更广泛的地域，并将更多的仓库用于扩展业务。随后，通过在其产品中引入融资、媒体、游戏、教育和娱乐元素，它可以成为生态系统的参与者；这就是阿里巴巴和亚马逊的秘诀所在。

你的 1.0 版本画布

可能是这样的

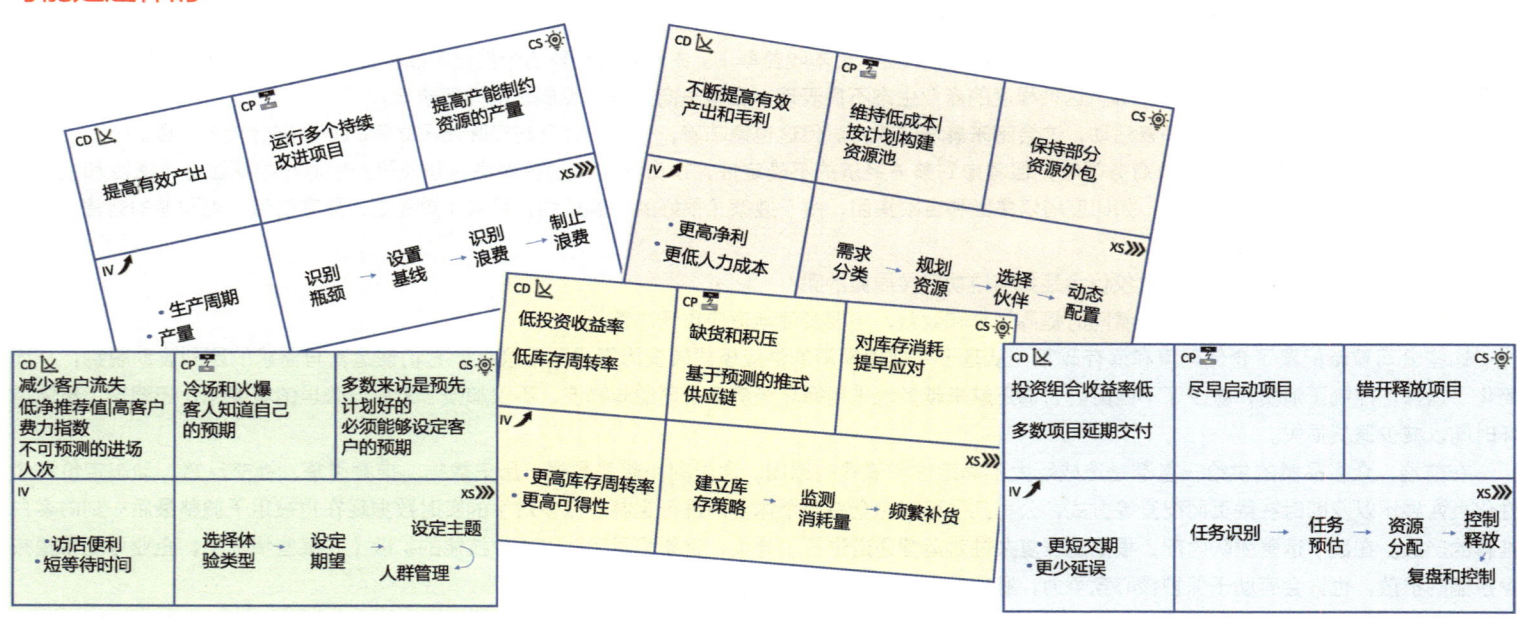

让我们将其完善到 2.0 版本

由内而外

定义——商业模式创新模板

聪明的想法！

商业模式创新模板是 TOC 转型项目中常用的配置工具，值得在你的情景中采用，或者至少在转型的早期阶段采用……

很多公司往往会陷入"我们是与众不同的"的陷阱。它们直到后来才意识到，在大多数情况下，如果先尝试现有的模板，然后再进行创新改进，会是一种十分有效且有益的方式。

商业模式创新模板

尽管企业之间存在着广泛的差异，但它们之间仍存在着显著的共性。例如，所有企业都使用三种财务报表——资产负债表、损益表和现金流量表；它们都有员工、客户和供应商（合作伙伴）；它们都有核心流程、支持流程和衡量系统；它们都有高层、中层和基层管理者。

在企业中，也可以根据关键共同属性来识别不同的群体。一种将企业分组的方式是基于企业自身的运营模式和面临的挑战。如果你能挖掘出每个群体的核心模式，并且你的企业属于其中之一，你或许可以采用通用模型来经营业务。这也会极大地帮助组织快速塑造其转型之旅。本书关注的正是几种典型业务群体的商业模式创新模板。

在接下来的页面中，我们展示了多种运营模板，并提供了它们的定义，识别了具体特征，描述了这些公司如何创建 TOC 转型模型。然后，我们将它们的模型绘制在 TOC 画布上。

这些模板涵盖了产品、服务、项目、交易和体验等业务的运营。

在现实中，大多数成熟的组织可能会有重叠的模板，因为它们尝试协调业务转型的不同维度，并在各自的创新方向上拓展。例如，产品制造公司也可以提供与产品相关的服务，或者在服务交付中提供额外的价值。另外，像餐馆这样的服务性公司在提供服务（就餐）的同时，也在销售产品（食物）。

无论我们考虑哪种模板，商业模式创新的结果都是建立不可逆转、可堆叠和持久的能力，为组织带来变革，创造具有稳定性和灵活性的增长价值。

本书通过绘制经过验证的 TOC 转型项目的画布来使其工具化，并且所有这些以及更多内容都在在线平台上进行了共享。你可以访问画布资料库（Canvas Library）的在线门户，获取画布模板，勾勒你的转型想法，并提交给众多实践者，获得他们的反馈意见。

本书是众多 TOC 实践者和商业模式创新者的共创成果。很高兴你能加入我们，共同丰富我们的旅程——让 TOC 真正成为开源。

五种商业模式创新模板

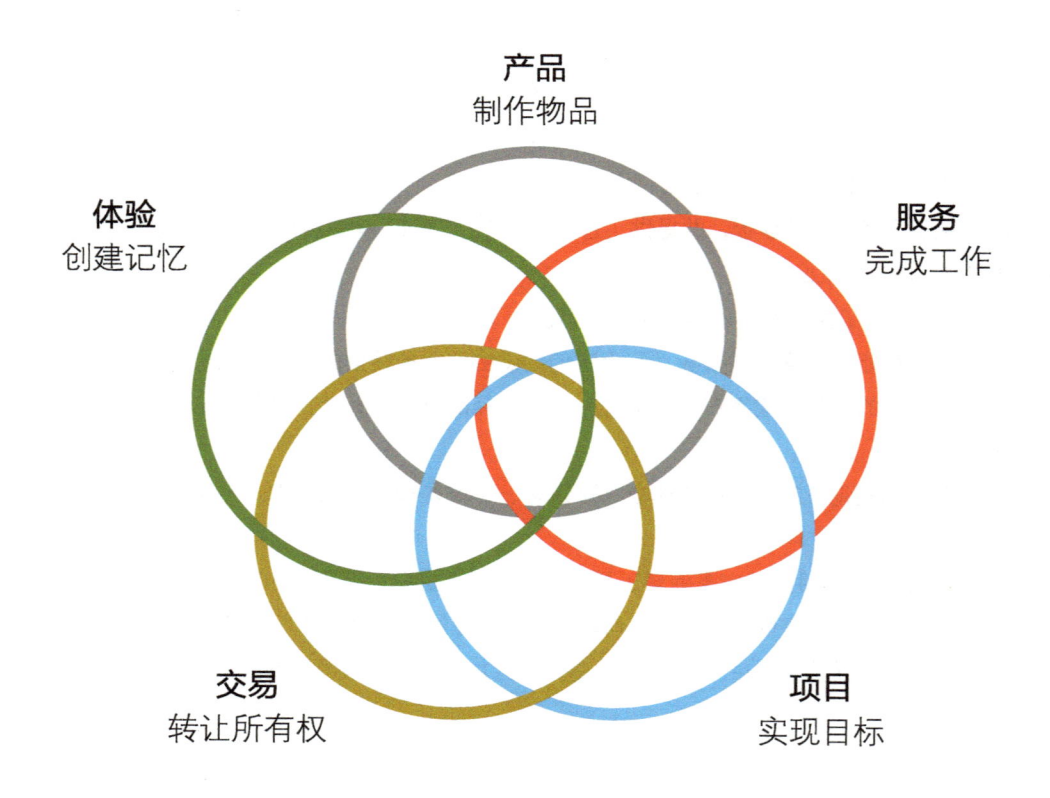

产品
制作物品

体验
创建记忆

服务
完成工作

交易
转让所有权

项目
实现目标

运营领域
非详尽列表

产品 制作物品		服务 完成工作			项目 实现目标		交易 转让所有权	体验 创建记忆
制造业	非制造业	关于产品	关于人	纯|混合	服务	产品	关于产品	关于人
衣服	知识产权	维护、修理、运作	治疗	餐饮	医药治疗	产品开发	分销	玩耍
器具	故事	工程	按摩	接待	招聘	建筑工程	零售连锁店	电视节目
设备	音乐	数字化	理发	银行业	结婚	基础设施开发	运输代理	娱乐
组件	电影	阅读	招待	学校教育	抚养家庭	客户开发	仓储	吃饭
食物	软件	包装	梳妆	医院	巡回演出	技术开发	车间管理	跳舞
饮料	图像	设计	沐浴	政府服务	电影制作	研究开发	电子商务	锻炼
白色家电	数据库	（产品）解析	教育	法律服务	体育赛事	软件开发	集市	徒步
快速消费品	博客	测试	建议	业务流程外包|科技化服务	选举	原型制作	经纪人	参加社交活动
电器	网站	审计	咨询	信使|邮政	疫苗接种	装置安装	代理人	做祷告
家具	应用程序	烹饪	监督	交通	战争	机场建设	批发商	观看体育比赛
房屋	标志	酿造	教练	旅游	远足	IT基础设施安装	零售商店	阅读小说
汽车	花束	抛光	引导	心电图管理	赢得比赛	电影制作	地摊	玩游戏
航空飞机	配方	打扫	操作	酒店	市场调查	绘画杰作	小贩	庆祝节日
计算机	计划	运送	打扮	旅游业	城市规划	主题公园开发	商场	学习
电话	水果	施肥	劝说	家庭作业	媒体宣传活动	城市发展	特大型超市	购物
眼镜	蔬菜	运输	说教	调查	团队建设	书籍写作	超市	浏览
灯泡	设计	制作	驾驶	（数据）分析	太空任务	收购	展览会	慢跑
滑板	空气	烘烤	护送	评级	准备考试	投资	公海贸易	观星

运营模板

产品
- 批量
- 定制
- 连续性
- 零散

服务
- 关于货物
- 关于人
- 关于信息
- 属于人

体验
- 纯粹的
- 混合的
- 客户
- 品牌

交易
- 分销
- 零售
- 集市
- 电子商务

项目
- 产品开发
- 基础设施
- 服务
- 事件活动
- 软件开发

第二篇 案例模板

从模板中学习

完善你的画布

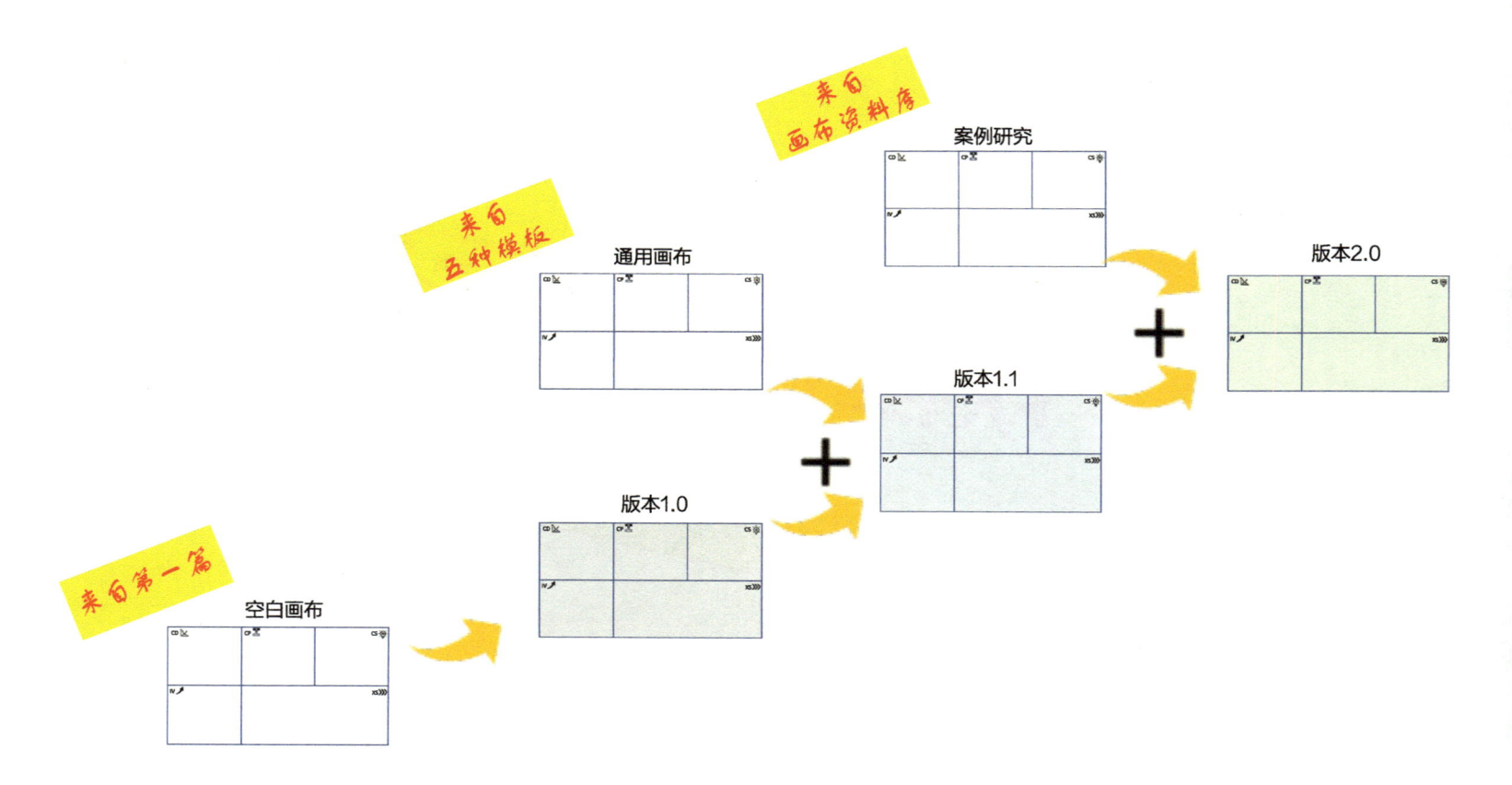

来自第一篇 → 空白画布 → 版本1.0

来自五种模板 → 通用画布 + 版本1.0 → 版本1.1

来自画布资料库 → 案例研究 + 版本1.1 → 版本2.0

第二篇　案例模板

通用画布

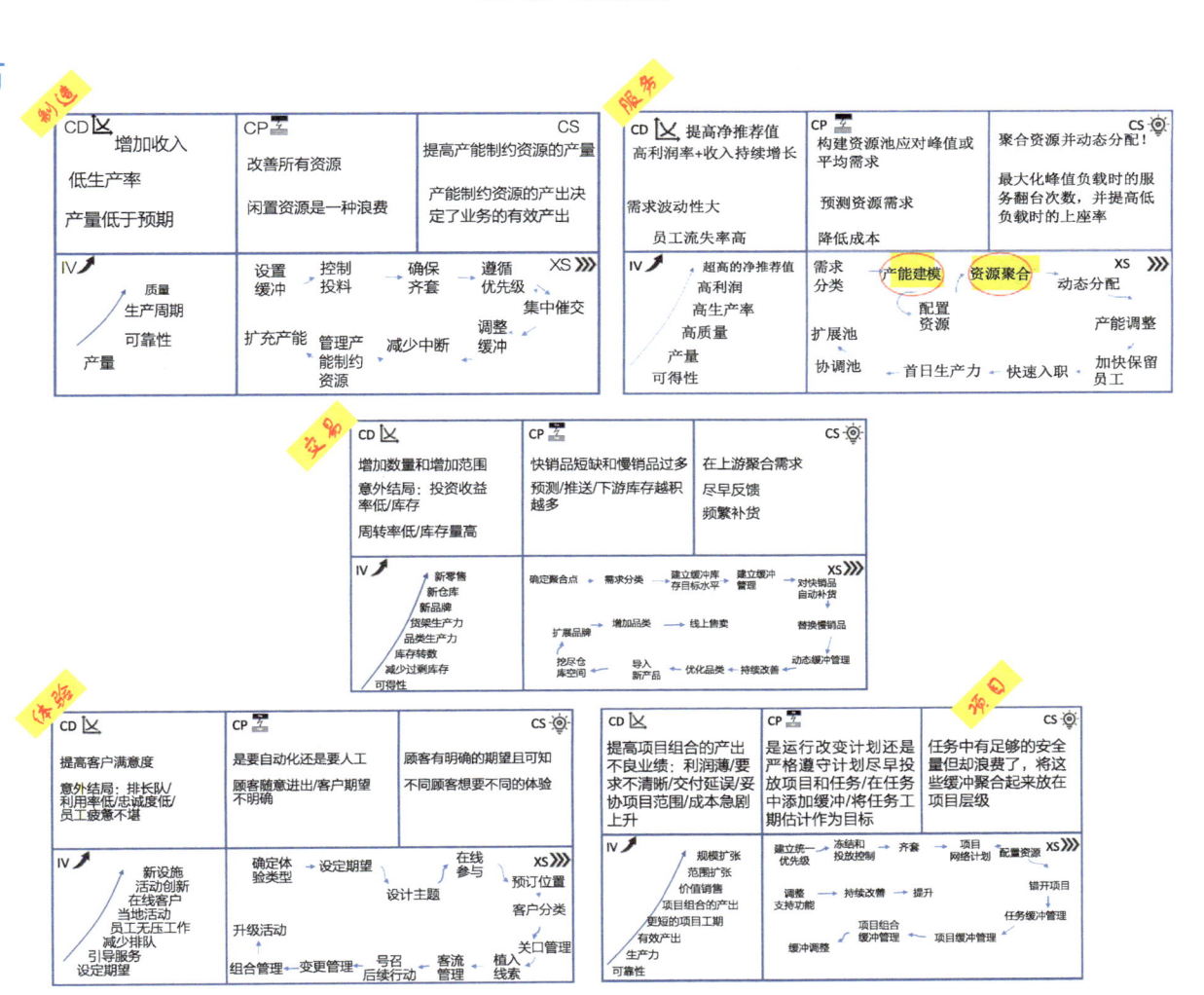

制造

CD 增加收入
低生产率
产量低于预期

CP 改善所有资源
闲置资源是一种浪费

CS 提高产能制约资源的产量
产能制约资源的产出决定了业务的有效产出

IV 质量 / 生产周期 / 可靠性 / 产量

XS 设置缓冲 → 控制投料 → 确保齐套 → 遵循优先级 → 集中催交
扩充产能 / 管理产能制约资源 → 减少中断 → 调整缓冲

服务

CD 提高净推荐值
高利润率+收入持续增长
需求波动性大
员工流失率高

CP 构建资源池应对峰值或平均需求
预测资源需求
降低成本

CS 聚合资源并动态分配！
最大化峰值负载时的服务翻台次数，并提高低负载时的上座率

IV 超高的净推荐值 / 高利润 / 高生产率 / 高质量 / 产量 / 可得性

XS 需求分类 / 产能建模 / 资源聚合 → 动态分配
扩展池 / 协调池 → 配置资源 → 首日生产力 → 快速入职 → 产能调整 / 加快保留员工

交易

CD 增加数量和增加范围
意外结局：投资收益率低/库存
周转率低/库存量高

CP 快销品短缺和慢销品过多
预测/推送/下游库存越积越多

CS 在上游聚合需求
尽早反馈
频繁补货

IV 新零售 / 新仓库 / 新品牌 / 货架生产力 / 品类生产力 / 库存转数 / 减少过剩库存 / 可得性

XS 确定聚合点 → 需求分类 → 建立缓冲库存目标水平 → 建立缓冲管理 → 对快销品自动补货
扩展品牌 → 增加品类 → 线上售卖 → 替换慢销品
挖尽仓库空间 → 导入新产品 → 优化品类 → 持续改善 → 动态缓冲管理

体验

CD 提高客户满意度
意外结局：排长队/利用率低/忠诚度低/员工疲惫不堪

CP 是要自动化还是要人工
顾客随意进出/客户期望不明确

CS 顾客有明确的期望且可知
不同顾客想要不同的体验

IV 新设施 / 活动创新 / 在线客户 / 当地活动 / 员工无压工作 / 减少排队 / 引导服务 / 设定期望

XS 确定体验类型 → 设定期望 → 在线参与 → 预订位置 → 设计主题 / 客户分类
升级活动 → 关口管理
组合管理 → 变更管理 → 号召后续行动 → 客流管理 → 植入线索

项目

CD 提高项目组合的产出
不良业绩：利润薄/要求不清晰/交付延误/妥协项目范围/成本急剧上升

CP 是运行改变计划还是严格遵守计划尽早投放项目和任务/在任务中添加缓冲/将任务工期估计作为目标

CS 任务中有足够的安全量但却浪费了，将这些缓冲聚合起来放在项目层级

IV 规模扩张 / 范围扩张 / 价值销售 / 项目组合的产出 / 更短的项目工期 / 有效产出 / 生产力 / 可靠性

XS 建立统一优先级 → 冻结和投放控制 → 齐套 → 网络计划 → 配置资源
调整支持功能 → 持续改善 → 提升 → 锁开项目
缓冲调整 → 项目组合缓冲管理 → 任务缓冲管理

155

画布资料库

Search Canvas Library

Several Canvas sketched with details of real world biz transformation initiatives are now available for reference. Search them out here.

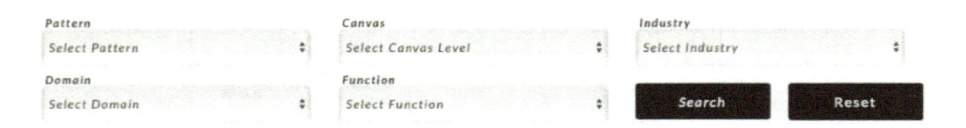

Pattern: Select Pattern
Canvas: Select Canvas Level
Industry: Select Industry
Domain: Select Domain
Function: Select Function

[Search] [Reset]

Create Canvas

If you have thought through initial steps of transformation, do not wait for perfection, shape it up online. You get a feedback from seasoned practitioners of Biz Transformation for free. Importantly, it would be your contribution to the Canvas Library.

Click Here To Upload YourCanvas

升级画布

1. 使用简化版画布 | 2. 参考通用画布

点击画布资料库（上页网址）
免费下载空白画布

空白画布

思考商业模式创新的五个问题

五个商业模式创新问题

- 差距 企业将要弥补
- 当前实践 导致差距
- 创新实践 消除差距
- 价值轨迹 必须搭载
- 解决方案关键要素 创新实践落地

回答以上五个问题
即可获得1.0版本画布

你的画布版本1.0

确定你的商业模式创新
案例模板

五种商业模式创新模板
产品 / 服务 / 体验 / 交易 / 项目

为你的商业模式创新案例
模板选择通用画布，访问
画布资料库即可获得

通用画布

从通用画布中汲取创意

157

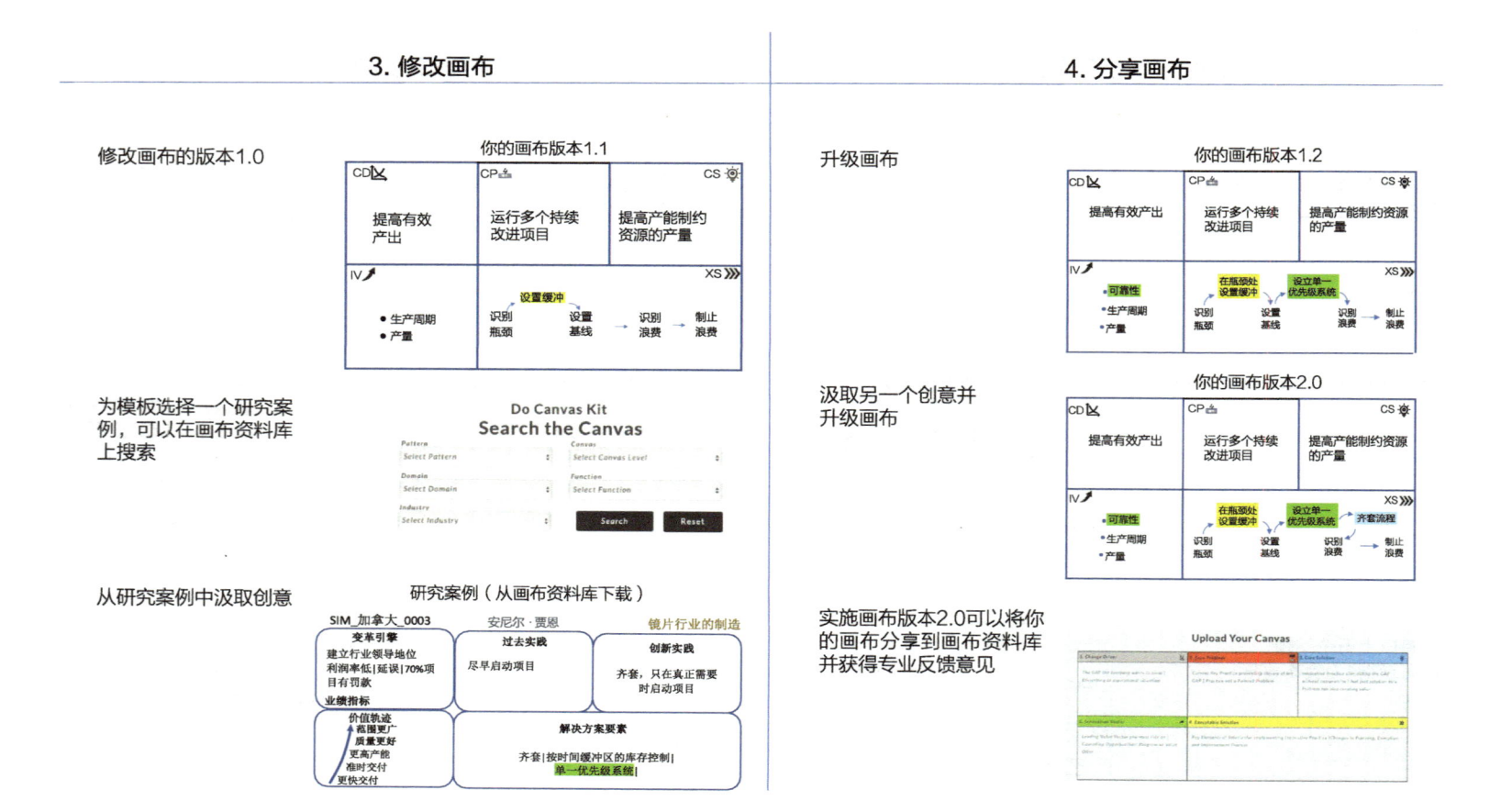

升级画布

3. 修改画布

修改画布的版本1.0

为模板选择一个研究案例，可以在画布资料库上搜索

从研究案例中汲取创意

4. 分享画布

升级画布

汲取另一个创意并升级画布

实施画布版本2.0可以将你的画布分享到画布资料库并获得专业反馈意见

TOC 画布

一种聚焦的组织理念，统一并指导着转型组织的一切事务！

有些组织已经选定 TOC 作为解决方案的核心，并在业务部门范围内进行了标准化实施。还有其他组织，借此解决了其行业中最主要的问题。成千上万这样的案例都被详细记录并公开分享。成功实施的 TOC 解决方案改变了组织的命运，带来了长期的可持续增长，并成为标志性的 TOC 实施范例。它们提供了大量深刻的见解，以至于其中的细节在画布上的展现令人赞叹。在接下来的页面中，请密切关注标记为"鼓舞人心"的画布。

实验

　　本书是在实践中**持续实验**的成果。感谢读者在这条不断揭示现实真相的道路上给予我们鼓励。大家不必担心内容的粗糙和简陋。我们已经从第一篇过渡到第二篇。我们会继续减少书中的文字，并增加更多图形。然而，每篇都难免会有新的文本粗糙之处。在本书中，你也许会发现对每个模板的解释有些冗长、武断、重复，甚至可能有错误。我们坚持敢于摆脱语法严密性和技术正确性的限制；因为我们集中精力在画布上，力求以前所未有的方式简化商业模式创新！

第二篇　案例模板

产品（制造业）模板

接纳

> 不要让"制造业"被误解！
>
> 各个行业的业务流程，都是通过重构其制造过程的基本原则而演进的。检查一下你对以下术语的熟悉程度！
>
> 流动、有效产出、周转时间、效率、按时交货、看板、齐套、检查清单、在制品、排程、生产、关键绩效指标、资源池、返工、分配、工作台、客户订单、工作订单、齐套准交率、工序产能、持续改进、配方、赶工、升级、戴明环……质量、安全、价值。

制造业模板
步骤 1

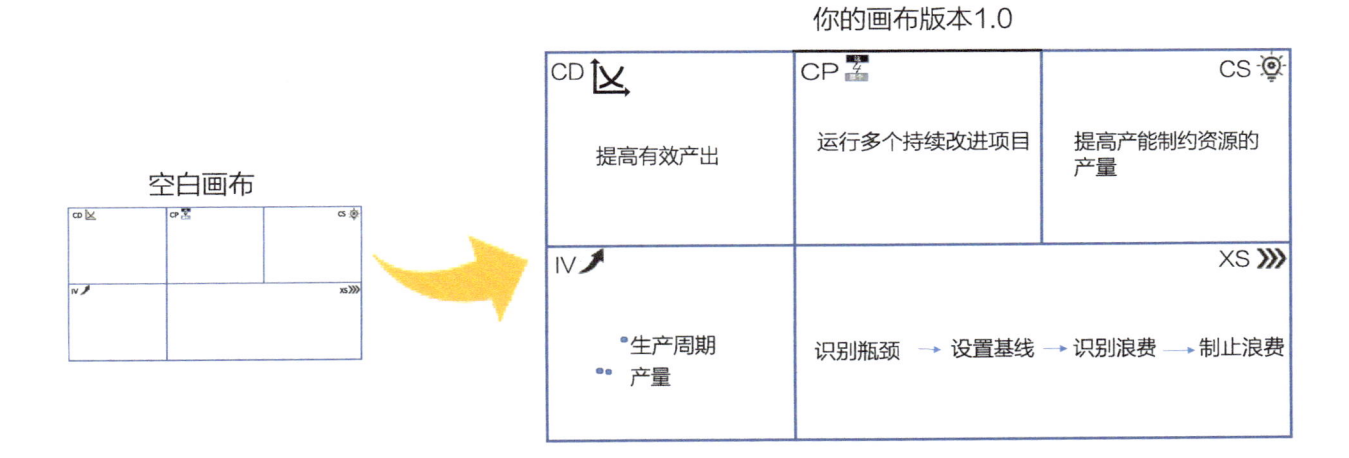

空白画布

你的画布版本 1.0

CD	CP	CS
提高有效产出	运行多个持续改进项目	提高产能制约资源的产量

IV
- 生产周期
- 产量

XS
识别瓶颈 → 设置基线 → 识别浪费 → 制止浪费

制造业模板

步骤 2

你的画布版本 1.0

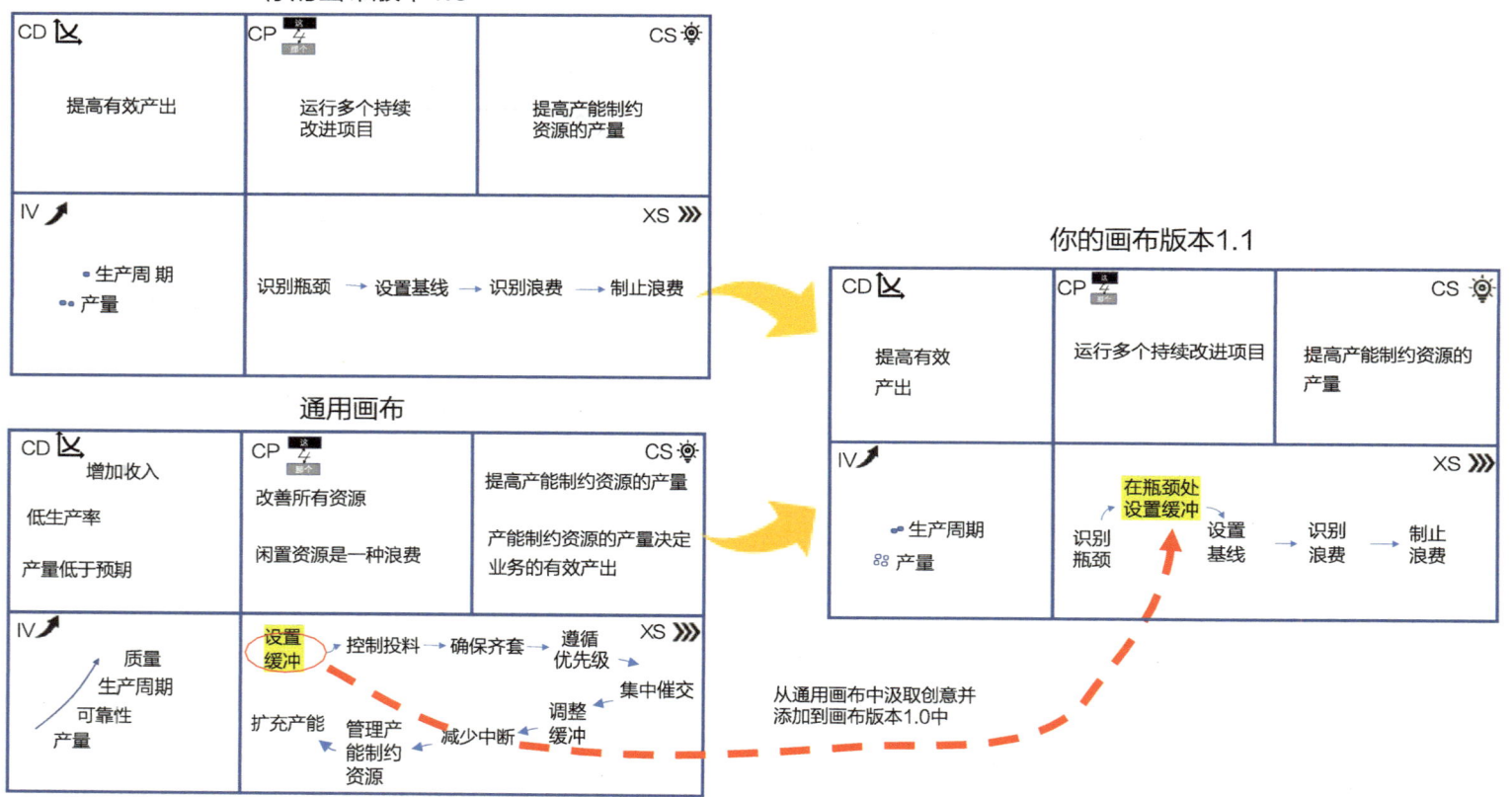

CD	CP	CS
提高有效产出	运行多个持续改进项目	提高产能制约资源的产量

IV	XS
• 生产周期 • 产量	识别瓶颈 → 设置基线 → 识别浪费 → 制止浪费

通用画布

CD	CP	CS
增加收入 低生产率 产量低于预期	改善所有资源 闲置资源是一种浪费	提高产能制约资源的产量 产能制约资源的产量决定业务的有效产出

IV	XS
质量 生产周期 可靠性 产量	**设置缓冲** → 控制投料 → 确保齐套 → 遵循优先级 扩充产能 → 管理产能制约资源 → 减少中断 → 调整缓冲 → 集中催交

你的画布版本 1.1

CD	CP	CS
提高有效产出	运行多个持续改进项目	提高产能制约资源的产量

IV	XS
• 生产周期 • 产量	**在瓶颈处设置缓冲** 识别瓶颈 → 设置基线 → 识别浪费 → 制止浪费

从通用画布中汲取创意并添加到画布版本1.0中

制造业模板
步骤 3

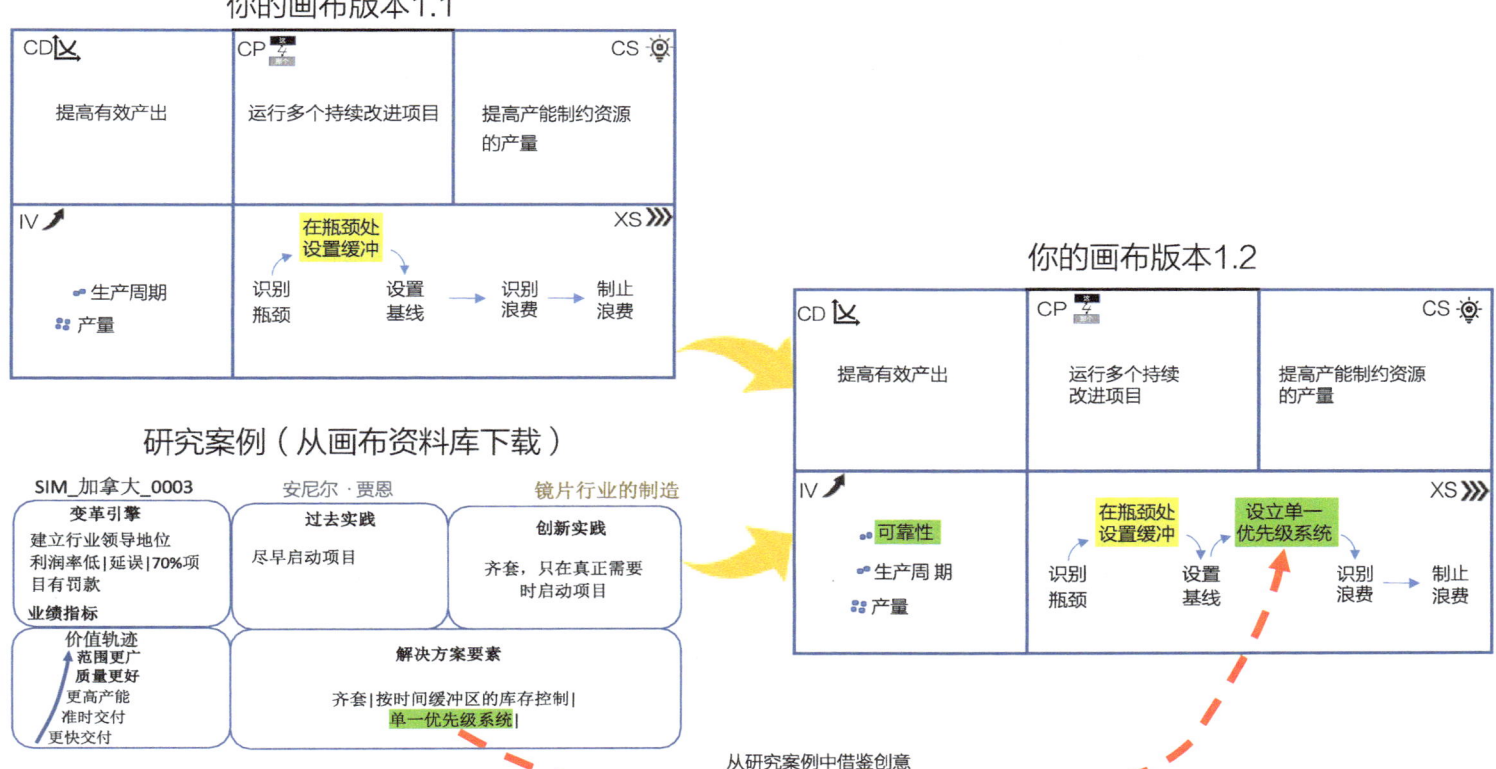

你的画布版本 1.1

CD ↘	CP ⚡	CS 💡
提高有效产出	运行多个持续改进项目	提高产能制约资源的产量
IV ↗		XS 》》
• 生产周期 • 产量	识别瓶颈 → 设置基线 → 识别浪费 → 制止浪费（**在瓶颈处设置缓冲**）	

研究案例（从画布资料库下载）

SIM_加拿大_0003　安尼尔·贾恩　镜片行业的制造

变革引擎
建立行业领导地位
利润率低 | 延误 | 70%项目有罚款
业绩指标

价值轨迹
范围更广
质量更好
更高产能
准时交付
更快交付

过去实践
尽早启动项目

创新实践
齐套，只在真正需要时启动项目

解决方案要素
齐套 | 按时间缓冲区的库存控制 | **单一优先级系统**

你的画布版本 1.2

CD ↘	CP ⚡	CS 💡
提高有效产出	运行多个持续改进项目	提高产能制约资源的产量
IV ↗		XS 》》
• **可靠性** • 生产周期 • 产量	识别瓶颈 → 设置基线（**在瓶颈处设置缓冲**）→ （**设立单一优先级系统**）→ 识别浪费 → 制止浪费	

从研究案例中借鉴创意

制造业模板
步骤 3（续）

你的画布版本 1.2

CD	CP	CS
提高有效产出	运行多个持续改进项目	提高产能制约资源的产量

IV
- 可靠性
- 生产周期
- 产量

在瓶颈处设置缓冲 → 设立单一优先级系统

识别瓶颈 → 设置基线 → 识别浪费 → 制止浪费

研究案例（从画面资料库下载）

SIM_Canvas 0021　　萨菲娅·阿里　　合同开发和制造组织 | 制药行业

达到世界水平
大幅提升净推荐值 | 将合格按时率提高到90% | 承诺交期的高可预测性 |

过去的实践
旧方式：通过不断地围绕资源进行管理 | 微观管理
旧观念：产能制约资源总在移动

创新实践
创新方式：充分利用产能制约资源，并平衡（规划）工作流
新观念：产能制约资源基本上不发生移动

价值轨迹
- 高合格按时率
- 更高产能
- 更低拒绝率
- 高准时率
- 更短交期

解决方案的关键步骤
价值流映射 | 项目优先级排序 | 产品组合跟踪 | 负荷监控 | 交付预测 | 齐套流程 | 最大化产能制约资源产能（最薄弱链条）| 精益工具和戴明环的实施

你的画布版本 2.0

CD	CP	CS
提高有效产出	运行多个持续改进项目	提高产能制约资源的产量

IV　　　　　　　　　　　　　　　　　　　　　XS
- 可靠性
- 生产周期
- 产量

在瓶颈处设置缓冲 → 设立单一优先级系统 → 齐套流程

识别瓶颈 → 设置基线 → 识别浪费 → 制止浪费

从研究案例中借鉴创意

制造业运营

制造业是生产商品的领域；商品是为执行某项活动而制造的有形产品。

从本质上来讲，输入材料被转化，成为产品的组成部分。通过可重复的过程制造出多种商品，其复杂程度由诸多因素决定。以下是经营制造业的关键考虑因素。

产品流程矩阵

传统上，产品的数量和种类决定了制造业的复杂性，基于此，已经确认了五种典型模式。

随着产品生命周期或产品选择从低产量（独特产品阶段）转向高产量（标准化产品阶段），该矩阵帮助组织将其制造系统的配置与相应的流程相匹配。

海耶斯－威尔赖特矩阵					
工艺流程＼产品	一次性｜工程化	少量｜独特产品	少量｜多种产品	大量｜标准化产品	巨量｜商品化产品
多线流程	项目				
混乱流程		作业车间			
断开的线性流程			批产车间		
连续的线性流程				装配线	
连续流程					连续制造

每种典型模式的流程具有不同的特点，从作业车间（如机械加工厂）的混乱流程，到完全流畅的连续流程（如石油化工厂）。某些一次性的工程产品可以具有很大规模，包括多种流程，且这些流程延伸到制造以外的活动，如工程、测试、物流、现场安装、调试等。这些场景主要由项目管理而非生产管理来主导，如发电厂、飞机、公共基础设施等。

从材料转换的角度来看，制造业可以分为两类。先生产零部件再组装成最终产品的离散制造，如家具、自行车、洗衣机、电子产品等，其零部件在最终产品中可以被明确识别出来。通过识别工序子流程之间的衔接等待时间之长短，又可以划分为作业车间和批产车间两种模式。

当材料在流程中被转化，以至于无法在成品中识别出输入物料时，如石化产品、软饮料、涂料、食品等，这就属于连续制造。在该过程中产品必须大批量生产。

在离散制造中，过多的在制品会增加运营复杂性，而在连续制造中，所面临的挑战是意外的生产停顿。

为什么处处提升效率，整体业务却没有改善？

接触时间

接触时间（纯加工时间）是在加工物料过程中消耗的时间。实际上，接触时间通常只占生产周期的一小部分，这意味着大多数情况下，材料都在等待加工。这为企业提供了减少等待时间、提高响应时间的机会（你听说过基于时间的竞争吗？）。因此，有些产品的接触时间较短，仅占生产周期 10% 或更少，而少数情况下的接触时间也可能超过 10%（如化学或热处理过程）。当然，在连续制造过程中，接触时间会非常长。这些信息对于如何配置和优化你的调度与运营系统有着重要的影响。也就是说，你究竟是应该关注于改善接触时间，还是改善等待时间呢？

$$接触时间 = \frac{真正做工的时间}{完成任务的全部时间}$$

10%	30%	100%
离散制造	半连续制造	连续制造
家具	制药原料	炼油
风扇	化肥	喷涂
冰箱	纺织	连铸
汽车	铸造	浮法玻璃
电脑	发酵	纸浆
水泵	锻造	合成纤维

例如，在接触时间较短的情况下，减少每个操作工序时间所带来的收益，要远远小于减少等待时间所带来的收益。

需求

任何运营系统的关键职责都是响应需求。然而，在大多数情况下，不同行业领域以及同一组织内的产品类别之间存在很大的需求性质差异。需求可以分为至少四类，如平稳、间歇、不规律和不均匀。需求的波动性导致波动放大效应（牛鞭效应）和不连贯的策略，这会给高效率、高收益的运营带来挑战。

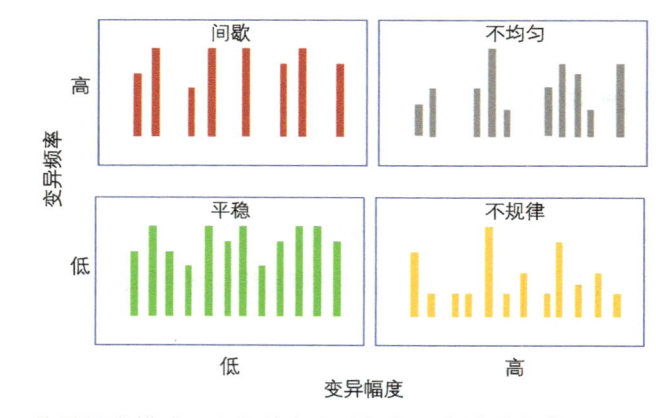

除了需求模式，市场的容忍时间和聚合效益在满足需求方面也发挥着重要作用。例如，对于平稳需求且在需求节点间可能具有聚合效益的产品，需要采用按可得性生产模式（Make to Availability，MTA）。而对于间歇需求的产品，则可能采用按订单生产模式（Make to Order，MTO）。

流程波动	
外部	■ 客户需求 ■ 供应商可靠性
内部	■ 排序一致性 ■ 工序产能

生产波动

除了需求波动，供应方面也会产生显著的不确定性，导致组织难以可靠地预测和满足交货。在有些情况下，波动主要来自工作中心前的工单排队波动，而在其他情况下，波动主要来自单个工序的波动。这两种波动需要采取不同的策略来应对；同时，物料策略和调度系统必须有效配置来处理这两种类型的波动。此外，还有由物料和服务供应商引起的波动。

流程模式

组织内的工作流具有不同的输入、材料或零件的顺序和逻辑模式，其特点是具有不同的汇聚和分散点。根据物料清单和配方的定义，这些模式呈现出英文字母 V、A、T 和 I 的形状。这种流程的分组称为 VATI，对 TOC 中的流程分析至关重要。每种模式都有其自身的不良效应、制约位置和调度逻辑。了解这些模式，有助于组织制定运营的开发和控制策略。

价值链

价值链是处理制造业问题的自然参考框架。下图显示了制造公司的价值链。有不同的职能支持产品制造。整个价值链期望共同合作以满足市场需求。因此，对于组织来说，挑战在于对各个职能进行对齐和同步工作流程。

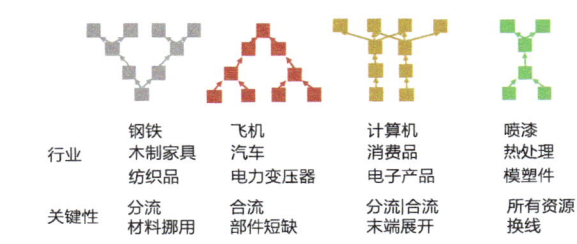

行业	钢铁 木制家具 纺织品	飞机 汽车 电力变压器	计算机 消费品 电子产品	喷漆 热处理 模塑件
关键性	分流 材料挪用	合流 部件短缺	分流|合流 末端展开	所有资源 换线

此外，组织有不同的物料和服务来源。同样，不同类别的客户也会对组织的政策产生不同影响。例如，如果你处于企业对企业（Business to Business，B2B）关系中，你的销售和订单周期时间、定价水平和交货承诺将与企业对个人（Business to Consumer，B2C）或企业对政府（Business to Government，B2G）关系完全不同。同样，如果你从大企业或中小企业采购原材料，也会影响你采购的灵活性。

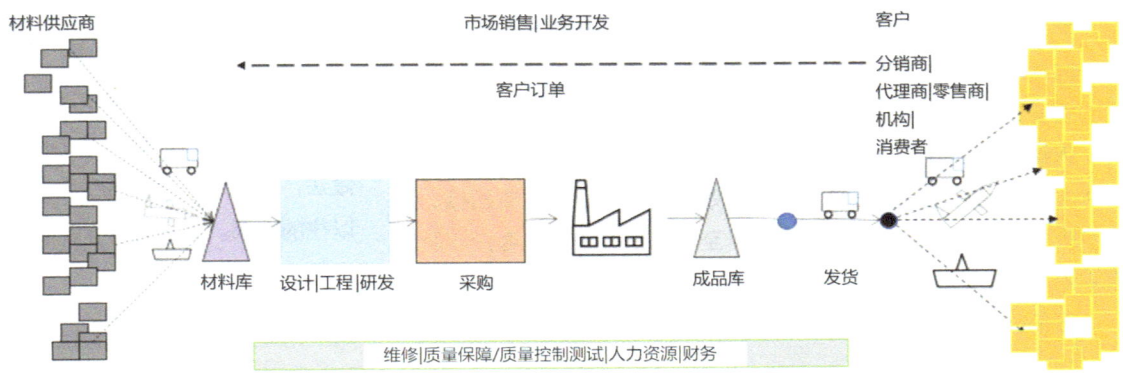

权衡取舍

在处理众多业务活动和履行许多必要条件时,组织在决策方面不断面临挑战。

尽管 50 年前,丰田就向世界展示了高质量和低成本可以同时实现,但超过 90% 的企业仍未能在不牺牲质量的前提下,在质量与成本之间取得平衡。这也意味着,在数量与品种、产量与准时表现、新产品与当前需求、大订单与小订单、大客户与小客户之间存在矛盾冲突。此类情况还有很多。

组织总是在原则上声称,自己在各方面都表现优秀,拥有卓越的实践,并且不会在大客户和小客户之间做出权衡。但在日常执行的不确定性冲击下,它们的行为往往表现出偏见,即倾向于冲突中的某一方。只有那些能够致力于解决这些权衡问题,并在战略和战术层面进行管理的组织,才能真正实现稳定的增长。

商业模式创新模板

制造业面临着在资产和原材料管理方面的独特挑战,这些挑战由于客户需求的变化和产品的多样性而变得复杂。

在制造业中,常见的抱怨是无法充分利用产能。

传统上,制造企业将自己视为拥有资产的公司,它们的挑战在于最大限度地利用这些资产。因此,效率成为它们的主要指标。组织的所有政策都致力于提高效率,以至于它们经常忽视客户和所做的承诺。

它们的首要信念是,为了使运营高效,每个人都应该高效。

大规模制造

让我们来看一看这个大规模制造企业的商业模式创新模板草图,该公司主要生产标准产品,如风扇、逆变器、消费品、水泵、家具等。

经营标准产品意味着该业务通常在商品层面运作,有很多竞争对手可以替代这样的产品。这种企业利润较薄,不断寻求提高盈利能力的机会。当市场下滑时,业务会收缩;当市场上升时,业务会增长。

由于这些都是资产密集型的运营,因此资产利用率对制造企业造成了很重的心理负担。此外,由于涉及多种产品和很多客户,机器的频繁换线时间降低了有效生产时间。这导致企业倾向于不让任何资源的时间空闲浪费。因此,企业往往倾向于释放工单以使机器开工达到最大负荷,或者提前生产多个订单,有时甚至会在没有客户订单的情况下提前生产。这导致了过度生产和在制品高库存,增加了组织的混乱程度,降低了整体有效产出——企业通过销售赚取的收入。在大规模制造中,通常有超过 50% 的工作被用于当前并不需要的活动,从而导致实际有效产出的持续性不足。

然而,在月末或季末的时候,每家企业都意识到了这种愚蠢的做法,并试图不再过度生产;可是一旦又看到资源闲置,又回到了以往的习惯。这里存在一个矛盾问题,即要不要通过效率指标来衡量运营。

在高的"有效产出"与好的"及时交付"之间是否存在权衡取舍?

TOC 通过挑战限制性假设，并将其替换为一种启发式假设来解决这一冲突："只有产能制约资源的闲置是浪费，一定程度内的非产能制约资源的闲置是必需的。"产能制约资源是一种资源，如果其产能管理不当，组织很可能会牺牲有效产出。这是因为在一个相互关联的系统中，系统的有效产出由产能制约资源（最薄弱的环节）决定。对于一个高效的系统来说，工作流的无缝衔接是首要考虑因素，其速度由产能制约资源决定。

"鼓－缓冲－绳子"（Drum Buffer Rope，DBR）是一种通过聚焦于系统制约来管理工作流的通用解决方案，一旦实施 DBR，在制品和交货时间都将减少，对产能制约资源的保护和关注将提高其产量，从而提升整个工厂的有效产出。

DBR 是 TOC 中的一种工作流平衡的原型机制，通过认识到系统制约对工厂有效产出起到决定性影响，从而优化运营。它通过把产能制约资源等战略环节看作"鼓"（一种比喻，即生产节拍控制器。——译者注）控制整体有效产出，通过设置"缓冲"（TOC 中的缓冲一般以时间为单位。——译者注）保护"鼓"的产能，并通过"绳子"（一种比喻，指投料时间的松紧程度。——译者注）提供信号来控制工单的释放，从而平衡系统中的工作流。

在这里，画布仅仅展示了如何描述和记录转型的一部分。这里我们只选择了一个关键不良效应（Undesirable Effect，UDE），即低利用率（低有效产出），这本身就为我们启示了多个期望效应

（Desired Effect，DE）。在完整的转型方案中，我们通常会再多选几个关键不良效应，其中某些可能与客户满意度有关。在实施了有针对性的 TOC 注入解（有针对性的解决方案或纠正措施。——译者注）后，会激发出更多的期望效应。

DBR（鼓－缓冲－绳子）
实现更高有效产出和更快响应的机制

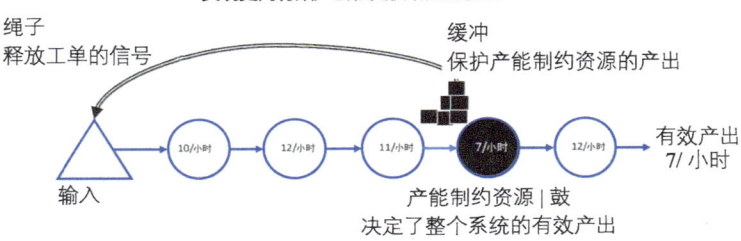

绳子
释放工单的信号

缓冲
保护产能制约资源的产出

输入 → 10/小时 → 12/小时 → 11/小时 → 7/小时 → 12/小时 → 有效产出 7/小时

产能制约资源 | 鼓
决定了整个系统的有效产出

通过消除关键不良效应，组织创造了独特的能力，使其在市场上具有决定性竞争优势（Decisive Competitive Edges, DCE）。正如画布上所示的那样，持续创造决定性竞争优势，会导致创新轨迹的形成。例如，下一个关键的决定性竞争优势是"订单经常延迟"，这对客户产生了不利影响。现在我们可以将其放入画布中。

不同客户订单的承诺交货日期、交货周期和容忍时间各不相同。虽然最初的注入解着重于利用产能制约资源，但带来的冲突是，是要追求更高的效率，还是要满足对客户的交期承诺？满足对客户的交期承诺意味着按照一定的优先级执行订单，这可能需要更多的生产换线时间；而追求更高的效率则意味着把不同客户的订单合并生

产，这可能会减少生产换线时间，但要让其他订单等待。这个冲突可以通过将 DBR 扩展为 SDBR（简化 DBR）来解决。SDBR 把工厂运作与承诺客户的交期联系起来，并提供缓冲机制来保护承诺的交期。根据需求的聚合可能性，可采用 TOC 的 MTA 和 MTO 运营模式。

MTA：按可得性生产，是一种物料策略模式，它通过战略性设计和定位的库存为客户订单提供服务，并根据消耗频繁地补充库存。这有助于大幅缩短为客户提供服务的交货周期，并将制造（上游）与市场的变化（下游）分隔开。

MTO：按订单生产，是另一种物料策略模式，它只有在接收到来自客户（或下游）的订单后才启动生产。

详细画布——大规模制造

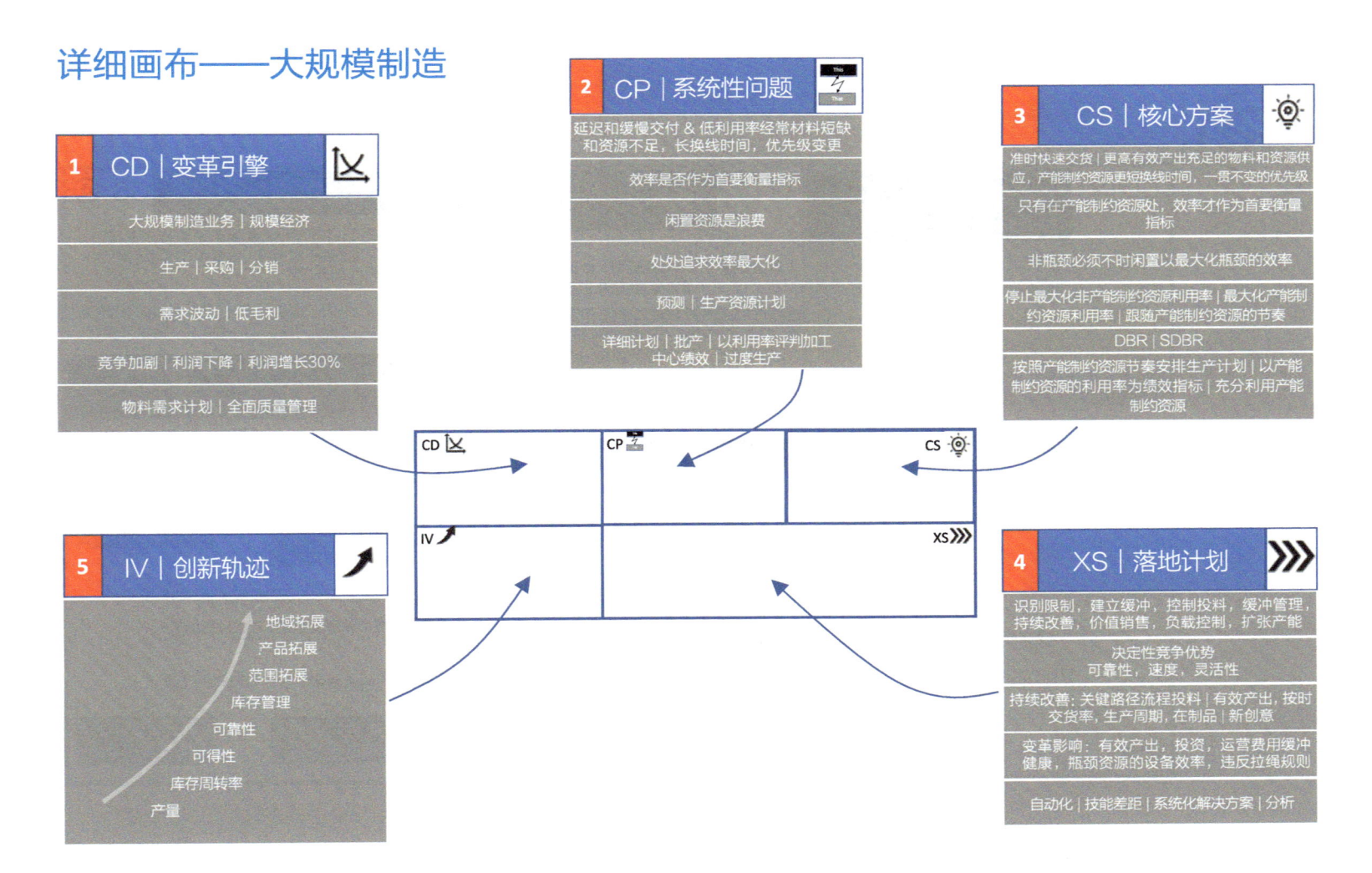

1　CD｜变革引擎

- 大规模制造业务｜规模经济
- 生产｜采购｜分销
- 需求波动｜低毛利
- 竞争加剧｜利润下降｜利润增长30%
- 物料需求计划｜全面质量管理

2　CP｜系统性问题

- 延迟和缓慢交付 & 低利用率经常材料短缺和资源不足，长换线时间，优先级变更
- 效率是否作为首要衡量指标
- 闲置资源是浪费
- 处处追求效率最大化
- 预测｜生产资源计划
- 详细计划｜批产｜以利用率评判加工中心绩效｜过度生产

3　CS｜核心方案

- 准时快速交付｜更高有效产出充足的物料和资源供应，产能制约资源更短换线时间，一贯不变的优先级
- 只有在产能制约资源处，效率才作为首要衡量指标
- 非瓶颈必须不时闲置以最大化瓶颈的效率
- 停止最大化非产能制约资源利用率｜最大化产能制约资源利用率｜跟随产能制约资源的节奏
- DBR｜SDBR
- 按照产能制约资源节奏安排生产计划｜以产能制约资源的利用率为绩效指标｜充分利用产能制约资源

5　IV｜创新轨迹

- 地域拓展
- 产品拓展
- 范围拓展
- 库存管理
- 可靠性
- 可得性
- 库存周转率
- 产量

4　XS｜落地计划

- 识别限制，建立缓冲，控制投料，缓冲管理，持续改善，价值销售，负载控制，扩张产能
- 决定性竞争优势 可靠性，速度，灵活性
- 持续改善：关键路径流程投料｜有效产出，按时交货率，生产周期，在制品｜新创意
- 变革影响：有效产出，投资，运营费用缓冲健康，瓶颈资源的设备效率，违反拉绳规则
- 自动化｜技能差距｜系统化解决方案｜分析

TOC 商业模式创新画布

大规模制造

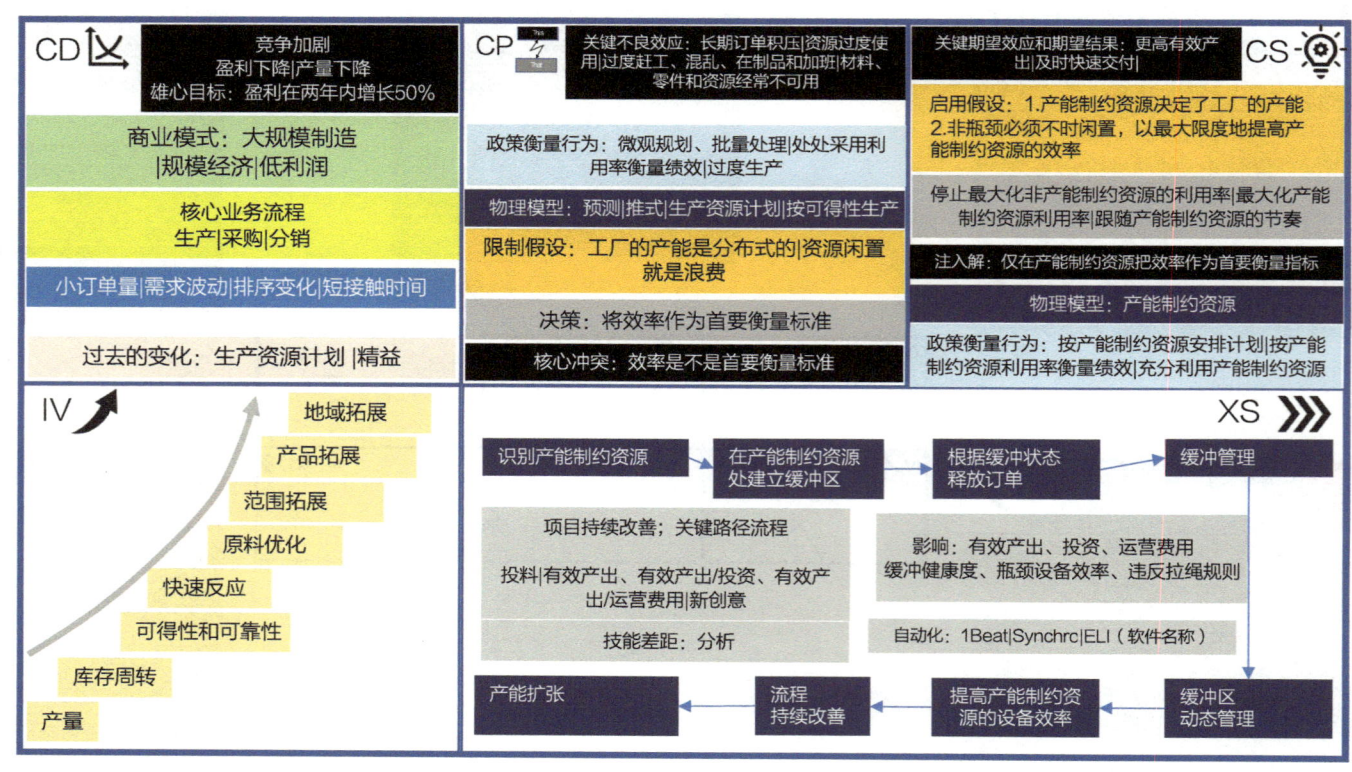

（通用）

CD区
- 竞争加剧
- 盈利下降|产量下降
- 雄心目标：盈利在两年内增长50%

- 商业模式：大规模制造|规模经济|低利润
- 核心业务流程：生产|采购|分销
- 小订单量|需求波动|排序变化|短接触时间
- 过去的变化：生产资源计划|精益

CP
- 关键不良效应：长期订单积压|资源过度使用|过度赶工、混乱、在制品和加班|材料、零件和资源经常不可用
- 政策衡量行为：微观规划、批量处理|处处采用利用率衡量绩效|过度生产
- 物理模型：预测|推式|生产资源计划|按可得性生产
- 限制假设：工厂的产能是分布式的|资源闲置就是浪费
- 决策：将效率作为首要衡量标准
- 核心冲突：效率是不是首要衡量标准

CS
- 关键期望效应和期望结果：更高有效产出|及时快速交付
- 启用假设：1.产能制约资源决定了工厂的产能 2.非瓶颈必须不时闲置，以最大限度地提高产能制约资源的效率
- 停止最大化非产能制约资源的利用率|最大化产能制约资源利用率|跟随产能制约资源的节奏
- 注入解：仅在产能制约资源把效率作为首要衡量指标
- 物理模型：产能制约资源
- 政策衡量行为：按产能制约资源安排计划|按产能制约资源利用率衡量绩效|充分利用产能制约资源

IV
- 地域拓展
- 产品拓展
- 范围拓展
- 原料优化
- 快速反应
- 可得性和可靠性
- 库存周转
- 产量

XS
- 识别产能制约资源 → 在产能制约资源处建立缓冲区 → 根据缓冲状态释放订单 → 缓冲管理
- 项目持续改善；关键路径流程
- 投料|有效产出、有效产出/投资、有效产出/运营费用|新创意
- 技能差距：分析
- 影响：有效产出、投资、运营费用 缓冲健康度、瓶颈设备效率、违反拉绳规则
- 自动化：1Beat|Synchrc|ELI（软件名称）
- 产能扩张 ← 流程持续改善 ← 提高产能制约资源的设备效率 ← 缓冲区动态管理

174

第二篇　案例模板

大规模制造（接上页）

（通用）

关键不良效应： 延迟和缓慢交付|材料和资源经常不可用，换线时间长，优先级不断变化

关键期望结果： 及时快速交付|材料和资源充足，产能制约资源换线用时更短，优先级一致

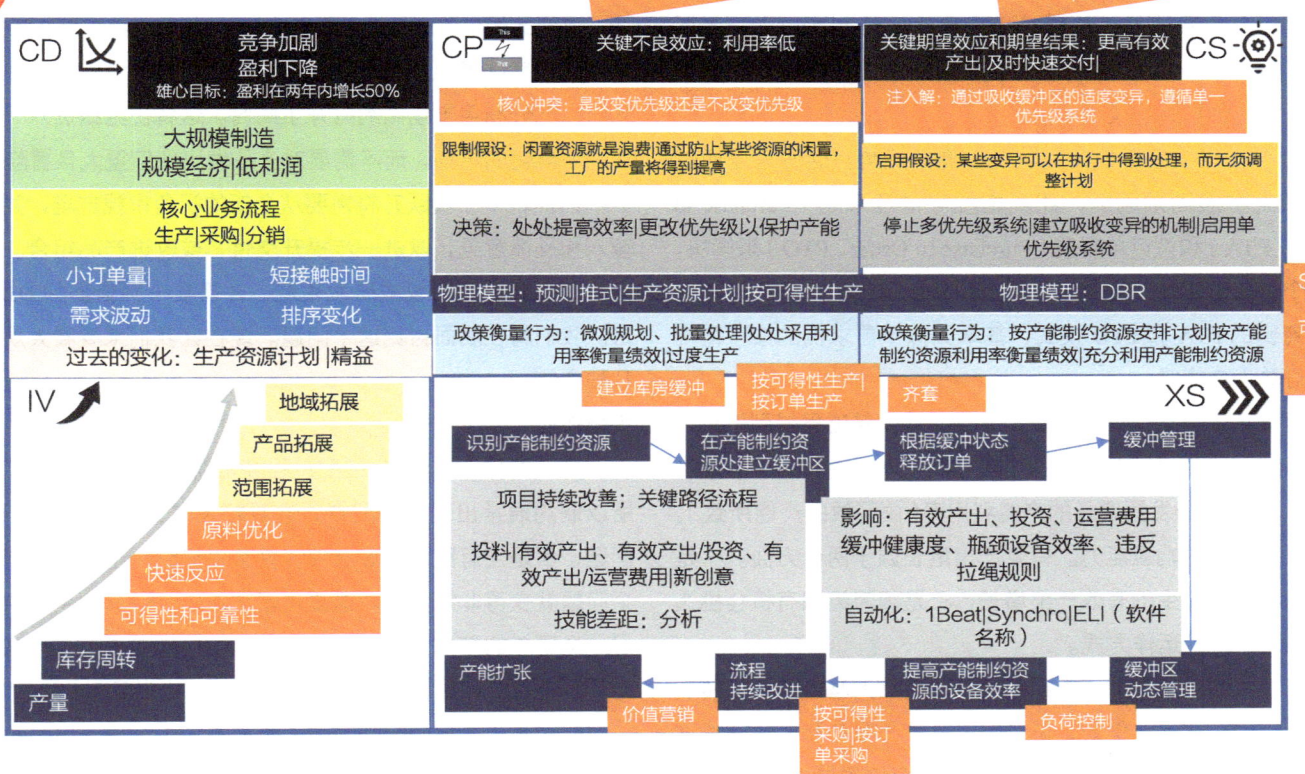

CD
- 竞争加剧
- 盈利下降
- 雄心目标：盈利在两年内增长50%
- 大规模制造 |规模经济|低利润
- 核心业务流程 生产|采购|分销
- 小订单量 | 短接触时间
- 需求波动 | 排序变化
- 过去的变化：生产资源计划 |精益

CP
- 关键不良效应：利用率低
- 核心冲突：是改变优先级还是不改变优先级
- 限制假设：闲置资源就是浪费，通过防止某些资源的闲置，工厂的产量将得到提高
- 启用假设：某些变异可以在执行中得到处理，而无须调整计划
- 决策：处处提高效率|更改优先级以保护产能
- 物理模型：预测|推式|生产资源计划|按可得性生产
- 政策衡量行为：微观规划、批量处理|处处采用利用率衡量绩效|过度生产

CS
- 关键期望效应和期望结果：更高有效产出|及时快速交付|
- 注入解：通过吸收缓冲区的适度变异，遵循单一优先级系统
- 停止多优先级系统|建立吸收变异的机制|启用单一优先级系统
- 物理模型：DBR
- 政策衡量行为：按产能制约资源安排计划|按产能制约资源利用率衡量绩效|充分利用产能制约资源

SDBR（简化DBR）、按可得性生产、按订单生产

IV
- 地域拓展
- 产品拓展
- 范围拓展
- 原料优化
- 快速反应
- 可得性和可靠性
- 库存周转
- 产量

XS
- 建立库房缓冲
- 按可得性生产|按订单生产
- 齐套
- 识别产能制约资源 → 在产能制约资源处建立缓冲区 → 根据缓冲状态释放订单 → 缓冲管理
- 项目持续改善；关键路径流程
- 投料|有效产出、有效产出/投资、有效产出/运营费用|新创意
- 技能差距：分析
- 影响：有效产出、投资、运营费用、缓冲健康度、瓶颈设备效率、违反拉绳规则
- 自动化：1Beat|Synchro|ELI（软件名称）
- 产能扩张
- 价值营销
- 流程持续改进
- 提高产能制约资源的设备效率
- 按可得性采购|按订单采购
- 负荷控制
- 缓冲区动态管理

175

无论是采取按可得性生产还是按订单生产策略，SDBR 都提供了单一的优先级系统。该系统通过设置缓冲区处理不确定性，专注于提高产能制约资源的活动，既达成了高利用率，又达成了十分可靠的交付。当实施了缓冲区管理，并且工作流层面的持续改善流程得到规范时，整个系统的总交货时间通常会缩减 30% 以上，到期日准交率则提高至 90%。这还带来了一些其他新价值，这些价值被呈现在画布的创新轨迹模块中。

仍然会存在与供应商相关的决定性竞争优势，这些可以通过将 SDBR 模式扩展到采购侧，并实施按可得性采购（Purchase to Availability，PTA）和按订单采购（Purchase to Order，PTO）来解决，从而使整个供应链在单一优先级系统上顺畅地运作，并不断提高业绩。供应商侧的 PTA 和 PTO 模式，基本类似于需求侧的按可得性生产和按订单生产模式。

一旦运营绩效得到很好的保障，并且持续改善流程得到规范，就会打开超越制造业的创新可能性。还可以引入更高利润（有效产出）的订单，从而充分发挥增长的产能利用率（由释放的产能所致），同时具有更高水平的响应能力。有效产出增长源于两个方面。一是由于产能的释放而产生的有效产出增长，二是因为组织有机会挑选订单。以下是具体的运作方式。

通过建立卓越的交付能力，组织将从以商品为基础的业务转变为以价值为驱动的业务。例如，总是想要高水平服务和较短交货周期的组织，愿意支付溢价价格。又如，那些储存昂贵原材料的公司，或者那些产品生命周期短或易过时的公司，它们希望减少库存以降低成本负担，并寻找可靠和响应灵活的供应商。随着产能的释放，组织可以有选择性地进行价值套利，为那些对交货时间和准交率敏感的客户群体提供定向服务。

这会给同样的产品带来更高的利润，从而为组织带来更多的价值。

这也意味着组织主动地将市场细分，并有针对性地提供价值，从而为充分利用市场制约打开了局面。这将使组织进入一个不同以往的差异化的市场，而不需要对产品做出任何重大且冒险的变革。

然而，下一次跃升将需要从全新的视角审视市场，并积极征求输入和反馈意见，以进一步提升交付，或改进产品组合。此时制约会转移到新产品开发或研发领域，并需要一种全新的 DBR 实施方法。我们将在后面讨论这个问题。现在让我们来看看大规模制造的几种变体。

装配作业

在装配作业中，因为装配过程经常需要等待所有材料及时到达，所以制约通常出现在装配点。这看起来在 21 世纪似乎不是什么大问题，但是当有数百个零部件，并且供应链中不断发生中断时，这个问题就变得非常真实。这迫使团队从一个订单的装配中断转移到另一个订单的装配中断，最终导致装配时间变得很长且难以忍受。为了解决这个问题，需要通过 DBR 机制将上游活动（如采购和加工）与装配同步，并将装配视为鼓（生产节拍）。瑞士电力和自动化公司（ABB）在其电机厂就采用了这种方式。在制造超大型定制变压器时，ABB 甚至会把设计工作与变压器的组装日期做协调排期，以便实现及时交货。

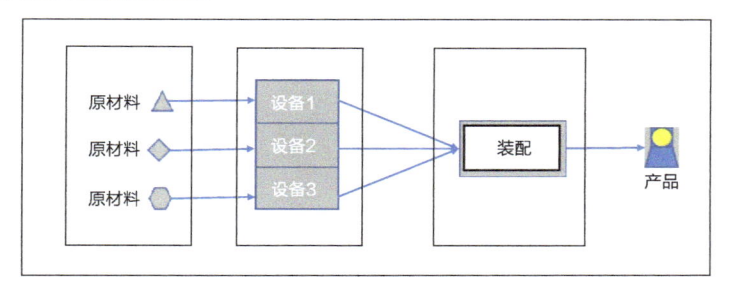

连续生产

连续生产包括橡胶、石油、化工厂、食品加工等行业的操作。在这种情况下，生产线在物理上是平衡的，因此制约因素不在于生产线的物理空间，而在于时间轴。生产效率最大的损失（而生产效率意味着"将公司推向其目标"）是计划的停机维护，可能需要几天到几个星期，甚至超过一个月。停机维护需要在一段时间内完成一系列活动，这些活动相互之间是非重复性的，但又是相互依赖的。生产线通常规模很大，即使产能提高 1%，也可能为公司增加数百万美元的利润。

通过追踪导致停机维护的工作流程，可以找出支持过程中的制约因素。

批量生产

批量生产包括机械加工（最小生产批量）、消费品制造和制药公司的批量生产等情况。TOC 缓冲概念允许企业在调整订单排序方面有很大的自由度，以实现供应可靠性和生产效率的双赢。在离散制造中，使用转移批次的概念来缩短交货时间，并减少下游流程的饥饿情况。

制造子模式

还有一些中间过程，如加热、喷漆、退火、涂层等，需要大量的集批处理，这些资源通常是制约因素。应用 DBR，可以提高整个工厂的利用率。密切关注技术瓶颈，往往有机会解放大量产能。例如，纺织行业的染色工艺就是其一。

定制车间

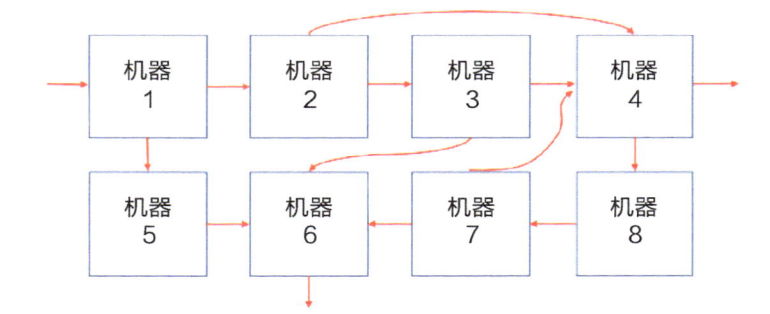

定制车间是制造业的一个特殊案例，其工厂的布局是基于工艺的，订单的流动是零散且混乱的，导致制约环节发生变化。这通常意味着混乱、巨大延迟以及资金被困在库存中。尽管从技术上讲，考虑到计算能力的提升，详细的制约因素识别和相应的流程调整都是可实现的，但是对于大多数人来说，这两项工作仍是相当复杂的。定制车间的运作应基于"足够好"的原则，而不是精确的原则。我们总是可以在某个时刻识别出定制车间存在可能的瓶颈，然后控制工单的释放，以确保这些瓶颈不会积累长的等待队列。这将使定制车间实现最快的交货、准时执行和高的产量。基于交货日期与时间缓冲的计划调度方式，是管控定制车间混乱的极佳办法。

定制生产

在定制生产领域中，除了标准产品，客户还希望获得某些独特的功能。尽管不同客户订单中的各种零件可能存在一定的共性，并有可能通过聚合缩短交货时间，但实际的制约通常发生在上游的产品设计阶段。

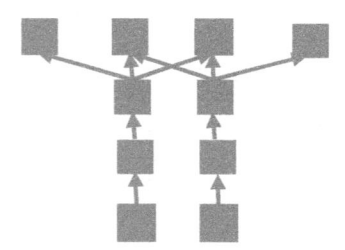

离散制造——企业级

作者：史瑞达·劳拉	固定资产设备 | 复杂运营300多家工厂	2022年4月10日	SIM-002 | 第1版
1. 变革引擎	**2. 系统性问题**	**3. 核心方案**	
雄心目标：在300多家工厂实施通用方法 | 改善项目的回报期小于3个月 客户每年期望更低成本、更快速度、更多回报 | 股东期望息税前利润提高（增长）并降低成本质量（稳定性）| 供应合作伙伴期望更好的可见度（以及价格），以提高可靠性和响应能力 | 竞争对手也积极开展卓越运营项目 |	不良效应：在不同工厂间提供通用支持的改进计划，效率低且效果不佳。最佳实践没有共享，已取得的成果无法复制不匹配的产能承诺 | 物料和采购零部件不可得 | 过早释放过多工单 | 运营中未同步优先级 | 各种影响流程的中断 挑战：如何同时实现跨越式改变和持续改进 冲突：是在企业范围内标准化改进方法，还是根据事业部定制改进方法 过去的方式：有多少个事业部，就有多少个运营系统 范式：每个事业部都有所不同	范式：ABB的所有工厂都是离散制造设施 | 所有工厂都有共同的运营不良效应 解决方案：采用TOC+精益生产作为改进方法，并应用Efrat的7个步骤进行说服 新方式：ABB门控模型 | SDBR	
5. 创新轨迹	**4. 落地计划**		
绩效矢量 高可得性 高准时交货率 缩短生产周期 减少在制品	解决方案中相互关联的元素 计划负荷 | 动态缓冲管理 | 拉动式补给 | SDBR | 单一优先级系统 | 缓冲分析		
说明：ABB是迄今为止最大的TOC实施者。这幅画布是关于ABB在其300多家工厂中实现卓越运营的共同方法。以SDBR为基础的TOC解决方案，以缓冲管理为核心，迅速得到了广泛的实施，取得了显著的成果。这对任何希望在运营中实现卓越运营的组织来说都是一个很好的参考。参考资料：TOCICO（TOC国际认证组织），Realization Technologies Inc（提供运营卓越解决方案的公司），ABB OPEX高级培训计划（ABB电气事业部的培训计划）。			

ABB\| 施耐德集团\| 西门子\| 巴拉特重工\| 戈德瑞\| 卡特彼勒\| 海尔\| 三星\| 通用电气

ABB OPXL 多厂卓越运营领袖计划
TOC 最佳实践

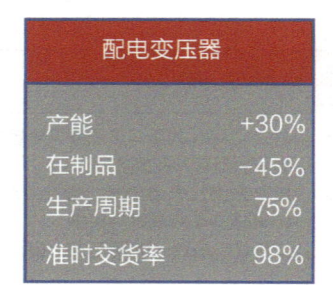

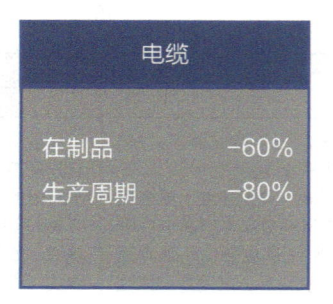

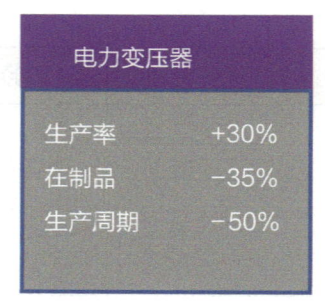

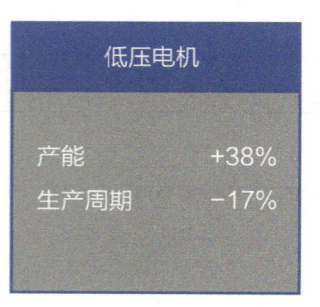

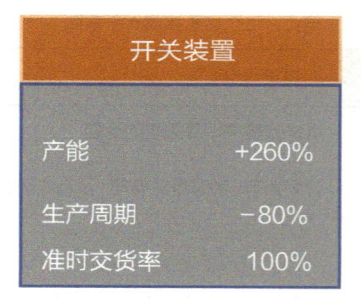

配电变压器
- 产能　　　　+30%
- 在制品　　　-45%
- 生产周期　　75%
- 准时交货率　98%

变电站自动化
- 生产周期　　-50%
- 准时交货率　100%

电缆
- 在制品　　　-60%
- 生产周期　　-80%

电力变压器
- 生产率　　　+30%
- 在制品　　　-35%
- 生产周期　　-50%

低压电机
- 产能　　　　+38%
- 生产周期　　-17%

开关装置
- 产能　　　　+260%
- 生产周期　　-80%
- 准时交货率　100%

高压套管
- 产能　　　　+30%
- 生产周期　　-50%
- 准时交货率　93%

参考资料：ABB OPEX 高级培训计划，TOCICO，Realization Technologies Inc.。

第二篇 案例模板

制造业中的子模式

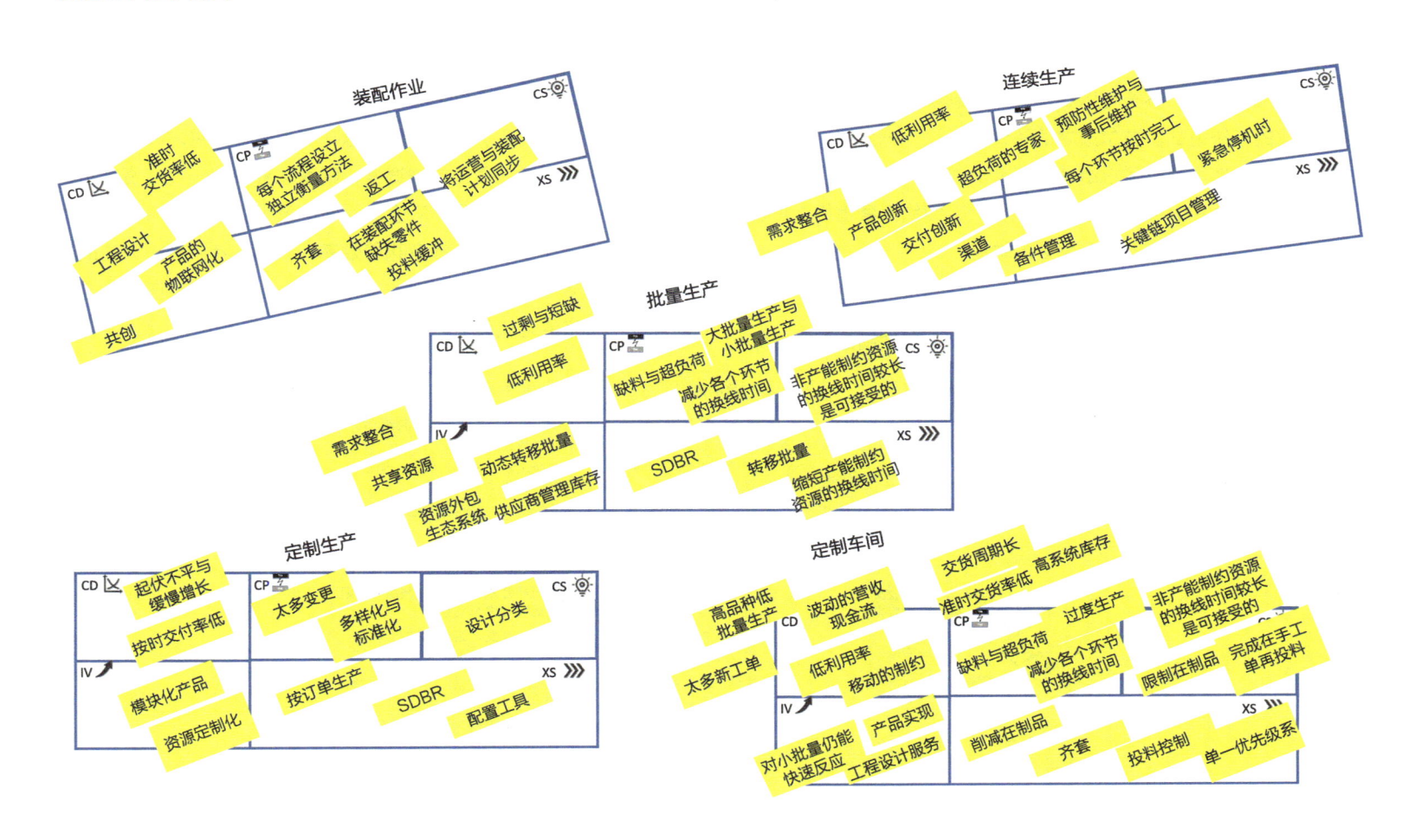

装配作业

CD	CP	CS
准时交货率低	每个流程设立独立衡量方法	返工
工程设计	齐套	在装配环节缺失零件
产品的物联网化		投料缓冲
共创		将运营与装配计划同步

XS

连续生产

CD	CP	CS
低利用率	预防性维护与事后维护	
需求整合	超负荷的专家	每个环节按时完工
产品创新	交付创新	紧急停机时
	渠道	备件管理
		关键链项目管理

XS

批量生产

CD	CP	CS
过剩与短缺	大批量生产与小批量生产	
低利用率	缺料与超负荷	非产能制约资源的换线时间较长是可接受的
	减少各个环节的换线时间	

IV		
需求整合	动态转移批量	SDBR
共享资源		转移批量
资源外包 生态系统	供应商管理库存	缩短产能制约资源的换线时间

XS

定制生产

CD	CP	CS
起伏不平与缓慢增长	太多变更	
按时交付率低	多样化与标准化	设计分类

IV		
模块化产品	按订单生产	
资源定制化	SDBR	配置工具

XS

定制车间

CD	CP	CS
高品种低批量生产	波动的营收现金流	交货周期长 高系统库存
		准时交货率低
太多新工单	低利用率	过度生产
	移动的制约	缺料与超负荷
		减少各个环节的换线时间
		非产能制约资源的换线时间较长是可接受的
		限制在制品
		完成在手工单再投料

IV		
对小批量仍能快速反应	产品实现 工程设计服务	削减在制品
		齐套
		投料控制
		单一优先级系

XS

181

产品设计必须以一个核心为基础，以便根据客户需求配置其他属性。这类似于麦当劳的做法：以面包为核心，然后根据客户的选择搭配不同的配料。戴尔在这方面的表现非常出色，它允许客户选择一系列配置参数，甚至可以针对个人定制电脑，从而打破了个人电脑行业的传统范式。戴尔成功的秘诀在于设计一套精良的主板作为产品核心，然后根据需求组装所有其他部件。

在这个过程中，随着组织规模的扩大，制约因素也相应地发生变化。企业需要关注这一宏观局面的转变。

制造连续性

换一个角度来看制造领域，可以观察从零部件制造到建设结构（如发电厂）的全过程。在这个连续过程中，从更多的机械加工和定制工作逐渐转向组装，再到现场施工。

正如所看到的，TOC 方法的简洁之处不在于计划或安排每一个工作中心，即其关注点不在于机器或工艺，而在于工作流。这是管理范式的重大转变。关注工作流意味着关注客户需求和对他们的承诺，而关注工艺过程的详细调度，则意味着眼于提高资产利用率（效率）。因此，这是所有企业面临的最大困境。前一个选择意味着有效性，而后一个选择意味着效率。如果坚持以客户为先的原则，那么有效性必须先于效率，这就是 TOC 在不损害任何一方的前提下所带来的范式转变。

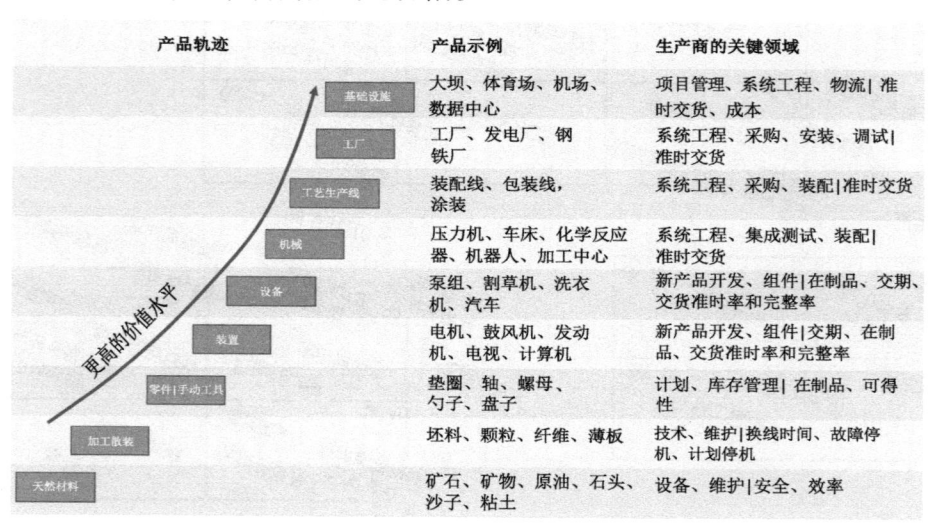

产品轨迹	产品示例	生产商的关键领域
基础设施	大坝、体育场、机场、数据中心	项目管理、系统工程、物流|准时交货、成本
工厂	工厂、发电厂、钢铁厂	系统工程、采购、安装、调试|准时交货
工艺生产线	装配线、包装线、涂装	系统工程、采购、装配|准时交货
机械	压力机、车床、化学反应器、机器人、加工中心	系统工程、集成测试、装配|准时交货
设备	泵组、割草机、洗衣机、汽车	新产品开发、组件|在制品、交期、交货准时率和完整率
装置	电机、鼓风机、发动机、电视、计算机	新产品开发、组件|交期、在制品、交货准时率和完整率
零件|手动工具	垫圈、轴、螺母、勺子、盘子	计划、库存管理|在制品、可得性
加工散装	坯料、颗粒、纤维、薄板	技术、维护|换线时间、故障停机、计划停机
天然材料	矿石、矿物、原油、石头、沙子、粘土	设备、维护|安全、效率

（更高的价值水平）

第二篇　案例模板

塔塔钢铁的 | 大胆 TOC 倡议 | 钢铁产品

鼓舞人心

| 作者：史瑞达·劳拉 | 产品 | 钢铁制造 | 运营 | 2022年4月10日 | SIM-0086 | 第1版 |

1. 变革引擎

使公司摆脱钢铁行业的周期性
4年后净利润 = 当期收入

2. 系统性问题

不良效应：生产受到墨菲的影响 | 不稳定的流量、不可预测的产量 | 不受控制的闲置时间 | 每个产品的成本更高
策略：平衡产能
实践：控制所有资源 > 所有资源必须在最大利用率下工作，从而生产线达到最大利用率
信念：闲置的资源是浪费 | 无法同时管理流动性和成本
衡量标准：所有资源的利用率和运行成本

3. 核心方案

期望效应：稳定的流动性 | 可预测的产量 | 管理闲置时间，降低单位产品成本
策略：平衡流量
实践：最大化产能制约资源的利用率，从而最大化生产线的利用率
信念：有时候，非产能制约资源也必须闲置一段时间 | 链条的强度取决于最薄弱环节 | 流动性和成本可以同时改善
洞察：当相互依赖资源具有各自的过程波动时，系统总产出会低于所有资源的平均利用率
注入解：控制杠杆点 > 最小化最薄弱环节的变化 | 保护最薄弱环节免受上游造成的饥饿（缺料）| 防止最薄弱环节下游的流动受阻
衡量标准：产能制约资源的单位时间产量 | 有效产出 | 一级和二级销售

5. 创新轨迹

可行愿景轨迹

↑ 溢价定价
　 快速交付
　 降低库存
　 减少有效产出

4. 落地计划

解决方案的互连元素
培训和流程机制 | 投料控制 | 分销缓冲 | 工厂缓冲 | 缓冲管理 | 持续改善 | 产品定价与设计 | 价值营销 | 销售漏斗管理 | 增长缓冲 | 市场细分

影响：
对于大多数产品：有效产出降低 90%
降低营运资金：库存从 20 天降至 8 天，应收账款从 17 天降至 14 天
峰值库存水平从 48 天降至 12 天 | 经销商销售从 4% 增加到 36%
投入资本回报率从 11% 增加至 24% | 价格溢价：从 400 卢比/吨增加至 1100 卢比/吨

说明：塔塔钢铁的 TOC 实施是 TOC 全球的成功案例，使其实现了指数式增长。TOC 实施的标志是其原则的制度化，鼓舞塔塔集团的其他单位至今还在采用 TOC 方法。该实施案例涉及生产、分销、维护和持续性项目以及采矿业务。参考资料：塔塔钢铁网站，TOCICO。

塔塔钢铁 | 印度铝业 | 阿塞洛·米塔尔钢铁 | 维丹塔金属能源 | JSW 钢铁 | 印度钢铁公司 | 日本制铁 | 纽科钢铁 | 浦项制铁

TOC 商业模式创新画布

固定资产设备

鼓舞人心

作者：史瑞达 · 劳拉	固定资产设备 ｜ 综合运营	2022 年 4 月 10 日	SIM-0002｜第 1 版
1. 变革引擎	**2. 系统性问题**	**3. 核心方案**	
雄心目标：在六个月内将交货时间缩短 40%	不良效应：市场承诺的交货期过于激进 ｜ 原材料的到货顺序混乱 ｜ 提供的交货期常常无法被客户接受 ｜ 大多数订单都很紧急 ｜ 制造中充斥着在制品 ｜ 零件在组装时经常会丢失	范式：拥抱不确定性 ｜ 流动性是首要考虑因素	
意外结局：交货时间差，装运延误，现金流不佳，客户满意度下降，质量降低		注入解：防止工程中的中断、采购延误和组装中的缺件所造成的影响在这三个过程之间相互传递	
分布全球的设施	旧方式：详细计划每个资源，并严格审查进展情况 ｜ 合并订单，按成本选择供应商	新方式：通过缓冲管理每个流程，为制造的齐套提供额外缓冲 ｜ 根据客户承诺释放工单 ｜ 通过交付速度激励供应商	
战略挑战：同步三个不同的流程——工程、采购和制造	范式：规划是完美的 ｜ 闲置资源是浪费的		
5. 创新轨迹	**4. 落地计划**		
性能矢量 　改善现金流 　提高生产率 　降低偏差 　高按时完整发货率 　高准时交货率 　减少生产周期 　减少在制品	解决方案的互连元素 估计工序交期 ｜ 单一优先级系统 ｜ 建立缓冲 ｜ 为供应商设定可靠性标准 ｜ 生产齐套 ｜ 持续改进 I		

说明：像阿尔斯通、艾法史密斯、达涅利和西门子这样的大型设备供应商，拥有多个工程中心、全球供应商基地和制造工厂，面临着复杂的情境。这意味着在交付客户订单时面临真正的挑战，会产生滞期费用，同时资金被困在大量库存和在制品中。TOC 的缓冲管理系统被用来应对不确定性，简化订单在各部门之间的流动，从而在运营和财务绩效方面产生巨大的改进。在很多组织中，效果惊人，以至于 TOC 现在已成为其生产系统的组成部分。参考资料：TOCICO、高德拉特集团、Vector 咨询、Marris 咨询。

拉森特博洛 ｜ 达涅利 ｜ 西马克 ｜ ABB ｜ 西门子 ｜ 阿尔斯通 ｜ 通用电气 ｜ 卡特彼勒 ｜ 现代 ｜ 三菱 ｜ 艾法史密斯 ｜ 艾默生

货物生产与软件生产

软件是一种基础设施包，越来越像制造工厂中的机器，你使用它可以获得所需的输出。也可以拥有独立的软件，就像独立的机器一样。

在软件行业，生产这一概念已经发生了很大变化。回想起过去的日子，我们曾将代码写在纸上，然后拿到"数据处理中心"。那里的工作人员会收集所有人的代码，将代码排序并通过打孔输入到卡片上，然后将卡片输入到大型计算机中。这是一个批处理作业，通常需要第二天才能领取打印出的输出结果。这个排序、打孔、计算和打印的过程被称为生产，就像制造业中从输入到输出的价值转换核心过程一样。这个过程的运转，就好似一个服务中心，帮助你完成所需工作。

随着桌面电脑配备强大的内存和处理器，运算变得更加大众化，转换时间也大大缩短。如今，软件应用程序安装在桌面或本地系统上，你可以将其作为自己的工具来操作以完成工作。

随着时间的推移，软件应用程序变得越来越庞大且复杂。现在的开发流程，已经完整涵盖了从业务分析到发布、维护的各个方面。生产这个词，现在已经被用于不同的场景之中。

软件应用被视为生产环境基础设施的一部分，就像生产线上的设备一样。现在，用户可以登录服务器，上传或输入数据并获取输出结果。与制造业生产环境中的流动元素物料不同，软件应用程序是将数据作为流动元素。因此它的处理时间（将输入数据转换为输出报告的时间）非常快，比制造业生产环境中的速度快得多。

如今，由于数据转换（增值过程）时间大大缩短，它不再是制约因素，因此，软件行业的制约因素通常在生产环节之外。

随着时间的推移，制约因素逐渐转移到上游的产品开发和下游的市场。这种现象也出现在那些高度适应了数字化的组织中，如银行、保险公司、法律机构等。

软件行业的另一个优势是，可以一次性构建产品，并轻松分发无数份副本。此外，客户还可以选择配置个性化的功能，且无须对软件产品进行工程、开发或生产环境的变更。

因此，这就是"一次开发，多次分发"的理念。这也意味着，客户的不同定制或多样性需求在软件业务中并不会像在制造业中那样导致复杂性，而是通过即时自动化或大规模配置选项来满足这些需求。这后来演变成了现在著名的软件即服务（Software as a Service，SaaS）。

如果生产时间缩短为零，将会怎样？

因此，从生产过程的角度来看，制造业和软件业务之间的区别在于，制造业的生产过程需要几天甚至几周时间（材料在移动），而软件生产几乎是瞬间完成的（电子在移动）。在制造业中，客户订单会按顺序竞争生产资源，从而在生产过程中产生制约。但在软件生产环境中，大量客户可以同时得到服务，就像拥有无限的产能一样。当然，以前还存在服务器空间和容量的限制，但随着云技术的发展，软件生产的这种优势得到了进一步扩展。若非如此，电子商务平台在节假日或季末促销期间，又如何能应对如此巨大的需求增长？

这让我们不得不提出一个重要的问题：如果工厂生产时间趋近于零，会发生什么？实际上，这就是工业 4.0 的最终目标。想象一下，生产车间中的 3D 打印机和供应链中的无人机，它们不仅会缩短生产周期，还会将采购和交货时间缩短到原来的十分之一以内。到那时，在客户可承受的范围内（对某些产品是可能的），生产工厂也将是分布式和可扩展的，即云制造。这种模式的关键要素，在当下已经具备。看看大举创新的电动汽车公司 Arrival 的计划，它计划建立分布式的微型工厂，就像零售连锁店一样运营。这打破了你需要建一座价值十亿美元的工厂才能进入汽车行业的固有观念。Arrival 计划建造快速配置的工厂，可在几周内随时部署在任何地方，而且成本可能不到一百万美元，同时向客户提供最具个性化的选择。它不需要客户通过经销商渠道向远程工厂下订单，而是将工厂带到客户家门口，让他们可以亲自前来，设计并驾驶梦想中的车辆，或许当天就能拥有。

基于上述情况，软件行业中的企业通常分为产品公司和服务公司。产品公司开发产品并销售给客户，而服务公司则为客户开发、应用和维护软件产品。因此，它们的核心业务具有项目管理和服务运营的性质，我们将在接下来的内容中进行介绍。

生产不仅仅局限于制造业！那么电影制作呢？服务生产呢？

第二篇　案例模板

服务模板

服务模板

步骤 1

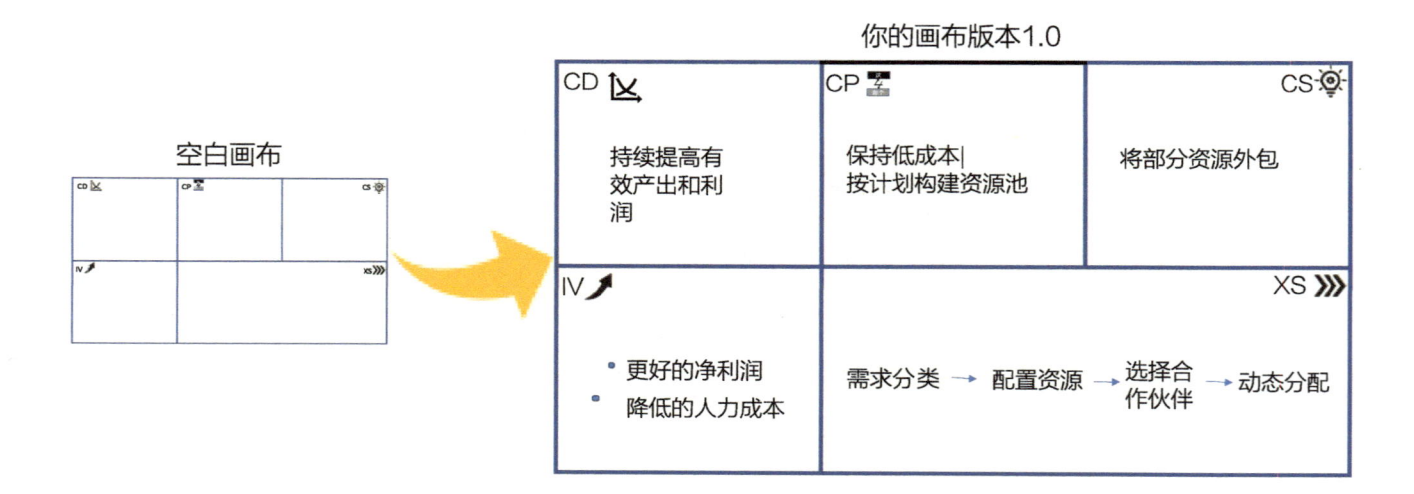

空白画布

你的画布版本1.0

CD 📉	CP 🗂	CS 💡
持续提高有效产出和利润	保持低成本｜按计划构建资源池	将部分资源外包
IV ↗	XS »»	
• 更好的净利润 • 降低的人力成本	需求分类 → 配置资源 → 选择合作伙伴 → 动态分配	

服务模板
步骤 2

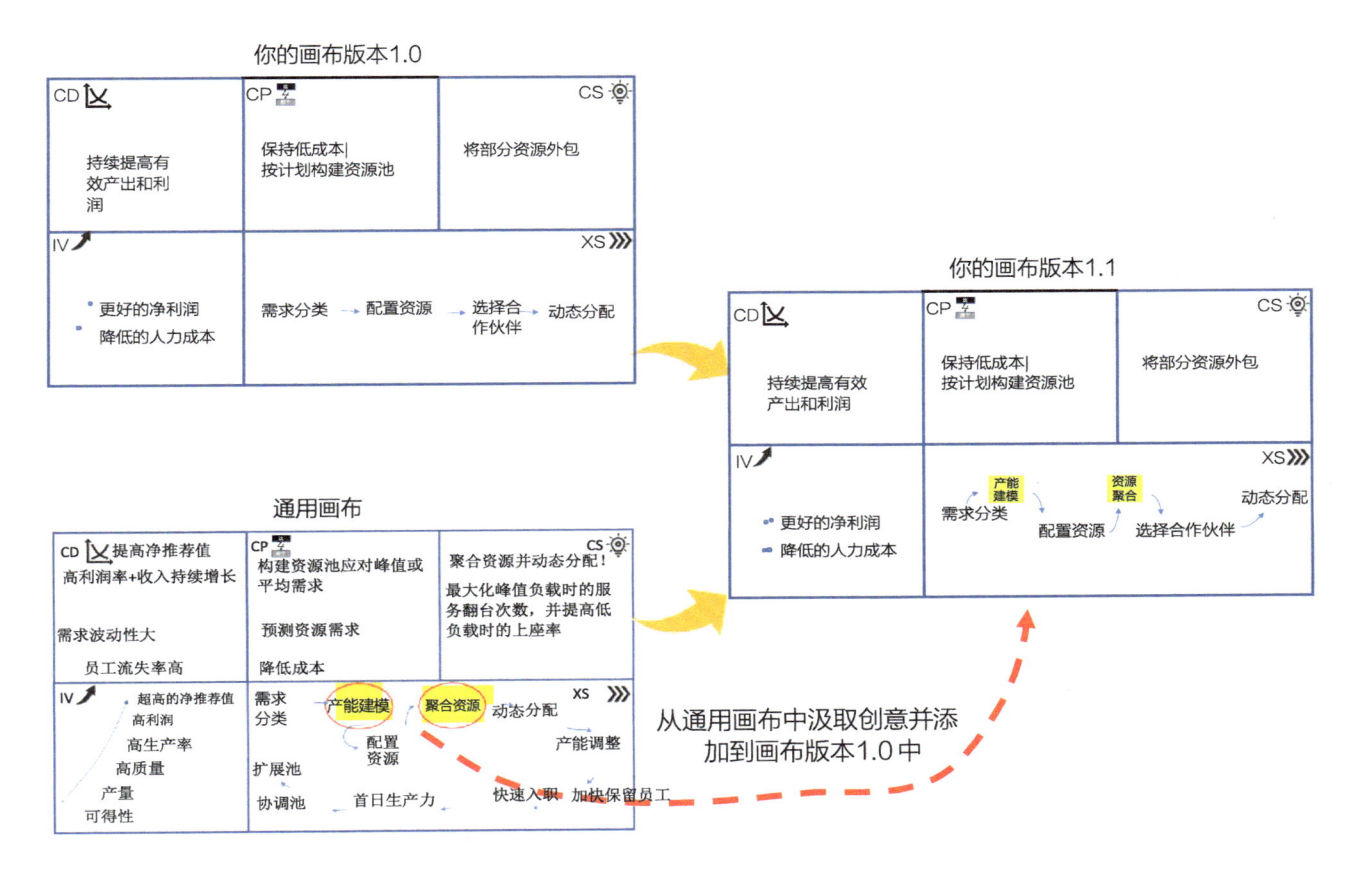

你的画布版本 1.0

CD 持续提高有效产出和利润	CP 保持低成本｜按计划构建资源池	CS 将部分资源外包
IV · 更好的净利润 · 降低的人力成本	需求分类 → 配置资源 → 选择合作伙伴 → 动态分配	XS

通用画布

CD 提高净推荐值 高利润率+收入持续增长 需求波动性大 员工流失率高	CP 构建资源池应对峰值或平均需求 预测资源需求 降低成本	CS 聚合资源并动态分配！最大化峰值负载时的服务翻台次数，并提高低负载时的上座率
IV · 超高的净推荐值 高利润 高生产率 高质量 产量 可得性	需求分类 → 产能建模 → 聚合资源 → 动态分配 配置资源 产能调整 扩展池 协调池 首日生产力 快速入职 加快保留员工	XS

从通用画布中汲取创意并添加到画布版本 1.0 中

你的画布版本 1.1

CD 持续提高有效产出和利润	CP 保持低成本｜按计划构建资源池	CS 将部分资源外包
IV · 更好的净利润 · 降低的人力成本	产能建模 资源聚合 需求分类 → 配置资源 → 选择合作伙伴 → 动态分配	XS

服务模板

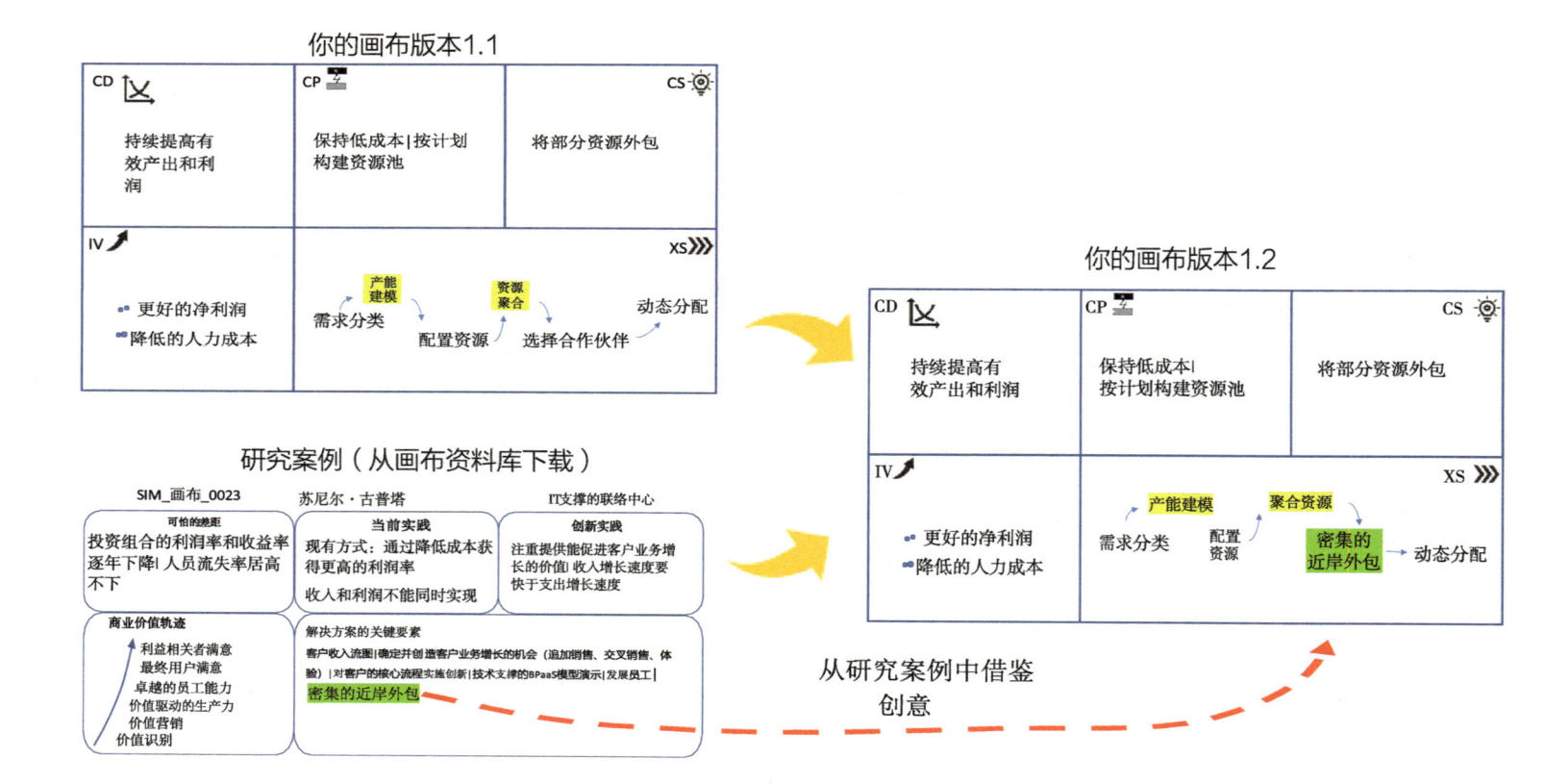

步骤 3

你的画布版本1.1

CD 持续提高有效产出和利润	CP 保持低成本|按计划构建资源池	CS 将部分资源外包
IV • 更好的净利润 • 降低的人力成本	产能建模　资源聚合 需求分类　配置资源　选择合作伙伴	XS 动态分配

研究案例（从画布资料库下载）

SIM_画布_0023　苏尼尔·古普塔　IT支撑的联络中心

可怕的差距	当前实践	创新实践
投资组合的利润率和收益率逐年下降|人员流失率居高不下	现有方式：通过降低成本获得更高的利润率 收入和利润不能同时实现	注重提供能促进客户业务增长的价值|收入增长速度要快于支出增长速度

商业价值轨迹
↑ 利益相关者满意
　最终用户满意
　卓越的员工能力
　价值驱动的生产力
　价值营销
　价值识别

解决方案的关键要素
客户收入流图\|确定并创造客户业务增长的机会（追加销售、交叉销售、体验）\|对客户的核心流程实施创新\|技术支撑的BPaaS模型演示\|发展员工\|密集的近岸外包

你的画布版本1.2

CD 持续提高有效产出和利润	CP 保持低成本|按计划构建资源池	CS 将部分资源外包
IV • 更好的净利润 • 降低的人力成本	产能建模　聚合资源 需求分类　配置资源　**密集的近岸外包**	XS 动态分配

从研究案例中借鉴创意

服务运营

服务是"完成工作"的领域，是无形的，尽管可以使用产品来完成工作。

从服务机构的角度来看，你是"提供服务"的，而不是"制造服务"的。

服务是无形的，这使得服务业务非常复杂。客户往往很难评估服务的工作内容和结果，因此服务机构需要复盘，了解系统的哪个部分需要改进以提升服务效果。在服务业中，在向客户交付服务之前进行质量检查并不容易。

一旦工作完成，服务的交付就完成了。客户支付你执行某些活动的费用。你可能在执行这些活动时使用某些产品，但是你始终持有基础设施、设备和工具。

在大多数情况下，客户并不拥有服务，而是分享了提供服务所使用的资源，包括场所、专业知识、时间等。资源共享是高效服务机构的关键。这也影响到服务机构的售后服务和留存客户的能力。

服务具有易逝性，这是因为服务的生产和消费是同时进行的，通常需要客户作为共同生产者。客户出席的意愿对服务的时间和地点也施加了限制。易逝性也意味着服务不能被存储以应对负荷激增或实现效率提升。

服务业的运营特点包括需求的高波动性、工作内容的不确定性以及熟练技工资源的可得性。基础设施、专业知识、资源基础和良好设计的流程对于任何服务机构都至关重要。熟练的员工是服务机构的基石，特别是在员工与客户有很长接触时间且需要高度专业化技能的情况下。实际上，在服务机构中，人力资源管理被视为与运营和营销同等重要的关键成功因素。

随着客户对时间、便利性和个性化的要求不断提高，服务机构被迫采用多种交流和互动渠道，数字化成为核心。实际上，对于机构而言，提高数字渠道的采用率变得越来越必要。

服务非常多样，涵盖了向个人消费者、企业和政府销售的各种行业。即使在同一业务领域，也存在差异很大的实践。这些差异阻碍了最佳实践的快速辨认和吸收采纳。

越来越多从事实体产品制造的公司将自己描述为服务型企业，因为很大一部分增值是由速度、定制和便捷位置创造的。这促使大家都认识到，即使是从事实体商品制造业务的公司，如果想保持竞争优势并实现持续增长，那么投资于实时系统是至关重要的，将有助于维系客户。实际上，各机构都在不断地追求为其产品提供服务附加值。

产品和服务对企业的贡献是共享的，且这两者通常会相互增强。实际上，可能并不存在纯粹的产品或纯粹的服务企业。为了理解和建模，我们在图中将产品为主的企业放在有形性的一侧，将服务为主的企业放在另一侧（无形性），而混合了产品和服务的企业则处于两者之间。因此，各类企业按所提供服务或产品比例的高低，呈现出一个连续的分布状态。

实际上，即使没有明确表述，每个组织都有隐藏的服务部门。这些被称为内部服务，涵盖招聘、出版、法务、会计、IT、工资管理、办公室清洁、景观维护、货物运输以及许多其他任务。许多内部服务经常被分离出来，作为独立的业务进行推广。听说过亚马逊云服务（Amazon Web Services，AWS）吗？它曾经是亚马逊的内部IT部门，现在已经独立成为一个数十亿美元的组织。

虽然高效的服务运营仍然非常重要，但在当今竞争激烈和不确定性高的环境中，这种导向已经不足以取得成功。服务是由员工提供的，既需要关注效率，也需要以客户服务为导向。这是因为，服务产品不可避免地是根据客户需求量身定制的。由于客户需求、价格选择、交付偏好、个性化要求等因素差异很大，服务机构试图定位其服务以迎合特定的细分市场。

你的机构可能处于这个连续图谱的任何位置。你需要找到杠杆点，明确是定位在"制造产品"还是定位在"提供服务"。这样就可以有针对性地构建运营系统，从而充分满足客户需求。

让我们更深入地解析这个问题。

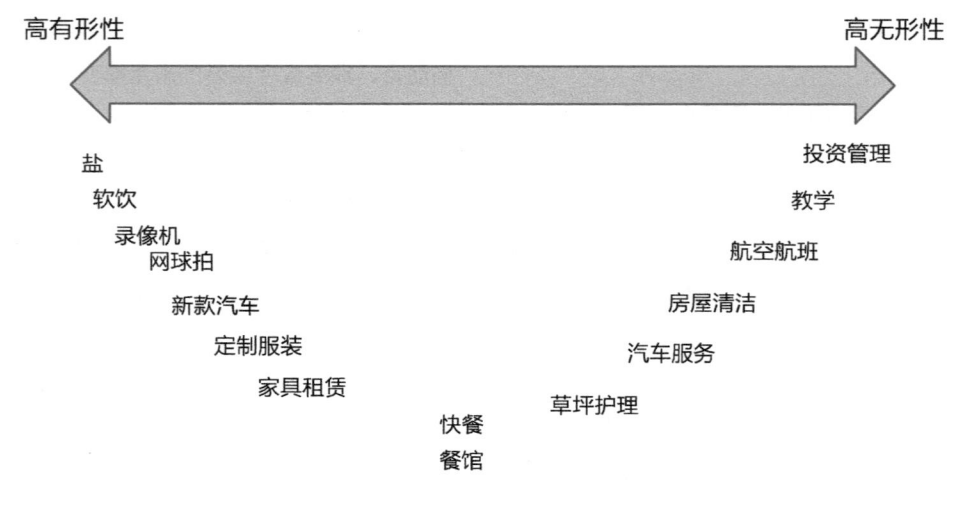

高有形性 ⟵————————————————⟶ 高无形性

盐
软饮
录像机
网球拍
新款汽车
定制服装
家具租赁
快餐
餐馆
草坪护理
汽车服务
房屋清洁
航空航班
教学
投资管理

服务类别

人	物品	信息
人的服务 ■ 保健 ■ 住宿 ■ 美容院 ■ 餐馆 ■ 健身中心 ■ 物理疗法 ■ 人员交通	**商品服务** ■ 信使 ■ 维修和维护 ■ 仓储 ■ 家务 ■ 零售和分销 ■ 洗衣店 ■ 园艺	**数据服务** ■ 银行业 ■ 会计 ■ 数据处理 ■ 保险 ■ 法律服务 ■ 研究 ■ 软件开发

服务的分类

对服务业务进行分类有多种方法，以下介绍一种便利方法。该方法基于完成工作的对象，并符合服务的定义（完成工作）。

商品服务

个人客户和工业品企业客户都需要在运输、仓储、安装、清洁、使用、维护、维修、升级和处理产品方面寻求帮助。服务机构提供各种服务来执行这些活动。这些服务与商品紧密相关，如电视、冰箱、洗衣机、电脑、办公设备、机械设施等，通常是主要的收入来源。此外，服务机构还销售消耗品、附加组件和备件，这些是伴随着服务一起提供的。虽然这些服务通常由商品公司提供，但现在也有独立的服务机构专门提供商品服务。例如，提供家政服务的 Urban Ladder 公司，以及对复杂产品和基础设施进行维修、保养和修理的 MRO（Maintenance, Repair & Operations Maintenanc）公司。这些设施通常包含暖通空调设备、火车、飞机、船舶、钢铁厂、水泥厂、石油精炼厂等。

对于想要销售服务的产品公司来说，一个巨大的挑战是销售产品时除了功能性，还要承诺可靠性和易用性。因此，对于它们来说，在前期提供大量服务是一个挑战，因为客户可能会对产品的可靠性产生质疑。对于一些产品公司来说，从服务业务中获取最大回报可能比人们想象得更具挑战性。具有讽刺意味的是，很少有公司提供服务保证。

为何不对服务提供保证呢？

考虑到有时候商品成本高昂、过于复杂难以管理或寿命较短，服务机构会选择租赁或出租设备。租赁和出租也被视为一种服务，因为资产的所有权并没有转移给客户。这也符合"服务是完成工作"的逻辑。既然如此，客户又有何理由非得拥有该产品呢？

服务机构面临的另一个挑战是，需求的不确定性，以及在服务过程中的未知情况。首先，服务机构发现很难拥有与不均衡需求相匹配的最佳数量的熟练人员。其次，服务机构常常根据来自客户的不充分或模糊的信息派遣技能专员，这导致在执行服务时出现意外，或者交付能力与实际需求不匹配。这进一步导致服务团队和客户的时间延误和服务效果偏差。

人的服务

有些服务是直接提供给人并为其身体提升价值的，如医院、按摩中心、乘坐出租车旅行、住宿、物理治疗、健身中心和餐馆等。这些服务与客户有较高的接触时间，通常需要高技术和软技能的人员与客户互动。客户访问服务机构更多地是为了享受服务而非购买商品，尽管商品可能是服务的一部分。人们去餐厅是为了享用美食和用餐服务，去医院是为了保持健康（虽然他们在那里购买药物），去按摩中心是为了调理身体。

当服务是针对身体的时候，每个人的期望都不同，因此能够提供符合客户期望的个性化服务对于提供良好服务至关重要。由于服务行业员工的高流动性，为客户提供真正个性化的服务是服务机构面临的最大挑战。

从流程的角度来看，当消费者参与服务时，他们对时间没有耐心，可能需要在他们指定的地点按需提供服务。由于这类机构的客户涌入量波动很大，管理能力和服务质量是一个长期的挑战。通常，这类机构面临着稀缺资源（专家或设施）的最大利用率与向客户提供优质服务之间的冲突。

通常，这类系统的关键不良效应是客户的长时间等待、制约条件（专家或设施）的非充分利用，以及服务的不良效果。在较小的服务中心里，流程可能相对简单直观，但在大型多学科医院等场所，流程可能会非常复杂。

数据服务

银行、数据处理、会计、保险、法律服务、研究、软件开发等都是与信息相关的业务。其中的关键流程要素是数据，需要被处理并转化为有价值的产出。这些产出可以是报告、演示文稿、文件、合同、证书、数据库、软件代码、视频等。

这些机构最适合数字化，并且通常似乎没有数字化和创造新价值的极限。在无限可能的情况下，这些机构被 IT 项目淹没，这些

餐馆

⏳ 在服务业中，让客户等待是最不受欢迎的事情。

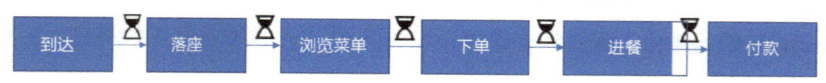

| 到达 | ⏳ | 落座 | ⏳ | 浏览菜单 | ⏳ | 下单 | ⏳ | 进餐 | ⏳ | 付款 |

项目往往会延迟，并且常常在压力下发布，而性能令人不满意。另外，随着客户对数字技术的了解越来越深入，他们对机构利用尖端技术做出超级响应的期望也在增加。当然，有时候客户也可能并不了解新技术的可能性。

这些机构的流程严重依赖于专业人员，往往可以在相同工作的两个人的交付中发现显著差异，不仅在输出方面，而且在输入和需求的表述方式方面也有差异。

因为在软件开发、研究、设计等业务中存在相当多的无形性，所以需要很多的文档记录，并且还需要严格遵循明确定义需求和测试用例的过程，以确保买卖双方之间的客观性。传统上，由于需求经常发生变化，这类业务往往需要大量返工和迭代。

我需要接受需求、运营和人员方面的不稳定性，并忍受生产力下降吗？

信息服务机构往往面临以下困境：在解决方案开发中，究竟应该冻结需求和设计，不让任何意外干扰工作流程，还是应该允许开发过程中的更改。

让我们深入研究其中一些模型，并从那些正在领导业务转型的人身上学习。

商业模式创新模板

产品服务

CTM 是一家传奇般的纺纱厂机械制造商，在全球装机数量方面排名第三。其收入来自机械（产品）和服务（售后服务和备件）的销售。然而，近几年，由于激烈的全球竞争和跟不上快速发展的技术，其收入波动较大，市场份额也逐渐下降。该公司现在正全力转型业务，通过找到难以复制的突破性价值，以满足其客户的需求。

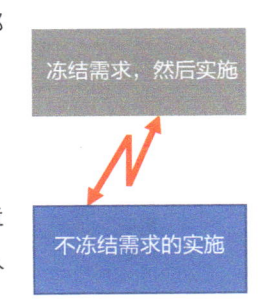

直到最近，CTM 仍一直从事机械制造，并以总包方式将其销售给纺纱厂厂主。随着时间的推移，在学习曲线效应下，其区域竞争对手正在快速赶上，产品的价格和利润率也已经逐年下降。此外，其服务的客户开始直接从原始供应商采购备件，并且同时在本地采购。有一部分利润丰厚的业务来自服务；但购买设备几年之后，客户自有的维护和工程团队开始接管，这对 CTM 的收益产生了不利影响。

这些设备通常使用寿命超过 40 年。实际上，CTM 已经意识到其业务已经被商品化（是指商品原本具有的品牌等独特价值，即产品溢价，因市场的充分竞争而消失不见，最终影响消费者购买意愿的决定因素只剩下价格。——译者注）。

明确战略性问题

基于 TOC 的业务状况分析，揭示了组织内部存在巨大冲突，这往往迫使客户做出不将业务交给 CTM 的决定。

CTM 有一种看待其收入的方式，例如，设备是高收入低利润的业务，而服务是低收入高利润的业务（尽管具有重复性）。

很久以前，服务业务的收入微不足道，管理层对这个业务线几乎没有太多关注，包括客户服务、创新、及时性、定价等方面。然而，随着时间的推移，许多事情发生了变化。其中一个事实是，即使每年设备的销售增长很小，服务业务已经变得相当大。但是，CTM 的业务实践仍然没有随之改变。

现在，设备业务和服务业务之间竞争激烈，争夺客户的预算份额。设备业务向现有客户推荐新设备，然而服务团队则自信地认为客户最好选择服务合同，或者至多是设备翻新改装。这导致客户直接或间接地从 CTM 的不同团队接收到相互冲突的信号。无论是哪种情况，客户都需要采取例行的内部核算，以决定是购买新设备，还是升级现有设备。

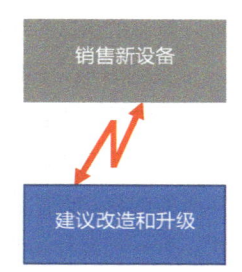

创造更高价值

这个冲突似乎很难解决，CTM 一直在权衡中挣扎，但已经达到无法继续承受的程度。通过使用 TOC 的方法论，揭示当前业务模型的潜在限制性假设，从而为两个业务线打破冲突、提供双赢方案，公司则获取了更大的收益。

管理层通过系统和深入的讨论，推出了一个突破性解决方案，帮助 CTM 打造了一个新的业务模型和新的品牌定位——"全方位服务公司"。

值得一提的是，CTM 在另一个部门的制造业务中也采用了 TOC 的聚焦机制，这些经验帮助他们克服了转型解决方案的不确定性。以下是 CTM 创新业务的方式。

当你的产品快速商品化时该怎么办？

细节不受限制的解决方案

CTM 决定将设备物联网化，这些设备不仅包括制造中的设备，还包括全球使用中的设备（超过 10000 台）。考虑到其大部分设备已经具备收集参数的自动化接口，CTM 希望在办公室里能通过云端获取设备状态和运行性能的参数。这将使其能够诊断设备的当前状态和问题，并预测设备性能。CTM 随后将向客户提供不可抗拒的报价（这些报价有很高的转化率），并保证纺纱厂的极高运行时间。纺纱厂作为工艺型工厂，即使生产率提高 1%，对盈利也有很大帮助。

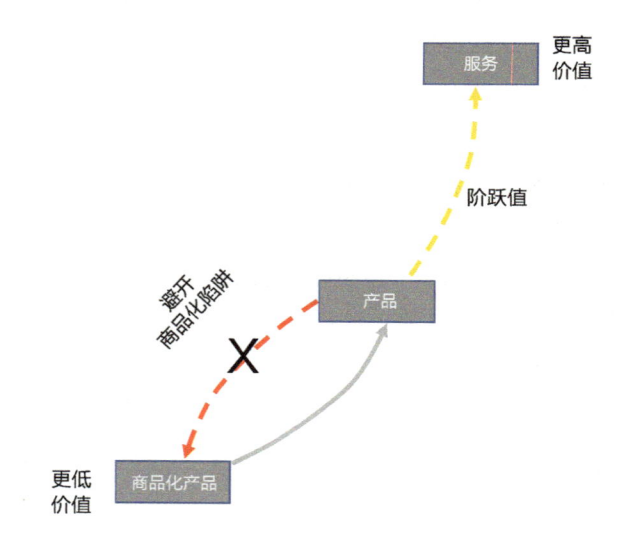

第二篇 案例模板

产品服务

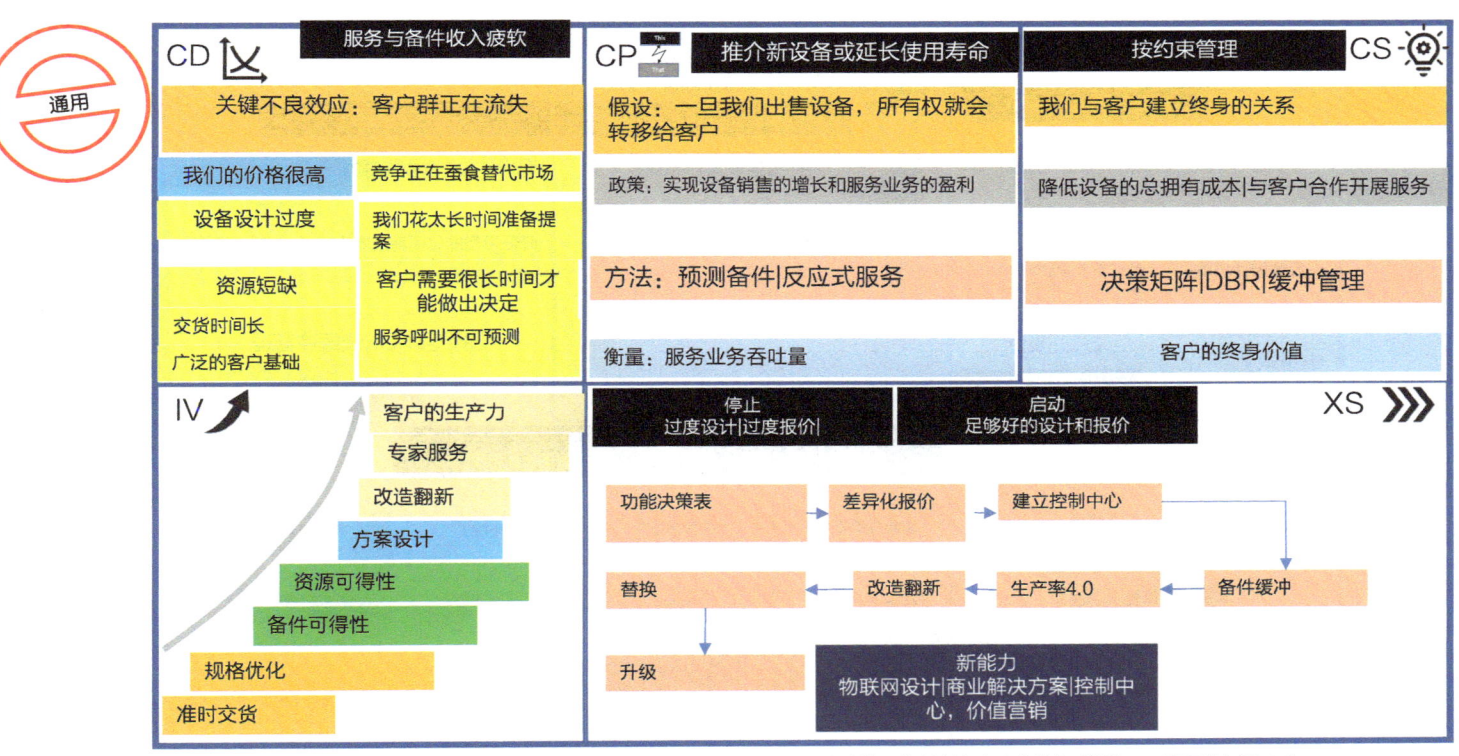

通用

CD 服务与备件收入疲软
- 关键不良效应：客户群正在流失
- 我们的价格很高
- 竞争正在蚕食替代市场
- 设备设计过度
- 我们花太长时间准备提案
- 资源短缺
- 客户需要很长时间才能做出决定
- 交货时间长
- 服务呼叫不可预测
- 广泛的客户基础

CP 推介新设备或延长使用寿命
- 假设：一旦我们出售设备，所有权就会转移给客户
- 政策：实现设备销售的增长和服务业务的盈利
- 方法：预测备件|反应式服务
- 衡量：服务业务吞吐量

CS 按约束管理
- 我们与客户建立终身的关系
- 降低设备的总拥有成本|与客户合作开展服务
- 决策矩阵|DBR|缓冲管理
- 客户的终身价值

IV
- 客户的生产力
- 专家服务
- 改造翻新
- 方案设计
- 资源可得性
- 备件可得性
- 规格优化
- 准时交货

XS

停止 过度设计|过度报价　　启动 足够好的设计和报价

功能决策表 → 差异化报价 → 建立控制中心
替换 ← 改造翻新 ← 生产率4.0 ← 备件缓冲
升级

新能力
物联网设计|商业解决方案|控制中心，价值营销

拉克什米|阿尔斯通|拉森特博洛|三菱|通用电气|ABB|乐机|特迈斯|艾法史密斯|康明斯|三一重工|中国中车

TOC 商业模式创新画布

产品服务（续）

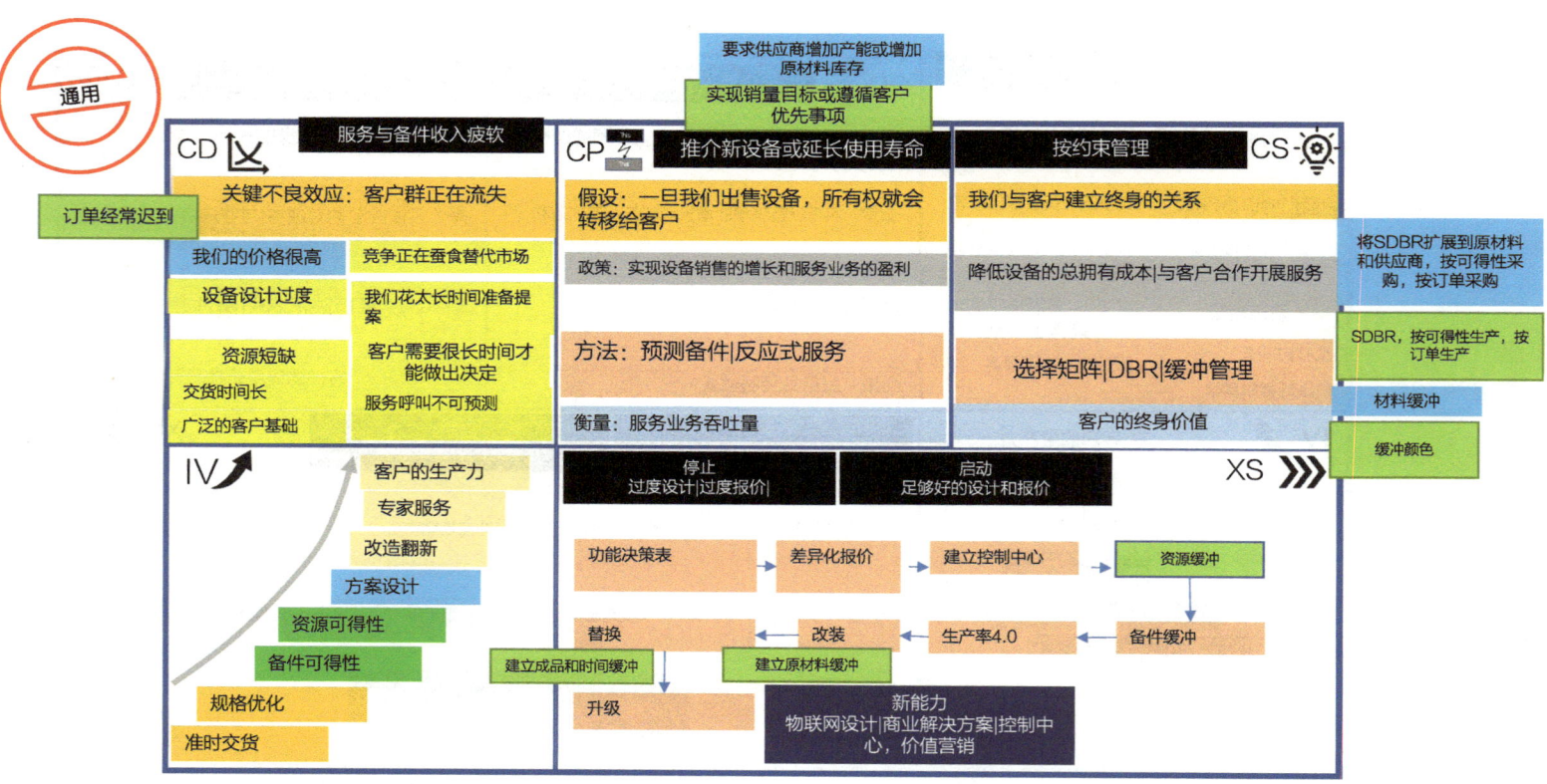

通用

CD 服务与备件收入疲软

- 关键不良效应：客户群正在流失
- 我们的价格很高
- 竞争正在蚕食替代市场
- 设备设计过度
- 我们花太长时间准备提案
- 资源短缺
- 客户需要很长时间才能做出决定
- 交货时间长
- 服务呼叫不可预测
- 广泛的客户基础

订单经常迟到

CP 推介新设备或延长使用寿命

- 假设：一旦我们出售设备，所有权就会转移给客户
- 政策：实现设备销售的增长和服务业务的盈利
- 方法：预测备件|反应式服务
- 衡量：服务业务吞吐量

要求供应商增加产能或增加原材料库存

实现销量目标或遵循客户优先事项

CS 按约束管理

- 我们与客户建立终身的关系
- 降低设备的总拥有成本|与客户合作开展服务
- 选择矩阵|DBR|缓冲管理
- 客户的终身价值

将SDBR扩展到原材料和供应商，按可得性采购，按订单采购

SDBR，按可得性生产，按订单生产

材料缓冲

缓冲颜色

IV
- 客户的生产力
- 专家服务
- 改造翻新
- 方案设计
- 资源可得性
- 备件可得性
- 规格优化
- 准时交货

停止：过度设计|过度报价
启动：足够好的设计和报价

功能决策表 → 差异化报价 → 建立控制中心 → 资源缓冲
替换 ↔ 改装 ↔ 生产率4.0 → 备件缓冲
建立成品和时间缓冲　建立原材料缓冲
升级

新能力：物联网设计|商业解决方案|控制中心，价值营销

XS

拉克什米|阿尔斯通|拉森特博洛|三菱|通用电气|ABB|乐机|特迈斯|艾法史密斯|康明斯|三一重工|中国中车

CTM 提供的保障方式是纺织机械行业的一项重大创新，没有竞争对手敢于提出相似的保障条款。

此外，CTM 希望通过降低客户库存水平，避免因零部件短缺而导致的强制停机，来合理化零部件需求（这些零部件不仅昂贵，而且在确保其可用性方面存在混乱）。这与行业惯例形成了巨大的差别，行业通常会尽可能地向客户推销更多的零部件库存（即使有些零部件过剩，且还有其他零部件从未被使用过）。

因此，通过维持客户关系并掌握相关库存信息，CTM 能够在提高库存和设备利用率的同时，始终保持自己的备件可得性，并通过聚合管理实现最低库存水位。当新的解决方案在客户群体中实施时，CTM 的备件收入大幅增长，并为设备制造部门带来了更多的业务。然而，这些设备制造部门，此前认为备件需求会放缓，并已开始考虑裁员计划。

利用其制造领域的 TOC 知识，CTM 还打算密切关注每个客户的端到端流程，帮助他们识别运营制约并充分挖掘价值。对于 CTM 的好处是，它将从增加的客户生产力中分得一份作为费用，从而为其服务业务赋予更大的合理性（分享真正的共同利益）。

随着在各式各样的工厂中积累数据，它也将更好地向研发团队提供数以百计的设备改进提案（这是研发团队多年来精心开发，却无法有效推出的）。这也为其研发团队在客户最需要的价值轨迹上进行有针对性的创新铺平了道路。

设定真正雄心勃勃的目标

CTM 希望将其服务业务扩展到一个更高水平，即拥有为客户安装的设备，并替客户管理设备生产力。逐渐地，CTM 还将扩大其全方位服务的业务组合，把自己竞争对手的设备服务也纳进来。在未来五年内，CTM 设定了一个雄心勃勃的目标，即成为一个 10 倍增长的公司。

纺织厂的运营非常复杂，需要积累足够经验才能熟练操作和管理设备。鉴于这一点，凭借制造设备和为全球数千家客户提供服务的经验，再加上对整个技术沿革的深入了解，CTM 打算为纺织厂提供全面的运营服务。这也包括 MRO 服务，在短时间内建立最佳实践并提供卓越的绩效结果。除此之外，还将提供人员培训和建立工厂管理系统。

CTM 了解到，纺织厂一直面临着资金短缺的困境，无法购买或升级其工艺能力。因此，CTM 打算提供租赁设备服务，以降低工厂业主的前期付款。作为回报，CTM 将完全拥有这些设备，提供生产力解决方案，并按照收入分成的方式收取部分费用。

不存在单纯的产品业务，一切皆服务！

CTM 深知其 10 倍增长计划，是基于充分利用迅速发展的物联网技术，并在其主要工厂附近建立了卓越中心，正在推动团队彻底改进其产品组合和商业模式。

主导范式转变

然而，CTM 商业模式创新的真正关键在于挑战业务的基本假设。在旧的商业模式中，它通过出售设备开展业务，假设客户是这些设备的所有者，并需要客户主动联系获取服务。这是一种以交易为中心的经营模式，整个业务都围绕着设备展开。公司只关注内部的专属技能、成本控制，以及与客户强硬谈判从而谋求利润。

在新模式下，CTM 认为自己与客户是终身互相依赖的关系型业务，自己是生态系统的参与者。它认为设备是自己的，而客户所需则是完成纺纱工作。这为 CTM 带来了客户终身的价值收益；从长远来看，竭尽所能地帮助客户提升业务，之后再从客户的获益中分享利润。

这就是 CTM 的商业模式创新。那么它是如何实操落地的呢？

落实解决方案

因为客户过去认为 CTM 过度设计和标准化了设备，并向不需要的功能收取费用，所以 CTM 建立了一个设计决策矩阵，用来开发符合客户需求的业务方案，并始终考虑客户终身价值。它会以基本配置提供设备，把附加组件和更新改造作为全面服务合同的一部分，并与客户业务的增长相互匹配。此外，公司对技术和商务团队进行了培训，以设计基于价值的业务提案（令客户无法拒绝的提案）。这种提案具有极高的成交率。为了管理备件以及服务团队的可得性，它采用了两个不同版本的 DBR（基于制约的调度机制），一种用于平衡流动性的机制。现在，它通过端到端的 SDBR 将设备的生产和组装与客户现场安装日期连接起来，解耦了业务的各个部分的波动。当然，卓越中心控制室现在已成为业务的神经中枢，使 CTM 成为一家真正的数字技术驱动的企业。

乘风破浪

显而易见，CTM 通过在多个领域积累价值型业务应用，使每一个应用与业务成果内在联系，充分发挥了工业物联网的真正力量。如今，CTM 正乘着价值轨迹的浪潮，从过去依靠硬件的组织转变为以数字化创新业务模式获取洞察力的思维型组织。过去，它依据材料吨位和外购零部件的价格出售复杂设备，而现在，它从数字化获取的每一个洞察都能赚钱。如今的 CTM，提供设备即服务（Machine as a Service，MaaS）业务，并在内部形成了卓越的学习型组织精神。

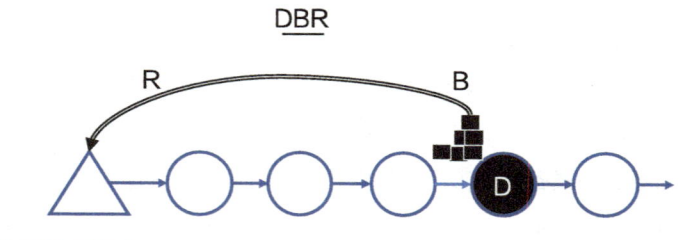

流程管理服务

Infosys BPM、Cognizant 的 DBO、Genpact 的智能业务运营服务，以及 WNS 的流程管理服务，都是在替客户管理其业务流程，涵盖开票、付款、收款、履约、订单管理、物流、库存管理、产品开发、测试、客户服务等。这些机构通过建立自有团队和流程管理框架，为整个行业承担流程管理的责任。由于运营流程的可重复性，它们通过应用最佳实践和最新技术，对其进行了显著优化，从而为客户提供高性能的交易，使其生产效率实现逐年提升（通常为 5%~8%）。流程管理服务创造时间，节省金钱。

在产品制造的 DBR 模式中，把工单释放到第一个工序的速度取决于受制约过程的节奏，该过程通过库存缓冲或时间缓冲得到充分保护。然而，与制造业不同，由于交易在很大程度上得到数字化赋能，交易速度非常快，因此此处并没有库存缓冲的概念。但同时，负荷可能会突然间大幅提升，则智能编码的 DBR 算法会介入流程管理，并重新分配负荷。在交易性流程中，为了匹配不断变化的负荷水平需要进行负荷分析，并采用缓冲管理的概念来建立资源缓冲，从而消除需求波动的不利影响。

多年来，在帮助客户实现生产效益的逐年增长后，这些企业的业绩到达了平台期，勉力维持着客户业务。在此关键时刻，客户往往会寻求其他供应商的解决方案，而新供应商则抓住机会，通过竞价击败现有供应商。另外，新供应商也同样面临向客户承诺更高收益的挑战。BPM 公司正在寻求以超越转型与交易效率之外模式，来为客户提供增值服务，更直接地帮助客户业务增长。其中一些公司，已开始探索 TOC 商业模式创新框架，从而构建自身的价值增长轨迹。

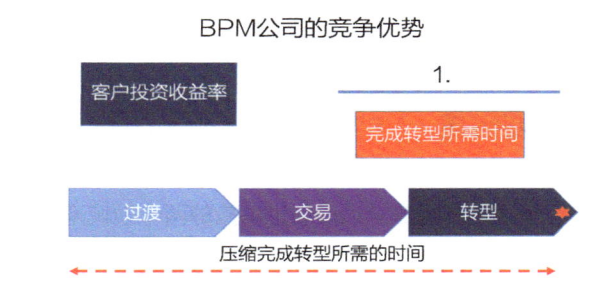

BPM公司的竞争优势

这些公司理解了客户业务为下一级客户创造价值的方式，发现了消除制约因素可以创造更高价值的机会。其仍需努力领悟的是，公司创造的真正长期价值在于确保客户不仅可以获得更高的运营绩效，而且能够更快地获得这些效益。BPM 公司的衡量标准正在从提供交易效益转向提供更高层次的转型价值，从控制成本转向提高收入，并聚焦客户业务的投资收益率，而非仅仅关注盈利能力。

IT 赋能的业务

这些业务的核心元素是信息流（信息流是增加价值的要素）。像银行、保险、股票经纪、法务部门、联络中心等业务，已经利用 IT 大幅缩短了周转时间（交付周期）。在这些组织中，手工工作的数量大幅减少，其实体办公场所已经缩小了 70% 多。这几乎消除了流程中所有的延迟和瓶颈，使其变得高度可预测，交易波动极低。这意味着组织需要在其他地方寻找增长的动力。

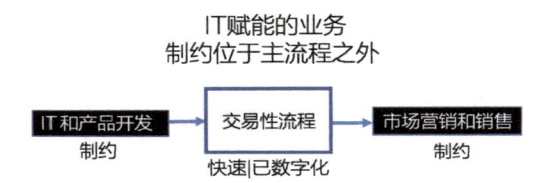

```
        IT赋能的业务
      制约位于主流程之外

┌──────────┐    ┌──────────┐    ┌──────────┐
│IT和产品开发│ →  │ 交易性流程 │ →  │市场营销和销售│
└──────────┘    └──────────┘    └──────────┘
    制约         快速|已数字化         制约
```

这样的组织通过利用需求远远超过供应的两个领域来开拓增长道路。

一个是市场营销部门，另一个是IT部门。市场营销部门的工作是不断识别新的需求和客户群体，并将其转化为有效客户。IT部门的职责是不断追求运营的数字化，同时与业务人员一起开发产品并向市场提供服务。现在，由于业务已经大规模地启用了IT，在其他领域不再面临压力。（IT显著提高了各个业务领域的效率和可预测性。这使企业的关注点和资源主要集中在市场营销和IT领域。——译者注）如今，其他一切都应服从于这两个领域。

IT部门面临的挑战是，如何在内部开发、遗留工作和重做工作之间分配时间，同时还要开发新功能、新产品以及提供服务。市场营销部门面临的挑战是，如何在有大量新需求等待开发的情况下，花大量的时间为现有客户提供服务。

当产能制约资源严重超负荷时，解决方案的初始方向是首先通过使用战略和战术门控（即目标筛选和流动管控。——译者注），防止产能制约资源在低有效产出或低优先级工单上工作，然后逐个释放工单并避免糟糕的多任务处理（不良多工）。这也意味着密切关注进行中的工作，以实现最佳工作流。如何确定新功能和新产品的优先级，以及市场销售部门如何细分和教育市场，将决定这类组织的转型发展轨迹。

面向人的服务

当走进医院、康复中心、按摩中心、美发店、美容院等场所时，你就是服务对象。服务提供者利用他们的资源、基础设施和工具设计服务流程。每个人都被视为一个案例或流动元素，其余的则是流动支撑结构。让我们来谈谈医院。

在全方位服务医院中，核心冲突包括：是否在手术室（通常是受限的）可用时立即占用，或按计划的时间进行手术；是否延长患者在病房的住院时间，或尽快安排其出院；是否让尽可能多的患者去找专科医生问诊，或限制高峰时段的挂号人数。在另一种情况下，究竟是将昂贵设备的维护合同交给服务公司，还是在医院内部培育维护设备的专业团队。

在任何服务业中，信息都发挥着举足轻重的作用。实现信息流程的数字化和确保信息在适当的时间传递给适当的人至关重要。在医院环境中，识别产能制约资源（如医生或手术室）并从制造业引入DBR方法，可以在不降低治疗质量的前提下大幅提高有效产出。实际上，阿尔文德眼科医院（Arvind Eye Hospital）在印度马杜赖市（Madurai）应用制造业技术的案例，已经成为服务业的一个传奇。该医院通过围绕瓶颈进行创新，在关键手术部件供应方面成为世界领先的医疗服务机构。

阿尔文德眼科医院通过明确识别客户群体、设计高质量的跨领域产品，将群体差异纳入考虑，并组织医生之间的协作流程，成功地将生产效率提高了数倍。该医院成功履行了无论患者的财务状况和社会地位如何，都要为他们尽力服务的神圣使命。当然，这也意味着用一个群体的收入来支持其他群体，并且医院依然保持着健康的盈利，为其年年增长提供了动力。为了实现消除盲症的总体承诺，即使某个患者群体不盈利，该医院仍必须设法实现盈利。

在以人为对象的服务业中，首先通过战略筛选客户群体，然后实施战术性管控是至关重要的。明确工作范围、实施预约制度以及在客户抵达之前做好准备，不仅能够为客户提供迅速的服务体验，还能够以最低的成本显著提高系统的产能。正如在餐饮业中，客流不稳定、转换成本低以及口碑的巨大影响，都是以人为对象的服务业所面临的核心挑战。

面向人的服务
筛选和准备是关键

战略门控 → 到达 → 战术门控 → 操作1 → 操作2
↓
滴漏

TOC 商业模式创新画布

软件工程服务 — 鼓舞人心

作者：史瑞达·劳拉	服务｜IT｜工程	2022 年 4 月 10 日	SIM-0049｜第 1 版

1. 变革引擎

提高生产率超过 50 %
需求超过产能 5 倍
积压订单迅速增加
｜产能利用率低｜完成质量差（高淘汰率）｜估计时间长

尽管需要处理严重或紧急请求，仍要把准时性能提高到 >90 %｜把交货时间缩短 50%

变更请求的提出，是不可预测的

2. 系统性问题

不良效应：频繁重新安排和重新设置优先级｜经常有许多变更请求被放弃｜估计和开发之间的时间差很大

过去的方式：使用估计来计算成本并评估投资收益率｜基于估计和紧急性进行每月计划重排，并重新设置优先级｜变更订单取决于个别客户支付的资金｜根据估计进行优先级排序和预算分配｜在 24 小时内承诺交货期（估计）

范式：估计就是承诺｜数据不足，且数据的透明度不足｜每个变更请求必须分摊工程成本｜经理需要编程技术技能

3. 核心方案

范式：所有的估计都是浪费（无用）｜工程成本是固定的｜经理需要管理技能｜已经有比所需更多的数据

注入解：废除估计｜保护开发人员免受输入变异的影响｜资源重新分配

新方式：停止成本核算｜停止时间和工作量估计｜按正常情况管理日常工作，将异常作为例外管理｜基于缓冲槽进行优先级排序｜仅在缓冲槽空闲时（尽可能晚）承诺交货期｜拥有合适的开发人员和测试人员比例

5. 创新轨迹

性能矢量
　　产能扩展
　　产量
　　成本
　　生产率
　　交付时间
　　优化生产技术

4. 落地计划

解决方案的互连元素
标准化交期｜供应商协议｜资源再分配｜单一任务运行｜缓冲管理
生产力提高了 2~5 倍，每个请求的提前期从数月改为数天，准时性从接近于 0 提高到 90% 以上，每次变更的成本降为 1/3，产量提高 155%，积压工作从数月改善到数天
关键 TOC 原型：DBR 和有效产出会计

说明：IT 巨头如微软和 IBM 是 TOC 在软件工程环境中的早期采用者。例如，当出现大量变更请求时，会导致后续工作的积压，从而使交付的报价所承诺的交货时间长达数月之久。然而，实施 DBR 并改变变更请求管理方式的主要范式，可以优化流程并带来难以置信的生产力水平提高。这表明，在知识型工作中，即使不改变技术内容和方法，仅通过改变管理方法就可以带来巨大的生产力跃升。参考资料：TOCICO，图书《达成目标》和《敏捷管理》。

微软｜IBM｜塔塔咨询｜印孚瑟斯｜高知特｜威普罗｜埃森哲｜迈安迪

医疗保健管理

鼓舞人心

第二篇　案例模板

作者：史瑞达·劳拉	医疗保健 | 运营	2022年7月10日	SIM-0046 | 第1版
1. 变革引擎	**2. 系统性问题**	**3. 核心方案**	
行业问题：医疗成本增长速度快于GDP增长 患者对医疗保健的信心一直很低	不良效应：长期加班、工作人员疲惫、等待时间长（急诊室90%以上）、高缺勤率和经常取消预约、患者负荷高、住院时间长 旧方式：计划每个患者的有限咨询时间 | 在医生等待期间为患者做准备 | 对患者进行开放式的治疗 旧范式：医院管理复杂且不可预测	新范式：通过保护制约条件免受不确定性的影响并预先防范风险，可以简化系统 新方式：根据患者病情决定咨询时间 | 在医生处理其他患者时保持患者准备就绪 | 预见可避免的住院时间 注入解：在咨询、医生检查和治疗时间上留出一定的缓冲时间	
5. 创新轨迹	**4. 落地计划**		
性能矢量 ↑ 住院时间减少 　手术数量 　质量 　未赴约 　等待时间 　门诊数量	解决方案的互连元素 预约 | 优先级 | 医生缓冲区 | 执行缓冲区 | 日程缓冲区 | 持续改进 等待时间（−50%）| 住院时间（−30%）| 加班时间（−90%） 未赴约（−70%）| 运营（+40%） 有效产出（+30%）		

说明：随着医疗费用占患者收入比例的不断增加，人们越来越关注医院运营方式。患者的健康和治疗充满复杂性和不确定性，医院每个职能部门之间往往缺乏沟通和协作。然而这种各自为政的"筒仓思维"，可以通过与患者的需求对齐从而改善其运营模式中的限制性因素的表现。参考资料：Narayana Hrudayalaya（世界著名的印度心脏医院）、Aurolab（一家印度眼科医疗设备制造公司）、高德拉特集团、TOCICO。

Aurolab \| Narayana Hrudayalaya \| Apollo Hospitals \| FORTIS \| MANIPAL \| YASHODA \| MAX \| KIMS（以上均为印度知名医院或医疗器械公司）\| MEDICOVER（一家跨国医疗集团）

混合服务模式

在餐馆业务中，顾客来享受用餐服务。稳定的餐馆业务不仅需要在用餐服务期间管理所有顾客互动，还需要管理食品流程和设施运营，并确保有持续的顾客流量。

传统上，由于激烈的竞争和创新，餐馆业务一直面临着生存和稳定盈利的巨大压力："任何人都可以随时随地开一家带有异国风情和丰富菜单的餐馆！"在线聚合和云厨房的出现进一步加剧了经营餐馆的挑战。对于餐馆业主来说，"保持顾客吸引力、互动和忠诚度的高水平"始终是其清晰精确的行事指南。

餐馆面临的关键不良效应包括顾客到店的高波动性、低餐桌周转率、长翻台时间，以及食材浪费和剩余。此外，员工高离职率也是一个问题。

当应对顾客到店的不确定性时，餐馆面临着时段差异和每日变化，伴随着循环反复的高峰期和低谷期。这会导致餐馆的活动、资源和材料不匹配和不同步。

除此之外，餐馆业界以员工高离职率而闻名，难以找到明确的方向。每个顾客的需求和要求都有很大的差异，如何确保员工以一致的互动方式，一直是个长期挑战。

餐馆通常会为了应对高峰期需求而设计设施，以在繁忙时段最大化收入。但是，为了确保在冷清时段有收入，他们会提供折扣以吸引顾客。为了吸引顾客，餐馆还会扩展菜单，这不仅增加了准备和上菜的时间，还让顾客在点菜时陷入选择疲劳。随之，员工会抱怨餐桌周转慢，每桌收入下降。

在需求高低不定的情况下，如何最大化收入呢？

尽管明知不可预测性始终存在，但为了应对繁杂冗长的菜单（餐馆往往倾向于这么做）和剧烈波动的顾客需求，餐馆需要预测收入以及需要储备多少食材。如果储备的食材越多，就会有越多食材腐烂或在货架上存放太久，从而影响餐馆食物的质量并耗尽业主宝贵的资金；但如果储备的食材越少，顾客就得不到想要的食物，餐馆则面临立即和未来的销售损失风险。

德国西部小镇 AMAIVI 为当地客人提供了全面的服务。他们在盈利方面陷入困境，其附近 60% 以上的餐馆在开业的头几年就倒闭了。虽然该行业多年来在最佳实践和技术提升方面付出了大量努力，但是餐馆失败率并没有降低。

他们系统地研究了餐馆行业面临的不良效应和冲突，改变了经营方式，从而大大地提升了顾客体验和经营可行性。

他们识别出餐馆行业的最大挑战是顾客不确定的到店时间，并且把核心冲突定义为：是选择基于高峰负荷运营以弥补销售损失，还是选择基于平均负荷运营以节约成本。他们创新地在高峰期最大限度地提高餐桌周转率，并利用非高峰期进行准备、促销和能力提升，从而打破了这个核心冲突。

首先，他们针对高峰时段，集中资源和锐意创新，通过缩短高峰时刻的等待时间来提升餐桌周转率。此外，他们将大部分交互（信息流）数字化，从而大大提高了顾客满意度，减轻了员工负担。

他们意识到，倘若按照行业惯例，严格划分精细工作岗位会导致员工在高峰时期被闲置，且服务会被明显延误。因此，他们允许员工在各个操作岗位之间灵活切换工作，从而显著加快了服务响应。

在业务讨论中，他们认为不应像常规做法那样去交叉优化高负荷和低负荷时段，而应实施不同的两种业务模式。他们的目标是在高峰负荷时间最大化收入（餐桌周转率），因为在高峰期无法为顾客提供服务就意味着永久性的收入损失。

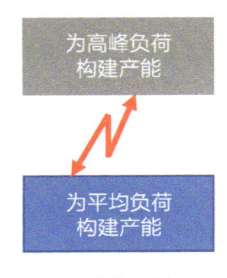

对于非高峰负荷时间，其目标是填满座位。因此，他们重新调整了服务，把一部分就餐区域专门用于下午派对、自助餐和外卖。

接着，他们对菜单系统进行了改革，并运用制约理论的缓冲管理概念，使其变得动态化，以便在个性化层面为顾客提供精选的菜单选项，同时保留大量的多样性选择。为此，他们围绕核心产品重新设计了菜单，并通过快速定制实现了个性化菜单的可能性。

专业人员过多
高峰时段的延误和长交期

灵活的员工
高峰时段服务更快

最后，他们改为每日频繁补货，以保持库存新鲜和最佳状态，同时为顾客提供最好的美食佳肴。

不仅如此，他们还从战略上决定建立一个忠实顾客的核心群体，确保在市场波动中仍有稳定的收入。

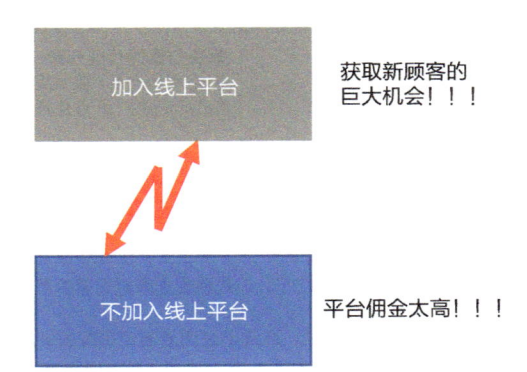

加入线上平台 — 获取新顾客的巨大机会！！！

不加入线上平台 — 平台佣金太高！！！

TOC 商业模式创新画布

快餐店服务运营

鼓舞人心

作者：史瑞达·劳拉	体验｜餐馆｜运营	2022年4月10日	SIM-0002｜第1版

1. 变革引擎	2. 系统性问题	3. 核心方案
餐厅需要不断平衡生产能力和顾客服务能力 服务速度下降 高交易量、高到达率、高多样性 法国顾客的需求多样性，订单的组装具有挑战性	不良效应：订单装配台出现延迟和混乱｜午餐和晚餐时间（70%的订单）的负荷高峰，瓶颈出现影响业绩，包括服务质量 旧方式：快餐店｜现货制作｜菜单板 旧范式：为了快速服务，提高每一项活动的效率｜用卓越的人员经营餐厅	新范式：放弃一些时间以获得其他时间｜用普通人员运营餐厅，但使用卓越的流程｜消除坏瓶颈，控制好瓶颈 新方式：全方位服务餐馆｜按需定制｜自助点餐机｜在高峰期预制作一些菜品，非高峰期按订单制作｜自助服务台 注入解：从一开始就将订单分组，而不仅仅是在装配时才这样做 衡量标准：服务时间｜交易数量｜收入目标

5. 创新轨迹	4. 落地计划

性能矢量
  增强的顾客体验
    更个性化
      更多品种
        新鲜度
      高质量
    更高产量
  速度
	解决方案的互连元素
	使用本地产品｜提供桌边服务｜采用按订单生产｜开设服务学院｜提供自助点餐｜基于订单的生产线｜齐套管理｜控制负荷｜提高绩效可见性｜标准化操作流程｜管理桌边服务｜考虑周全再扩展服务

说明：在高交易量和高客流量的情况下，现代快餐店卓越运营的最终目标是实现高绩效和高服务质量。尽管一些杰出的快餐店已取得世界领先的表现，但它们仍然面临着实现绩效提升的巨大挑战。

本画布基于 TOC 实施卓越运营计划，以满足法国麦当劳顾客的本地化需求，并使其从快餐店转向全方位服务（FSR）餐厅。参考资料：Marris 咨询（法国咨询公司）、TOCICO 和 JIEM（ Journal of Industrial Engineering and Management，即《工业工程与管理杂志》）。

达美乐｜麦当劳｜必胜客｜肯德基｜赛百味｜汉堡王｜塔可贝尔｜温迪

他们系统地跟踪顾客的整个体验过程,并围绕顾客的终身价值构建业务。无论是在等候区、结账、点菜,还是在顾客决定是否去餐厅就餐之际,他们都专注于给顾客提供最佳体验。他们甚至设法对顾客了如指掌,以至于在顾客走进餐厅之前就已经准备好满足他们的选择。

当线上平台以聚集需求和供应的方式迅速夺取现有市场份额时,零售业受到了巨大冲击,AMAIVI 也无法独善其身。在全球范围内,餐馆业主开始反抗,要求政府和监管机构控制这种侵入。他们认为,这些平台通过高额且不可持续的折扣,破坏了市场秩序,导致顾客流失。鉴于无法抗拒加入这些平台的现实,他们还指责在餐馆利润仅有 5% 的情况下,平台拿走 20% 的佣金将使餐馆陷入巨大亏损。这导致餐馆行业出现了严重的反弹,部分餐馆加入平台,而其他餐馆则联合起来强烈反对平台。AMAIVI 也面临着一个重大困境:是加入还是不加入。就在那时,他们采用有效产出会计方法进行核算。出乎意料的是,他们发现,与行业普遍观点相反,通过利用聚合平台的力量,实际上可以大幅提高盈利能力。

他们积极应对来自线上聚合平台的竞争压力,并通过制定创新的在线策略,创造出高利润的新业务模式。

他们充分利用自己的稳定顾客群,迅速打造了自有品牌的线上平台,从而避免向聚合平台支付过高的费用。转向线上运营,使他们能够通过有针对性的渠道主动推广自己,增加新顾客,同时降低顾客流失率。在建立了强大的创新体系之后,他们现在打算通过特许经营的方式开设多家餐馆。

每周销售额(千美元)

	保持不变	加入线上平台		
		自有	线上	合计
销售额	100	100	20	120
材料成本	40	40	8	48
产量	60	60	12	72
运营费用	55	55	0	55
佣金20%	0	0	4	4
营业利润	5	5	8	13

☹ 盈利能力5%   ☺ 盈利能力10%

服务业中,以人为本

与制造业不同,制造业中机器完成工作,人们管理机器;而在服务业中,人们完成工作,且具有流动性。通常,在提供服务时,客户满意度依赖于服务人员。

大多时候,为了对产品提供服务,组织需要专业知识和资产。而且,使用这些资产进行的工作或许很复杂,又或许不是客户的核心业务或熟悉领域。在这种情况下,服务机构的专家会被安排长期工作,而不仅仅是临时服务,如操作工厂、维护软件、长期项目、专业工作等。在这种情况下,该机构转变为"以人为本"的服务业务,其中设备和基础设施通常由客户拥有。提供人力服务的机构(如驾驶、烹饪、运输、快递等)也属于以人为本的服务业务。让我们考虑一下咨询、法律、软件开发、教育、会计等领域的机构，这些机构的角色是在"正确的时间、正确的地点提供正确的技能"，这是其运营模式的主题。

举例来说，对于 B2B 客户，如果不能及时提供服务团队，将导致客户业务损失以及供应商销售额下降。虽然这看似微不足道，但是这类机构却面临着潜在的困境——客户的订单流程存在不确定性。以软件服务公司为例，像 Accenture、Infosys、Cognizant 等，这些公司都面临着按需管理资源可得性的难题。

这个冲突在于，服务机构是否预先构建专家储备以防止销售损失，或只有在与客户达成交易后才招聘专家。许多机构都会在这两者之间摇摆，从而导致专业技能短缺和专家资源空置问题频繁发生。

像 IBM 和微软这样的机构，采用服务的 DBR 模式来管理资源的最佳准备状态（最小成本），同时提供核心资源的按需服务（高可得性）。这些机构需要跨越多个项目提供专业人员和专家，因此他们会动态地管理不同技能组合的缓冲区，以控制按需服务和对组织整体成本的影响。需要注意服务缓冲区与产品缓冲区之间的区别。例如，在服务缓冲区中，缓冲区的消耗不是单向的，实际上，人员会返回从而逆向补充缓冲。

在设计资源缓冲区（通常称为人员储备池）时，领先的公司根据技能水平和市场需求对资源进行分类，从而简化资源管理。对于低端或通用技能资源，他们会通过高度自动化的招聘流程，直接选择更接近交易地点的人力资源。而对于难以获得的专业技能资源，他们会提前做好准备，以便将其引入并保持留用。

除了资源可得性，客户还非常担忧服务承诺和实际表现之间的不一致性。万宝盛华公司（Manpower）作为领先的人力资源服务提供商，为了解决这个问题，从招聘到确保专业工作的完成，都定制了相应的流程。每次派遣专业人员到客户处，Manpower 都会在第二天致电客户，征询反馈，并在客户稍有不满意时立即进行纠正。如果需要，Manpower 也会毫不犹豫地更换资源。此外，它还有一套对资源重新培训的补救流程。事实上，它的流程还扩展到招聘和培训层面，确保客户的不满意程度持续降低。它将资源缓冲视为提高其绩效的投资，以实现对客户的承诺。因为客户非常依赖 Manpower 的资源能力，以至于愿意支付业内最高的费用。

服务DBR

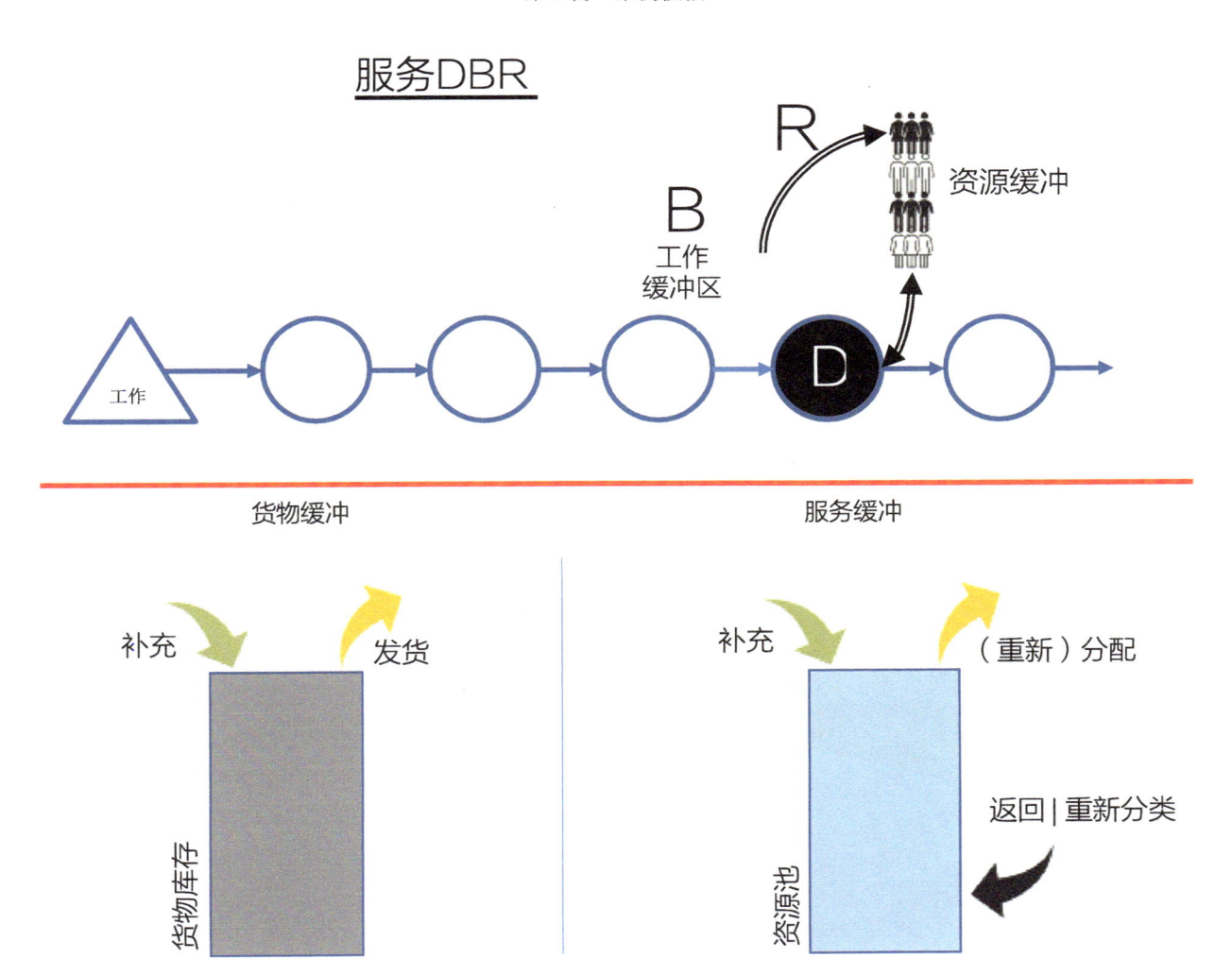

R 资源缓冲

B 工作缓冲区

D

货物缓冲 | 服务缓冲

补充　发货

货物库存

补充　（重新）分配

返回 | 重新分类

资源池

TOC 商业模式创新画布

项目模板

项目模板

步骤 1

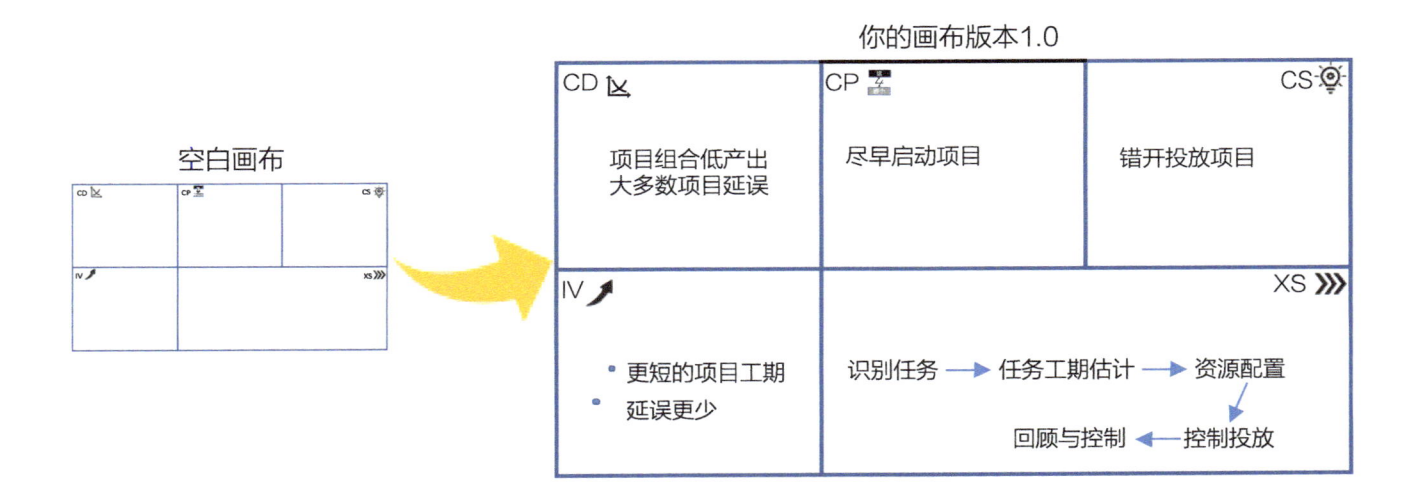

空白画布

你的画布版本1.0

CD	CP	CS
项目组合低产出 大多数项目延误	尽早启动项目	错开投放项目
IV	XS	
· 更短的项目工期 · 延误更少	识别任务 → 任务工期估计 → 资源配置 回顾与控制 ← 控制投放	

项目模板

步骤 2

你的画布版本 1.0

CD 项目组合低产出 大多数项目延误	CP 尽早启动项目	CS 错开投放项目
IV • 更短的项目工期 • 延误更少	识别任务 → 任务工期估计 → 资源配置 → 控制投放 → 回顾与控制	XS

通用画布

CD 提高项目组合的产出 不良业绩：利润薄/要求不清晰/交付延误/妥协项目范围/成本急剧上升	CP 是运行改变计划还是严格遵守计划尽早投放项目和任务/在任务中添加缓冲/将任务工期估计作为目标	CS 任务中有足够的安全量但被浪费了，将这些缓冲聚合起来放在项目层级
IV 规模扩张 范围扩张 价值销售 项目组合的产出 更短的项目工期 有效产出 生产力 可靠性 **建立统一优先级**	冻结和投放控制 齐套 项目网络计划 配置资源 缓冲调整 项目组合缓冲管理 项目缓冲管理	XS 错开项目 任务缓冲管理

从通用画布中汲取创意并添加到画布版本 1.0 中

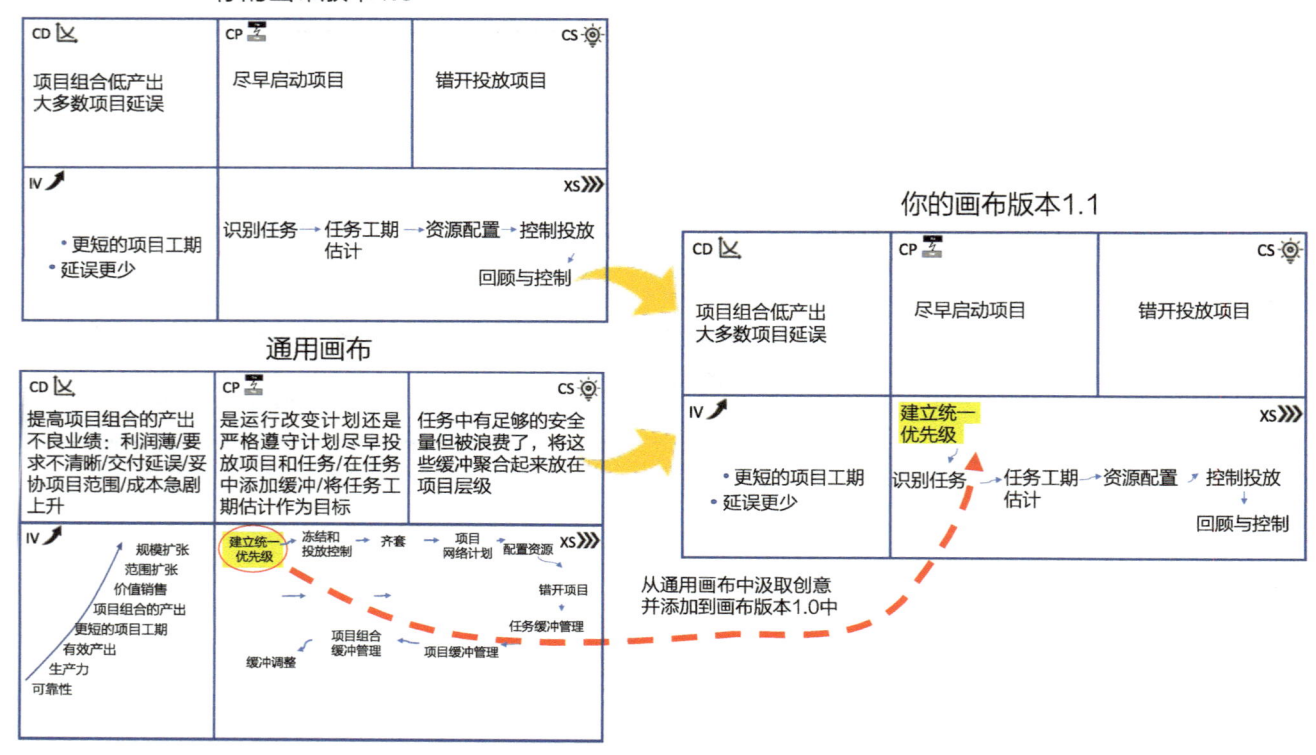

你的画布版本 1.1

CD 项目组合低产出 大多数项目延误	CP 尽早启动项目	CS 错开投放项目
IV • 更短的项目工期 • 延误更少	识别任务 → 任务工期估计 → 资源配置 → 控制投放 → 回顾与控制	XS **建立统一优先级**

项目模板

步骤 3

你的画布版本 1.1

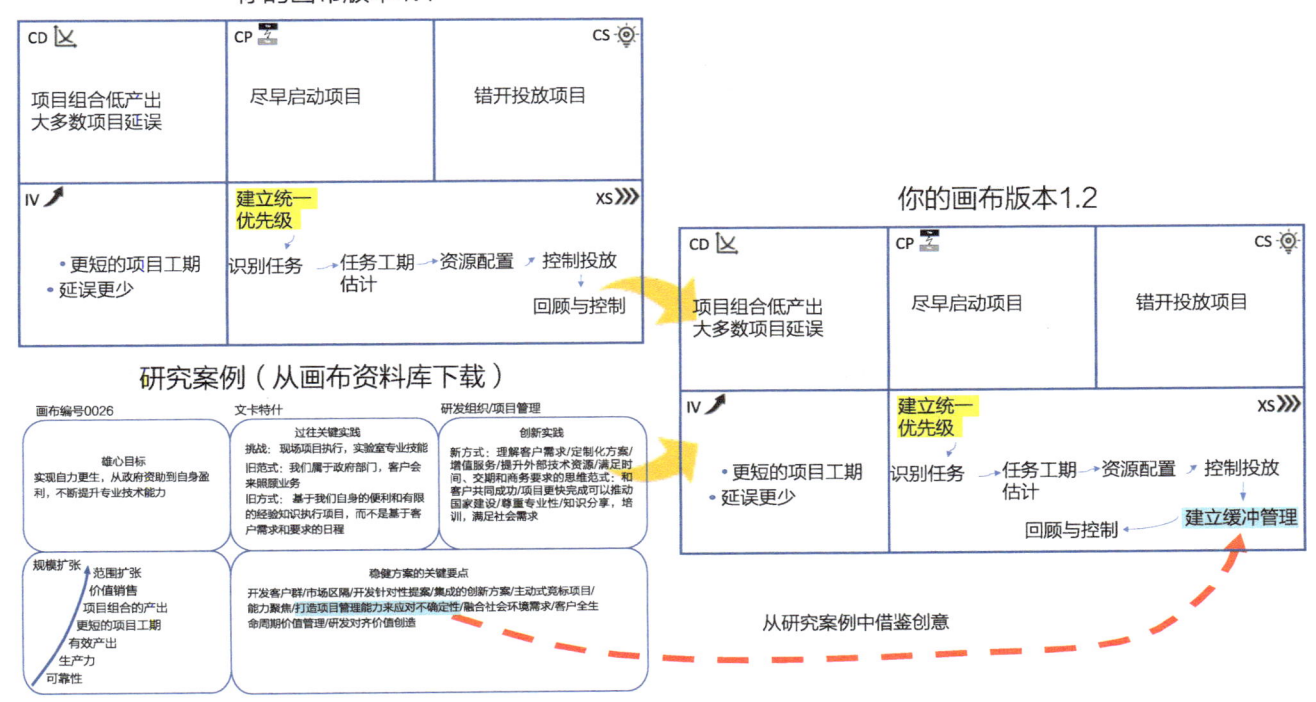

CD	CP	CS
项目组合低产出 大多数项目延误	尽早启动项目	错开投放项目

IV		XS
• 更短的项目工期 • 延误更少	**建立统一优先级** 识别任务 → 任务工期估计 → 资源配置 → 控制投放 回顾与控制	

研究案例（从画布资料库下载）

画布编号 0026

雄心目标
实现自力更生，从政府资助到自身盈利，不断提升专业技术能力

文卡特什

过往关键实践
挑战：现场项目执行，实验室专业技能
旧范式：我们属于政府部门，客户会来照顾业务
旧方式：基于我们自身的便利和有限的经验知识执行项目，而不是基于客户需求和要求的日程

研发组织/项目管理

创新实践
新方式：理解客户需求/定制化方案/增值服务/提升外部技术资源/满足时间、交期和商务要求的思维范式；和客户共同成功/项目更快完成可以推动国家建设/尊重专业性/知识分享，培训，满足社会需求

规模扩张 **范围扩张**
价值销售
项目组合的产出
更短的项目工期
有效产出
生产力
可靠性

稳健方案的关键要点
开发客户群/市场区隔/开发针对性提案/集成的创新方案/主动式竞标项目/能力聚焦/**打造项目管理能力以来应对不确定性**/融合社会环境需求/客户全生命周期价值管理/研发对齐价值创造

你的画布版本 1.2

CD	CP	CS
项目组合低产出 大多数项目延误	尽早启动项目	错开投放项目

IV		XS
• 更短的项目工期 • 延误更少	**建立统一优先级** 识别任务 → 任务工期估计 → 资源配置 → 控制投放 回顾与控制 → **建立缓冲管理**	

从研究案例中借鉴创意

项目模板
步骤3（续）

你的画布版本1.2

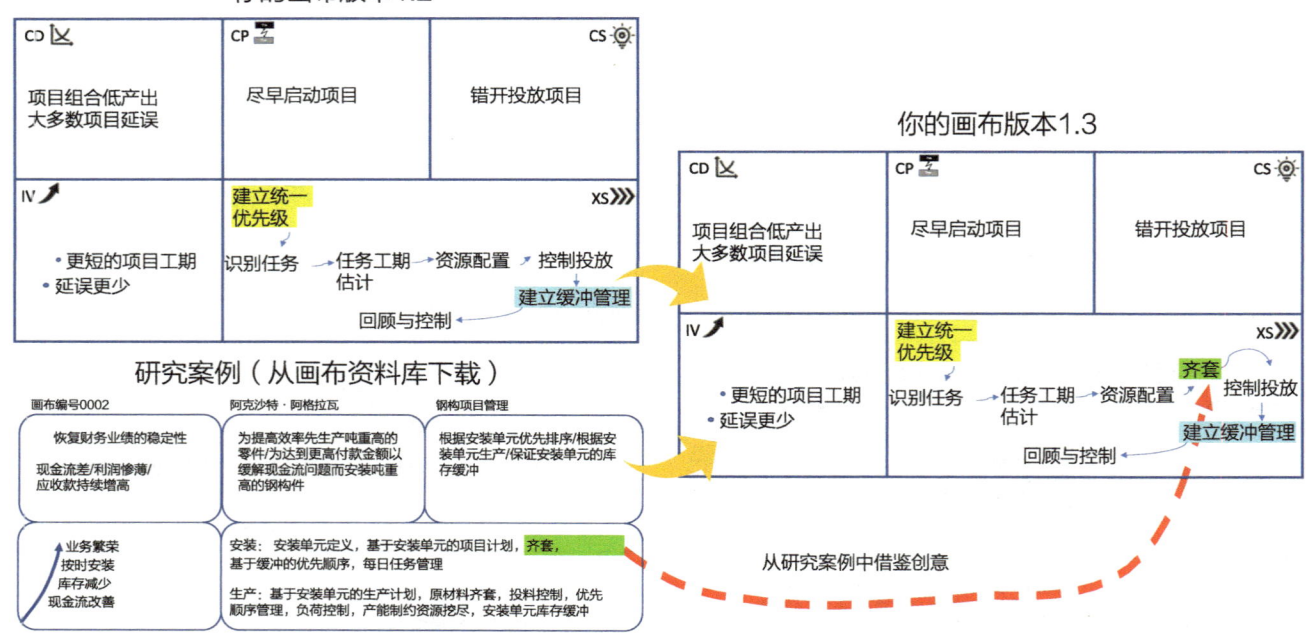

CD	CP	CS
项目组合低产出 大多数项目延误	尽早启动项目	错开投放项目

IV:
- 更短的项目工期
- 延误更少

建立统一优先级
识别任务 → 任务工期估计 → 资源配置 → 控制投放
回顾与控制
建立缓冲管理

XS

研究案例（从画布资料库下载）

画布编号0002
恢复财务业绩的稳定性
现金流差/利润惨薄/应收款持续增高

阿克沙特·阿格拉瓦
为提高效率先生产吨重高的零件/为达到更高付款金额以缓解现金流问题而安装吨重高的钢构件

钢构项目管理
根据安装单元优先排序/根据安装单元生产/保证安装单元的库存缓冲

- 业务繁荣
- 按时安装
- 库存减少
- 现金流改善

安装：安装单元定义，基于安装单元的项目计划，**齐套**，基于缓冲的优先顺序，每日任务管理

生产：基于安装单元的生产计划，原材料齐套，投料控制，优先顺序管理，负荷控制，产能制约资源挖尽，安装单元库存缓冲

你的画布版本1.3

CD	CP	CS
项目组合低产出 大多数项目延误	尽早启动项目	错开投放项目

IV:
- 更短的项目工期
- 延误更少

建立统一优先级
识别任务 → 任务工期估计 → 资源配置 → **齐套** → 控制投放
回顾与控制
建立缓冲管理

XS

从研究案例中借鉴创意

项目运营

达成目标，可以通过产品制造，可以通过服务交付，也可以通过项目执行。

项目运营是关于多个项目的管理。每个项目都是有明确开始点和结束点的一个临时性工作，其中需要配置资源和确定团队的架构与职责。

项目的目标可以是开发一个复杂的产品或交付一项出色的服务。因此，我们有如软件应用程序、汽车、药品、手机、设备、飞机等从事产品开发的专业性项目运营，也有一些如炼油厂、加工厂、机械、航天器、桥梁、道路、巨型结构等从事大型复杂基础设施开发的项目，当然还有一些涉及活动管理、亚马逊大甩卖日、奥运会或石油钻井平台的年度维护等服务类的项目。

尽管项目在某种程度上可能与各种生产形式共有一些特征，但两者在多个方面是存在不同的。

大规模制造往往具有高度重复性，生产的运行通常由多个相同的物料或工作步骤组成。然而，项目通常是非重复性的，其最终产品或结果是独一无二的。即使项目具有重复的步骤，其最终产品也往往更为定制化。

执行多个项目是否类似于生产运营？ 不！！！

大规模制造因排队而产生波动性，但其操作步骤的波动性较小，因此通常各个步骤需要较少的管理关注。另外，项目中往往包含更高波动性和不确定性的步骤（或任务），有时在出现问题时需要付出大量的管理关注。最后，在大规模制造中，实际操作时间通常只占总交付时间的一小部分（交付时间中占比最大的是任务之间的等待时间）。而在项目中，实际操作时间往往占据项目总交付时间的相对较大部分，并且大部分等待时间发生在任务内部。

项目
任务组成的复杂网络

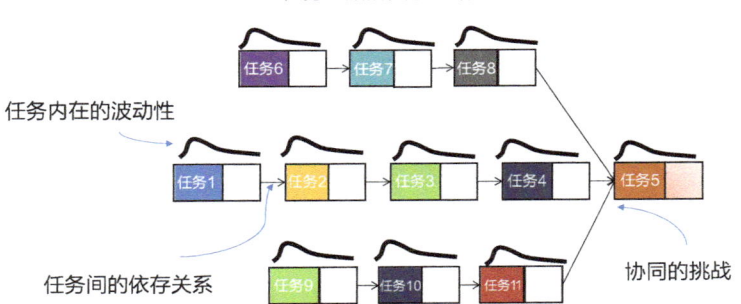

任务内在的波动性

任务间的依存关系

协同的挑战

组织按照内部设定目标或外部要求目标来运营项目。例如，组织内部开发新产品以扩展其产品组合，而某些专业机构则为客户开发项目。无论哪种情况，这些组织都是在多项目环境中运行的。只不过在后一种情况下，组织通过按预定的成本按时完整地交付服务或开发项目来赚钱。

项目型组织面临的挑战是，虽然每个项目都始于对高回报的高度期望，但超过 70% 的项目未能达到规定的时间、范围和成本目标。人们常说，项目管理不是献给新手的一杯香茗，而项目失败却是家常便饭。

这也是因为项目前期需要投入大量资金，而回报却要在很久之后才开始产生，在此期间可能发生许多不可预料的事情。项目管理组织的典型不良效应包括项目延误、未满足的范围和成本超支。

超过 70% 的项目在内容、成本或时间上进行了妥协。它们失败了！

在产品开发中，只有当产品被成功推出并且被客户购买、支付和使用时，巨大的投资才是有意义的。对于像厂房设施这样的大型基础建设，只有在反复运营的情况下才会产生回报。

项目的任何延误都意味着投资者的资金被锁定，回报时间（项目生命周期的下一阶段）被推迟。因此，对于大多数投资者和客户来说，项目的投资回报率是主要衡量标准，他们希望开发团队能够承诺按时移交和部署项目。

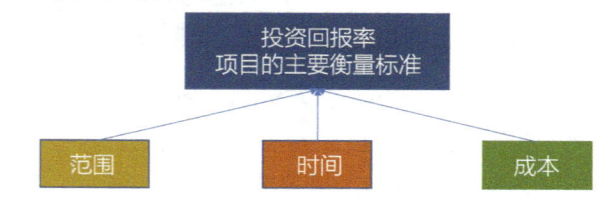

```
        投资回报率
       项目的主要衡量标准
       /        |        \
     范围     时间      成本
```

由于内在的不确定性，项目中经常会有大量的变更请求，这通常会让团队陷入冲突：究竟是接受计划变更，还是坚持现有计划并按时完成项目。传统的项目运行方式不具备足够的灵活性来应对变化，从而在时间、范围或投入精力方面采取不良妥协，这通常导致项目开发团队和干系人之间的恶劣关系与糟糕氛围。

既然知道项目充满不确定性，人们就会尽量提早启动项目，并细致规划每项活动，专注于尽力按时完成每项任务，并采用各种复杂的规划和控制软件来实施管理。尽管如此，总体来说，各行各业的项目失败率长期以来并未获得实质性改善。其根本原因可以溯源到几个潜在的错误假设（错误偏见）。

首先，假设任务没有得到足够的缓冲，导致在每个任务上都添加缓冲，从而延长了项目的计划工期。而且，即使这样做了，项目仍然会延迟，因为在一个微小的计划方案中，一个任务的延迟会导致其他任务的延迟。

其次，项目越早开始就会越早完成。虽然这有时在简单的单个项目中是可能的，但在多项目环境中，由于不同项目都在争夺资源，这只会导致任务排队拥堵和不良多工，造成大多数项目浪费时间且不可避免的延误。

再次，每个任务都必须按时完成，以便按时完成整个项目。实际上，任务工期无法准确预先确定。因此，无论人们多么努力地计划和控制，概率和墨菲定律都会让某些任务延误，从而造成项目延误。这不仅适用于新的技能领域，如在技术、研发和新产品开发中发生的情况，也适用于基础设施、工程和建设等其他领域。

除此之外，还有一些行为模式影响了项目管理环境。例如帕金森定律。在这种行为模式下，资源倾向于做一些应付式工作（即使不是必需的）以填满预估的任务工期。又如学生综合症，在这种行为模式下，人们倾向于等到分配的工期临近结束时才开始工作。令人惊讶的是，虽然这些行为现象会导致严重的延误（通常是 15%~30%），但传统的项目管理框架却没有将其考虑在内。

TOC 将这些错误的假设直接转化为使大多数项目按时完成并更快完成的启发性假设，从而提高了项目组合的产出。

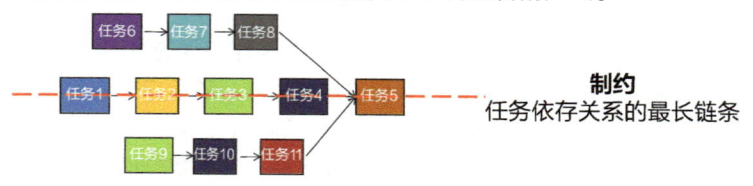

制约
任务依存关系的最长链条

例如，在计划阶段，它使用了聚合法则来消除任务级别的缓冲，并创建了项目级别的缓冲。这个启发性的假设实际上是一次范式转变："任务缓冲不能保护项目不延误，而项目缓冲可以！"

这符合 TOC 关于制约管理的原则，因为它（关键链）是决定实现目标的关键路径。因此，保护项目免受延误意味着需要保护关键链免受延误。

关键链是没有资源争用的最长任务链条，它决定了项目的工期。

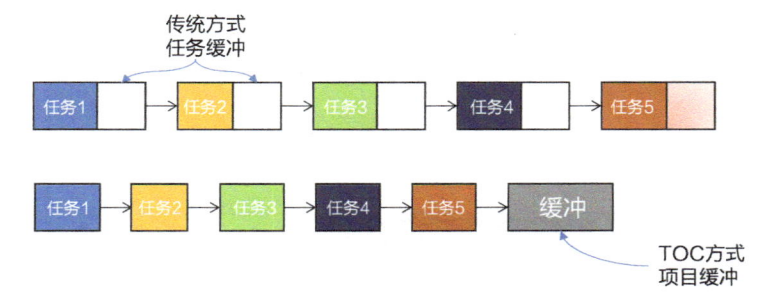

传统方式
任务缓冲

TOC方式
项目缓冲

有效管理项目引入的新政策可能包括：将任务工期设置为完成概率为 50% 的工期，而不是通常的完成概率为 90% 的工期，并通过聚合剩余任务工期累积值的一半来创建项目缓冲。

然后，为了避免不良多工，项目被错开并尽可能晚地发布给团队。

TOC 的项目管理方法被称为关键链项目管理（Critical Chain Project Management，CCPM）。为了更好地理解它，让我们看一些项目管理的不同场景。

产品开发多项目环境

当组织在内部开发产品（以建立或扩展其产品组合）时，可能对客户没有任何直接承诺，但他们确实有憧憬的目标、有限的预算、共识的时间和合理定义的范围。他们希望按时推出产品，以便在竞争对手侵蚀利润之前在市场上获取领先地位或赚取收入。对于某些企业，先于同行推出产品非常重要，如在制药业，更早推出产品可以为企业带来受保护地市场和额外收益。

组织采用按时启动、开发速度、团队生产力、每年启动数、收入和边际利润来衡量产品开发团队的绩效。他们还会衡量新产品在未来收入和投资组合收益率中的占比。在越来越多的成熟型企业中，其收入和利润的增长很大一部分来自新产品的发布。

多项目环境的组织经常面临某一个项目的优先级与另一个项目的优先级出现冲突，从而导致双输妥协，造成大规模延误、成本上升和范围缩减。

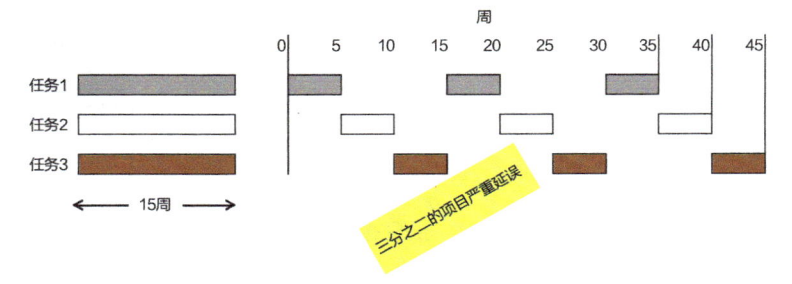

三分之二的项目严重延误

因此，团队想方设法尽早启动每个项目，结果却陷入任务排队拥堵和不良多工的困境中。

多项目

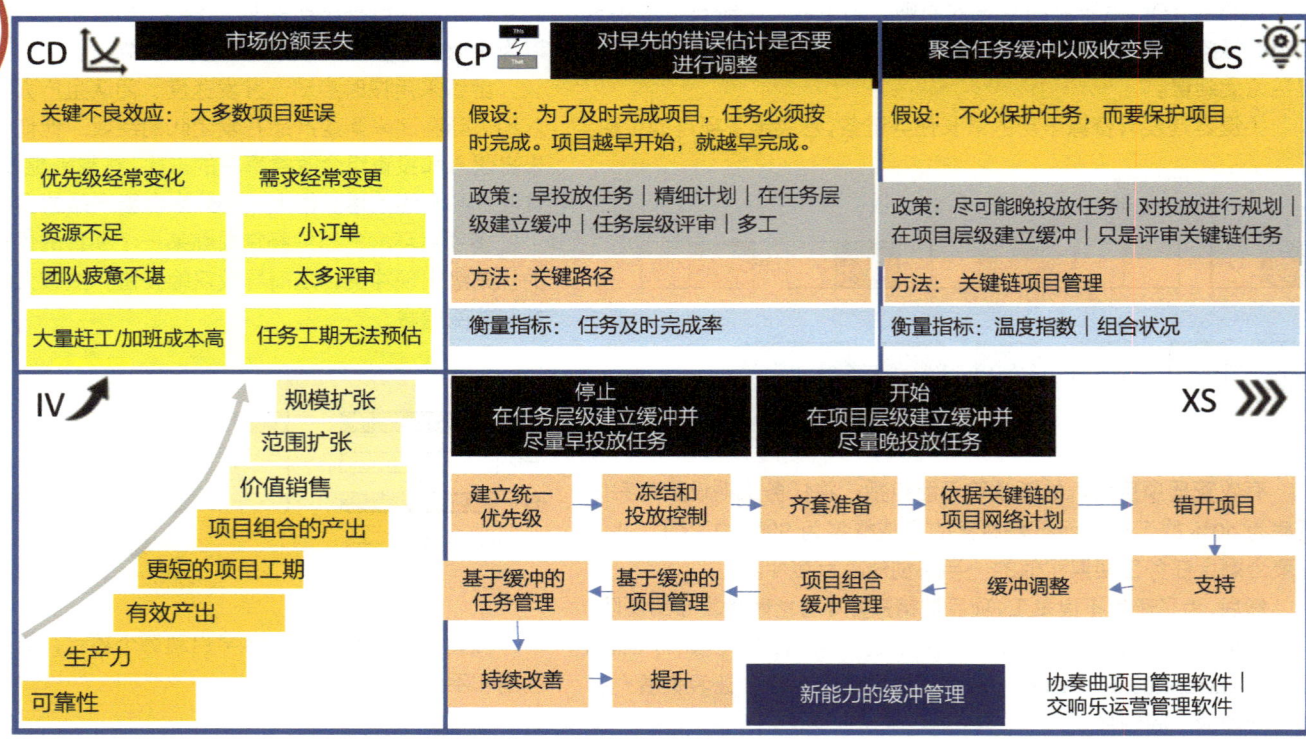

通用

CD 市场份额丢失

关键不良效应：大多数项目延误

- 优先级经常变化
- 需求经常变更
- 资源不足
- 小订单
- 团队疲惫不堪
- 太多评审
- 大量赶工/加班成本高
- 任务工期无法预估

CP 对早先的错误估计是否要进行调整

假设：为了及时完成项目，任务必须按时完成。项目越早开始，就越早完成。

政策：早投放任务｜精细计划｜在任务层级建立缓冲｜任务层级评审｜多工

方法：关键路径

衡量指标：任务及时完成率

CS 聚合任务缓冲以吸收变异

假设：不必保护任务，而要保护项目

政策：尽可能晚投放任务｜对投放进行规划｜在项目层级建立缓冲｜只是评审关键链任务

方法：关键链项目管理

衡量指标：温度指数｜组合状况

IV

- 规模扩张
- 范围扩张
- 价值销售
- 项目组合的产出
- 更短的项目工期
- 有效产出
- 生产力
- 可靠性

XS

停止：在任务层级建立缓冲并尽量早投放任务

开始：在项目层级建立缓冲并尽量晚投放任务

建立统一优先级 → 冻结和投放控制 → 齐套准备 → 依据关键链的项目网络计划 → 错开项目

基于缓冲的任务管理 ← 基于缓冲的项目管理 ← 项目组合缓冲管理 ← 缓冲调整 ← 支持

持续改善 → 提升

新能力的缓冲管理

协奏曲项目管理软件｜交响乐运营管理软件

多项目（续）

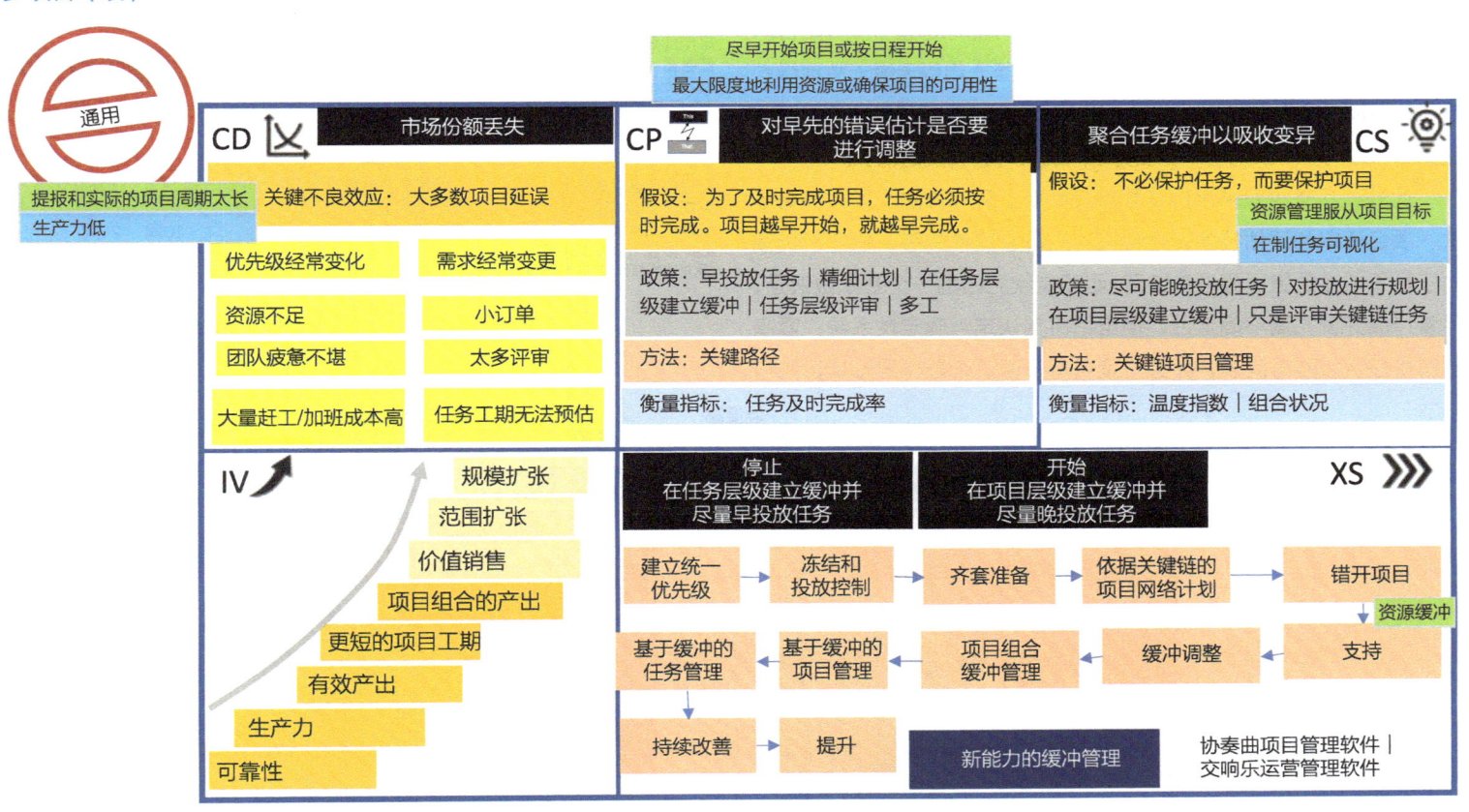

通用

提报和实际的项目周期太长
生产力低

CD — 市场份额丢失

关键不良效应：大多数项目延误

- 优先级经常变化
- 需求经常变更
- 资源不足
- 小订单
- 团队疲惫不堪
- 太多评审
- 大量赶工/加班成本高
- 任务工期无法预估

CP

尽早开始项目或按日程开始
最大限度地利用资源或确保项目的可用性

对早先的错误估计是否要进行调整

假设：为了及时完成项目，任务必须按时完成。项目越早开始，就越早完成。

政策：早投放任务｜精细计划｜在任务层级建立缓冲｜任务层级评审｜多工

方法：关键路径

衡量指标：任务及时完成率

CS — 聚合任务缓冲以吸收变异

假设：不必保护任务，而要保护项目

资源管理服从项目目标
在制任务可视化

政策：尽可能晚投放任务｜对投放进行规划｜在项目层级建立缓冲｜只是评审关键链任务

方法：关键链项目管理

衡量指标：温度指数｜组合状况

IV

- 规模扩张
- 范围扩张
- 价值销售
- 项目组合的产出
- 更短的项目工期
- 有效产出
- 生产力
- 可靠性

XS

停止：在任务层级建立缓冲并尽量早投放任务
开始：在项目层级建立缓冲并尽量晚投放任务

建立统一优先级 → 冻结和投放控制 → 齐套准备 → 依据关键链的项目网络计划 → 错开项目 → 资源缓冲 → 支持 → 缓冲调整 → 项目组合缓冲管理 → 基于缓冲的项目管理 → 基于缓冲的任务管理 → 持续改善 → 提升

新能力的缓冲管理

协奏曲项目管理软件｜交响乐运营管理软件

多任务处理是一项强大的能力，可是如果中途停止某个任务并切换到另一个任务，则不仅影响单个项目，还可能危害整个项目组合的健康。这一简单现象可能导致不良习惯，以至于组织无缘无故地陷入糟糕的不良多工中。因此，速度、范围、成本、质量和组织和谐都会遭受不利影响。附图说明了在任务之间切换时会发生的情况。

此外，尽管组织采用项目管理的标准工具和方法，如关键路径法、项目评审和评估技术、甘特图、关口管理模式等，但它们仍倾向于基于前述的错误假设来运营。组织持续犯错的一个基本做法是，尽管产品开发充满不确定性，但组织将其认定为确定性系统；紧凑地编排任务级别时间表，并且过度负荷资源。这最终导致项目执行中不可避免的延误和妥协。

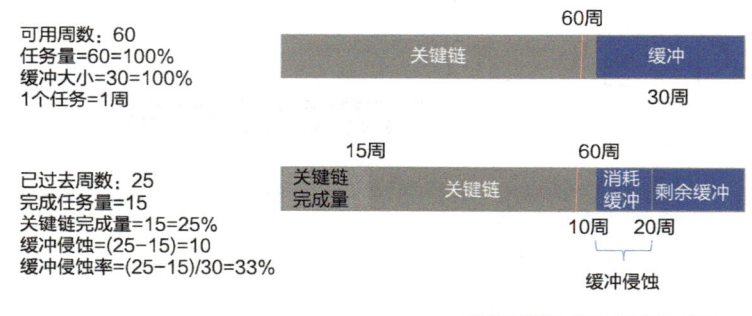

可用周数：60
任务量=60=100%
缓冲大小=30=100%
1个任务=1周

	60周	
关键链		缓冲
		30周

已过去周数：25
完成任务量=15
关键链完成量=15=25%
缓冲侵蚀=(25-15)=10
缓冲侵蚀率=(25-15)/30=33%

15周		60周		
关键链完成量	关键链		消耗缓冲	剩余缓冲
			10周	20周

缓冲侵蚀

剩余任务量=(60-15)/60=75%
缓冲剩余率=(30-10)/30=66%

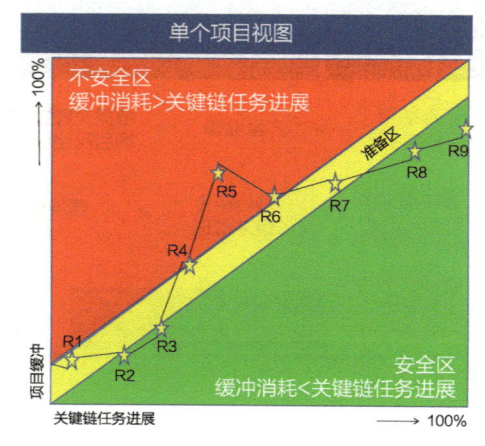

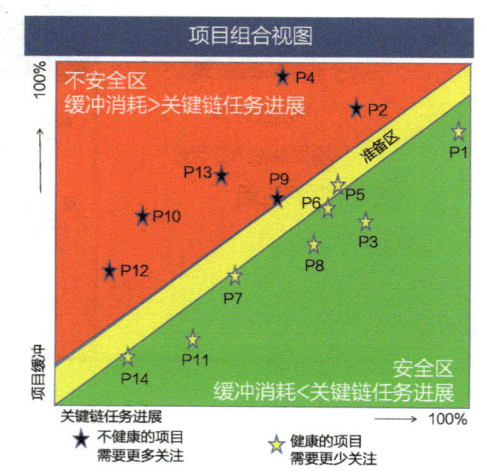

温度图
关键链项目管理方式的项目执行管控

单个项目视图 / 项目组合视图

不安全区
缓冲消耗>关键链任务进展

安全区
缓冲消耗<关键链任务进展

★ 不健康的项目 需要更多关注
☆ 健康的项目 需要更少关注

未经管理的不确定性 = 受损的项目！

TOC 解决方案提供了有效的项目准备和齐套（战术门控设置）工具，通过将项目在集成阶段交错排列来保证项目的流动，引入"透明可视化"的项目缓冲，消除资源争用，并使用缓冲状态来管理执行和创新活动，尽管不确定性始终存在。

缓冲管理是用于管理执行期间不确定性的 TOC 解决方案。与监视项目中每个任务的传统方法相比，缓冲管理通过将缓冲状态作为项目运行状况的主要指标，从而大大减少了所需的管理精力。这种简洁直观的方法可以提前识别项目风险。

TOC 温度图通过缓冲的状态快速获取项目运行的可视化状况。当缓冲侵蚀进入红色区域时，将启动紧急行动以按时恢复缓冲并确保按时交付。相同的温度图也用于监测和管理项目组合，从而最大程度地提高产出。项目组合管理中的温度图还揭示了项目的风险程度，促使管理层采取必要的行动以加快项目进展。

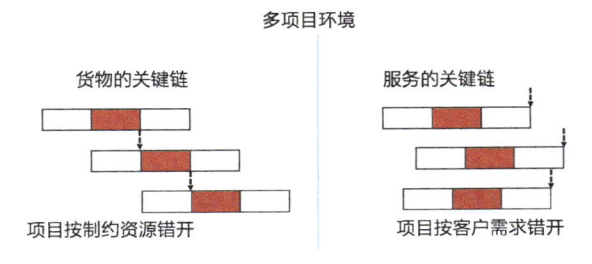

多项目环境

货物的关键链　　　　　服务的关键链

项目按制约资源错开　　项目按客户需求错开

如果你的组织具备产品实现能力，并且向外部提供项目服务，那么可能无法告知客户组织的能力有限，所以要错开他们的项目以推迟交付日期，以便能够达到按时交付和预算要求。然而，根据制约理论，如果资源成为限制因素，即使客户指定的完工日期给组织带来过大的工作负载，组织也应该通过 DBR 机制建立并管理资源缓冲库，以便为多个跨客户项目提供服务。这种机制能够以最低的成本、不间断且及时地完成所有项目，即使当制约资源位于外部的情况下也是如此。

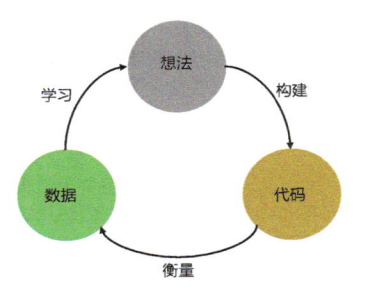

想法　构建　代码　衡量　学习　数据

当涉及需要关键知识和技能的复杂项目时（如在研发和技术开发中），任务层级的波动是不可预知的。因此，仅仅对项目层级设置并管理缓冲是不够的。在这样的环境中需要用敏捷方式来运行和管理项目。基于一系列假设运行实验、快速测试和快速反馈，并对反馈做出迅速响应和调整。在这样的环境中，"目标是尽快从失败中吸取教训，并纠正假设以继续前进"。这里的项目管理本质上是不断迭代的。在医药产品的探索阶段、软件行业的新产品开发以及新商业模式的构建中，你都会看到这种方法的应用。

无法对抗不确定性！
那就拥抱它吧！！！

TOC 商业模式创新画布

汽车行业贴牌生产 / 新产品开发

鼓舞人心

作者：史瑞达·劳拉	汽车行业｜产品开发	2022年4月10日｜SIM0002｜第1版

1. 变革引擎

雄心目标：在经济萧条之后存活下来
意外结局：财务绩效不稳定
战略选择：通过设计更多车型来保护未来业绩｜在发动机性能方面实现突破｜以可接受的价格推出马自达车型
环保和安全法规更加严格｜竞争对手大力投入电动车技术创新研发

2. 系统性问题

不良效应：新产品开发工程师太忙以至于没时间进行创新研发｜技术开发人员有限
旧方式：同时进行多个技术开发｜依靠怎么做来进行管理｜尽快开始项目
冲突：是追随电动车还是内燃机技术｜是赌少数想法还是保险进行多个想法｜是追求多型号还是单个型号高产量
假设：团队力量有限无法进行创新开发工作｜产品开发团队没有产能支持技术研发｜知道怎么做已经足够让工程师成功｜以成果管理

3. 核心方案

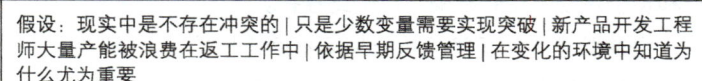

假设：现实中是不存在冲突的｜只是少数变量需要实现突破｜新产品开发工程师大量产能被浪费在返工工作中｜依据早期反馈管理｜在变化的环境中知道为什么尤为重要
注入解：在电动车技术成为主流之前内燃机技术还有足够大的市场机会｜释放产品开发团队产能以建立技术能力｜通过共用平台实现规模化和通过柔性运营实现车型多样化
新方式：简化项目选择｜积极管理｜关键链项目管理｜强大的主干工程师

5. 创新轨迹

达成价值能级的能力
- 世界第一的车
- 复苏
- 更好的发动机性能
- 更快推出新车型
- 提升技术开发产能
- 释放新产品导入产能
- 更快消除冲突

4. 落地计划

相互关联的方案要素
决定技术方向｜简化技术问题选择｜重新定义技术挑战｜将品牌与客户联系起来｜采用 CAE 进行高级测试｜项目优先化｜齐套准备｜发布控制｜网络开发｜缓冲管理｜投资组合管理｜持续改善｜能力提升

研发人员工作效率提高 32%~38%

尽管新模式更加复杂，但产品开发仍取得突破

开发周期缩短 20%~30%

描述：这个画布是基于马自达的 TOC 实施案例。在世纪之交日本陷入经济大萧条之际公司处于极度的困境，于是在竞争对手都对新涌现的电动车技术进行大量投入时决定赌在内燃机技术平台上进行创新研发。它采用了从思考流程到关键链项目管理等 TOC 的基础流程，从而在发动机性能方面创造了数量级的差异化。它在更快的时间内滚动推出了最多型号的车，从而更快从财务危机中复苏，保护了当地就业。
参考资料：TOCICO 等。

马自达｜丰台｜大众｜日产｜福特｜通用｜铃木｜丰田｜现代

飞机维修工程

鼓舞人心

作者：史瑞达·芳拉	航空行业 | 项目	2022 年 4 月 10 日 | SIM0002 | 第 1 版
1. 变革引擎	**2. 系统性问题**	**3. 核心方案**
雄心目标：成为世界上最可靠的航空公司 / 更少的航空延误和取消 | 安全、可靠、高效运营 触发事件：订单量增加	不良效应：无法按时完成组装 | 工程师无法只是聚焦装配工作 | 优先级经常变化 | 很难保持时间进度 旧方式：尽快分配工作 冲突：工程师是把时间花在方案实施上还是方案开发上 衡量：工程设计小时数 假设：出现任何问题，都立即分配给工程师处理	新方式：通过管控工作投放和对制约资源延误升级处理来管理在制工作 注入解：减少循环周期和工程师实施方案所需时间 衡量：循环周期，服务水平或及时装配率和有效产出 假设：当工程师把更多时间花在开发方案上而不是协调方案实施上时，可以创造更多的价值
5. 创新轨迹	**4. 落地计划**	
性能价值能级 ↑ 可靠方案 　 生产力 　 质量 　 及时交付 　 有效产出 　 循环周期	相互关联的方案要素 建立基准 | 开发网络计划 | 选择制约 | 工作排程 | 人员齐套 | 聚焦式赶工 零件在制品下降 75%　　发动机产量提升 23%　　发动机维修周期减少 20% 　　　　　　　　　　　　单个零件维修量提升 25%　　单个零件维修周期减少 50%	
描述：工程师本应当忙于交付创新方案，但被迫去做方案实施中的协调工作，去处理日常运营事务。不让工程师有足够时间去开发对产品和服务可靠性确实有用的方案对航空公司而言影响颇大。这个画布是基于多家航空公司的案例整合而成的。 参考资料：TOCICO，高德拉特集团，马里斯咨询公司。		

基础设施项目

从本质上讲，基础设施项目通常涉及大量资金，并有严格的成本控制。但按照传统的项目管理方式，大多数项目的延误是不可避免的；相反，任何按时完成的项目都会成为爆炸性的头条新闻。

它们涉及面广，耗时长，需要各种技能，且工作内容因项目而异。配置团队和资源以及规划并执行项目，涉及各种各样的工作内容。

在整个项目周期中，项目管理需要在正确的地点和时间获取全部输入、管理决策、计划、反馈和纠正措施。

但事实上不确定性总会来捣乱，如任务延误，需求变更，面临工程设计挑战等。因而计划很快就会变得无效，事情也会不同步。是的，项目就会做做停停，等待这个或那个，如资源、规范、资金、供应商、决策和批准。

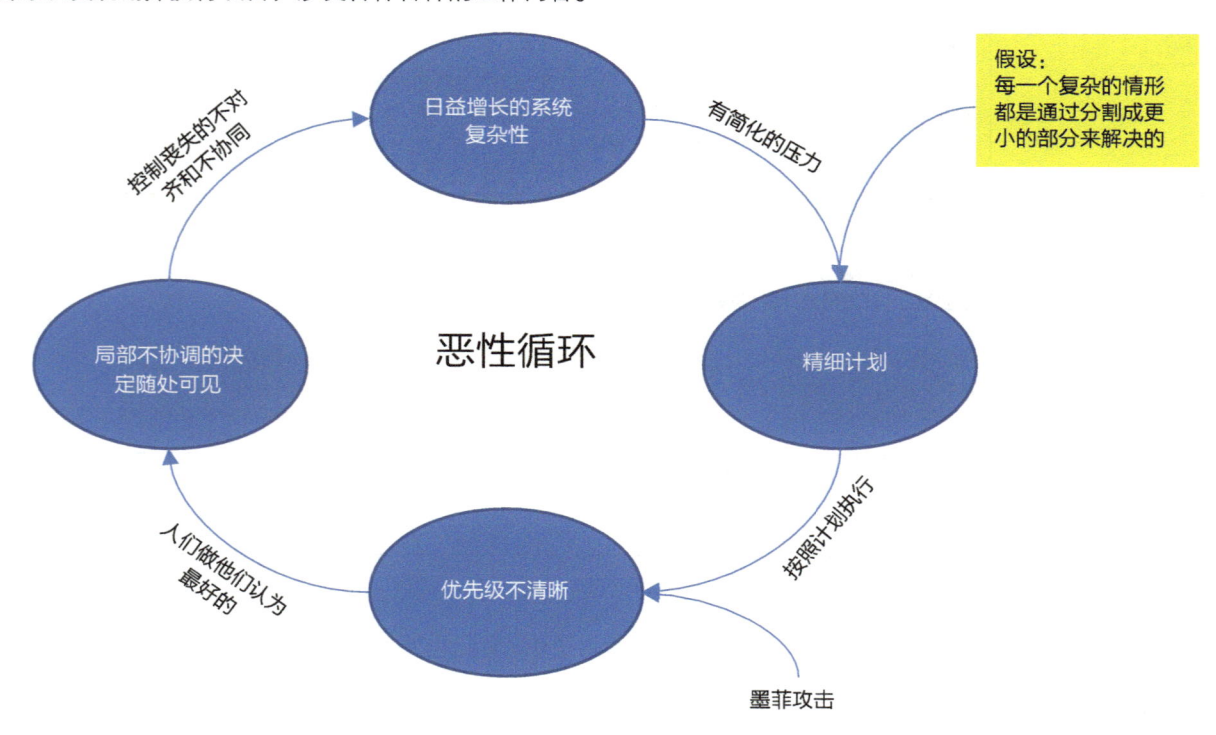

假设： 每一个复杂的情形都是通过分割成更小的部分来解决的

恶性循环

- 日益增长的系统复杂性
- 精细计划
- 优先级不清晰
- 局部不协调的决定随处可见

控制丧失的不对齐和不协同 → 有简化的压力 → 按照计划执行 → 人们做他们认为最好的

墨菲攻击

当项目进展变得艰难坎坷时，项目就会延误。所有努力都会聚焦在如何让项目有所进展。

把多个任务同时分配给一个人就会导致不良多工。因此，很难仅仅通过在任务层级赶工让项目恢复到正常受控状态。项目绩效指标自然也就变得更难预测。这迫使项目管理层增加资源，甚至缩减范围，而按时交付则希望渺茫。在多项目环境中，这类混乱往往达到令人难以置信的程度。

这样的项目在所有指标，即按时性、范围和成本方面都表现糟糕。糟糕的投资回报率也就毋庸置疑了。

加速项目的唯一方法是让人们每天工作超过 12 小时，比原定的 8 小时要多，压榨和威胁供应商，并在过程中更换其中一些供应商，在周末和节假日开工，缩减范围并隐藏质量问题。然后，过了一段时间，不仅是组织，而是整个行业都在抱怨大量人员流失和缺乏可用人员。你听说过用工荒和辞职潮吗？

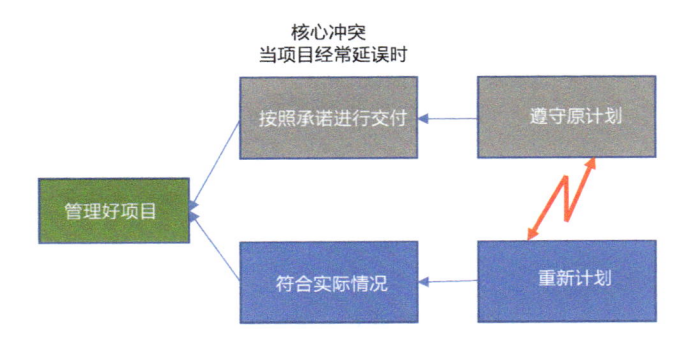

对于投资者而言，越来越多的项目让他们相信，团队可以在不增加成本和时间、不缩减范围的情况下应对不确定性。这一点变得越来越重要。此外，主题公园、桥梁、水坝、道路、数据中心等大型项目通常都采用分期拨款的方式，如果投资者中途决定撤资，项目就可能陷入现金流问题。事实上，许多项目并不是要等到完工日期才开始创收，而是可以尽早开始创收。这就要求项目管理者把项目错开启动，这在基础设施建设和 IT 项目中都很常见。

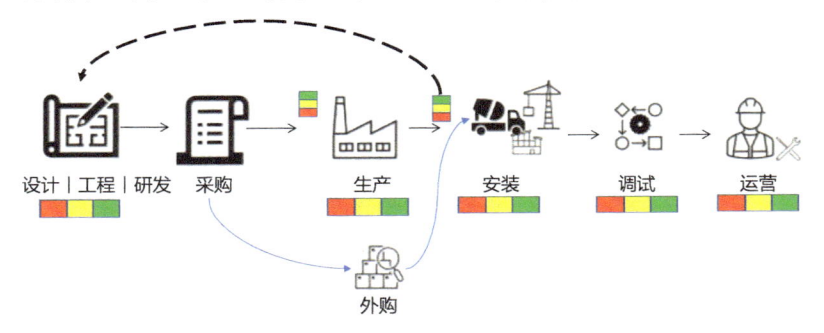

这需要项目管理方法从原则聚焦阻碍项目按时完成的制约因素，尽可能晚地支出成本，并坚持完成全部项目范围。TOC 能够满足以上所有的要求。TOC 通过聚合在关键路径上的任务，不提前启动其他链条上的任务，利用缓冲不仅能够在计划过程中缩短工期，甚至在实际执行过程中也可以缩短工期；同时赋予项目团队极大的信心，不仅要按时交付，甚至要提前交付。

基础设施项目包括多种运营模式，既有现场任务，也有非现场任务，这通常包括零件的制造供应、设备和结构在异地和现场的组装、测试和检查、安装和交付调试以及初始运营支持等。现在，这些任务组中的每一组都有不同的运营模式和不同程度的不确定性。在为如此大规模和多种类的活动进行建模时，缓冲的设计和同步面临着巨大的挑战。这些缓冲不仅必须让不同的活动对齐目标，还必须解耦它们以避免牛鞭效应。基础设施项目通常有多个缓冲区，它们按项目的调试日期对齐。

当项目元素从一个阶段流向另一个阶段时，即使上游任务已经完成，下游任务也并不总是可以立即开始的。每个主要任务通常不仅需要上游任务完成，还需要多种输入（资源预留、文档、规范、材料、批准、决策等）。因此需要在下游阶段进行战术门控，涉及所有输入的齐套管理，以避免代价高昂的滞留和延误。齐套涉及保障下游工作不间断推进所需的全部输入，否则整个项目就会积压大量在制品和库存，导致项目无法推进。这个概念看似简单，但在大多数基础设施项目中，输入不齐套是一个摆脱不了的诅咒。同时大量的改善案例告诉我们，仅靠启用齐套管理就可以显著加快基础设施项目的速度。

服务项目

根据我们对服务的定义，服务项目可以及时完成复杂的工作。这些项目大多是事件驱动的，如外包、设施和流程的转移和改造、转型项目、举办大型体育锦标赛、组织全国选举、推出全国疫苗接种计划、检修复杂的发电厂等。当然，它们也可能包含一些基础设施项目的元素。

高知特公司旗下的数字业务运营部门负责为《财富》500强企业提供业务流程管理转型项目。从本质上讲，它接管了客户的业务流程、人员和必要的基础设施，并将其过渡为自己的业务。然后，它运用数字和流程管理方面的专业知识，为客户提供逐年成本节约和生产力提升。这是对传统业务流程外包的直接延伸，需要组织具备深厚的行业经验。

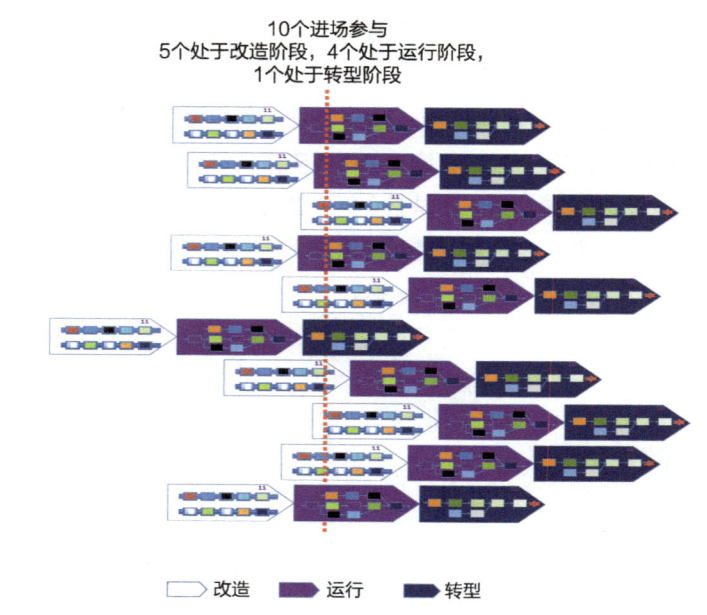

例如，当公司从一家《财富》500强企业获得一个为期5年的业务流程管理项目时，它会为该期间配置团队、基础设施、流程和预算，并通过不同阶段的渐进式改进推动流程。一个转型项目就是一个进场参与，通常每个进场参与涉及多个流程团队。每个进场参与包括三个阶段，即改造、运行和转型。如果能够无缝地改造流程，有效地稳定运行并按时引导快速转型，那就是业务流程管理行业公认的优势，但很少有人能够做到这一点。要做到这一点，对于多个流程（以及跨领域、行业和客户的项目）来说就需要成功管理多项目环境。最近，一家领先的业务流程管理组织通过遵循关键链项目管理提出的一些范式转变，获得了超过15%的预算收益。

另外，塔塔钢铁公司的维护服务部门聚焦于加快其工厂和钢厂的停工维护。在他们的连续制造工厂中，产量受到工厂在年度维护停机时间的严重限制。维护服务部门带着自己的设备、监控工具和专家，与工厂团队一起合作，将停机和交付调试活动作为一个项目进行规划，从而让工厂停机时间相比行业基准减少30%。这意味着挖掘出更多产能，从而带来数百万美元的额外收入。

关键链项目管理的一个实例是，用于计划和执行钢铁厂两台连铸机上的回转轴承更换。世界最短的更换周期是22天，而该团队用一半的时间（11天为）就完成了全流程。他们成功地使该组织获得了2000万美元的额外收入。

在传统管理方式中，工厂管理人员在停机时所面临的挑战是，几乎每项任务都会因不确定性而导致严重延误，以及缺乏专业知识和正确技术来处理未知的无知。一个接受过TOC培训的工厂管理团队，则会把停机作为一个关键链项目管理项目，确定关键链，并以不冲突的方式调动资源。他们会留出资源缓冲随时待命，而不会因资源在其他地方忙碌而错过了工厂启动日期。他们使用项目缓冲和汇流缓冲来保护项目进度，这让他们提前及时发出要关注哪些任务的信号，同时让其他任务按照自己的节奏开展。这减少了在停机期间发生的大规模救火情况——每个人都大喊大叫到处忙碌，没日没夜地加班加点工作。在塔塔钢铁公司，停机就像正常工作一样，在尽可能快的时间内完成停机恢复。

在此之后，维护团队还进行了流程简化和最佳监控实践，如用于库存管理的DBR、可靠的备件预测、剩余寿命管理和状态监测，以及为维修提供早期预警等。

竞选活动是一个大型项目

罗伯特·基里巴斯（Robert Kiribati）是撒哈拉以南非洲国家党的核心成员，一直对协调选举活动感到害怕。但上一次的竞选活动，对他这位竞选经理来说则像是小菜一碟。

国家选举的竞选活动是一个多项目的环境。在这个环境中，尽管每个选区在执行上相对独立，但它们都通过共同议程与其他选区相关联，这个共同议程的目的是为该党赢得选举。

全国选举活动
把资源调配到摇摆区-范式改变

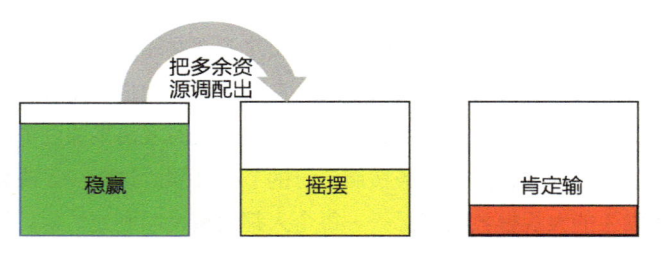

把多余资源调配出

稳赢　　摇摆　　肯定输

选举来临时，罗伯特的团队面临的一项挑战是，要证明上次选举中代表做出的承诺与代表在实地开展的实际工作之间的差距是合理的。虽然他有充足的现场工作人员力量，但在制定竞选活动任务的优先级方面始终存在问题。赢得人们对任期内差距的认可、收集捐款、动员志愿者、举行会议、指导候选人、管理媒体、媒体合作以及在选举日守住席位，只是他庞大竞选活动中的几个事项而已。

他通常会在指挥中心管理每一个活动，但到了最后，他的团队会因为计划没有按预期进行而精疲力尽。这往往导致计划偏见，只关注那些容易完成的任务，而不是那些对竞选的成败具有重要和决定性的任务。片面关注拥有强大候选人的地区，意味着该党的全国选票逐年下降。在2018年全国大选的90天竞选期间，他的团队利用关键链项目管理的核心原则开展竞选活动。他采用了一种临时拼凑的方式，将竞选活动分解为可管理的迷你项目。事实上，与要求相当明确的传统关键链项目管理项目场景不同，竞选活动通常受到突发性需求的影响，这通常意味着需要在过程中调整竞选活动。最终，竞选活动采用了敏捷和关键链项目管理的实践相结合的模式。

罗伯特在关键链上使用了项目缓冲，将工作分配给了不到三分之二的人，并根据需要建立了坚实的资源缓冲。因此，他有足够的时间与领导人合作，为竞选活动构建了国家和地方议程的适当平衡。项目缓冲运作良好，他实际上腾出了足够的时间对整个国家的关键区域覆盖两次，而之前的选举中仅仅覆盖了70%的关键区域。所有这些，都是在仅花费预算的60%的情况下完成的。在竞选的策划阶段，罗伯特在党的领导支持重点方面进行了范式转变。传统上的竞选活动是由每个候选人自己去实施的，在很大程度上，胜利或失败都是个人的。在这种情况下，有些候选人注定会以巨大的优势获胜，有些候选人肯定会以巨大的差距失败，还有不少候选人则处在边缘状态（摇摆区）。

罗伯特从整个政党的角度看待选举，将政党视为一个比个人候选人更大的系统；对他来说（至少在竞选期间）重要的是，以有限的时间和资源使该政党赢得相当数量的多数席位。作为极为罕见的创新举措，他选择了把摇摆区作为最薄弱的环节，将政党的注意力聚焦在他们身上，并从胜率高和胜率过高的选区抽调了大量资源来支持摇摆区的候选人。他也明白，再多的竞选努力也不会把肯定会失败的候选人转变成赢家。

通过对摇摆区提供更多资源，他能够进行强大的竞选活动，并极大地影响选民的决定，使其倾斜有利于他的候选人。

选举胜利从未变得如此美好！

软件开发项目

尽管本书前面已经提到了软件开发的实例，但它应该有一个单独的类别；主要是由于其工作性质的缘故，其中的游戏规则经常发生变化。数字化用例的新兴可能性加上快速的技术发展，使团队难以估算工作量、按时完成任务并适应动态环境。

同时，这些知识型公司的自由自主的工作文化，让传统项目管理的不少规则变得不可靠。

软件产品开发是一个完全不同的游戏，可能没有最终的预期交付日期；即使非要设定一个，那也可能是徒劳的！！！

此外，尽管客户明确了他们的需求，但他们对于满足需求需要付出什么，甚至对于会得到什么很少有足够的直觉；因而将大部分项目任务描述留待搁置，任务工期估计是高度推测性的甚至不可知的，项目执行期间的变更程度不可预测。在软件开发项目中，能否如期完成计划往往令人怀疑。

**软件开发项目
不同的球类项目**

新软件或新功能的开发通常符合以下一项或多项特征：
- 开发每个功能所需的工作量是不确定的，并且是非线性的
- 在项目执行过程中，不仅会有新的想法、可能性和洞见，而且可能会涌现新的关键要求
- 任务执行的顺序可能会变更
- 新技术可以完全改变项目或关键功能

尽管创建新软件功能的流程步骤可以被清晰定义，但由于上述特征，执行时间变得高度不确定，并且通常不可预测。许多任务属性是在执行过程才被获知或被重新校准的。因此，在项目刚刚启动时，其参数可以在很大程度上是基于估算的。

由于软件开发仍然是一个新兴领域，它位于无形性的边界上，因此很难把软件的可交付版本以可视化方式呈现。通常情况下，客户在看到软件的初始版本之前对其需求没有一个完整的概念。在应对新出现的需求时，以及在执行更改和校正时，致命的相互关联缺陷都可能出现在软件中。这使得偏差难以预测，并且难以建立有效的质量保证流程。

在许多项目中，团队会使用新兴工具。这些工具中的错误及其升级包的延误可能会导致项目彻底停滞不前。此外，在项目中期还常常会发生变更某些工具和技能包的决定。

总之，要合理估计项目进度变得困难，通常令人沮丧，因为有太多的变动因素，包括需求、工具、技术、技能水平、应用选项、陡峭的学习曲线等。

但是，这么多好的软件是如何被开发和广泛采用的呢？我们采访了几位项目经理。以下是他们众多回复中的几项典型内容：

1. 我们的估计在各个方面总是错误的。
2. 我们为了完成一个项目，要么精力付出太少，要么太多，通常是后者。
3. 我们成功说服客户缩减项目范围。
4. 对于我们大多数人来说，每天工作12小时甚至牺牲周末来工作是一种常态。
5. 通常在新科技行业工作是如此令人兴奋，以至于我们不介意加班熬夜。
6. 因此，不知咋的，我们的软件就启用了。

尽管如此，企业（客户和内部利益相关者）确实对项目管理团队有以下期望：

1. 交付日期神圣不可侵犯，必须严格遵守。
2. 快速适应并迅速响应软件项目范围的变化。
3. 比行业基准更快的执行速度。
4. 达成持续的价值交付。
5. 具有成本效益。
6. 保持员工的自主积极性。

关键链项目管理方法适用于许多不同的项目环境，包括极其复杂的多项目环境。它还涉及如何处理项目组织中的全体项目组合。由于其执行严谨性和规划简单性，通过利用合理定义项目和构建项目网络、

大概计算正确且含有合理缓冲的任务工期估计、缓冲管理以对潜在问题提供早期预警，以及通过项目错开对系统提供平稳、平衡和可持续的负荷等机制，它已被证明持续成功地解决了上述问题。

关键链项目管理通过将软件开发环境与敏捷实践相融合，已经很好地适应了软件开发环境的细分领域。

对于良好的项目管理来说，先决条件是预先估计项目的工期，以便可以计划工作内容并分配资源。很容易找到一些不符合这一条件的软件项目。

这类似于一个资金机构试图对一个提出突破性想法的初创公司进行估值的情境。例如，像折现现金流这类常规数学计算是没有意义的，因为三个财务报表都不稳定，商业模式也未经证实。

感兴趣的投资者采取的一种方式是查看最近的类似交易情况。他们使用相对性指标。然后，双方讨论许多相关事务，检查双方的实力、谈判技巧、情绪、默契等，并达成一个只能事后合理化的数字。

类似地，当父亲问我某天为了一个会谈要走多远的路程时，我通常不会说距离有多远，而会告诉他一个类似距离的城镇，如金奈、迈索尔或海得拉巴。

因此，开发人员或某些公司的模块负责人将手头任务的复杂性与另一个项目中的类似任务进行比较，并做出相对的时间和精力估计，这比没有参考和纯粹无中生有要好。正是这种相对估计的方法留有足够的缓冲空间，因而保障了任务工期估计的稳定性。这也意味着对于每一个小的变化，人们不必调整任务工期，因此计划是相当可靠的。

一旦开始执行，就需要收集反馈以对计划的估计或错误进行验证和纠正。这一点十分重要。当离目的地的距离和到达时间为已知时，我们总是可以查看目的地和当前位置之间的差距，相应地调整我们的速度，以便在预估的时间内抵达。这就是传统缓冲管理的情况，其中缓冲是根据目标的距离（往往以时间度量）来设置的。

但是，如果目的地本身正在移动，则剩余的行进增量距离会随着时间变化；这意味着我们谈论的是速度而不是距离。在这种情况下，必须对能力与目标的距离进行更频繁的反馈调整，以免出现巨大的意外。因此，缓冲大小必须考虑正确的变化率（速度），在目标的距离增加时必须加快系统响应，在距离减少时则必须回调。在这样一个系统中，行为上需要有点偏执。

敏捷＋关键链项目管理正是这样做的。它使用基于速度的缓冲管理来衡量项目运行状况、估计剩余工期，并确保项目按时、在预算内完成，同时更好地维护质量和范围。这符合不确定性世界的现实，现实中仅以功能为单位衡量任务进展并不足够，速度则反映了软件开发过程的变化程度。

如果我们尊重速度缓冲的关键作用，那么资源缓冲和产能规划将变得比常规的关键链项目管理更加重要。

有关关键链项目管理在软件开发中应用的详细信息，这里有一份很好的参考资料：**Agile CCPM：Critical Chain for Software Development**，作者：**Koichi Ujigawa** 和 **David Updegrove**。

TOC 商业模式创新画布

交易模板

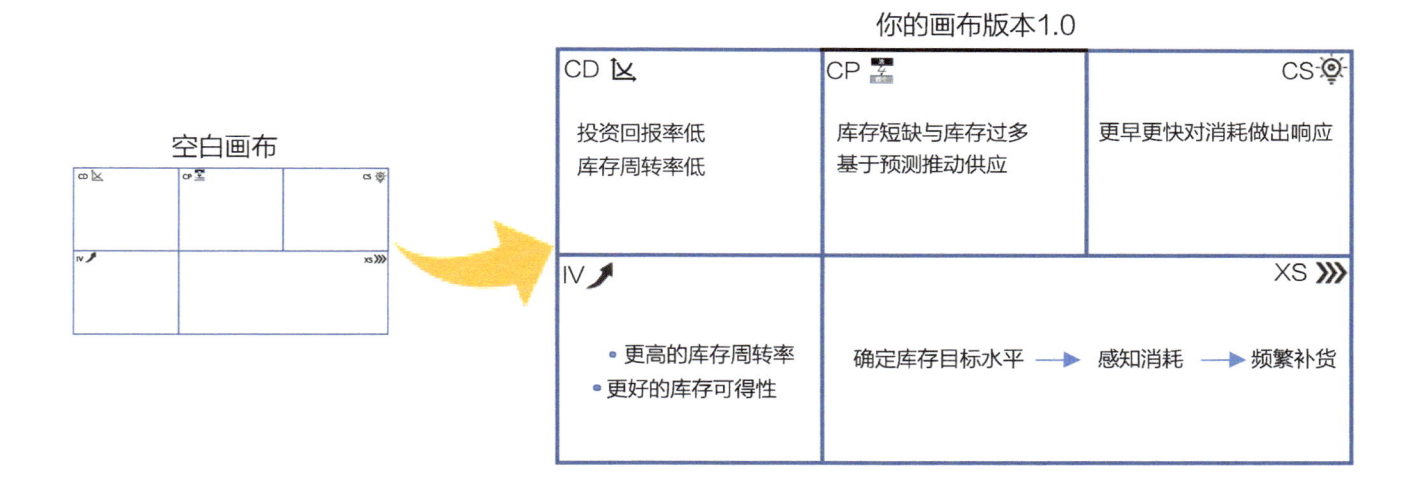

交易模板
步骤 1

空白画布

你的画布版本1.0

CD 📉	CP ⚡	CS 💡
投资回报率低 库存周转率低	库存短缺与库存过多 基于预测推动供应	更早更快对消耗做出响应
IV ↗	XS ⋙	
• 更高的库存周转率 • 更好的库存可得性	确定库存目标水平 → 感知消耗 → 频繁补货	

交易模板

步骤 2

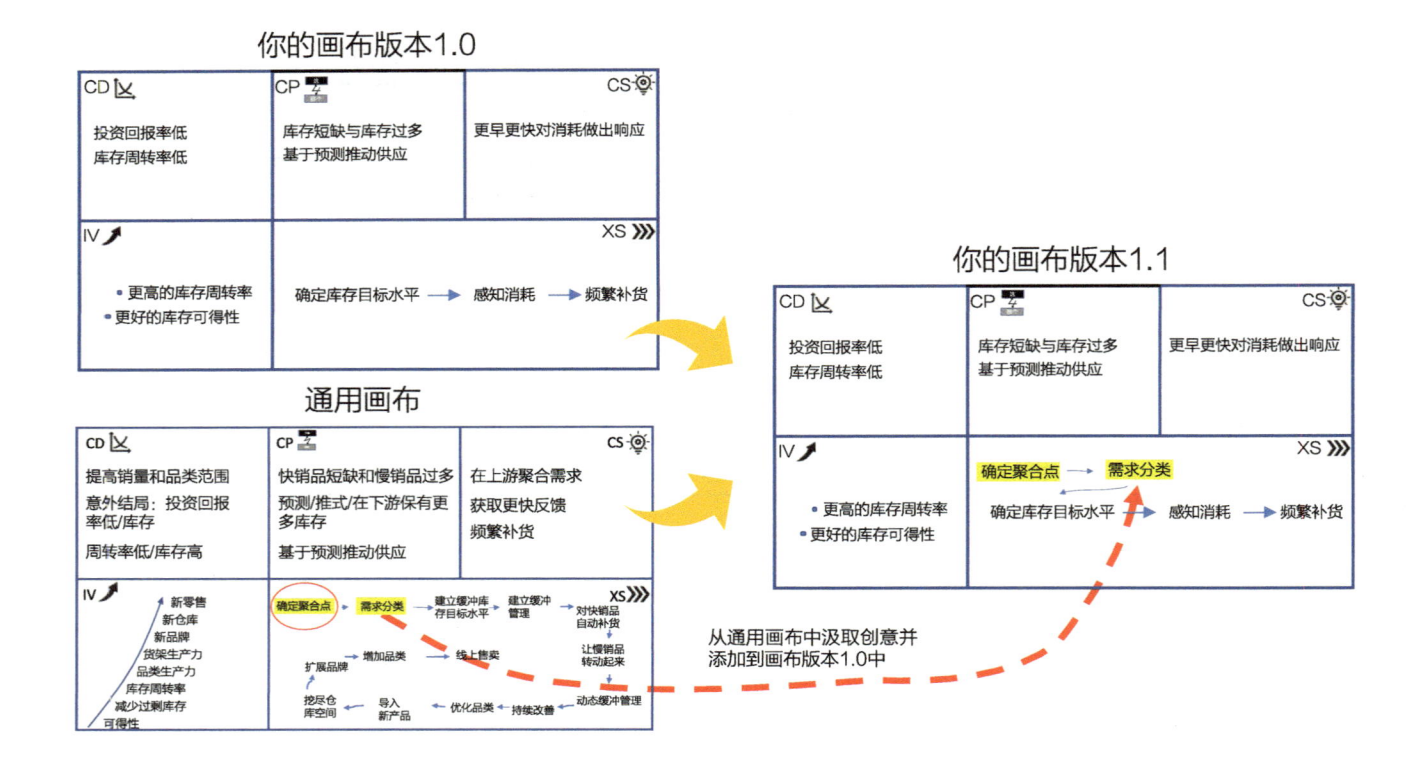

你的画布版本 1.0

CD	CP	CS
投资回报率低 库存周转率低	库存短缺与库存过多 基于预测推动供应	更早更快对消耗做出响应
IV	XS	
• 更高的库存周转率 • 更好的库存可得性	确定库存目标水平 → 感知消耗 → 频繁补货	

通用画布

CD	CP	CS
提高销量和品类范围 意外结局：投资回报率低/库存周转率低/库存高	快销品短缺和慢销品过多 预测/推式/在下游保有更多库存 基于预测推动供应	在上游聚合需求 获取更快反馈 频繁补货
IV	XS	
新零售 新仓库 新品牌 货架生产力 品类生产力 库存周转率 减少过剩库存可得性	**确定聚合点** → **需求分类** → 建立缓冲库存目标水平 → 建立缓冲管理 增加品类 → 线上售卖 扩展品牌 挖尽仓库空间 → 导入新产品 → 优化品类 → 持续改善 → 对快销品自动补货 / 让慢销品转动起来 / 动态缓冲管理	

你的画布版本 1.1

CD	CP	CS
投资回报率低 库存周转率低	库存短缺与库存过多 基于预测推动供应	更早更快对消耗做出响应
IV	XS	
• 更高的库存周转率 • 更好的库存可得性	**确定聚合点** → **需求分类** 确定库存目标水平 → 感知消耗 → 频繁补货	

从通用画布中汲取创意并添加到画布版本 1.0 中

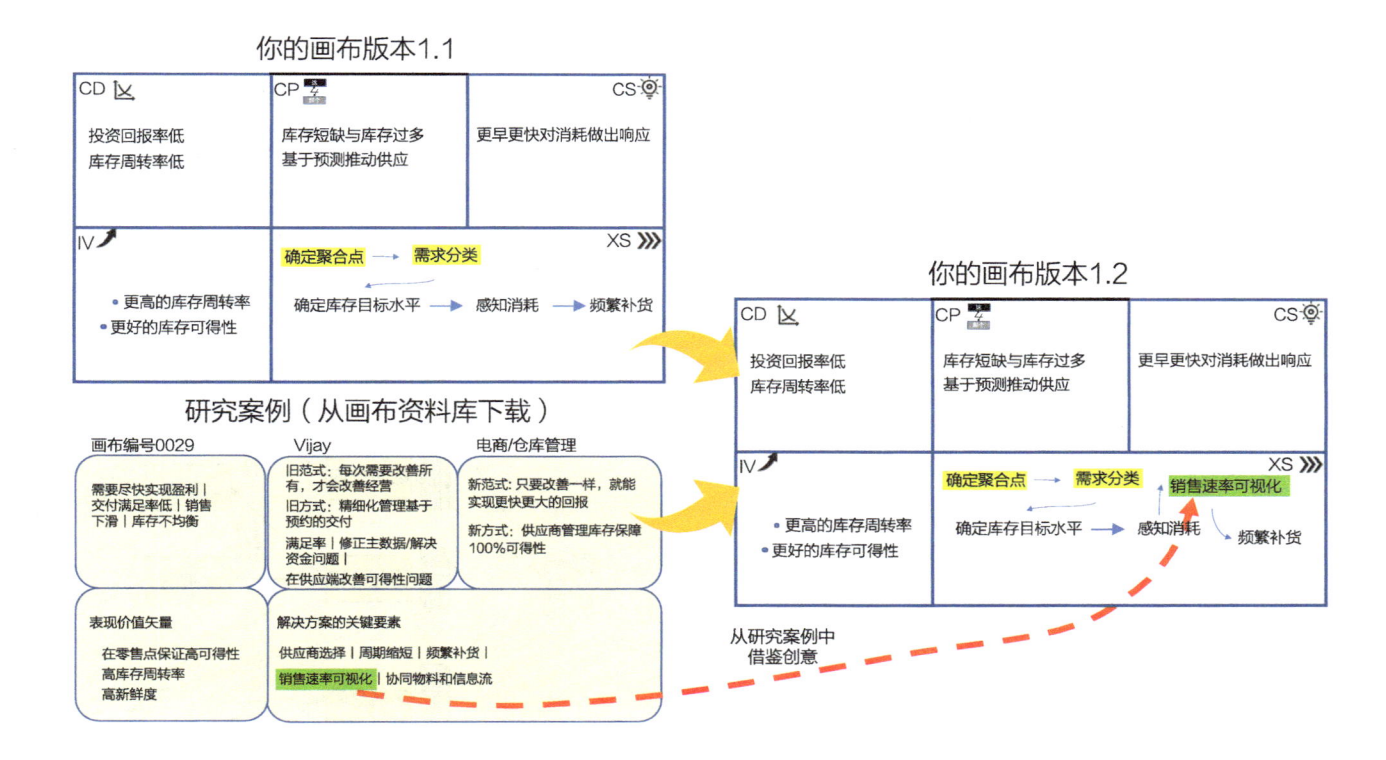

交易模板
步骤 3

你的画布版本1.1

CD 📉	CP	CS 💡
投资回报率低 库存周转率低	库存短缺与库存过多 基于预测推动供应	更早更快对消耗做出响应
IV ↗		XS »»
• 更高的库存周转率 • 更好的库存可得性	确定聚合点 → 需求分类 确定库存目标水平 → 感知消耗 → 频繁补货	

研究案例（从画布资料库下载）

画布编号0029	Vijay	电商/仓库管理
需要尽快实现盈利 | 交付满足率低 | 销售下滑 | 库存不均衡	旧范式：每次需要改善所有，才会改善经营 旧方式：精细化管理基于预约的交付 满足率 | 修正主数据/解决资金问题 | 在供应端改善可得性问题	新范式：只要改善一样，就能实现更快更大的回报 新方式：供应商管理库存保障100%可得性
表现价值矢量 在零售点保证高可得性 高库存周转率 高新鲜度	解决方案的关键要素 供应商选择 | 周期缩短 | 频繁补货 | 销售速率可视化 | 协同物料和信息流	

你的画布版本1.2

CD 📉	CP	CS 💡
投资回报率低 库存周转率低	库存短缺与库存过多 基于预测推动供应	更早更快对消耗做出响应
IV ↗		XS »»
• 更高的库存周转率 • 更好的库存可得性	确定聚合点 → 需求分类 → **销售速率可视化** 确定库存目标水平 → 感知消耗 → 频繁补货	

从研究案例中借鉴创意

交易运营

交易运营是指将产品从卖方转移到买方，它促进了这两个实体之间的互通。

在交易中，不是制造产品或完成工作，而是将商品的所有权从供应商转移到客户手中。在此期间，交易员可能需要暂时储存商品。所以你处于一个购买、储存和销售的循环中（那些不储存的人怎么办？他们在旅途中交易，他们是经纪人）。对于产品公司来说，交易提供了接触客户的途径；而对于客户来说，交易提供了获取产品的途径。

交易是一种古老的商业惯例，始于商品交换。现在交易被冠以了不同的名称，如贸易、分销、经销商、子经销商、代理、零售等。下图说明了分销网络以及货物如何从制造商流向最终消费者、用户或客户。

大型产品公司根据市场的广度设计分销网络，通常拥有若干个或更多节点。然而，持有端到端大型分销网络的基础设施可能是非常昂贵的。因此，他们通常只持有少数上游层级，并与其他层级开展合作，后者则在下游层级投资并拥有一个或多个网络节点。

独立分销公司以单个或多个品牌进行交易，而零售连锁店则从制造商或供应商处采购商品，并分销到零售店（现在也包括送货上门）。

典型的贸易商通过与买家和卖家建立关系，为彼此提供接触，并收取费用（利润）。企业以一定的价格购买商品，可能会持有商品一段时间，然后以更高的价格出售给客户。可以交易消费品、白色家电、工业品等。对于分销商来说，其供应商是品牌商，其客户则是子经销商或门店。

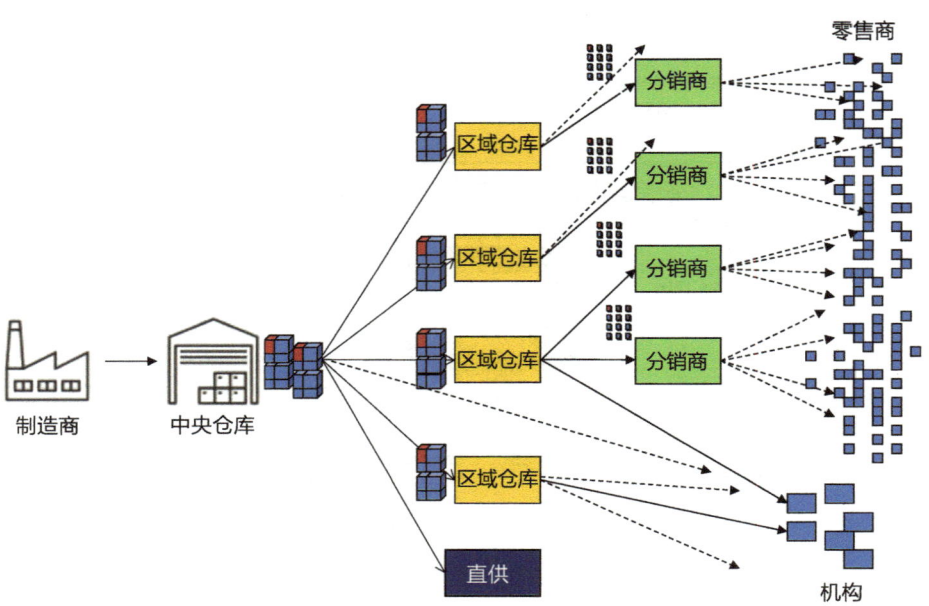

交易的挑战在于，你的商品交易总额很高，但你的命运却由其中很小的一部分（边际利润）决定。因此，传统上，交易是一项低利润的业务。花在商品交易总额上的钱是你承担的巨大风险（投资）。你了解到可能赚取的利润水平后，重要的是让库存更快转起来并持续这样做，从而可以获利且成倍提升利润。资金被高库存占用是交易业务的噩梦。

<u>作为交易者，你擅长哪一类数学计算，是加法还是乘法？</u>

	基数	库存优化后带来的影响
年度销售额，千美元	112	112
产品成本，千美元	100	100
边际利润，千美元	12	12
运营费用，千美元	8	8
利润，千美元	4	4
库存，千美元	25	16.6
库存周转次数	4	6
投资回报率	16%	24%

投资回报率大幅提升50%

这与大多数制造业务大不相同，制造业降低库存（在制品）的目的是缩短交货周期。另一方面，如果你的库存中有很大一部分长时间停滞不动，那么巨额投资就会被占用，不管运营盈利能力如何，收益都会急剧下降。

因此，由于交易的整体盈利能力有限，你的生存能力取决于从货物占用资金中获取的年度收益。衡量你最终成功的标准是，通过更快地周转库存所产生的投资回报率。

交易模板

分销运营

分销是在地理上和物流上实现延伸的消费者或企业网络。通常，似乎一旦你拥有制造产品的能力，只需将产品放入分销渠道，它就会被销售出去。然而，现实情况比这要艰难得多。

<u>我的库存应该是多少？</u>

作为全球最大的药品分销商，麦克森公司（McKesson）面临的一个困境是，在最终客户购买之前，其数千个SKU（库存量单位）中的每一个应该提前采购多少。因此，他们需要对不同时间框架内不同地点的各种产品的需求进行预测。在预测算法中可能会用到平均值、方差和标准差。尽管在错误成本和预测成本两方面进行了各种权衡考虑，但现实中，等到商品上架时，市场上的许多因素，如客户偏好、季节、当地活动、竞争对手的举动、法规、经济状况等，都会发生变化。

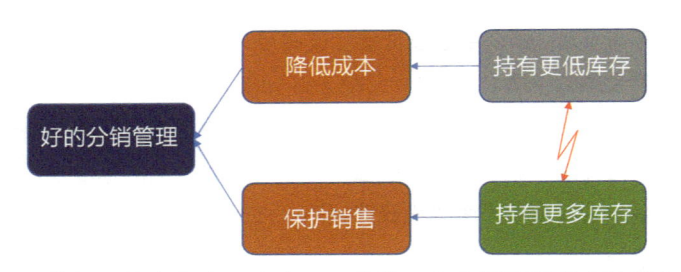

这使得一些产品卖不出去，而其他一些产品则超卖（缺货）。

这种情况成为分销公司的普遍挑战。在需求高于平均水平的情况下，保持高库存可以保护销售，但如果库存并不是需求所要时，那就会占用资本。另外，保持低库存可能会节省一些投资，但同时会导致销售损失。因此不少分销商陷入了在预测上该付出多少努力，以及该接受多少预测错误的伪困境。他们并没有意识到，预测误差并不是导致业务失败的主要因素（参考图形）。

分销商不断地预测并试图使他们的预测尽可能准确。尽管如此，普遍存在的缺货和库存积压还是损害了收入、现金流和投资回报率。

如何在正确的时间、正确的地点实施正确的库存，是整个分销行业都在努力解决的问题。

在寻找完美的解决方案时，分销商倾向于将大部分库存推向更接近消费的地方，即在零售店。他们期望用这样的方式保护销售。但这无济于事，因为这会导致极高的总库存和糟糕的投资回报率。当整个分销链的空间和金钱有限时，不可能让所有产品都备库存。

因此，分销链的第二个困境是要决定在哪里储备高库存，究竟是在上游还是在下游。

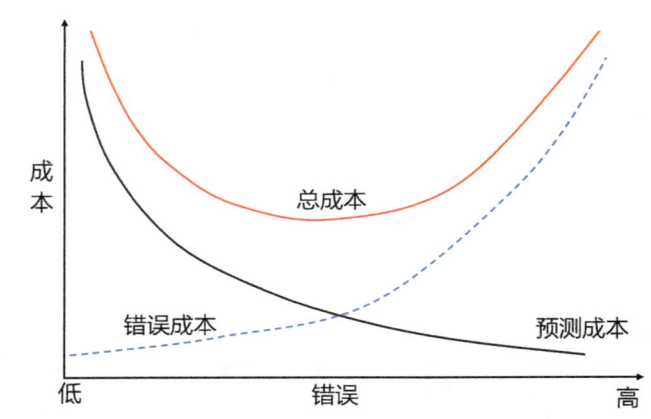

当终端客户的偏好发生变化时，紧急订单沿着链条流回分销商，这扰乱了之前预测的优先级，就要对预测进行调整。但当货物补货时，情况在终端再次发生变化（可以在快时尚和电子产品业务中的任何一天，清楚地看到这样的极端情况）。分销链中的混乱导致失控，以至于错误的物品经常被送到错误的地方。随着这个循环的继续，执行优先级变得不明确，销售团队专注于清算多余的库存，而那些短缺的库存则继续使分销商/门店亏损。这种恶性循环在仓库内部蔓延，浪费了大量时间，然后他们吵闹着要求额外的产能；组织面临着招募更多人员和扩大仓库的压力。除此之外，还有大量时间浪费在对未售出商品的退货管理方面。因此，对仓库管理软件一直以来的高需求也就不足为奇了。

第二篇 案例模板

货物分销

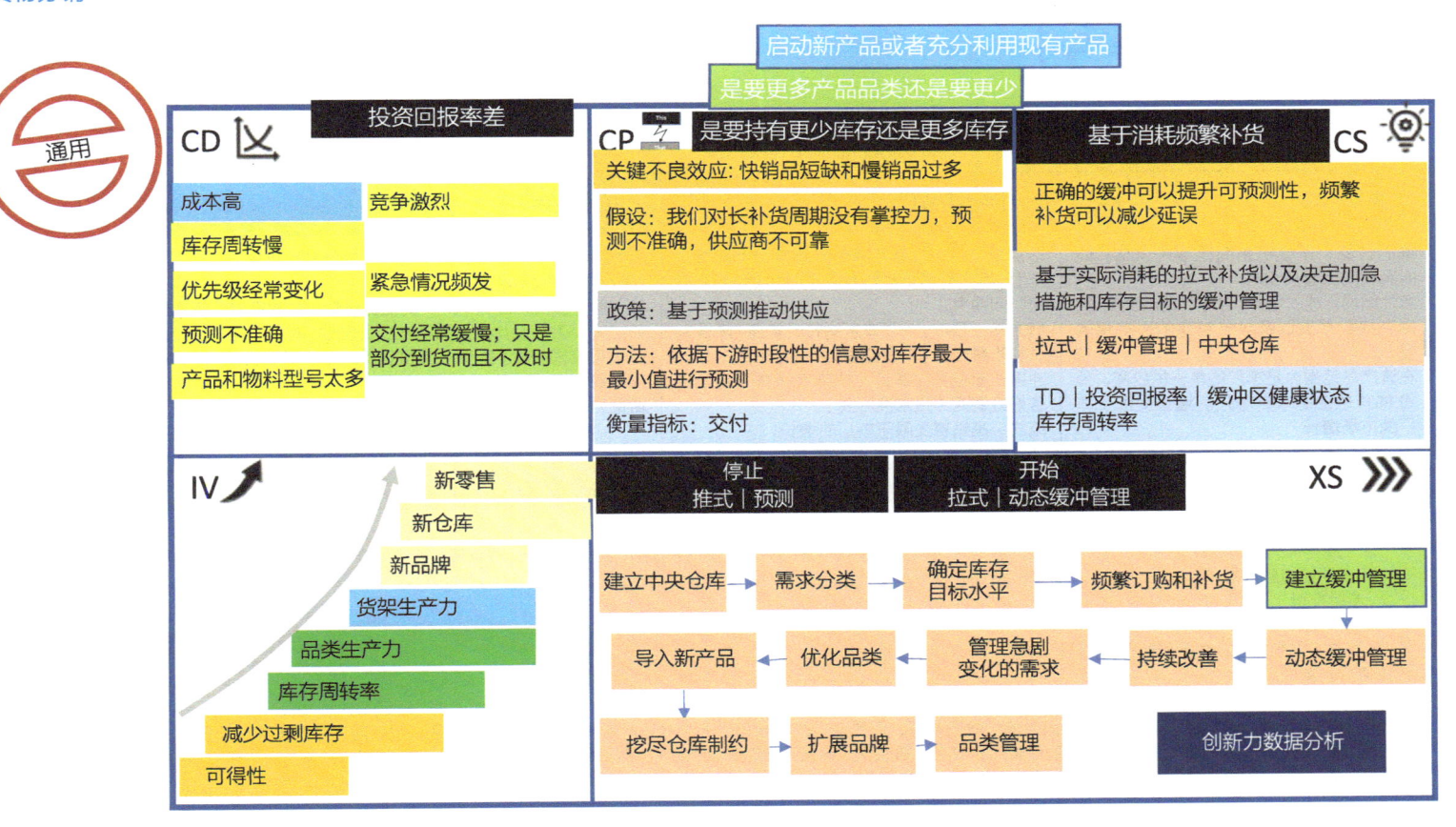

通用

CD 投资回报率差
- 成本高
- 竞争激烈
- 库存周转慢
- 优先级经常变化
- 紧急情况频发
- 预测不准确
- 交付经常缓慢；只是部分到货而且不及时
- 产品和物料型号太多

CP 启动新产品或者充分利用现有产品 / 是要更多产品品类还是要更少 / 是要持有更少库存还是更多库存
- 关键不良效应: 快销品短缺和慢销品过多
- 假设: 我们对长补货周期没有掌控力, 预测不准确, 供应商不可靠
- 政策: 基于预测推动供应
- 方法: 依据下游时段性的信息对库存最大最小值进行预测
- 衡量指标: 交付

CS 基于消耗频繁补货
- 正确的缓冲可以提升可预测性, 频繁补货可以减少延误
- 基于实际消耗的拉式补货以及决定加急措施和库存目标的缓冲管理
- 拉式｜缓冲管理｜中央仓库
- TD｜投资回报率｜缓冲区健康状态｜库存周转率

IV
- 新零售
- 新仓库
- 新品牌
- 货架生产力
- 品类生产力
- 库存周转率
- 减少过剩库存
- 可得性

停止：推式｜预测
开始：拉式｜动态缓冲管理

XS

建立中央仓库 → 需求分类 → 确定库存目标水平 → 频繁订购和补货 → 建立缓冲管理 ↓
导入新产品 ← 优化品类 ← 管理急剧变化的需求 ← 持续改善 ← 动态缓冲管理
↓
挖尽仓库制约 → 扩展品牌 → 品类管理

创新力数据分析

汽车零部件——分销

鼓舞人心

作者：史瑞达·劳拉	汽车零部件/分销	2022年4月10日	SIM-0050	第1版

1. 变革引擎

雄心目标：年度销售同比增长30%，同时利润同比增长50%

意外结局：成本增加 | 对车厂的准交率差 | 库存缺料严重以及对分销商的库存周转慢

在该产品范围内是车厂的单一供应商，公司80%的业务来自车厂。增长受限于车厂的市场增长

2. 系统性问题

不良效应：一直存在降价和改善交付表现的压力 | 客户时常更改排程和交期 | 长期存在的部门间冲突

旧方式：预测 | 为了车厂牺牲分销商 | 降低人工和物料成本 | 推式分销 | 大批量生产

冲突：是服务好车厂（追求高销售）还是服务好分销商（追求高利润）

范式：高销售受限于车厂的增长

3. 核心方案

范式：我们在车厂所有产品组合中的份额可以更大 | 分销市场是巨大的，而公司所占份额微不足道

注入解：提高在现有车厂中的业务份额，并提高对分销商的库存周转率

新方式：工程设计采用关键链项目管理 | 对车厂提供供应商管理库存 | 对分销商采用拉式补货 | 生产采用MTA和MTO结合方式/SDBR/缓冲管理 | 按可得性采购

衡量：新产品有效产出 | 库存周转 | 周期 | 准时交付率

5. 创新轨迹

绩效轨迹
- 库存周转3倍提升
- 周期缩短到1/3
- 准时交付
- 保证100%可得性
- 提升在客户产品组合中的份额
- 快速导入新产品

4. 落地计划

相互关联的方案要素
新产品导入采用关键链项目管理 | 缓冲管理 | 运营中的负荷控制 | 按可得性生产 | 销售库存周转能力 | 销售可靠性能力 | 运营产能扩展

（5个）工厂的在制品从10天降低到3天	中央仓库 | 仓库 | 分销中心的库存从85天降低到25天	新产品导入项目周期缩短50% | 有效产出提升80%

描述：触发Fleet Guard进行变革的并不是因为他们做得不好，而是他们的增长似乎完全被车厂增长的不确定性所禁锢。他们对这种状况进行了挑战。为了获得车厂更大的业务份额，他们通过工程设计采用关键链项目管理和对车厂提供供应商管理库存保证100%物料可得性从而快速增加了产品品类范围。同时他们从战略上重新定义了市场，更聚焦于分销业务，通过采用TOC拉式补货获得更大市场份额。资料来源：Vector咨询。

BOSCH|DENSO|MAGNA|CONTINENTAL|AISEN|AUTOZONE|MINDA|USHA|INDIAPISTON

仓库工作流管理

鼓舞人心

作者：史瑞达·劳拉	贸易 | 分销 | 运营	2022 年 4 月 10 日 | SIM-0050 | 第 1 版
1. 变革引擎	**2. 系统性问题**	**3. 核心方案**
显著缩短订单处理的循环周期 在制品水平高 循环周期长 在不同点之间建立基准存在困难	不良效应：平衡产能和平衡配置人员政策 |（在制品水平高导致）安全风险 | 投入精力和有效产出之间不匹配 | 没有统一的运营衡量机制 旧方式：推式 | 优先级频繁变更 | 局部效率优化 范式：平衡产能	范式：平衡流动 | 基于制约进行处理和配置人员 注入解：废除预测 | 保护开发人员的工作时间不受条件输入波动的影响 | 对资源重新配置 新方式：DBR
5. 创新轨迹	**4. 落地计划**	
绩效轨迹 更高的有效产出 更快的交付 更安全的环境 在制品水平低	相互关联的方案要素 确定库存缓冲水平 | 动态缓冲管理 | 识别制约 | 时间缓冲 | 资源缓冲 | 数据池归总 | 缓冲管理 | 持续改善 工作流：取料 | 包裹 | 质量检查 | 包装 | 打托盘 | 装车 | 发货 结果： 循环周期缩短 70%| 在制品减少 65%| 速度提升 500% 更安全，没有**额外运营费用和投资** 关键 TOC 模型：DBR	
描述： 思科、英特尔、戴尔等系统集成商有众多的仓库在全球交运零件。要更快的从仓库交付零散批次对于其卓越业绩来说是一个必要条件。这张画布展示了如何对其多家仓库进行转型以更快交付货物以及同时降低总库存。		

思科 \| 英特尔 \| 戴尔 \| 惠普 \|ABB\| 施耐德集团 \| 华为 \| 英业达 \| 艾默生 \| 西门子

一家分销公司或拥有分销链的产品公司，一旦陷入恶性循环，导致各个节点的产品可得性不佳、库存周转不良、响应缓慢和仓库效率低下时，就必须进行变革了。一些组织会错误地仓促上马仓库自动化，却最后意识到它只是放大了更多的错误，而不是带来收益。有时甚至整个运营可能会因此停滞不前。正如印度西部领先的全国电缆制造商所学到的惨痛经验，它在两个半月内都无法发货。

如果当前的运营模式是采用预测，那么在进行转型之前，必须认识到几个关键见解：

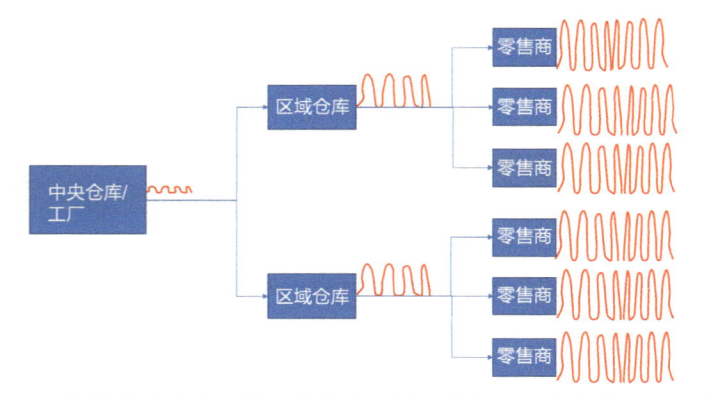

1. 预测在需求波动较小的情况下效果很好。但在分销网中，各个节点的需求波动并不均匀。与零售门店的剧烈波动相比，上游（如中央仓库分销商）的波动水平相当低。例如，相对于中央仓库的平均库存，波动可能为 1100~1200，即 ±5%，而在平均库存为 10 的零售店，变化可能高达 100%。由于聚合带来的好处，随着需求向上游流动，波动会减少，因此，你的预测在中央仓库的误差会更小。这是应对分销链中一级风险的稳健策略之关键。

2. 节点的库存目标计算取决于各自的消费模式。但是在大多数情况下，组织倾向于忽略供应方因素的影响。因此，当库存管理过程实现自动化时，无论计算差异如何，都会提供不准确的信息。

3. 预测周期（生产周期）越长，准确性越差。因此，当交货时间较长时，预测下游节点（更远端）的库存水平并不是确保最终客户可得性的好方法。否则只会将过多的波动转移到执行中（听说过牛鞭效应吗？）

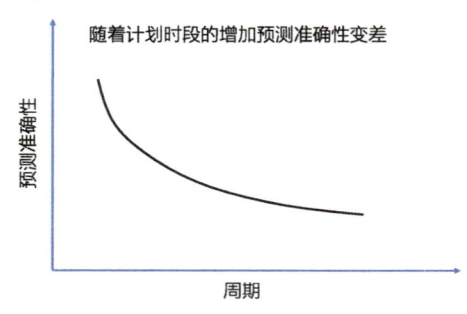

通过认识到上述见解，TOC 注入实质性的创新，直接从根本上拥抱供应链中的不确定性。

分销并不是将问题推向客户端！！

首先，TOC 建议设置中央仓库（针对大型经销商或分销链），以便解耦来自远端的需求不确定性，并优化分销商的订购流程。对产品和客户进行聚合带来的好处是，有机会通过动态分配减少整个分销链中的大量短缺和过剩。

组织误解了"正确的事情、正确的时间、正确的地点"

其次，通过考虑供应因素来更可靠地计算库存目标的最简公式是：

库存目标 = 消耗率 × 补货生产周期

再次，它为每个地点的每个 SKU 提供缓冲，并实施基于拉动的补货系统。该系统由需求驱动，而不是基于预测的推式系统。这几乎可以在实时的情况下很好地匹配供应和需求。这是基于这样一个认识：应对各个节点的不确定性的唯一方法是，在预测的解决方案中加入快速而频繁的反馈和补货执行系统。

此外，TOC 引入了动态缓冲管理，它以系统的方式不断调整所有 SKU 的库存标准，从而根据需求优化整体库存水平，同时提高可得性。对分销系统的缓冲设置进行战略定位，减少了分销商对零售商的总体响应时间。动态缓冲管理是 TOC 的一个用于根据执行的实际情况来纠正规划的机制。

缓冲目标的设置一开始是基于预测的，但随着动态缓冲管理的启用，当现有目标值和实际情况出现差异时，常规的长期预测将被短期预测（默认情况下更准确）所取代。

如果现在着眼于设计具有远大愿景的分销商价值创新轨迹，那么作为实施 TOC 的第一步，基于拉动的补货系统以及中央仓库和适当大小的缓冲能够为分销商提供更好的可得性，并减少系统库存。

这意味着销售额立即上升，过期库存和退货减少。同时也意味着经销商赚钱和零售商赚钱捆绑在了一起，这也符合供应链的原则，即：

"在供应链中，在最终消费者购买之前，没有人真正赚钱。"

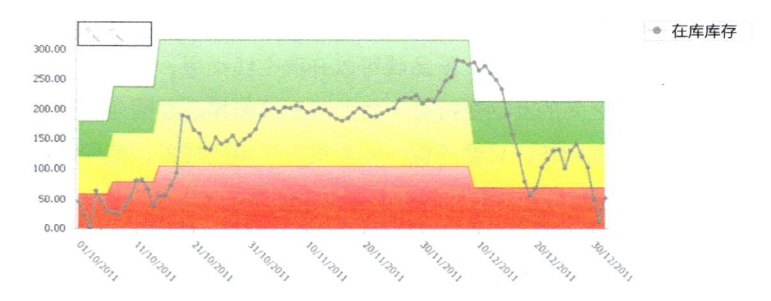

在此处显示的缓冲图中，绿色顶部表示 SKU 的系统总库存设计目标，而灰色曲线表示在手库存的移动。在手库存在各个颜色带中的位置意味着不同的执行规则。有了这样的规则，货物的补货以及系统库存目标、信息过程和决策就可以实现自动化。

你的推动成分有多少？

然后，使用动态缓冲管理可以帮助经销商优化整体库存，同时保持高销售额。这对分销商及其客户的库存周转有直接影响。更快的库存周转意味着更高的投资回报率。

一旦分销转型升级到这种水平，它就可以为客户创造更好的价值。缓冲管理有助于识别快速消耗和缓慢消耗的 SKU，整合产品品类，并将慢销品与快销品进行交换，以进一步提高库存周转率。

在这种情况下，整个供应链都会受益于产品品类的生产力提升。

在产品品类整合之后，分销商将意识到仓库中有足够的空间和资金来提供更多新产品和新品牌给零售商，从而提高每平方英尺货架空间的投资回报率。

随着产品数量的增加，新品牌可以开辟在线渠道，并让零售商和最终消费者之间的互动变得毫不费力且无缝衔接。在线业务是分销商的一项关键创新，只要能保持转型第一阶段的成果，即保障响应能力和高库存周转运作良好，那么"天空也不再是极限"。

随着时间的推移，分销业务在保持中央仓库的同时，还需要扩大其网络，也许增加一个分销的中间节点，比如区域仓库。

那么，将业务转变为电子商务业务只是时间问题。

集市

集市是一个古老的概念，将买家和卖家聚集在一个地方，并让他们进行公正的交易活动。它创建了一个广泛搜寻、价格透明和便利的生态系统，而这在单个门店是不可能实现的。卖方和买方在运营商拥有的集市治理和设施体系之下运作。今天，购物中心则代表了现代集市。

这些集市是资产密集型的，承载着聚集区域（地点）的主题和特色。它们对租户的选择取决于对当地需求和趋势的了解。而在这方面，很大程度上取决于锚定租户，是他们吸引了人群，并为引进其他租户创造了条件。例如，在一个购物中心，锚定租户可以是多厅电影院、美食广场、大卖场或大品牌。

购物中心大部分的收入来自租金，其次是常规维护和活动管理。通常购物中心还会与租户有分成安排。

为了可持续发展，购物中心需要确定租金收入，这意味着确保其拥有良好和恰当的租户组合。因此，商场最初的冲突就在于，是尽早填补租位以确保租金收入，还是等待合适的租户组合从而最大限度地提高客户流量。

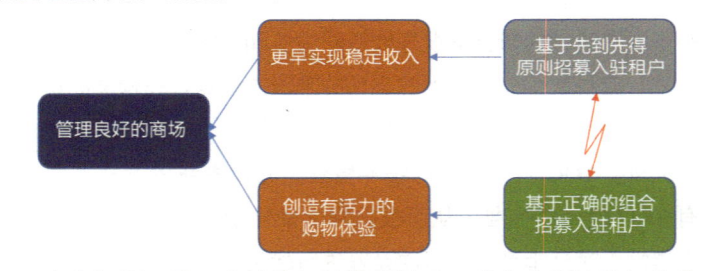

这个问题不是一次性的，随着当地人口的商业环境和经济的变化，商场需要重新调整租户组合。例如，在疫情之后，对于某些事情，无论做了多少预防措施，消费者都不愿去购物中心等拥挤的地方。因此，一些购物中心重新配置了租户组合，以突出其投资组合中的医疗保健、电子和教育科技租赁。此外，消费者现在不仅购买生活必需品和参加社交互动，还为自己想要购买的东西做好了充分的准备。商场解决方案的方向是简化招募、留住和退出租户的业务流程。但真正的挑战在于同步这两类租户，一类是搬出去的租户，另一类是招进来的租户。不要不必要地延长搬出租户的退出时间是至关重要的。

正如所有面向消费者的企业一样，购物中心客流不仅有季节性和每周的变化，甚至每天都有波动。就像餐厅一样，购物中心可以在高峰负荷期间最大限度地提高人流，在空闲时间则采用完全不同的方式；购物中心的规模和范围可以是多式多样的。一些购物中心会从完全不同的角度看待业务，并考虑通过拆分一天不同的时段采取两种不同的商业模式。一些购物中心白天作为公共集市或广场来运营，夜间则变成表演广场。他们最终需要为自己和租户实现盈利。

无论商场做什么，本质上都是要提供真实和原创的体验。在注重原创性的同时，创新的购物中心力图成为当地社区的一部分，并声称自己是城市的中心位置。它们确实混合了娱乐、购物、会议、商业、贸易、文化活动、俱乐部和体育等。它们把所有这些都聚集在一个地方，试图成为市民默认的日常活动目的地，而不仅仅是一个生活方式中心。从根本上说，商场正逐渐成为混合资产中心，正如它所说的那样：生活、工作和娱乐，一个无缝和综合体验的地方。最初的市场除了是一个买卖商品的地方，不也曾是一个社交中心吗？

多边电子商务（B2C）

多边电子商务是集市的虚拟化身，在信息技术的大规模支持下，它利用网络效应创造了令人难以置信的需求和供应聚合水平，从而在非线性增长曲线上一骑绝尘，客户群也呈指数级增长，而业务成本却不会成比例地增加。通过令人兴奋和体验驱动的流程，许多创新已被带入在线市场。毫无疑问，它是21世纪初最具颠覆性的商业模式。

这个领域仍在不断发展。以商品交易总额的跃升来衡量电子商务公司的增长率，可以看出商品交易总额正在以惊人的速度发展。这些公司拥有巨大的未开发潜力，在抢占实体零售商市场份额的同时，每年以30%~100%的速率增长。

在电子商务领域，竞争也很激烈。现在，大多数新业务实际上是在化妆品、家具、厨具等垂直细分市场中兴起的，而不是在像亚马逊那样的横向综合类市场中兴起的。

电子商务的竞争规则不是领先进入，而是领先扩大规模。鉴于此，公司不断注入大量资金以寻求增长。然而，它们在最不确定的需求曲线中运作，这使得对齐和匹配业务需求变得极其复杂。此外，由创新驱动的竞争是激烈的，而且不断收紧的政府法规使利润压力越来越大。

电子商务的无节制增长是由大量投资者资金推动的，但它有一个缺点，即大多数电子商务随着盈利被推迟而经营大规模亏损；资金被大量的库存占用，并流失到无耻的浪费之中。目前的经营方式让公司的生存打上大大的问号，因为即使注入巨额资金，大多数公司也会因无法生存而崩溃，从而造成"赢家通吃"的情况。

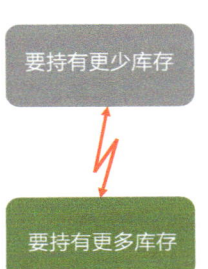

电子商务中增长与稳定之间的核心冲突表现在混乱的运营中,这导致不利的业绩。例如,在实现阶段性目标方面存在大量延迟、错失机会、资金受阻、员工疲惫、浪费、服务质量差、退货率惊人得高等。

从运营层面来看,电子商务公司的关键业务流程包括数字化业务和传统交易业务。其中涉及的一些活动包括在线平台开发与维护、营销与预算、产品目录与内容创建、数据分析、供应商开发与采购、仓储与库存管理、配送和最后一公里交付、客户服务与退货管理。

鉴于巨大的增长压力,数字化和履约流程通常缺乏稳定性,因为新的市场需求是由过于忙碌的团队匆忙发布和交付的。

在数字化运营方面,平台功能和升级时常延误,产品目录和内容质量下降并延迟交付,对销售的反馈修正也经常延迟,开发和运营计划经常更改等。

将退货核算到财务报表中需要多长时间?

在纯粹运营商驱动的电子市场中,运营是基于规范治理和便利促进模式的。卖家列出产品并维护库存,买家则进入数字应用程序出价。此外,市场可以引入多种交易机制,如直接购买、竞价、拍卖、团购等。

B2C 电子市场会设置一个用于展示和导航的虚拟货架,提供供应商详细信息,保证真实性并管理商业条款,提供虚拟购物车来收集商品,然后启用安全的支付网关进行结账。一些市场已将融资、保险和交付服务整合到其商业模式中。供应商有责任按照网站上的规定按时发货,而电子市场保持信息交流的机密性和严整性。

救火事件的来源	不良效应
仓促采购产品	质量受影响
	不符合规格
	销售损失/成本高
仓促进行网页元素设计	差的页面视觉
	不符合规格
功能设计延误	错失市场机会
	软件生产中出错
缺乏人手	过疲劳
	人为导致的错误
	任务派工延误

在库存驱动的电子市场中,运营商采购商品和服务,并直接销售交付给客户。事实上,运营商可能是卖家或经销商之一。因此,可以预期的是,该电子市场既有如第一种情况下的治理角色,又从其匹配买家和供应商的所有活动中赚钱,同时保证每个人的真实性。它还制订详细的采购计划,进行资格认证与维护库存、最后一公里配送和管理退货。它的分销链确保按时有效地完成配送。线上电子市场很容易收集有关用户在线交易和活动的大量数据,对其进行分析以预测客户、产品、供应商和自身业务的行为,并构建有助于实

现高度个性化销售的功能。数以百万计的在线消费者如雨后春笋般涌现，改变了消费者的期望和购买行为；电子市场现在可以利用这种情况来引导其增长。

电子市场面临的挑战是，其设定了很高的期望，允许随时随地点击按钮进行高效的搜寻、比较和购买。如今，消费者期望交货速度翻倍，并及时送到他们想要的任何地方；他们期望得到高度个性化的报价和各种可能的选择；并且已经习惯了打折购买。超速配送是当前时代特别创造的短语。消费者急切地等待节日和促销活动来购买打折的原创产品。此外，消费者对一个地方并不忠诚，因为方便且吸引人的对比式购物，他们会因为微不足道的原因点击某一图标后就切换到另一个市场。

当数以百万计的客户涌向平台时，竞争变得激烈，客户黏性处于真正的危险之中。在寻求增长和客户参与的过程中，电子市场也学会了促销，这已经成为月末、节日、假期等经常发生的事情。现在，当电子市场赚到大量快钱时，其商业模式也被这类活动严重影响。但它也使公司计划与现实情况之间的不匹配性增加了许多倍。除了使运营陷入混乱，损失也在升级。

领先的电子商务公司及其供应商在库存方面投入了大量资金，它们面临的挑战是拥有高库存以推动增长（抓住每一个销售机会），还是拥有低库存以提高稳定性（投资回报率）并降低投资者的风险（资本收益率）。它们面临的库存挑战，由于要迎合广大客户群体和个人品味的无限品种而进一步加剧。

从根本上说，电子商务公司从这样一个假设开始，即它们可以用数字技术展示任何数量的商品，而市场是无限的。它们通常会将该假设延伸得太远，以至于相信如果拥有大量库存，它们就可以满足市场的无限需求。这就是它们出错的地方，试图建造一个又一个的仓库，添加一个又一个的商品类别。

此外，电子商务公司认为它们可以应对无限的长尾需求，因为在线陈列商品和发现客户的增量成本几乎为零。为了充分利用长尾，电子商务公司必须对长尾 SKU 按订单生产。这的确是越来越普遍的标准解决方案，但这却让寻求当天交货的消费者感到非常懊恼。实际上，电子商务公司处于该卖快销品（头部）或慢销品（长尾）的两难境地。从策略上讲，也存在同样的两难境地，公司对长尾商品究竟应该备库存，还是应该按订单生产。

由于库存管理不善和长尾效应的存在，所产生的运营复杂性导致这些公司有高达 40% 的退货率和额外的商品过时率，这是实体企业从未经历过的不良表现。

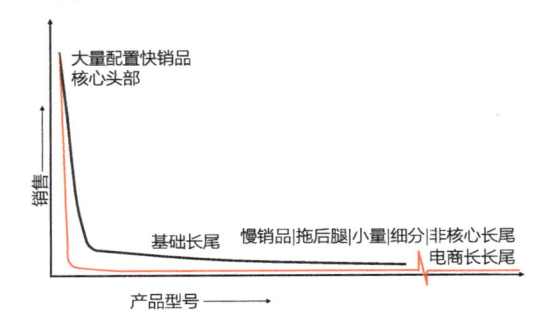

随着这一切的发生，电子商务公司通常会谈论它们在销售期间实现的商品交易总额，就好似高退货的事实从未出现过。事实上，电子商务业务失败率高的原因在于它们不愿诚实面对自己的糟糕表现。

大多数电子市场都有超过 **40%** 的退货率，罪魁祸首就是只关注商品交易总额！

尽管市场上仍有足够多的资金在追逐电子商务，但鉴于总体经济的不确定性，投资者越来越多地将这些公司的估值与更早的盈亏平衡点和投资回报率挂钩。

那么，其中的少数公司是如何实现扭亏为盈的呢？

以惊人的速度增长并实现盈利意味着需要同时提高有效性和效率，并且灵活地适应市场环境。

公司已经重新配置了仓储环境和库存政策，从大量基于预测供应转向频繁补货，并且正在实现需求驱动。通过将运营与需求的剧烈波动解耦，从而简化了运营，控制了浪费并减少了不匹配。事实上，几乎所有电子商务公司的供应链都经历了从单一仓库到集成仓库的阶段，最终在不同层面设置了缓冲区。

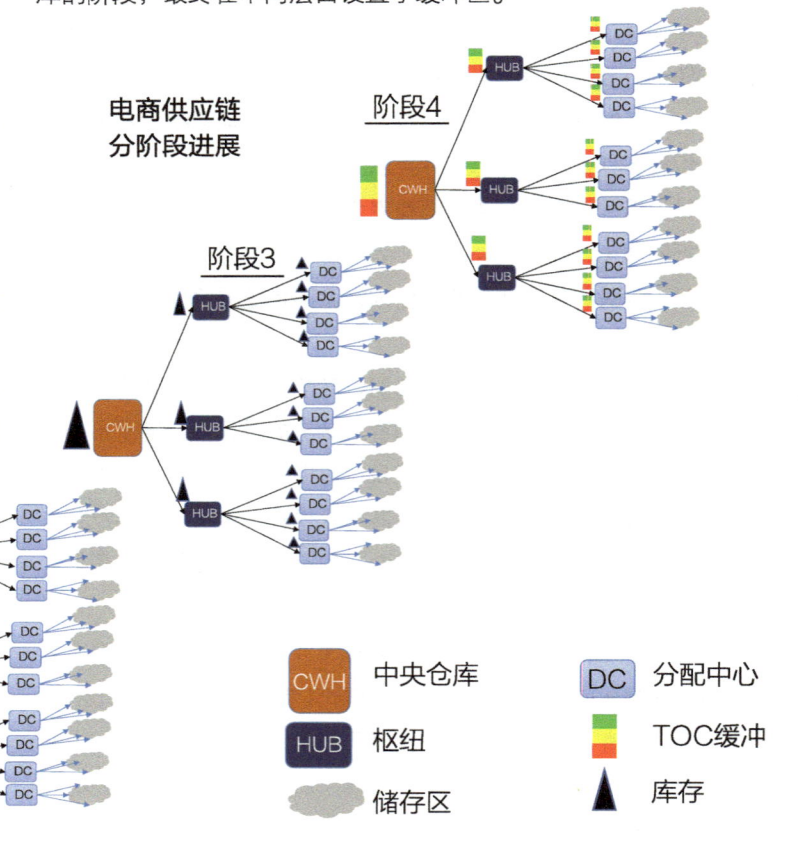

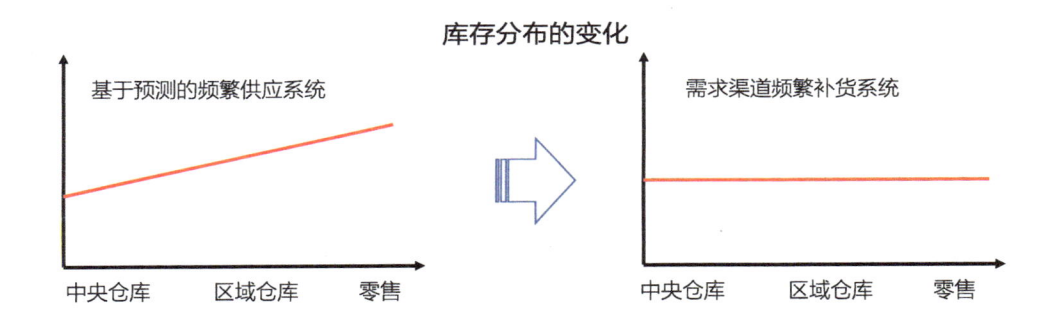

库存分布的变化

基于预测的频繁供应系统

中央仓库　区域仓库　零售

需求渠道频繁补货系统

中央仓库　区域仓库　零售

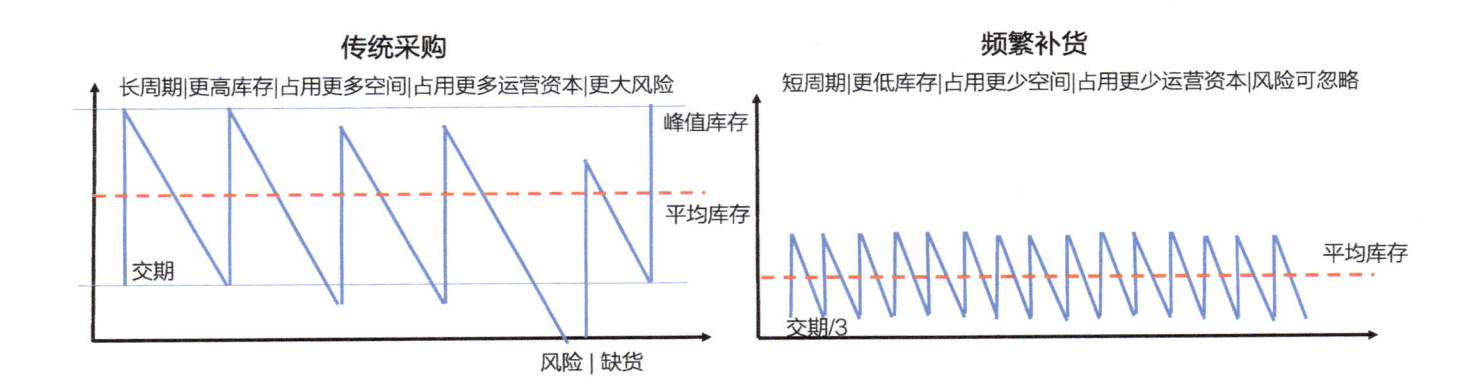

传统采购

长周期|更高库存|占用更多空间|占用更多运营资本|更大风险

峰值库存
平均库存
交期
风险 | 缺货

频繁补货

短周期|更低库存|占用更少空间|占用更少运营资本|风险可忽略

平均库存
交期/3

B2C 电子商务

通用

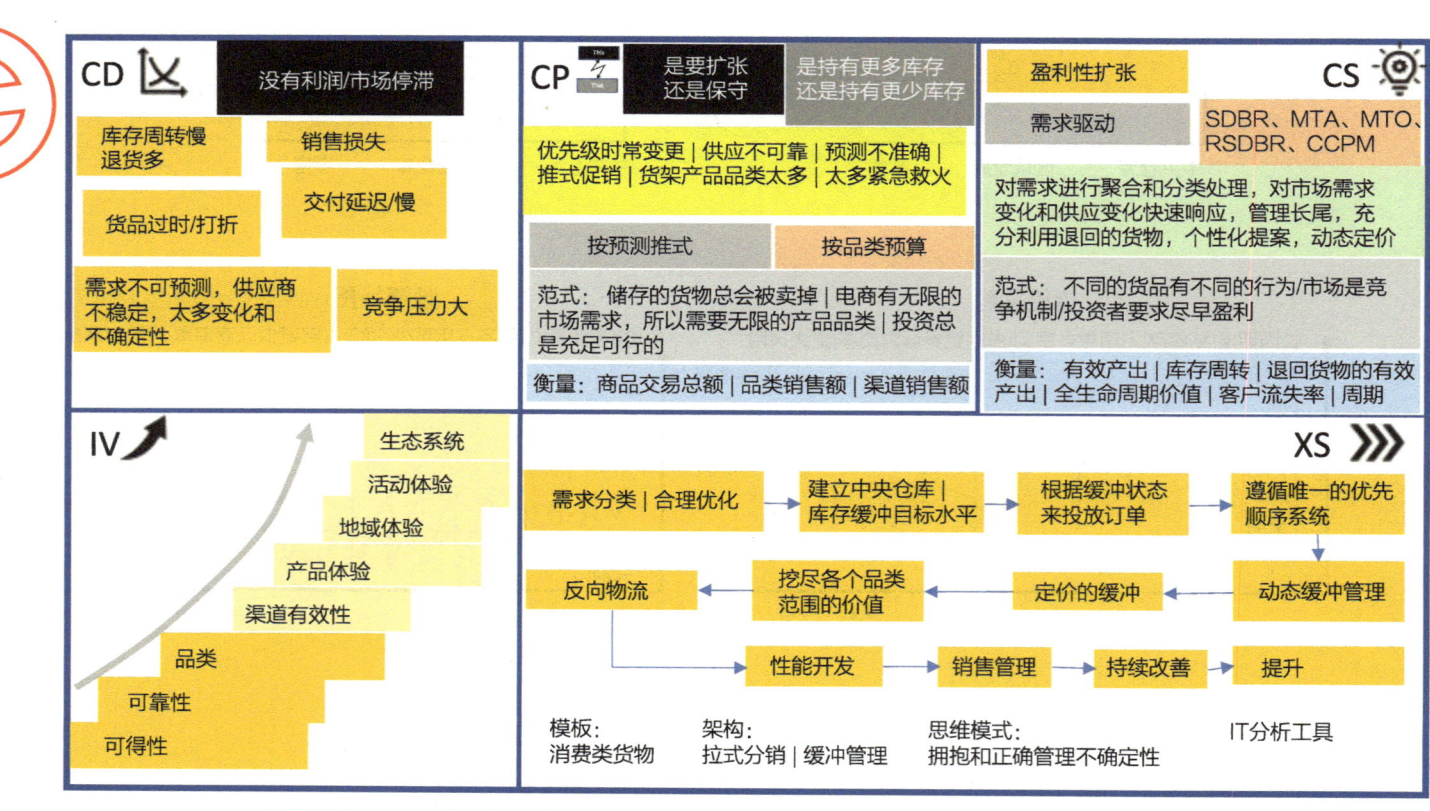

CD
没有利润/市场停滞

- 库存周转慢 退货多
- 销售损失
- 货品过时/打折
- 交付延迟/慢
- 需求不可预测，供应商不稳定，太多变化和不确定性
- 竞争压力大

CP
是要扩张还是保守 | 是持有更多库存还是持有更少库存

优先级时常变更 | 供应不可靠 | 预测不准确 | 推式促销 | 货架产品品类太多 | 太多紧急救火

按预测推式 | 按品类预算

范式：储存的货物总会被卖掉 | 电商有无限的市场需求，所以需要无限的产品品类 | 投资总是充足可行的

衡量：商品交易总额 | 品类销售额 | 渠道销售额

CS
盈利性扩张

需求驱动

SDBR、MTA、MTO、RSDBR、CCPM

对需求进行聚合和分类处理，对市场需求变化和供应变化快速响应，管理长尾，充分利用退回的货物，个性化提案，动态定价

范式：不同的货品有不同的行为/市场是竞争机制/投资者要求尽早盈利

衡量：有效产出 | 库存周转 | 退回货物的有效产出 | 全生命周期价值 | 客户流失率 | 周期

IV
- 生态系统
- 活动体验
- 地域体验
- 产品体验
- 渠道有效性
- 品类
- 可靠性
- 可得性

XS

需求分类 | 合理优化 → 建立中央仓库 | 库存缓冲目标水平 → 根据缓冲状态来投放订单 → 遵循唯一的优先顺序系统

反向物流 ← 挖尽各个品类范围的价值 ← 定价的缓冲 ← 动态缓冲管理

性能开发 → 销售管理 → 持续改善 → 提升

模板：消费类货物　　架构：拉式分销 | 缓冲管理　　思维模式：拥抱和正确管理不确定性　　IT分析工具

亚马逊 | Flipkart | 沃尔玛 | 塔塔集团 | 阿里巴巴 | Target | Etsy 开市客 | Wish

此外，组织越来越多地采用循环经济来管理逆向物流，不仅提高了最后一公里的智能化水平，还缩短了整体循环时间，减少了退货损失。鉴于电子商务固有的大数量和变化量驱动的流程，供应链是相当复杂的。一家领先的公司中有人认为，既然退货如此之高，就有必要把退货物流作为利润中心进行管理，这就产生了最大化退货流程有效产出的概念。

电子商务公司通常有一个退货部门专门处理逆向物流的职能。富有想象力的是，一些组织已经开始为退货团队分配收入目标，即因退货而产生的收入。因此，对于5亿美元的商品贸易总额，按照40%的退货率，其中2亿美元会进入退货供应链。退货团队有责任通过转售、清算或回收（请记住，其细分市场与正常销售业务并不完全相同）尽可能地减少损失（最大化退货供应链的有效产出），而这成了一个商业模式。当给退货团队一个明确的收入目标，让他们按照流程原则进行管理时，他们很容易就能实现多达15%~20%的减损。退货管理是电子商务公司最具创新性的领域之一，也引起了投资者的关注。

在销售前端，虽然商品种类一直是造成不确定性和浪费的重要原因，但现在通过趋势、历史数据、推荐引擎、社交反馈、动态定价和商品个性化页面显示等即时在线页面配置，组织可以几乎完全按照单个消费者的需求和品味定制产品。竞争对手的实时数据现在也被用于在最后时刻调整产品呈现，以吸引客户搜索。在数字化运营团队内部，正在创建按流程复杂性分类的运营通道，并重新配置

团队以减少技能的扩散。库存缓冲不仅仅局限于补货时间和总消费需求相关的简单公式，而受到全方位多种因素的影响，因此变得更加动态和复杂。

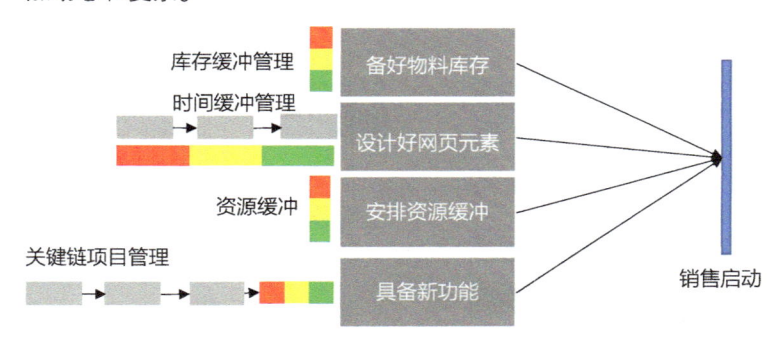

电子商务公司已经意识到，如果事务拖延或仓促发布，它们将在销售（促销活动）期间失去巨大的机会。它们确实疲于应对这些活动，因为促销往往是针对特殊场合，太多活动反而会扰乱正常业务流程。不幸的是，在促销活动中，客户碰巧也会表现出对商家不利和极端的购买行为。

组织现在倾向于建立将销售作为项目（而不是一系列任务）来管理的能力，并通过实施多项目管理的机制来解除内部运营团队的瓶颈。实际上，组织正试图考虑调整其商业模式以应对促销活动。与传统项目管理不同，促销活动太容易出现不确定性。通常它需要对多个活动分支依据发布日期协调排期，并根据各自流程的特质运作每个分支的缓冲管理。

TOC 商业模式创新画布

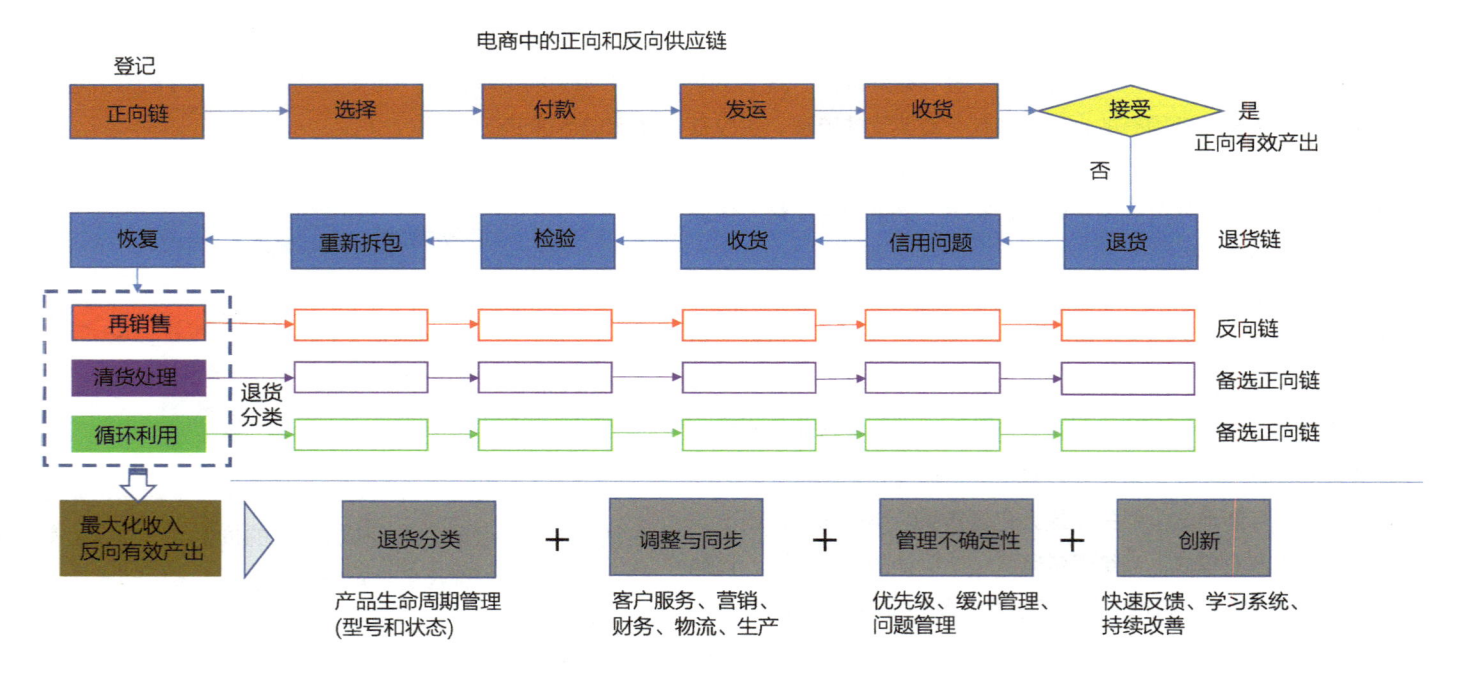

电商中的正向和反向供应链

```
登记
正向链 → 选择 → 付款 → 发运 → 收货 → 接受 ◇ — 是 → 正向有效产出
                                              │否
                                              ↓
恢复 ← 重新拆包 ← 检验 ← 收货 ← 信用问题 ← 退货     退货链

再销售  ────────────────────────────────  反向链
清货处理  退货分类 ─────────────────────  备选正向链
循环利用  ────────────────────────────────  备选正向链
```

最大化收入 反向有效产出 ▶ 退货分类 **+** 调整与同步 **+** 管理不确定性 **+** 创新

- 退货分类：产品生命周期管理（型号和状态）
- 调整与同步：客户服务、营销、财务、物流、生产
- 管理不确定性：优先级、缓冲管理、问题管理
- 创新：快速反馈、学习系统、持续改善

通过缓冲管理，需求波动和峰值不仅与组织的内部运营脱钩，而且交付准时，质量完好，退货率更低。这需要通过掌握准备工作平抑峰值。组织现在将 TOC 缓冲也导入退货供应链，以推动其业务发展。缓冲概念用于管理库存、事件和员工排班，以应付高度波动的业务负荷。

为了真正利用长尾，电子商务公司已经开始以不同的方式思考：假设储存长尾商品的额外成本为零会怎么样。在印度，已经有公司将数千家夫妻店作为合作伙伴接入其平台。这些门店的数量是如此庞大，以至于电子商务公司总可以找出储备了总货品清单中长尾商品的具体门店。这些门店不用额外花费任何一分钱，它们的商品曝光度就得到了提升。每当收到长尾订单时，产品都会由电子商务公司从该夫妻店发货，并带有电子商务公司的包装。这给消费者提出了一个价值主张，即公司的商品目录确实是无限丰富的。电子商务公司所使用的杠杆是，在其数百万种商品库存中强大的搜索发现能力。

由于运营中的大部分决策都是数字化的，公司通过客户生命周期价值、有效产出、营销渠道效率和客户流失率来衡量绩效。

一旦电子商务公司在稳定交付方面通过高可得性和快速响应时间（既适用于正常运营，也适用于促销活动）降低库存和损失，这就为增长奠定了发射台。

管理销售活动负荷及资源
以更少的产能实现更好的交付

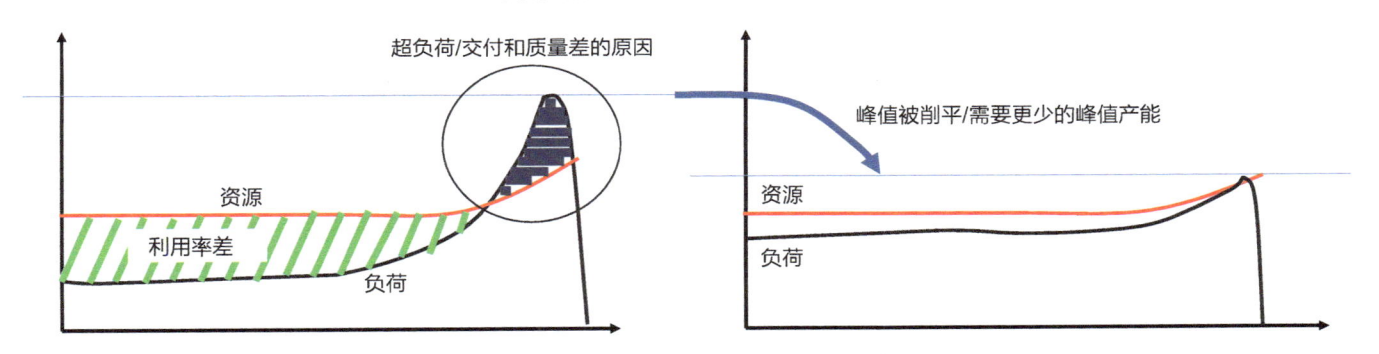

电子商务的价值向量遵循以下轨迹：提供商品可得性，缩短响应时间，减少退货，提高库存周转率，重新设计分销结构和仓库运营，使供应商与公司节奏保持一致，个性化，分类管理，促销活动管理，并最终建立一个永恒的生态系统。

截至目前，供应商和客户并不忠于某一个市场，而是参与多个市场，电子市场企业正在思考如何驾驭这一趋势以便对自己有利。对技术驱动的电子商务来说，添加来自媒体、娱乐和元宇宙的丰富内容的相关产品是不费吹灰之力的。当然，许多人已经开设了实体店，以在业务互动中添加有形的元素。是的，你听到的没错……一切正走向全渠道！

零售运营

让我们在零售连锁店的场景中讨论，它有一个从中央仓库到零售门店的专用分销链。

零售连锁店的增长动力是门店的数量，然而，门店开业的速度取决于现有运营门店的表现。因此，持续的挑战是，根据现有门店的业绩来证明未来投资的回报率是合理的。它们认识到增长所需的关键资源是有限的，因此面临着战略困境,即多家门店的覆盖应该设置为多大范围,以及如何发挥好单家门店的销售。

零售连锁店根据产品类别将自己构建为业务部门,并集中管理各自的预算、采购、销售和营销活动。它们将产品组合分类,按照类别分配预算,并在采购产品时考虑到广度和深度。同样,占地面积、过道和货架空间也会按照类别、产品和 SKU 级别进行分配。哪个 SKU 应该在后端储存多少,放在门店中的什么位置,都要基于持续性趋势和中央销售团队的评估。通常,决策一方面可以基于产品分类,即被分为快销品和慢销品;另一方面可以分为高利润品和低利润品。

零售商根据其门店的总预测需求从品牌商采购商品。这些商品可以由供应商运送到上游分销网络,或直接送至门店。门店则将商品接收到后室的库存中,将它们展示在货架上或落地架上,吸引客户、管理商品并执行开票,以赚取收入。

门店运营的关键部分是管理展示、货架和库存的方式。一旦客户光临,门店运营和销售人员就会尽最大努力让客户尽可能多地消费。

零售连锁店的中央营销功能通过不同渠道管理店内和店外的促销活动,以增加门店的到客流量。最后,门店会采取措施增强客户体验,确保客户返店进行回购。客户忠诚度计划和持续沟通可帮助零售店留住客户。

门店运营是零售链的最终库存点,最终客户或消费者在此购买产品。多产品零售商的经济公式非常明确,它基于以客户为中心的模式,并为零售店的管理提供了方向。

收入 = 客户数 × 每位客户的访问次数 × 每次访问的购买量

因此,门店试图通过获得更多客流最大化收入,并让客户在每次进店消费时购买更多,还要为其提供好的体验以便使其成为回头客。

一旦客户走进通道,便是中央团队预测模型的验证时刻!客户并不会被中央团队按照平均估计给门店分配的品类所吸引,而是随着购物时间的推移或一时兴起而确定自身选择。因此,买家想要的东西也许并不在你的 SKU 货品清单(范围)中;哪怕在清单中,也可能门店当日无货(库存缺货),或货架为空(货架缺货)。然而同时,你会过多储存客户不关心的其他 SKU。偶尔,在经历了选择疲劳后,她可能会买一个替代品,但她并不喜欢这种体验。请记住,客户对品牌的忠诚度相对来说要高于门店,因此,你往往会失去客户的信任。实际上,零售商一直在努力平衡其预算和库存的合适范围、可用性和新产品。

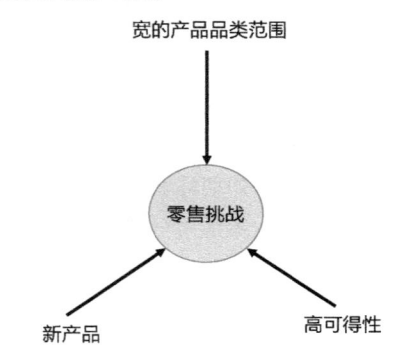

```
         宽的产品品类范围
              │
              ▼
           ┌─────┐
           │零售挑战│
           └─────┘
           ▲     ▲
          ╱       ╲
       新产品    高可得性
```

门店是分销链的末端。由于不同日子、不同季节的客流很不确定，再加上客户行为的变化，门店面临着很大的不确定性。这给零售连锁店的中央团队带来了巨大的挑战，他们要通过预测决定在正确的时间、正确的地点生产正确的产品数量。从中央团队决定门店的品类到客户走进门店购买（需要几个月或几个季度），事情会发生变化，这也包括附近竞争对手的新举动。对照销售情况，我们很容易发现在预判库存时的偏差。

不仅在决定产品组合和数量方面存在挑战，而且在安排店员工作时间表时也面临着挑战，因为客流量总是会出现波动。此外，零售行业的人员流动性很高，这更增加了挑战。

你的零售店员工流失率是多少？

通常，中央团队在计划分配时会考虑将门店按照不同的标准分组，这与单个门店的现实情况存在很大差异。例如，大多数中央团队会根据每周或每月平均收入规划门店的员工。无论中央团队做什么，随着客流量的波动，高峰负荷都会大大超过员工的服务能力，导致失去收入机会和员工压力过大。

这种调度人员的挑战使门店的收入失控，并导致财务、绩效和服务水平严重偏差。特别是在快速消费品零售店中，员工因卸货、从库存中移动产品、补货、陈列促销和更换标签而负担过重，他们几乎没有机会与客户互动。门店员工与客户互动的丧失意味着在升级销售、交叉销售和正确销售方面会错失大量机会。通常，很少有员工接待在寻货、选择或其他方面需要帮助的客户。收银台在高峰时段长时间的等待是最糟糕的体验之一。客户因为高峰时段的糟糕体验而更换门店。高峰期的高负荷、压力和救火行为导致员工失去兴趣，这也是零售连锁店已经接受高员工流失率是不可避免的原因。

为了应对需求的不利影响并保持收入增长，零售团队依靠每个人的努力工作，一单接一单地拼命销售和不断地折扣再折扣。这一方面降低了利润，另一方面消耗了促销预算。

零售连锁店和门店的 TOC 解决方案，能够清楚地识别不匹配点并拥抱不确定性，通过缓冲和严格的执行，最大程度地减少内部失误。它提供了一种简单的方法，来增加收入，最大限度地提高利润和增加库存周转率，同时稳定员工的可得性。它从根本上改善系统的设计，改变整个分销链中的库存组合，这在前面已经讨论过。而解决方案的核心在于，认识到中央团队的计划与消费者购买的内容之间存在巨大差距。

你准备好接受中央团队的计划与消费者想要东西之间的差距了吗？

TOC 的零售运营和决策支持系统方法，始于对客户行为以及市场上产品行为的理解，然后挑战商业模式的长期偏见。

零售连锁店的运营有三个关键措施（注入解），它们引导着产品流向最终客户。

第一，它通过在 SKU 级别使用基于深度的缓冲管理，来确保客户获得想要的东西，推动门店的频繁补货。

第二，它通过创建基于范围的缓冲（客户可见的分类）确保为客户提供足够的选择。在运营上，SKU产品组合根据其在多个维度上的行为被分为几类，例如，它们对创收、品种创新和库存积压的潜在影响。这些分类进而驱动基于库存的决策和用于控制库存的模板。拉米·高德拉特将这三个类别称为头部、腹部和尾部，因此称为头腹尾分析（Head, Belly and Tail,HBT）。这种战略分类通过影响需求和供应因素，为给定的库存创造了最高的有效产出。

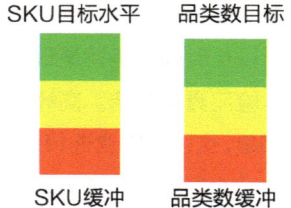

第三，它不是一次性向整个市场（所有零售店）发布新产品，而是首先将市场细分为几个足够广泛的细分市场。然后，每个品类依据新产品组合的相互关联及按比例的份额进行分配；引入的产品组合中有很大一部分实际上取代了无效的尾部产品。

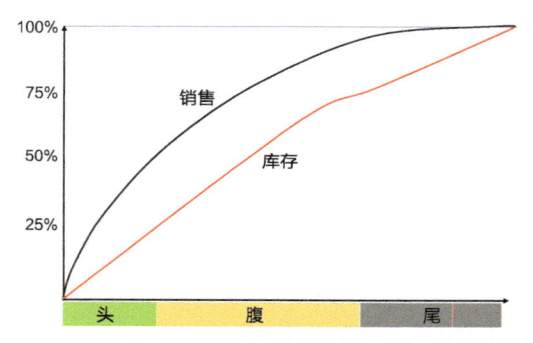

然后，监控引入的新品的表现。通过考虑季节性因素，新品在细分市场之间轮换，以利用其开发潜力。这大大减少了由于市场太过分散以及必须一次性推出新产品组合而导致的错误。此外，未经验证的新产品中的潜在不确定性、比常规产品更长的交付时间，也被大大降低。在更短的周期内推出新产品还提供了对不同市场选择的大量尝试机会，从而在对该类别进行全部预算投入之前可以深入了解新产品的表现。

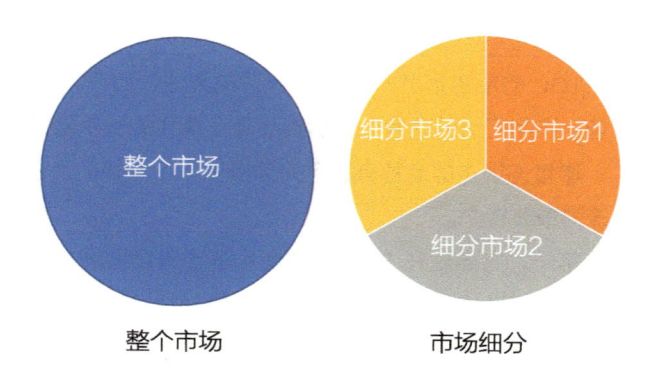

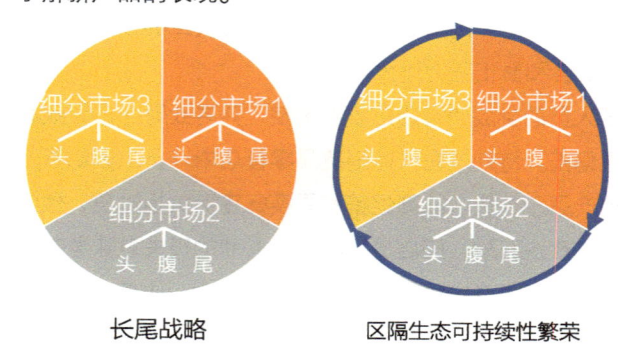

整个市场　　市场细分　　长尾战略　　区隔生态可持续性繁荣

因此，通过提供高可得性和严格的商品范围，这为快速引进新产品铺平了道路，并提升了商品的新鲜度。轮换或更换尾部产品速度和准确度以及新产品的推出，大大减少了门店长期过度打折的需要。

TOC 将可用货架空间的小时数视为门店的物理制约，认为组织无法为每个货架空间创造更高的有效产出是一个普遍性问题。要最大限度地提高约束性能，需要及时调整和替换货架上的产品，同时货架上每个产品的空间大小取决于单位货架空间的有效产出金额。这需要对店面布置和员工进行频繁的调整，以适应店面不断变化的经营状况。为此，组织需要汇总销售门店数据与后端的库存数据，在库存和货架之间按照优先级定期触发货物的转移。它指导门店员工不断充实门店，并在货架上保留足够的货品。

在后端仓储中，SKU 按照缓冲管理以满足补充货架的要求，这为中央计划团队提供了正确的发货信号，有助于根据门店的本地化需求配置库存，从而增加库存周转率。动态缓冲管理是后端库存优化的标准解决方案。

除了店内和户外促销活动，为了增加客流量，营销团队还通过一个集中的矩阵来访问客户，该矩阵主要包含本地社交网络、消息传递组、搜索引擎列表、电子邮件、短信、本地广告牌和媒体等。它使用每花费一美元的有效产出作为营销促销活动的度量标准，从而使客户获取过程更加有针对性。然而，店内促销的优先级基于员工的每小时边际有效产出。

客户需求	服务	TOC方案
可得性	深度	产品型号缓冲+动态缓冲管理
选择	品类范围宽度	品类缓冲+动态管理尾部
新鲜度	新产品导入	区隔产品分布+头腹尾管理

由于零售连锁店通常从多个供应商采购产品，因此确保供应商的能力和可靠性与零售链的流程同步是一项非常重要的任务。然而，采购团队的大部分注意力都放在供应商降低成本上，对不稳定的供应则注意不够，以至于不能及时预防延误和损失。供应商的 TOC 解决方案为补货时间提供了缓冲，不仅可以提供预警，还可以为供应商的升级或更换提供足够的时间，从而保护供应免受中断。

为了应对人员配备的挑战，零售连锁店根据四个类别来规划人力资源需求，即全职、兼职、临时工和小时工。然而，劳动工作条件的严格规定、疫情导致的人力短缺，以及人员工资的增加，使得零售商面临着更大的问题。这些问题无法通过简单地建立缓冲或将责任外包给第三方来解决。如今，随着企业开始实行弹性工作时间并全力支持远程工作，再加上考虑到门店高峰时段非常劳累，员工越来越担忧其在门店安全工作的条件。门店员工调度的一个关键方面是，招聘的员工原本担任不同的角色，但在高峰时段系统负担过重的情况下，他们被迫承担超出自身职责的工作。

最好不要只把与劳工有关的问题看成组织的问题，而要探讨与员工合作的可能性。还有

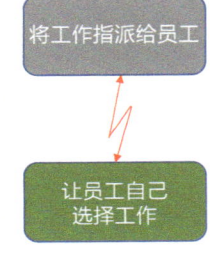

一个堪称典范的创新解决方案，其核心思想是将决策权交给员工。现在，通过一个应用程序，公司可以将不同角色的人员需求状况、时间和报酬发布给当地的大量员工。员工根据他们的时间可得性和收入动机来竞标工作机会。这就是零售连锁店步入零工经济的方式，围绕波动的负荷状态来组织员工，同时还有助于解决劳动力短缺问题。

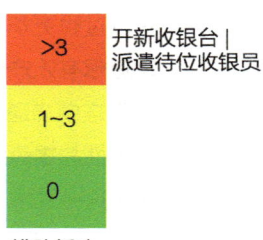

>3	开新收银台|派遣待位收银员
1~3	
0	

排队缓冲

应对团队缓冲负荷变化和由此产生的员工调度缺口的另一种方法是，在高峰期需要高强度工作的领域专门培训几种通用技能。

由于员工的稳定性与门店的负荷相匹配，员工的调动受到正确优先级的限制，从而为他们节省了大量时间。而这些时间可用于接待客户并提升体验。当员工接受多种技能培训时，他们有机会跨职能工作，从而提高在组织中成长的能力。例如，正是这个方面有助于显著增强收银台的客户体验，该柜台通过队列长度来管理员工配置，并始终安排一些人不仅加入收银服务，而且帮助客户打包商品。

为了确保客户持续回头和稳定门店收入，TOC 提供了一种基于客户生命周期价值的解决方案，这与我们在餐厅业务中讨论的解决方案非常相似。在正确的地方做正确的事情，员工从事有针对性的工作，使其有足够的时间为客户服务。这有助于客户在访问门店以及准备下一次购买时，获得针对性服务和个人关怀。

供应链和门店运营的自动化，已成为现代零售业最受关注的领域之一。此外，为了保护市场份额并赶上在线零售商，现有企业正在学习以全渠道模式运营。这迫使组织应对业务流程、组织结构和人员能力的变化。

零售链现在正努力适应全渠道和当日配送的现实。在新模式下，零售店不仅要成为顾客前来购物的场所，还要成为取货和送货点。他们正在更积极地整合供应链并试图整合库存，其中一组供应链节点可以实时掌握其他节点的库存数据，从而可以处理客户订单并从任何其他节点发货。这为零售连锁店大幅整合了库存。业务过程、组织结构和人员能力的政策正在发生重大变化。在某种程度上，供应链正在从线性流动模式转变为密集的网络流动模式。

第二篇　案例模板

作者：史瑞达·劳拉	贸易 | 分销	2022 年 4 月 10 日 | SIM-0049 | 第 1 版
1. 变革引擎	**2. 系统性问题**	**3. 核心方案**
提升同店销售额、边际利润、投资回报率和库存周转率 部门之间的冲突和紧张关系日益加剧 鼓舞人心	不良效应：快销品缺货 | 打折现象严重 | 大量退货 | 门店堆积大量库存，然而仍然存在需要增加产品的压力 | 太多错误产品而所需要的正确产品太少 | 不同职能部门之间有不同的需求 | 新鲜度受限且不足 旧方式：储备安全库存 | NPIM 活动 | 预测驱动运营 范式：所有产品都是平等的 | 安全库存确保可得性 | 我们推送越多，就可以销售越多	范式：不同的产品有不同的表现（销售驱动、品类驱动以及库存驱动）| 安全库存水平导致不可得 | 以市场拉动带来更多销售 注入解：避免过饱和 | 协同关键流程 | 对实际需求做出快速响应 新方式：按照头腹尾进行产品分类 | 新产品归类和轮换 / 快速补货
5. 创新轨迹	**4. 落地计划**	
绩效轨迹 产能提升 更高的有效产出 更高的库存周转率 更高的新鲜度 更多的品类 高可得性	相互关联的方案要素 产品表现分析 | 设置和确定中央仓库库存 | 新产品分类及新品导入 | 快速响应 | 跨门店调拨 | 快速退货 | 提升产能 关键 TOC 模型：缓冲管理及拉式补货	

描述：这是基于零售连锁 TOC 方案的画布。这里的方案包含拉米·高德拉特所展示的对于快时尚的经典方案。它考虑了零售连锁中的心理问题并揭示了业务的价值轨迹。这对于零售连锁业从业者来说是必需的参考资料。

ZARA \| 沃尔玛 \| 家得宝 \| 坦尼仕克 \| 海恩思莫里斯 \| 优衣库 \| 盖璞 \| 法宾迪亚 \| 顾客止步 \| 克罗马

TOC 商业模式创新画布

体验模板

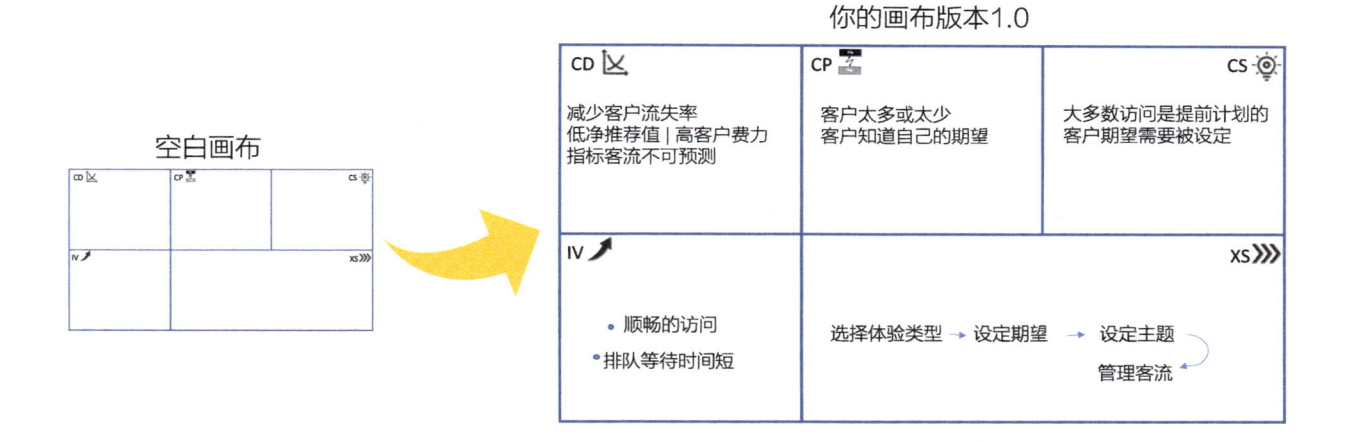

体验模板
步骤 1

空白画布

你的画布版本1.0

CD	CP	CS
减少客户流失率 低净推荐值 | 高客户费力 指标客流不可预测	客户太多或太少 客户知道自己的期望	大多数访问是提前计划的 客户期望需要被设定

IV	XS
• 顺畅的访问 • 排队等待时间短	选择体验类型 → 设定期望 → 设定主题 　　　　　　　　　　　　　　管理客流 ↩

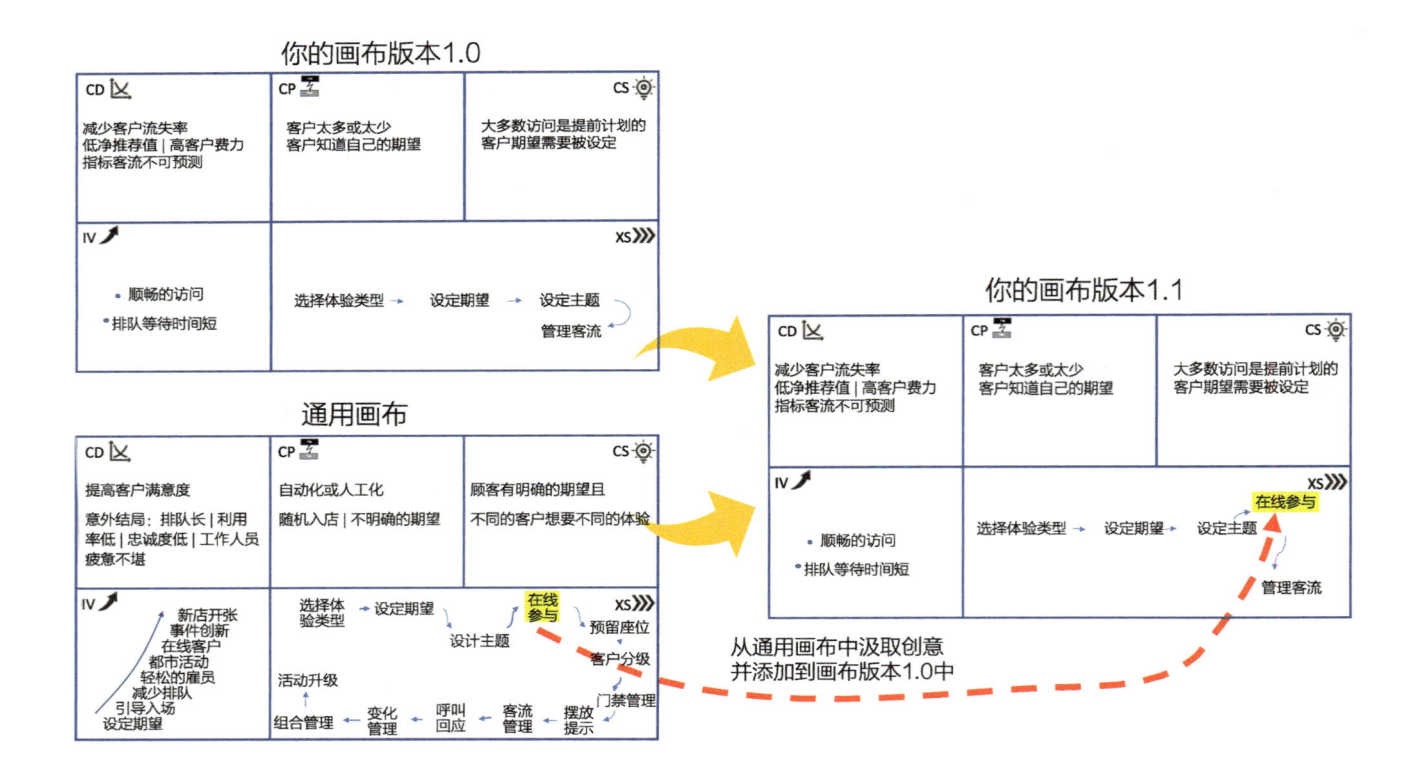

体验模板
步骤 2

你的画布版本 1.0

CD	CP	CS
减少客户流失率 低净推荐值 | 高客户费力 指标客流不可预测	客户太多或太少 客户知道自己的期望	大多数访问是提前计划的 客户期望需要被设定

IV	XS
• 顺畅的访问 • 排队等待时间短	选择体验类型 → 设定期望 → 设定主题 → 管理客流

通用画布

CD	CP	CS
提高客户满意度 意外结局：排队长 | 利用率低 | 忠诚度低 | 工作人员疲惫不堪	自动化或人工化 随机入店 | 不明确的期望	顾客有明确的期望且 不同的客户想要不同的体验

IV	XS
新店开张 事件创新 在线客户 都市活动 轻松的雇员 减少排队 引导入场 设定期望	选择体验类型 → 设定期望 → 设计主题 **在线参与** → 预留座位 → 客户分级 → 门禁管理 → 摆放提示 → 客流管理 → 呼叫回应 → 变化管理 → 组合管理 → 活动升级

你的画布版本 1.1

CD	CP	CS
减少客户流失率 低净推荐值 | 高客户费力 指标客流不可预测	客户太多或太少 客户知道自己的期望	大多数访问是提前计划的 客户期望需要被设定

IV	XS
• 顺畅的访问 • 排队等待时间短	选择体验类型 → 设定期望 → 设定主题 **在线参与** 管理客流

从通用画布中汲取创意并添加到画布版本 1.0 中

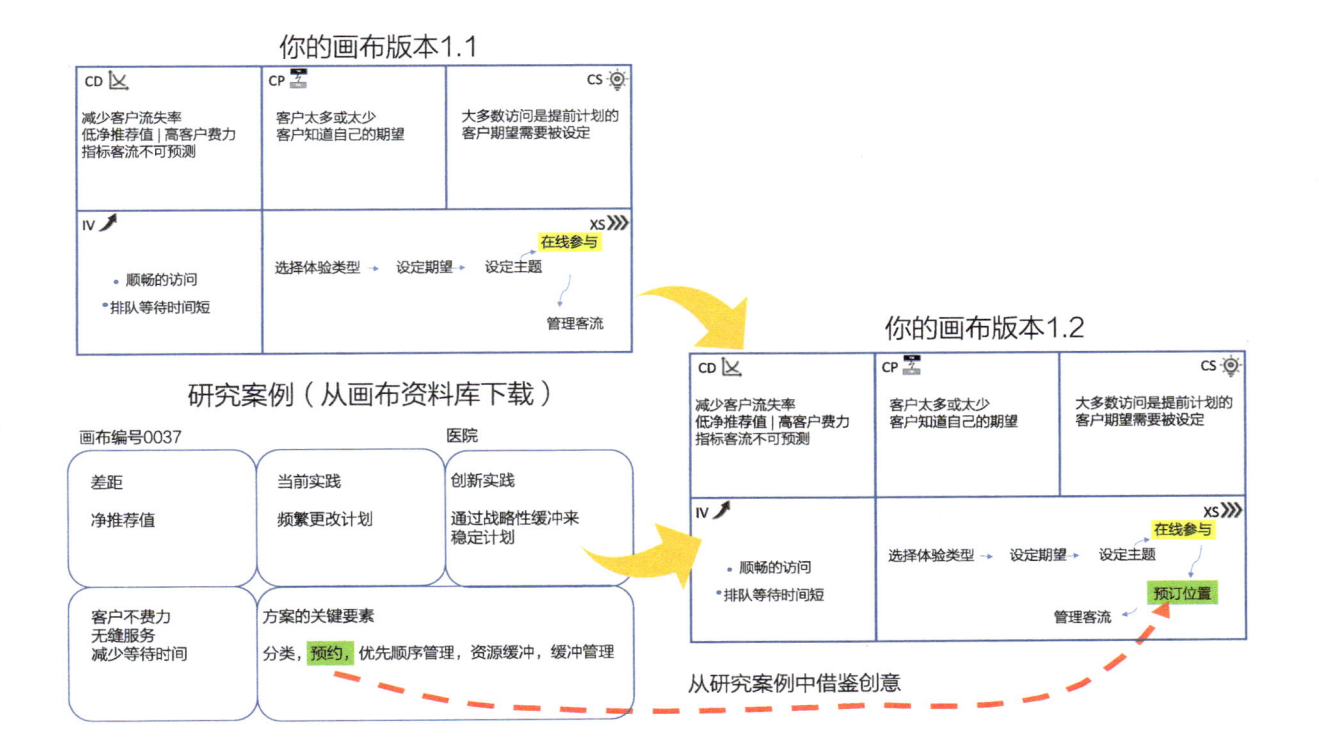

体验模板
步骤 3

你的画布版本 1.1

CD	CP	CS
减少客户流失率 低净推荐值 | 高客户费力 指标客流不可预测	客户太多或太少 客户知道自己的期望	大多数访问是提前计划的 客户期望需要被设定
IV • 顺畅的访问 • 排队等待时间短	XS 选择体验类型 → 设定期望 → 设定主题 → ==在线参与== 管理客流	

研究案例（从画布资料库下载）

画布编号 0037　　　　　医院

差距	当前实践	创新实践
净推荐值	频繁更改计划	通过战略性缓冲来稳定计划
客户不费力 无缝服务 减少等待时间	方案的关键要素 分类，==预约==，优先顺序管理，资源缓冲，缓冲管理	

你的画布版本 1.2

CD	CP	CS
减少客户流失率 低净推荐值 | 高客户费力 指标客流不可预测	客户太多或太少 客户知道自己的期望	大多数访问是提前计划的 客户期望需要被设定
IV • 顺畅的访问 • 排队等待时间短	XS 选择体验类型 → 设定期望 → 设定主题 → ==在线参与== 管理客流　==预订位置==	

从研究案例中借鉴创意

体验运营

体验填补了商品和服务的空白，它通过令人难忘的互动体验来吸引客人。

人类社会最初只是从地球、丛林和田野中获取商品进行交换。然后又将原材料转化为差异化产品，并以更高的价值进行交换。当产品开始商品化时，就孕育了服务，创造了繁荣的服务经济。随着社会繁荣和服务趋于商品化，客户需求越来越高，并将大量支出花费在体验上，这让许多新业务如雨后春笋般涌现。

在街边餐厅花费 1 美元就可以得到的食品，却需要花费 10 美元在五星级酒店中得到，其中大部分的溢价是源于体验价值。从提供商品到创造体验，这种价值差异会成倍增长。现在，企业把体验融入产品和服务中，提供更高和持久的价值。一旦客户珍惜这种体验，它就会伴随他们的一生。他们不仅自己享受，还会与他人分享这种体验；它让生活变得丰富多彩、令人难忘。

思考 + 感受 + 行动

体验不仅仅是拥有一个产品的感觉或享受某种服务的特权，而是通过某个事件让人感觉良好。的确这很大程度上是关于感觉（而非关于商业模式）的。在商业范式中，企业和客户之间的关系仅限于思考和行动的一致性。当然，产品和服务会是作为体验之旅的一部分，但这不是重点。

人们去星巴克是为了获得非凡的体验，为了在店内度过的时光，为了与各式各样的人相遇，与他们交流并获得更高的价值。当你进入星巴克时，咖啡的香气、热气腾腾的咖啡、热闹的氛围、遍布的桌子、精心设计的装饰元素以及会话式的服务会让你的多种感官活跃起来，即使离开后也会让你流连忘返，想再次回到这个地方。当然，许多人也可以制作类似甚至更好的咖啡，可以提供优雅的服务，但星巴克咖啡壶的外观、触感、舒适的尺寸、包装，以及选择的多样性都在不断影响着你的心智。其他人或许也可以复制这些，但不知何故，只有这里成为你想花费时间的地方。

体验经济不仅限于娱乐和面向终端消费者的行业!!!

在 B2B 中也是如此，如果你有机会走进 ABB 苏黎世总部，其互动体验会诱使你拥有他们的产品并参与他们的服务。这并不意味着你必须与人进行大量互动。

维沙尔·马利克博士曾经是 ABB 研发部门的一员，现在是 **Performance Building** 的所有者，他为总部设计了一个建筑管理系统，将其变为以访客为中心，而不是从前那种基于结构工程的公司办公室。当收到邀请时，你去到最终会面会议室的途中感觉不到任何障碍。从停车场到大厅，再到电梯到会议室，一切都将是"无缝顺滑"。所有设施都是为了让你的访问更加便利，让你感觉如此特别和个性化。无论身处建筑内的任何地方，都会让你难忘。你会觉得好像有种看不见的力量使其成为你自己的领地。此外，你与那里的员工交谈时，你会得到最好的体验（这里说的不是商业条款）。

谷歌、微软、脸书、华为和雷米迪奥（一家印度医疗机构）的园区文化怎么样！

在雷米迪奥，当你一走出电梯进入位于班加罗尔一栋传统长方体建筑内的办公室时，其创新的理念和主题就扑面而来，让你都不知道这究竟是一家医疗设备的科技公司还是一个消费品体验中心。那里的人工作就是为了亲身体验，同时要把这个体验带给客户。这家公司为员工和与之互动的每个人带来了真正的体验。这家公司在每个与他人互动的接触点上，都以设计互动的形式传递产品和服务，这使其成为印度最成功的医疗设备公司，而不被跨国公司所垄断。

当然，越来越多的公司正在采用谷歌咖啡馆和园区设施来营造一种氛围，提供人们称之为自己的时间和空间。这些公司已经明白产品和服务是次要的，要在市场中存活，它们需要尽早进入体验经济的领域。这是因为客户、员工、合作伙伴和社会都非常重视体验价值。重视体验意味着重视他人的感觉和感官、更加善解人意，让人更积极地去做更人性化、更有价值和更和谐的生意……现在，这是企业前进的口号。

这些组织都已经拥有出色的产品和服务，已万事俱备，只等将体验进行包装了。每个想要进入体验经济的公司都必须知道，虽然从产品到体验经济是一个连续统一的整体，可以在某方面更多一些，在其他方面更少一些，但总之，体验经济必须建立在坚实的产品和服务交付的基础之上。许多公司很难意识和做到这一点，这就

是它们会犯错的地方。毕竟，互动设计是一种新的设计理念，除非你本身就从事基于体验的业务，否则将产品和服务业务转化为基于体验的业务需要大规模升级原有业务方式。不要仅仅因为数字经济的到来，就认为我们进入了体验经济，不要把用户界面（User Interface，UI）和用户体验（User Experience，UX）相互混淆。

我们如何对体验进行建模？

组织已经明白体验经济是下一个目的地，因此无论是 B2C 还是 B2B 业务都会在其公司声明中特意加入"体验"一词。但有些企业天然会对体验尤为关注。想想休闲公园、体育锦标赛、剧院、冒险运动、学习中心、动物园、森林营地、寺庙、花园、山间小径，人们去那里是为了娱乐、接受教育、做点什么，或者只是想沉浸在氛围中。

人们长途跋涉、请假、精心计划细节、讨论以及携友同行，就是想要获得难忘的体验。但真正体验的时间可能只有一两个小时，只占整个旅程时间的一小部分而已。想想你计划花一整天去一个大城市看足球比赛。其实，看足球比赛只有 90 分钟而已，却需要你花一整天或更长时间来准备、融入人群、参与活动、离开和返回日常工作。如果你仔细计算开支，就会发现那将是你在单位时间花费最高的活动。你既没有得到传统意义上的任何东西，也没有为自己做任何事情，却支付了高额的费用来获取这些美妙记忆。

体验创造本质上是基于事件的。组织会遵循一个精心策划的流

程来创造体验。他们明白留下深刻印象对于成功地展示体验非常重要。因此，他们会设定目标和指标，以确保在客户参与体验之前明确期望，并留下正确的印象。他们引导调整客户期望、创造主题，并提供正确的线索，通过涉及多种感官的感受来创造正确的印象。

你在业务中为客户创造难忘体验的关键事件是什么？

最重要的是，组织者试图策划一种包含吸收、沉浸、学习和享受的综合性体验。让我们来看一个以体验为核心的生意，以及它所面临的挑战。

体验经济

六年前，DoMo 主题公园面对进园客户逐渐减少这个问题无能为力。不良效应是客人满意度降低、管理的主题太多、员工流失率高、客流巨大波动、一些节目的峰值负荷巨大、其他节目几乎空无一人、客人经常提前离开，以及盈利能力差等等。此外，考虑到虚拟娱乐的快速崛起，客户回访率低也被视为行业特点。

DoMo 在基础设施方面进行了大量投资，并且差不多每年都会增加新活动（节目），而这使他们成为最不灵活的组织之一。尽管他们努力迎合大众认为的"最热门场所"的观念，却对客户喜好的迅速变化缺乏感知。

DoMo 习惯了日常客流的不确定性和业务中的季节性影响。由于新奇和惊喜是行业的关键词，所以他们直觉上就会尽可能多地举办各种表演，想给客户足够多的选择。但事实上由于受到主题公园日程安排的限制，客户可以观看的表演数量非常有限。除此之外，由于设施资源的准备和安排并不容易，造成在一些活动中客户拥挤不堪，而其他活动却空空荡荡没什么人。因此，主题公园面临的主要冲突之一是，举办种类繁多的表演还是数量有限的表演。

即使从统计学的角度来看，客户总会聚集在少数几个景点前排队。事实上，在主题公园（以及旅游业）中，这种排队与我们之前讨论的产品和服务业务中的排队不同。它实际上被称为"人流"。人流管理本身就是公园管理的一个重要主题。与客户的等待时间相比，人流管理会导致更多的问题，也是客户不满意和组织熵增的主要原因之一。

那些错过想看的节目的客户，有时会坚持等下一场。但通常情况下，他们会被迫参加一个不符合他们喜好的节目，并且会后悔、抱怨和不满。有些人因而会提前离开公园。同时，受欢迎的摊位会过于拥挤，工作人员也会过度劳累，对演出的质量造成负面影响。曾经有一次，由于超载（过度使用）过多，以至于摩天轮中途停止工作，现场造成一片混乱和哭喊，这导致公园关闭了六个月。DoMo 花了巨大的努力才恢复正常运行。

另外，越来越多的节目出席率下降到很低的程度。这些节目的收入和盈利能力下降，而其中一些是特许经营的，使得第三方对与 DoMo 开展业务合作犹豫不决。

因此，当 DoMo 管理团队坐下来分析客户游玩旅程时，他们承认主题公园并不清楚客户期望带回家的印象和记忆。最重要的是，体验行业的客户在表达他们的参观期望方面确实面临挑战，而且对游玩节目的相关细节知之甚少。他们只知道自己想要的结果，即难忘的体验。体验行业组织面临的挑战是，无论他们做什么努力，许多客人都会对其中的几场表演感到不满。

Domo 管理团队意识到，客户一旦进入主题公园，就会匆匆忙忙地从一个节目跑到另一个节目，为的是不想错过热门节目，但在热门节目前他们却必须排队等候。有时，可能需要等待一个多小时才能看到 20 分钟的表演。该团队发现，在主题公园停留的 10~12 小时期间，客户一般只有 2~3 小时的真实互动时间。他们大部分时间都花在排队、跑来跑去以及闲坐在美食广场上。

让 Domo 管理团队感到羞愧的是，客户安排、计划、讨论和预订一整天的公园，却只有 2~3 小时的互动体验，而这往往还充满了各种麻烦和不适。他们猜测，人们回家后会谈论经历有多么糟糕，而不是经历有多么精彩；然后就是差评……在线传播和口口相传。因此，主题公园可能逐渐衰退直至关闭，变得像任何其他商品和服务中心一样，而不是一个令人难忘的体验中心。

团队意识到了客户在游玩公园时牺牲了很多，而得到的回报却很少。

客户实际上也会选择其他形式的娱乐活动，如视频游戏、商场、体育、剧院、博物馆、现场节日表演等。因而主题公园所面临的竞争从未如此激烈。主题公园尝试了所有业务策略来吸引客户并增加人流量，但所有努力（包括经过时间验证的降价和增加更多表演或景点）要么暂时产生昙花一现的效果，要么一无所获；情况只会变得越来越糟。这再次证实了他们的假设，即客户糟糕的体验背后有一些东西必须得到纠正。

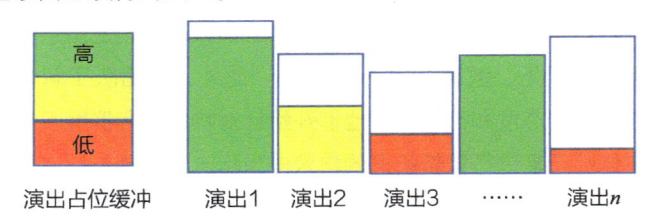

当然，主题公园还需要处理每天、每月和每季度的系统性波动以便让运营更加高效。团队一步一个脚印地推进。

DoMo 通过宣传和提供主题和节目的详细信息创建了一个预备缓冲区，并允许客户在预订访问时在线预选他们喜欢的节目。这不仅有助于调整期望，还让团队有机会了解表演可能出现的拥挤和低出席率。

该团队每天以每场演出的座位数量为基础，为每个节目创建了缓冲指标，并开始检查这些指标的状态（估算的和实际的）。如果上座率低于 1/3，他们就知道该节目没有吸引力；如果上座率超过一半，他们就会认为该节目相当受欢迎。另外，他们还创建了一组缓冲区来监控每个节目前的队列，以更好地管理人群。

在此期间，他们开始对节目上座率和人群缓冲趋势进行跟踪和分析。他们意识到，节目上座率水平取决于参观者的分布情况，例如年轻人或成年人、女士或男士、家庭或学校，又或企业等。最重要的是，他们意识到人们对于想要体验的类型有个人选择（虽然他们无法明确表达），并且他们在选择参加的节目中寻找这些体验，这会对他们在互动中的满意度产生影响。通过对缓冲变化和客户反馈的分析，团队发现了能够为客户带来正确体验并创造满意度的四个要素，即娱乐、教育、沉浸和美学。此外，当团队了解体验如何影响人们的态度和行为时，他们开始针对特定的客群重新设计服务。将体验元素进行重新配置的技术成为标志性的创新，并为组织提供了长期的竞争优势。

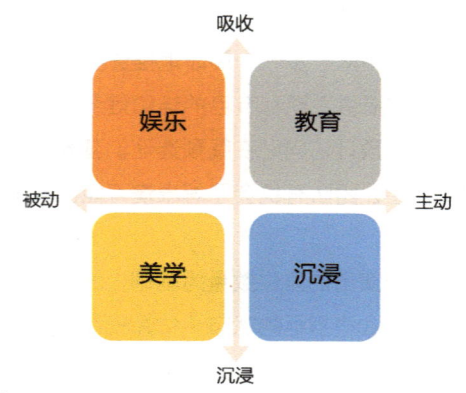

资料来源：The Experience Economy by B Joseph Pine II and James H Gilmore。

现在，在公园的入口处，支持人员会帮助客户根据个人兴趣微调参观时间表。这让 DoMo 更好地计划需要在哪里投入更多关注，以及在哪里不需要投入关注和精力。这一举措在旺季创造了奇迹般的良好效果。同时，为客户推荐与其想要体验的类型相匹配的节目的恰当建议也得到了很多客户的喜爱。然后，在排队或等待不可避免的地方，植入提示以对氛围产生积极的影响，并使客户在公园游玩的整个过程中保持"参与"的状态。特别注意的是，要利用客户的所有感官来创造一个综合的体验，将他们带入一个全新的现实中。

通过确定四个体验类别（要素），团队可以相应地对节目进行分类（从而建立缓冲）。这也使他们能够在给定季节和主题下针对每个类别配置节目。通过将客户的偏好纳入这四个类别中，对公园内客流量的预测得到了显著改善。

当然，客户表明的喜好与他们的实际行为之间总会有一些差异，但该系统足以帮助团队充分调整和安排其团队和资源。通过使用节目缓冲系统，他们可以预测客户队列的集聚，并将人们引导到相似类别的另一个节目，从而促成公园系统中的正确行为。例如，像过山车这样的游乐设施成为儿童的专属区域，而那些侧重于娱乐、教育和美学体验的区域开始吸引比平时更多的成年人。

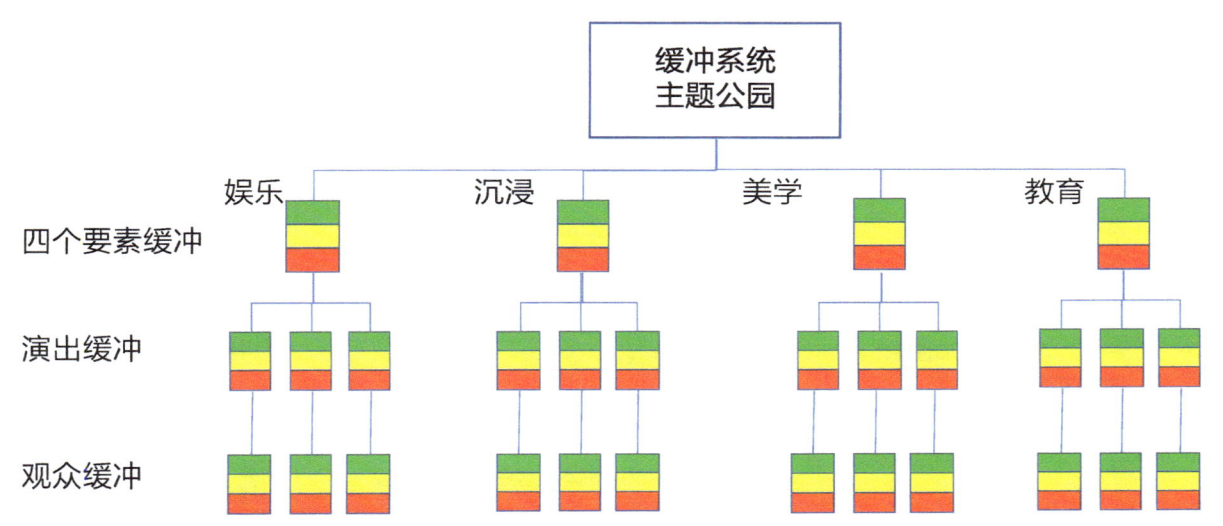

```
                        ┌─────────────┐
                        │  缓冲系统   │
                        │  主题公园   │
                        └─────────────┘
        娱乐          沉浸          美学          教育
四个要素缓冲  ■           ■           ■           ■

演出缓冲   ■ ■ ■     ■ ■ ■     ■ ■ ■     ■ ■ ■

观众缓冲   ■ ■ ■     ■ ■ ■     ■ ■ ■     ■ ■ ■
```

由于节目质量普遍保持在高水平，节目类别的规模和缓冲区与客户的偏好保持一致，各类节目的上座率得到了显著平衡，人群也得到了控制，为运营带来了很大的稳定性。在白天就关于包括餐饮和商品销售区域在内的热门区域的拥堵情况进行持续沟通，创造了更加可控的环境，并为客户提供了无缝的体验。至少，拥挤程度过高或过低的节目已成为历史。

团队开始使用动态缓冲管理来调整每个类别的节目数量，并考虑了季节性和周末因素。在短短的几个季度里，他们就实现了让节目缓冲和类别缓冲以最佳水平匹配客户的喜好。通过与人群缓冲相辅相成，他们使得运营非常流畅。盈利能力的提高是毋庸置疑的。

节目负荷的平衡为公园的工作人员创造了积极的热情，照顾好公园的每一个角落与关心客户的一举一动成为他们应该做的事。不确定性的减少也为工作人员腾出了宝贵的时间，以审查客户失望的原因，找出可能的负面线索并消除它们。他们设计了快速反馈和采取行动的系统，通过额外的努力来重新设计节目以尽快提高业绩表现。现在推出的新节目是基于这些反馈，而不是基于日历惯例。

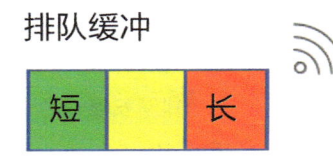

排队缓冲

| 短 | | 长 |

主题公园

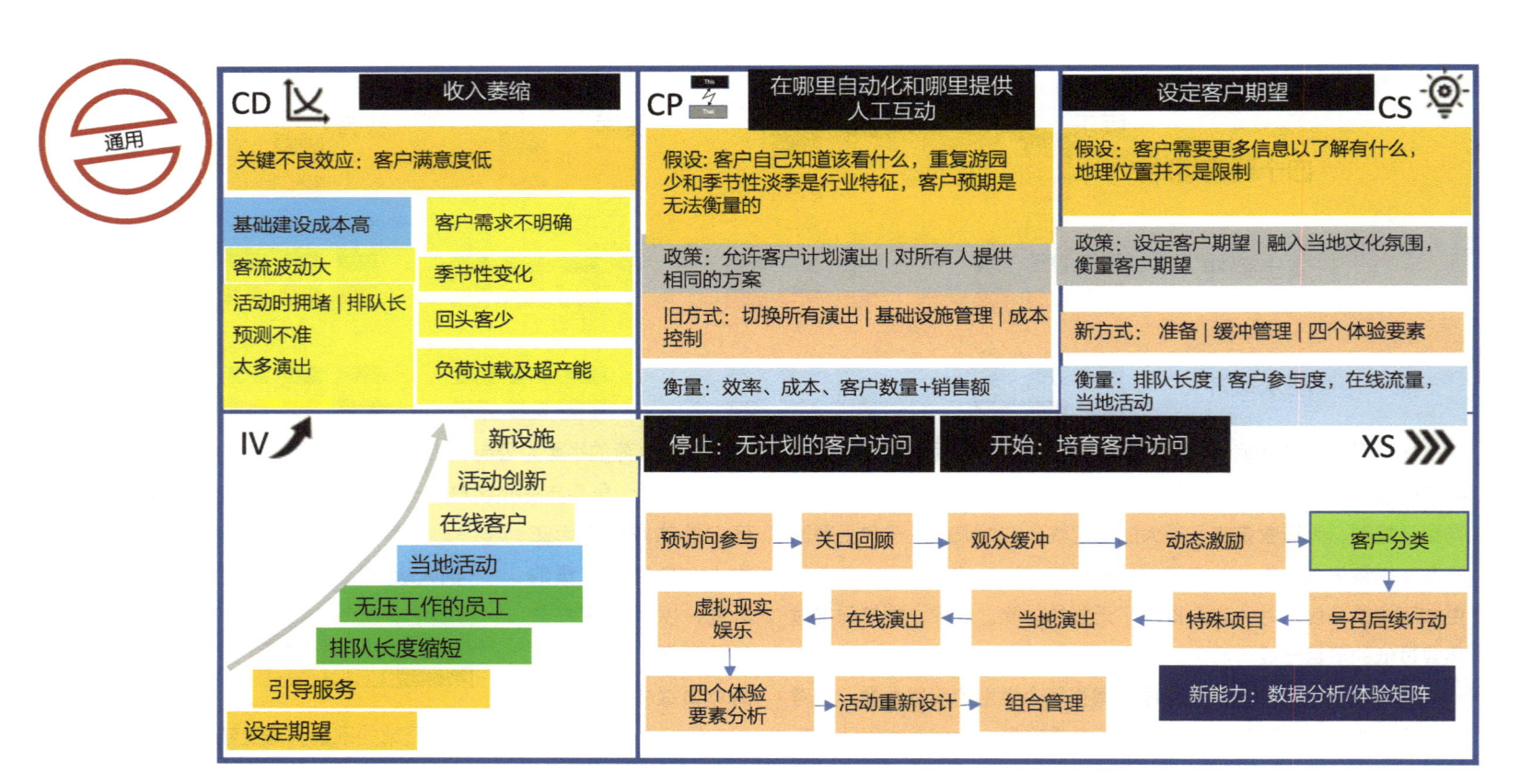

通用

CD 收入萎缩

关键不良效应：客户满意度低

- 基础建设成本高
- 客流波动大
- 活动时拥堵 | 排队长
- 预测不准
- 太多演出

- 客户需求不明确
- 季节性变化
- 回头客少
- 负荷过载及超产能

CP 在哪里自动化和哪里提供人工互动

假设：客户自己知道该看什么，重复游园少和季节性淡季是行业特征，客户预期是无法衡量的

政策：允许客户计划演出 | 对所有人提供相同的方案

旧方式：切换所有演出 | 基础设施管理 | 成本控制

衡量：效率、成本、客户数量+销售额

CS 设定客户期望

假设：客户需要更多信息以了解有什么，地理位置并不是限制

政策：设定客户期望 | 融入当地文化氛围，衡量客户期望

新方式：准备 | 缓冲管理 | 四个体验要素

衡量：排队长度 | 客户参与度、在线流量、当地活动

IV

- 新设施
- 活动创新
- 在线客户
- 当地活动
- 无压工作的员工
- 排队长度缩短
- 引导服务
- 设定期望

停止：无计划的客户访问　开始：培育客户访问

XS

预访问参与 → 关口回顾 → 观众缓冲 → 动态激励 → 客户分类

虚拟现实娱乐 ← 在线演出 ← 当地演出 ← 特殊项目 ← 号召后续行动

四个体验要素分析　活动重新设计　组合管理

新能力：数据分析/体验矩阵

随着公园内各项活动如火如荼地进行，现在是时候采取下一个跳跃，将增长与物理空间的限制解耦，特别是在高峰期。

他们的一次讨论显示，虽然主题公园位于城市内，但通常被视为一个孤立的区域，与当地社区是脱节的。部分原因是客户有很多来自外地。此外，对于当地居民来说，他们认为一生中去一次公园就已经足够了。DoMo 意识到，他们通过将自身限制在主题公园领域而限制了有效产出。这种新的思考也给了他们一个挑战行业假设的机会，即"主题公园的重游率天生就低"。

他们计划融入当地城市环境。他们确保游客在游玩时带走实实在在的回忆，并呼吁采取行动保持联系。这个呼吁通常涉及客户与公园团队的未来互动或城市组织的特别活动。

人们开始推荐朋友加入公园论坛。很快，随着净推荐值指标的飙升，DoMo 品牌看起来完全不同了。他们通过邀请粉丝俱乐部参加城市活动和公园特别活动，增加了收入，同时使全年的客流量保持稳定，甚至每天的客流量也保持稳定。因此，即使在淡季期间，客流量也有所增加。这样，他们打破了该行业的另一个假设，即"淡季是主题公园自然周期的一部分"。

然而，团队并没有止步于此。当疫情突然使户外娱乐行业陷入黑暗时，他们很快就意识到，新的（非）常态需要他们采取以长接触时间为标志的重大变革。他们的主题表演侧重于娱乐和学习，看起来不太可能随着家庭留在室内和低/无接触技术的出现而恢复。该团队没有忽视这些新变化，而是拥抱了技术，并推出了基于游戏和虚拟现实概念的在线节目。他们虽然不是沃尔特·迪士尼，但对于实体主题公园一夜之间蜕变成一家数字媒体公司来说，这是一个令人惊讶的起步。当然，这是体验行业中最具转型意义的故事之一。主题公园仍然期待沉浸和美学元素能在防疫封锁结束后吸引人们，但他们已经超越了仅仅依靠在线节目维持生存的阶段。而且，看起来他们甚至在制定价值轨迹之前，就已经朝着正确的方向前进了。

因此，为了重振企业业绩，DoMo 通过密切关注客户体验，打破了行业中的一些根深蒂固的假设，使客户发生了五种明确的行为变化，将他们的业务提升到了另一个水平：口碑传播更快、重游率增加、与员工的互动增加、新节目创造了极佳的体验，以及高价值节目的付款增加。

在 B2C 服务中创新体验

产品和服务的主要购买目的是为了完成和获得工作成果。但是，从客户有购买或消费冲动的那一刻起，就会有互动；也就是说，对良好体验的期望遍布客户购买和消费的整个过程。也就是说，对良好体验的期望贯穿于整个客户过程中。组织会努力识别这些时刻，并以一种让客户难以忘怀的方式设计互动。

让我们回到 AMAIVI 这家来自德国街头的餐厅，它已经在行业内稳居一席之地。AMAIVI 几乎做对了所有的事，如管理库存、将浪费减少到十分之一、将库存周转率提高 5 倍、减少客人的等待时间等。服务迅速，没有任何阻碍。然而，它还没有充分努力提高客户生命周期价值,以确保客户再来体验。因此它通过研究四个体验要素,将体验融入工作实践、菜品和服务中。

从一开始,它就明确定义了期望获取的客户印象,从而一举奠定了正确的发展方向,即"一家即将到来的、渴望提供服务的专业餐厅,它将为您倾身用心,提供非凡而难忘的用餐体验"。

AMAIVI 服务理念

如果服务人员能够关注客户的需求和体验,那么客户就可以专注于食物和他们的同伴,而不是盯着服务人员!

酒店以季节和当地主题为参考,致力于提供已明确定义的客户印象。从色调、风味、氛围、光线、声音到存在感,一切都与既定的主题保持一致。他们还在中间互动区域设置了积极的暗示,以确保所有元素增强主题,从而传递餐厅为当天设计的印象。这显然需要付出努力,但 AMAIVI 将餐厅视为一个剧院,其每个员工都是演员。员工心怀热情,不仅为了烹饪和服务,更是为了扮演自己的角色并与客户建立联系。

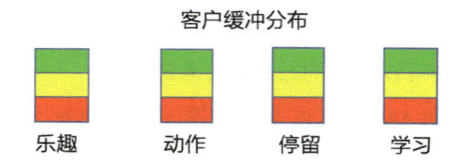

客户缓冲分布

乐趣　动作　停留　学习

对于一些客户来说,在 AMAIVI 用餐就像在体验关于餐饮的知识文化。AMAIVI 针对每位客户以及餐厅的主题,提供了许多关于菜肴及其配方的有趣内容。这些内容以印刷和平板电脑的形式呈现,往往能够激发客户与即将享用的菜肴之间的情感联系。客户在品味菜肴的同时,也与这些菜肴的信息建立起精神和情感上的联系,这种联系在他们离开餐厅后仍将持续很长一段时间。

对于喜欢活动的客户来说,这里有很多活动可供选择,从在平板电脑上玩游戏,到抽取幸运卡片享受免费餐饮。当他们为你提供一道特别的菜时,你会感到惊喜,因为这天恰好是在你的生日周。如果你是常客,一段时间后再次光顾,服务人员会不失时机地询问你的近况并提供非常特别的服务。你会感受到服务人员有多想念你。这一切让你把 AMAIVI 当成自己的归属地。

那么,AMAIVI 是如何精心安排这些的呢?它建立了一个缓冲信息系统,使其能够确保运营和收入的稳定性,不受不确定性影响。它定期监控回头客的比例,以确保其处于合适的水平。任何偏离规范的行为都会迅速触发诊断和纠正措施。

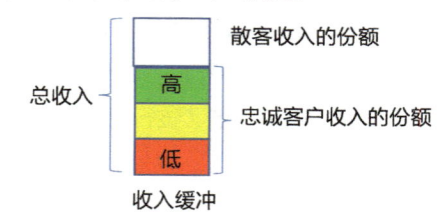

总收入 — 散客收入的份额 / 高 / 忠诚客户收入的份额 / 低
收入缓冲

此外,对于忠诚客户,它会根据交互的四元素评估客户体验,并准备缓冲状态。缓冲状态会告诉员工应该对客户植入哪些暗示(通过营销活动或在客户下次光临时)。之后,每次客户用餐后,服务人员都会根据四元素的缓冲来对客户体验进行 3 分制打分。缓冲状态则会根据员工的评分进行补充或消耗。当然，关于菜肴和氛围方面，会有直接来自客户的反馈。

现在，客户使用预约系统通知 AMAIVI 光临时间，帮助餐厅提前安排个性化服务。客户一到餐厅，就会感觉不仅桌子，似乎整个餐厅都是为他们预留的。

在当地餐厅文化中，他们第一次允许客户制作自己的食谱，并引入了一项政策，定期将客户的热门食谱纳入菜单，体现了共同创造和对当地文化的融合。他们并没有就此止步。每当他们需要改善餐厅的氛围或内部基础设施或政策时，他们会寻求与一些精选的客户共同创造。

他们甚至采用了适应性设计，允许客户根据饥饿和食欲水平选择食物份量。他们知道没有绝对完美的菜品分量，所以，为什么不让客户自己决定他们想要多少呢？

AMAIVI 极大地改善了其行为和服务的表现，大厨和高级服务人员会花时间问候客户并叫出他们的名字，在生日时还会时不时提供免费餐点。

如果你能明确客户所做的牺牲，
你便知道应该在哪里为客户创造美妙的体验！

该团队仔细审视了按平均标准来接待不记名客户的通行方式，并尝试重新设计互动，使每位客户都能得到个性化体验和定制的服务。无论是在菜单、食物分量、价格、座位还是环境等方面都能让每位客户都感到满足。

事实上，他们定制了许多客户个人品味和偏好的东西，甚至没有告诉或询问客户。这不断创造出的惊喜元素，将用餐体验提升了几倍。现在每次客户光临时，都会寻找惊喜，而这在 AMAIVI 从不缺少。

团队设计的大量互动正在持续给客户提供卓越体验，其回头客比例激增，使该餐厅获得了标志性的本地地位。它正在扩张，并准备将餐厅模式特许经营扩展到其他地区，使其价值轨迹迈向转型的更高一级。

技术在推动体验经济方面发挥着越来越大的作用。事实上，了解和改善客户体验的机会取决于互动，即更多的互动促进更好的体验创造，从而提升客户参与感并创造更多价值。数字技术天然地具有创建交互的能力。采用数字技术来改变组织看起来是一种彻底疯狂的冲动，但没有组织愿意错过数字浪潮。

TOC 商业模式创新画布

全功能餐厅——服务运营

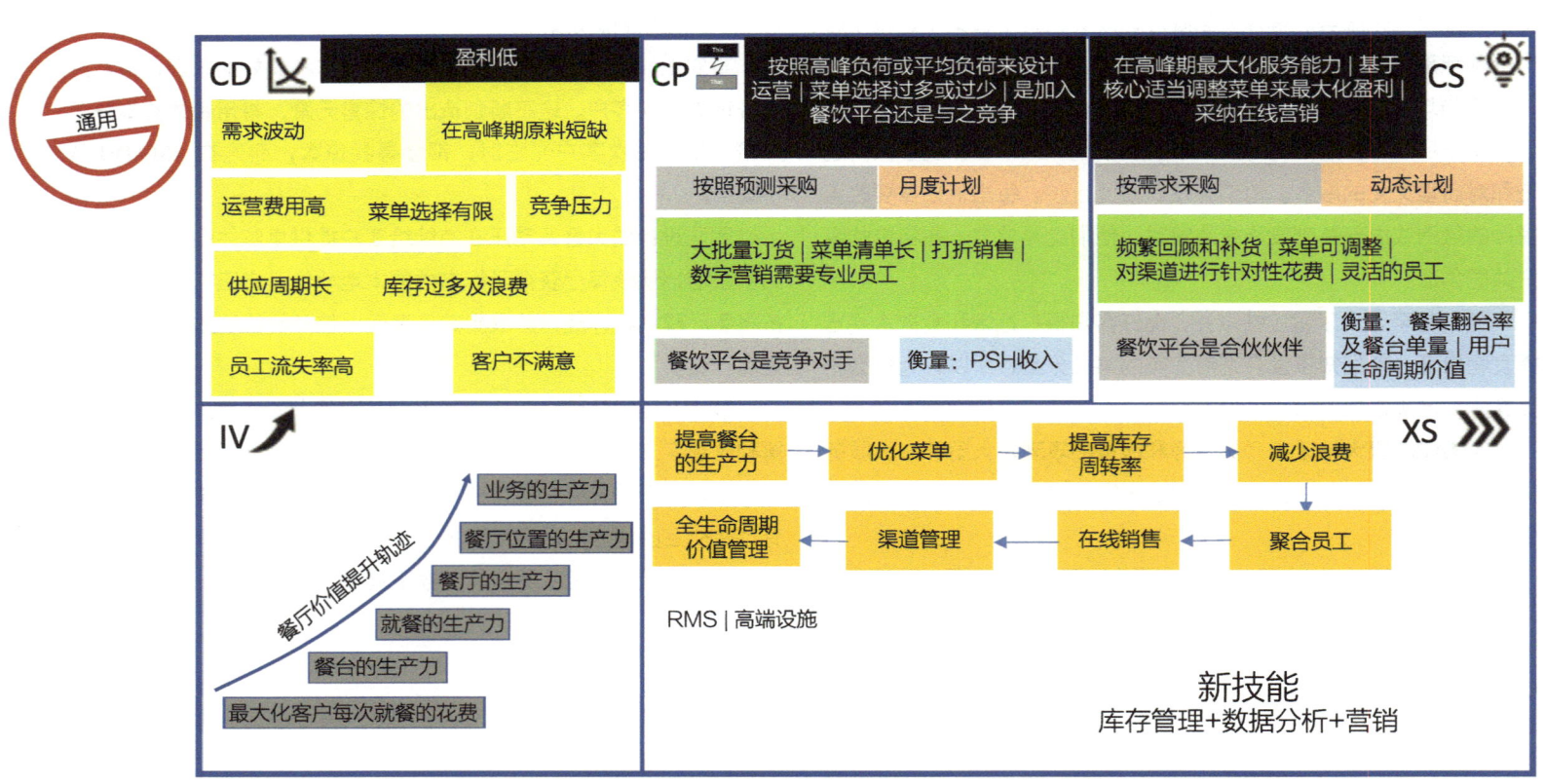

CD 通用

盈利低

- 需求波动
- 在高峰期原料短缺
- 运营费用高
- 菜单选择有限
- 竞争压力
- 供应周期长
- 库存过多及浪费
- 员工流失率高
- 客户不满意

CP

按照高峰负荷或平均负荷来设计运营 | 菜单选择过多或过少 | 是加入餐饮平台还是与之竞争

| 按照预测采购 | 月度计划 |

大批量订货 | 菜单清单长 | 打折销售 | 数字营销需要专业员工

| 餐饮平台是竞争对手 | 衡量：PSH收入 |

CS

在高峰期最大化服务能力 | 基于核心适当调整菜单来最大化盈利 | 采纳在线营销

| 按需求采购 | 动态计划 |

频繁回顾和补货 | 菜单可调整 | 对渠道进行针对性花费 | 灵活的员工

| 餐饮平台是合伙伙伴 | 衡量：餐桌翻台率及餐台单量 | 用户生命周期价值 |

IV

餐厅价值提升轨迹：
- 业务的生产力
- 餐厅位置的生产力
- 餐厅的生产力
- 就餐的生产力
- 餐台的生产力
- 最大化客户每次就餐的花费

XS

提高餐台的生产力 → 优化菜单 → 提高库存周转率 → 减少浪费

全生命周期价值管理 ← 渠道管理 ← 在线销售 ← 聚合员工

RMS | 高端设施

新技能
库存管理+数据分析+营销

A2B | 尼鲁拉 | 萨瓦纳巴万 | ICH | 安贾帕尔 | 达尔希尼 | 拉特纳 | PARADISE | 那加尔朱纳

全功能餐厅——体验运营

CD 盈利低
- 需求波动
- 在高峰期原料短缺
- 运营费用高
- 菜单选择有限
- 竞争压力
- 供应周期长
- 库存过多及浪费
- 员工流失率高
- 留住客户

通用

CP 按照高峰负荷或平均负荷来设计运营 | 菜单选择过多或过少 | 是加入餐饮平台还是与之竞争
- 提供数字界面或导入人工互动
- 按照预测采购 | 月度计划
- 大批量订货 | 菜单清单长 | 打折销售 | 数字营销需要专业员工
- 衡量：PSH收入
- 餐饮平台是竞争对手
- 餐厅意味着交易

CS 在高峰期最大化服务能力 | 基于核心适当调整菜单来最大化盈利 | 采纳在线营销
- 人工参与和数字互动可以无缝对接
- 按需求采购 | 动态计划
- 频繁回顾和补货 | 菜单可调整 | 对渠道进行针对性花费 | 灵活的员工
- 餐饮平台是合伙伙伴
- 餐厅是一个剧场
- 衡量：餐桌翻台率及餐台单量 | 用户生命周期价值

IV 餐厅价值提升
- 业务的生产力
- 餐厅位置的生产力
- 餐厅的生产力
- 就餐的生产力
- 餐台的生产力
- 最大化客户每次就餐的花费

XS
提高餐台的生产力 → 优化菜单 → 提高库存周转率 → 减少浪费
全生命周期价值管理 ← 客户细分 ← 舞台极致体验 ← 在线销售 ← 聚合员工
互动缓冲管理 → 客户忠诚度活动 → 客户合作 → 市场渠道优化 → 针对性投资

AMAIVI + 高端设施

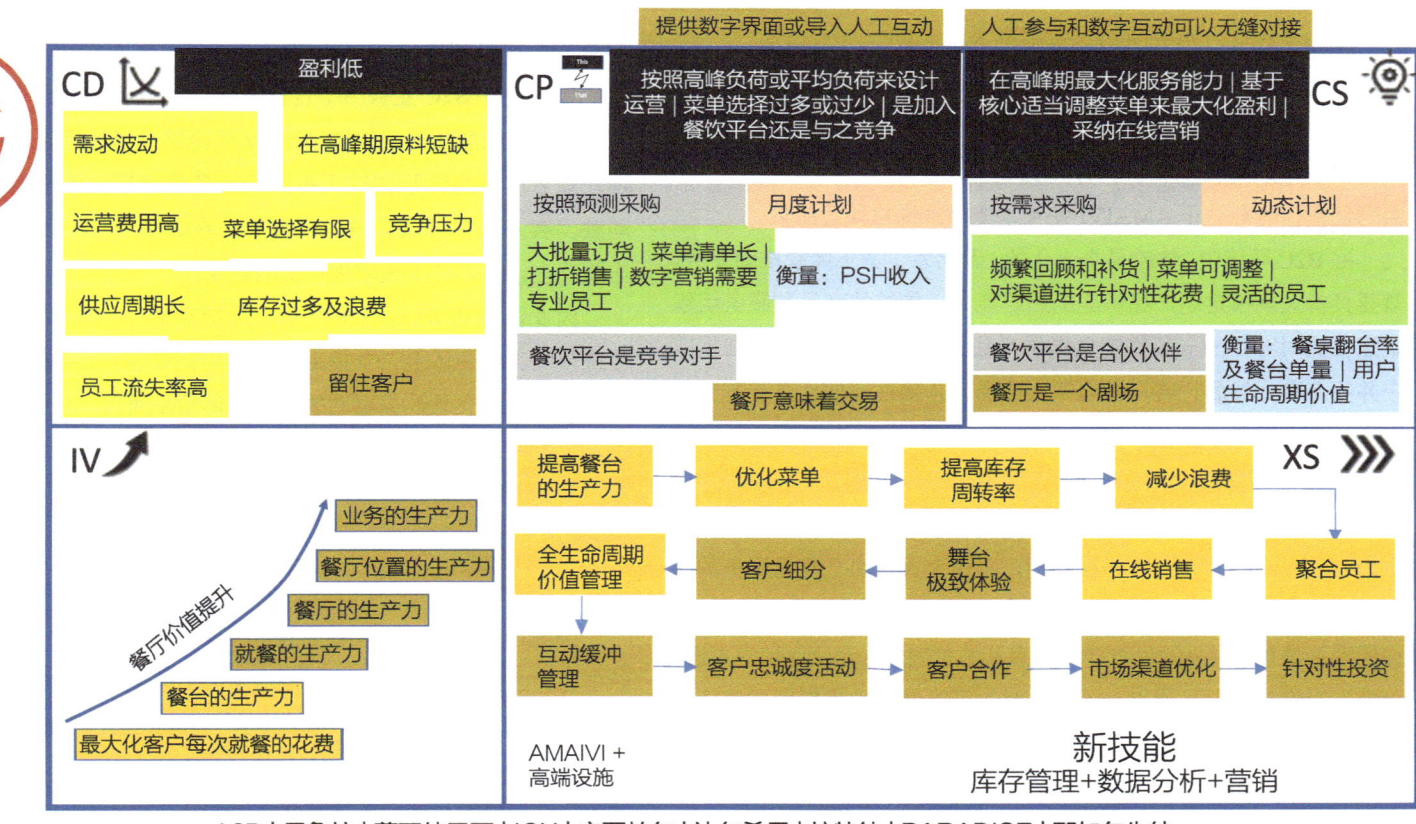

新技能
库存管理+数据分析+营销

A2B | 尼鲁拉 | 萨瓦纳巴万 | ICH | 安贾帕尔 | 达尔希尼 | 拉特纳 | PARADISE | 那加尔朱纳

在为客户提供难忘体验的心态下，餐厅所面临的冲突在于应该在多大程度上将互动数字化，以及应该在哪些方面增加人际互动。一方面，过度数字化可能导致体验机械化；另一方面，过多的人际互动可能过于干扰客户。通过有选择地自动化低接触时间以及创造等待时间的措施，允许客户在更想自主时选择自助服务，并根据客户的反馈共同创新，这有助于 AMAIVI 使互动变得人性化和智能化。

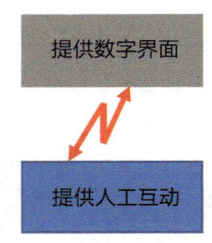

在 B2C 环境中，体验是个人化的，因此为了基于体验推动业务，需要具备大规模定制产品供应的后端能力。传统的商品和服务组织试图根据对客户的一般性定义提供产品/服务，而这种定义在现实中并不存在。然后，客户被迫做出选择，并牺牲掉他们真正需要的东西。

现在看看像亚马逊这样的电子商务公司在与客户交互设计方面所取得的成就。亚马逊了解客户旅程和生命周期，捕获所有数据、行为以及客户的喜欢的和不喜欢的，不仅大大加快了交易服务的速度，而且当它显示你上次搜索的内容、你的朋友购买或推荐的内容、你的购买清单、过去的付款详细信息和方式时，这会让你惊叹不已。此外，当你成为亚马逊 Prime 会员时，可以保证被重新定位为第一天客户，以获得许多独家品牌的赠品，而且是特别为你量身定制的。它使买卖变得如此友好、方便和容易。几年前，用户界面曾经是互联网开发中新兴的技能，但现在必须将 UX（用户体验）作为应用程序设计师最受欢迎的技能。用杰夫·贝佐斯（Jeff Bezos）的话来说，亚马逊人是为了客户而活的。对他们来说，客户就是产品，他们的业务就是围绕客户而建立的。

B2B 中的体验创新

如果说在 B2C 业务中个性化体验如此重要，那么在 B2B 业务中提供体验则意味着突破性创新，从而提供卓越且持久的商业价值。客户满意度作为体验的结果等同于业务满意度。而在 B2C 中，互动触发客户的多巴胺"感觉良好"。在 B2B 中，一系列交互触发连锁反应，为客户组织带来积极的结果。

因此，创建 BX（业务体验）远远超出了 CX（客户体验）的传统领域。客户体验完全是由销售、营销和客户服务部门使用过去与业务客户的交易数据驱动的。客户体验是通过一组预先选取的参数来了解客户。因此，业务体验不仅仅是观察公司记录的几个接触点，而是与客户进行互动，创造能够为其业务带来积极结果的整个组织体验。

体验对企业客户意味着什么？

因此，顾名思义，业务体验是一种协作努力，它发生在你的组织与客户组织之间，双方共同创造新的价值主张，实现双赢。没有什么比通过协作旅程为客户解决问题，并提供超越合同、规格和服务范围的新产品、服务和体验，更能创造强大的体验了。这需要你的团队在时空上与客户团队相伴。

业务体验的结果是具有突破性价值主张的新产品、服务和体验，甚至可能是一种极大提升财富的新商业模式。这就是商业创新的领域。我经常被问到，中国公司在全球获得成功的背后有什么秘密，除了众所周知的原因，我只能告诉他们中国公司为业务体验付出了惊人的努力。

我们如何在 B2B 中利用体验要素 !!!

SM Electric 是一家总部位于上海的领先运动控制公司，一直以来都有强劲的竞争对手，但客户往往将其视为良好的交易合作伙伴。双方从事以产品规格和价格为基础的常规商业交易。

但最近，公司的业务受到了威胁，因为忠诚客户不断减少。公司没有像以前那样赚到足够的钱了。

通过了解体验的四个要素和业务体验方法，公司重新设计了系统以增加与客户组织的互动，而不仅仅局限于参与交易流程的个人。

首先，对于所有忠诚客户，公司将合格的工程师安排到客户开发中心的各个产品团队中。它还设立了一个由销售、生产和材料工程师组成的监督委员会。这迫使团队更好地了解客户的环境、客户的客户的需求、商业模式、影响业务的因素，以及客户和客户的客户所做出的牺牲。

通过将团队置于客户环境中，公司将互动次数提高了 100 倍以上，让客户团队体验到了团队带来的价值以及如何利用他们的知识改善业务成果。这与一年一次的正式会议、基于几个定制问题的通用调查，以及 B2B 组织中数字营销的失败相比，是有天壤之别的。

在不到两年的时间里，选择与该公司开展独家业务的忠诚客户数量急剧增加。这种排他性不仅源于已经建立的关系，而且通过共同创造产品，该公司能够在团队之间建立学习桥梁，使客户深度参与到公司的流程和能力中。在与供应商团队花费了大量时间和精力彼此磨合之后，客户不愿再将如此多的精力和时间花在另一个合作伙伴身上。因此，公司能够成功抵御日益剧增的市场竞争压力。

经过业务体验培训的公司团队还意识到，在日常运营中，他们在客户满意度方面存在很大的缺失，比如管理交付以及控制众多客户因运营问题而承受牺牲的程度。

当体验与期望相吻合时，客户就会感到满意。但是，如果整个行业在快速或按时交付方面都存在差距，那么一段时间后，客户就会习以为常，并将其视为一种常态。这意味着，供应商行业会迫使客户降低期望。然后，所有关于客户满意度的市场调查都是以降低的期望为基准的，组织继续以为自己表现良好。实施业务体验规则有助于揭示客户的这种牺牲。

公司的客户已经习惯了缓慢和不稳定的交付，这迫使他们做出了许多牺牲。客户做出的最大牺牲之一是，要与供应商漫长的产品开发周期保持一致，这迫使他们不停地在不同供应商之间进行询单比较。这也意味着因为延迟产品发布而不断承担重大风险，并经常输给一些较小的竞争对手，后者尽管技术能力不强，但更快、更灵活。当公司了解到客户的牺牲时，它认识到真正的机会在于消除巨大的牺牲，并增强客户体验。

　　这导致公司在其自身和客户的营销、产品开发流程、供应链和制造方面的合作发生了巨大转变。然而，这只有通过与客户组织合作并加深对其产品战略和组合的了解才能实现。

　　在另一个案例中，公司注意到它的大多数客户已经适应了交易订单供应的不确定性，并注意到，客户为减轻这种不确定性而做出的一个重大牺牲是提前购买和保留大量库存。这给客户带来了金钱、空间、注意力和过时产品的损失。这是公司积极影响客户业务的另一个真正机会。

　　公司精简了供应链，包括制造、供应商响应和订单处理以及接单流程。然而，这只能通过与客户组织合作来了解他们在下订单和下游交付机制方面的政策，并逐个 SKU 进行调整，以减少客户在库存方面的牺牲，同时显著改善客户对其客户的响应时间，这直接影响了客户的收入、利润和现金流。

你的 CRM 是否有助于捕获业务体验？

项目列表

由内而外

A. 五个相互关联的模块组合成商业模式创新模板

　　这些模块在一张画布中一起勾勒、描述出你的转型模型

　　五个关键问题引导画布中的每个模块

B. 画布的丰富度反映出业务转型之旅的成熟度这里可以分为简化版、简化升级版和详细版的画布

C. 前期充分追随你的直觉,可以从任何一个模块开始勾勒画布

　　不存在好的或不好的画布,只有更好的画布

D. 画布应用贯穿于业务转型的整个生命周期,如概念、建模、说服、计划、执行、评估、学习与迭代扩张

一些跨领导层的实践者已经加入使用 TOC 画布从根本上简化和加快商业转型之旅的行列中。

由外及内

A. 商业运营有五个通用模板

　　每个模板都有一个通用画布

B. 大量转型案例在公共域中可以查找到

　　有些案例已经被转化成画布

C. 实践者也会把他们实施的商业转型项目画成画布

　　这些通用画布和案例型画布就可以作为你的转型之旅的参考,从而快速便捷地画出你的 2.0 版本画布

你也可以成为这个快速增长的画布社区中的一员,可以充分利用大家的直觉和画布资料库快速启动属于自己的商业转型之旅。

高影响力画布——顽疾问题

作者：拉古·文卡塔拉曼　　　印度经济 | 社会领域 | 就业机会创造　　　2022年4月10日 | SIM-0032 | 第2版

1. 变革引擎

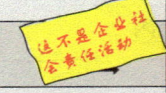

这不是企业社会责任活动

Atmanirbhar Bharat（印度自力更生组织）
- 内在增长
- 零失业率
- 年度GDP同比增长10%
- 实现联合国设定的可持续发展承诺目标

挑战：失业率持续增长 | 人员迁移到城市 | 无法就业

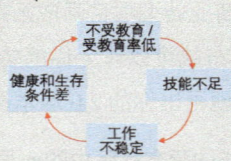

（循环图：不受教育/受教育率低 → 技能不足 → 工作不稳定 → 健康和生存条件差 →）

2. 系统性问题

顽疾问题 | 没有动力去改变 | 对现状仍然乐观 | 割裂地看待问题 | 领导任期短 | 缺乏专业能力 | 有些部门资金过多，而有些则缺乏 | 多个制约

当前实践：各个部门的资源独立并管理各自的项目

范式：工作机会有大把 | 掌握技能需要时间
政策：给基础设施和培训师提供资助 | 提供持续培训
衡量：受益者数量 | 发放资金量 | 基础设施数量 | 进行的培训次数
行为：每年等待政府的慷慨赠与 | 工作只是为了延续 | 领导人只是对KPI确认完成并交接 | 花尽预算

3. 核心方案

已创造6000个工作岗位

新范式：工作机会并不够 | 掌握技能远比创造工作机会要快
政策：先创造工作机会再培训人技能 | 上岗工作中提供政府资助的培训
衡量：创造的工作机会数量 | 投资回报率 | 生活质量指数
行为：企业家精神 | 工作是追求梦想
措施：区分空间，而不是资源

新的实践：以聚焦的方式通过工业发展来快速改造区域 | 项目里程碑和领导任期相吻合 | 聚合使用预算，根据核心主体（创造工作机会）来发放资金 | 以PPP模式建立工业设施 | 为企业家保驾护航，政府提供土地、基础设施投资和能力开发 | 工业带来需求和确定执行战略 | 人员10天内完成政府资助的培训并投入工作 | 项目管理团队打造协作平台

5. 创新轨迹

社会经济价值轨迹

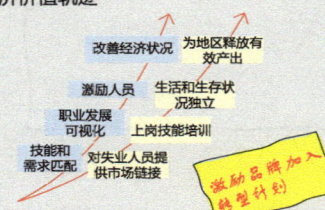

（图：改善经济状况 → 为地区释放有效产出；激励人员 → 生活和生存状况独立；职业发展可视化 → 上岗技能培训；技能和需求匹配 → 对失业人员提供市场链接）

激励品牌加入转型计划

4. 落地计划

相互关联的方案要素
确定市场 | 设计合作 | 聚合当地项目、资源和资金（缓冲）| 启动基础设施建设 | 快速培养技能 | 可靠执行（关键链项目管理）| 持续改善 | 流转多余资源 | 打造核心竞争力（决定性竞争优势）| 复制和拓展

确定市场：和大牌公司联系（需求源）
政府资助的投资：和品牌公司达成协议并投资于基础设施建设（产品和投资的匹配）
技能培养：聘请行业专家参与培训，快速形成就业能力
执行：聘请行业专家参与长期项目执行，早日达成目标和实现盈亏平衡
持续收益：当地社区和品牌公司合作运营的方式可以释放出更多资金

行业合作伙伴：领先的服务电子商务公司

描述：印度经济持续增长，但仍然面临严重的发展挑战，大量待发展区域亟待快速改善。过去60年来投入的精力还需要注射一剂强心针。普遍的认知是资金总是不足；而实际上各个部门想启动尽可能多项目来解决问题，然而这却把政府的精力分散和稀释掉，从而项目被迫不得不中途停工。尽管这是一个顽疾，却可以在类似地区这样可控范围内聚合资源来解决创造工作机会这样一个主题，从而形成一个繁荣的生态系统。这个做法是可以复制到其他地区的。

这项活生生的转型计划正在解决一个大规模社会经济顽疾。它从本书进行概念勾勒时就差不多开始实施了。它基于的前提假设是每个人都有可以给予的东西，而平白创造出1000个工作岗位就恰恰展示了这种给予的力量。

鼓舞人心

拉古·文卡塔拉曼冒着危及生命的风险，在疫情期间的大部分时间里都在勇敢实施这项基于使命的转型计划。而该计划是长期以来未兑现的承诺——"创造就业机会"的一部分。在不到两年的时间里六家工厂在印度中部偏远贫瘠的土地上崛起，而且就在那里在线销售国际优质产品。这是一个关于坚毅、价值销售和在最艰难时期改善生态系统的传奇故事，现在该模式已经成熟，可以大规模传播了。

关键参考资料

论坛	平台
TOCICO
TOCPA
TOC.TV
Mytocway.com

咨询机构
高德拉特集团
Vector 咨询
Marris 咨询
Goldratt Bharat

实践专家
米奇·格拉诺
马克·沃佩尔
菲利普·马里斯
拉维·吉拉尼

图书
目标
良策
商业模式新生代
体验经济

关键管理角色

运营是每个人的工作！

关于战略和执行是什么，它们的重要性与差异性，以及组织如何为了满足一个需求而以牺牲另一个为代价从而制造灾难的文章已经很多了。实际上，如果不把管理活动作为连续统一的整体，那么关于战略和执行的讨论是不完整的。

组织中的执行活动有三种类型。第一种是决定为什么或者要实现什么目标，因此涉及构思、选择和详细规划。这是与战略相关的活动。第二种是如何通过遵循计划来实现战略中设定的目的和目标，即详细说明并将计划转换为构成业务重要部分的物理模块。这项活动的最终结果是一个完整的（构造或建造的）系统。因此，执行将独特的行动计划赋予了物理形态。一旦系统准备就绪，就可以利用该系统以定期重复的方式产生结果（利用或开发）。这被称为运营。我们不是经常听说"设定战略方向""执行计划""运营系统"吗？

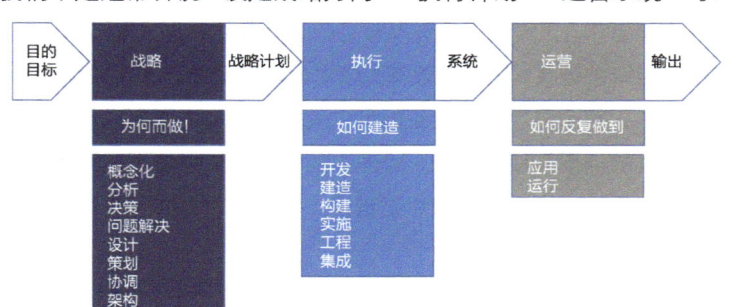

传统上，高层管理人员负责战略，中层负责执行，基层负责运营。但是，由于组织作为一个大型系统可以被分解为较小的系统，因此每个系统和子系统都有这三个活动要执行。例如，最高管理层负责设定组织的目标，而部门经理也负责制定其部门的战略。同时，当组织的基层人员必须反复执行某些活动，以通过核心活动创造价值时，最高管理层也会反复执行工作，如设置议程、处理异常、审查绩效、指导下属、激励人员、调整团队、会见客户等。

设定战略方向，执行计划和运营系统！

因此，如果我们看一下组织的层次结构，那么其中的每个框将由三层组成，即战略、执行和运营，其中下层遵循上层，同时上层有机会通过从下层获取反馈来纠正自己的任何错误或偏差。

将战略分配给高层管理人员，将运营分配给基层管理人员的概念并不是一种二分法，而是大多数关键活动和改变游戏规则的战略都在最高管理层的职责范围内，而对于基层人员来说，大部分时间都花在不断做工作或者跨流程交付工作（运营）上。现在可以通过调整组织结构来强调这一点。下图中的红色表示各层次在分层结构中的主要活动。

运营让战略落地

我们需要明白，无论属于哪个层次，每个人都有一份待办事项清单（计划），以实现不断变化的目标，并且有某种模式或重复或例行公事，要求负责人高效地完成日常活动。因此，不管处于哪个层次，运营都是每个人的工作。

同样重要的是，了解如何衡量每项活动的长期和短期影响。我们还需要考虑完成活动和实现成果的时间跨度。在任何组织中，战略完成其工作所需的时间，比执行中开发的系统的运营寿命要短。

另外，在完成与战略相关的大部分工作并制定战略计划后，必须等到系统运营很长时间之后才能知道其真正的效用。同时，运营结果几乎每天或更短时间内就可以明显看到，而对于战略执行的结果，只有在系统完全开发后才能有所体现。

因此，面临的挑战是在它们的时间常数不同的情况下，如何单独和共同衡量这三种活动的影响。

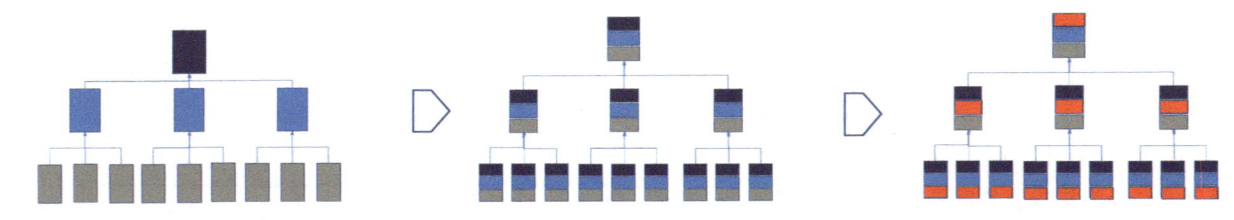

战略的期望是，它将为公司提供增长计划或使其更接近目标。执行的期望是，按计划按时、按成本交付一个准备好的完整系统。运营的期望是，能够持续高效地交付产出。但是，如何确保在更短的时间内往正确方向推进战略和执行工作，以及如何确保识别到步骤错误时不会太迟。也就是说，对这三项活动进行正确衡量的 **KPI** 应该是什么？

对战略过程进行测试，并用清单来验证战略内容的充分性。在更加动态的环境中，战略团队参与快速原型设计和假设测试。他们验证的假设越多，人们对战略正确性的信心就越大。例如，在软件产品开发的情况下，可以采用一个战略测试文档，用于检查计划对每个过程元素结果的正确性。

在执行中，基于关键路径的里程碑被用作检查项目是否朝着正确方向（范围、时间和成本）发展的路标。但是，如果要构建多个子系统，那么它们之间会存在优先级，这就需要组织监视执行项目的投资组合，并动态管理它们的优先级。

在运营中，工作单元的进展被监控，以满足对客户做出的承诺，资源利用率被记录，以提高效率，成本因素被考虑，以确保可行性。

现在，每个层次都在组织转型中发挥作用，这要求人们意识到所犯错误的类型并按时纠正。管理中的错误有四种类型，即委托错误、遗漏错误、检测错误和纠正错误。每个层次都必须在日常工作中谨防这些错误的发生。

大多数 MBA 毕业生更喜欢战略，最终却从事运营工作！

因此，有一点很明确，价值是在运营中定期交付或捕获的，这更具体，更容易控制和纠正。人们所采取的决策和行动的影响在运营中也更容易衡量。而在战略和执行中管理事务则要困难得多。由于"转型"是对能力发生不可逆转的变化，因此为了使组织转型，必须让从高层到中层所有管理人员日常的运营范式发生实质性的变化。因此，在任何转型举措中，大部分努力、时间和金钱都投入到运营中。

考虑到这一点，通过找到不同类型运营中的模式以及挖掘每类运营的变革细节，作为所有公司转型的指南是有意义的。本书中的模式就是基于这一认识。

在MBA课堂上，我们总会问一个问题："你更偏好什么工作，战略、执行或运营？"超过90%的人会选择战略。但是一旦他们实际工作时，情况刚好相反，他们会说："我陷入了日常运营工作。"这就是现实。几乎每个MBA毕业生的工作都是运营性质的，因此对于所有经理来说亦是如此。

什么是运营

随附的图形使用商业模式画布来解释什么是运营。商业模式的各个模块协同工作。虽然商业模式源自战略意图，但运营的作用是不断调整这些模块以创造、交付和获取价值。运营团队及其领导者在任何企业中的作用就是，推动这个价值循环越来越快、越来越强大。

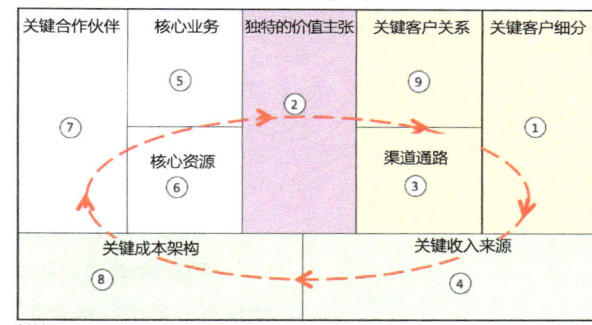

虽然这是一种通用的可视化运营方式，但任何组织中的运营性质都将基于核心的价值创造过程。因此，在实体产品公司中，运营的核心就是制造；在软件开发组织中，它就是编码；在贸易公司中，它就是分销；在高科技公司中，它可能是产品开发。

至于谁最有可能成为组织的首席执行官，你是否真的需要猜测呢？

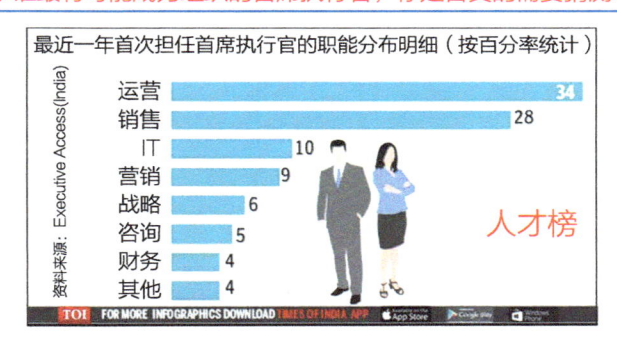

关于作者

训练有素的产品设计师及实践经验丰富的商业设计师

积极探索洞见和帮助激发突破性创见跨领域的协调员

在复杂世界中让思维更明晰和释放超乎寻常商业价值的模板思维

在多家迫切需要同时增长和稳定的大型组织、中小企业及初创企业参与实践

勾勒、创新、落地商业模式

不是口头宣导……而是手把手教导！

ABB、高德拉特咨询、IIT！

五本书和一个画布！

印度班加罗尔

基于以下人员的实践经验

Adarsh Pakala	Oy Yang	Murthy LVSN
Akshat Agrawal	Philip Zhang	Nityanand Mahale
Anil Jain	Pranav E Bhosekar	Shriharsha Lolla
Anurag Seksaria	Prem Kumar	Sunil Kumar Gupta
Cen Xuefung	Radhika Setty	Suresh T
Dany T	Raghu Venkataraman	Tony Chan
Gautam Jain	Rajesh Swamy	Veena KN
Himanshu Kothari	Sabitha KA	Venkataesh HS
KM Prasad	Safia Ali	Vibin Kumar
Leo Wang	Sanjeet Dwivedi	Vijay Selvarajan
Manoj Kumar	Santosh	Viji Kumar

你的 2.0 版本画布检查清单

1. 你的 1.0 版本画布

2. 你的可供选用的资源
- 运营模板
- 通用画布
- 鼓舞人心画布
- 案例 1
- 案例 2
- 案例 3

3. 你的 2.0 版本画布
- CD（变革引擎）
- CP（系统性问题）
- CS（核心方案）
- XS（落地计划）
- IV（创新轨迹）